Alexander Xaver Gwerder
Gesammelte Werke und Ausgewählte Briefe
Band III

Alexander Xaver Gwerder
Gesammelte Werke und Ausgewählte Briefe

Band I
Nach Mitternacht
Lyrik

Band II
Brief aus dem Packeis
Prosa und Briefe

Band III
Dreizehn Meter über der Strasse
Dokumente zu Leben und Werk
Kommentar

Alexander Xaver Gwerder

Dreizehn Meter über der Strasse

Dokumente zu Leben und Werk
Kommentar

Herausgegeben von Roger Perret

Limmat Verlag
Zürich

Der Verlag dankt der Schweizer Kulturstiftung PRO HELVETIA, dem Kanton Zürich, dem Kanton Schwyz, der Cassinelli-Vogel-Stiftung und der Dr. Adolf-Streuli-Stiftung für Druckkostenzuschüsse.

Zitat auf der Umschlagrückseite: Brief an Gottfried Benn, 23. April 1951.

Umschlaggestaltung und Typographie von Urs Berger-Pecora

© 1998 by Limmat Verlag, Zürich
ISBN 3 85791 314 2 Gesammelte Werke und Ausgewählte Briefe
(ISBN 3 85791 313 4 Band 3: Dokumente Leben und Werk/Kommentar)

Inhalt

Dokumente zu Leben und Werk

Ausgewählte Dokumente I 7
Biographie 35
Ausgewählte Dokumente II 73
Nachweis der Abbildungen 132

Kommentar

Zur Edition 135
Verwendete Abkürzungen und Siglen 151
Kommentare und Anmerkungen zur Lyrik (Band I) 155
Kommentare und Anmerkungen zur Prosa (Band II) 336
Bibliographie
    Primärliteratur 378
    Sekundärliteratur 379
Nachwort 387
Dank 412
Der Herausgeber 414

*Alphabetisches Verzeichnis der Sammlungen und Texte
in den Kommentaren und Anmerkungen* 415

Dokumente zu Leben und Werk

Ausgewählte Dokumente I

Um 1926. «Wald war ich und wuchs und spürte / die stolze Dehnung ...» (Aus «Kreislauf der Quelle». In: *Gesammelte Werke und Ausgewählte Briefe* [= GW] I, S. 221.)

Die Eltern, Josef Xaver und Louise Gwerder, in Rüschlikon, späte vierziger Jahre.

Erste Kommunion, um 1932. «Ich war auch mal Altardiener (Ministrant nennt man das) und schnurrte einst weihrauchbetört und kultbeflissen die Messe lateinisch herunter ohne Lateinisch zu können. Das waren noch Zeiten!» (Brief an Oda Schaefer, 14./21.1.1951. In: GW II, S. 258f.)

Um 1935.

Als Rover «Tex» (stehend, vierter von links) bei den Thalwiler Pfadfindern am Korpstag in Pfaffhausen, 1940.

«Geschoren auf zéro millimètre» (stehend, rechts) in der Rekrutenschule in Kloten, 1942. «Wir standen / im kahlen Vorhof der legitimen Schinderhütte, im Raum / jenseits des Lebens –, vor dem ledernen Roulette / des Militärs.» («Ein Abend, eine Strasse und ein Mittag in der City». In: GW I, S. 340.)

Auszug aus dem Dienstbüchlein. Alexander Xaver Gwerder musste von 1943 bis 1945 223 Tage Aktivdienst leisten.

Als Soldat mit seiner Frau Trudy, 1944.

Als Zivilist am Gattikerweiher, um 1946.

Urban Gwerder, Undergroundpoet und -publizist, signierend im Veston seines Vaters, 1967.

Mit Bruder Hans (links) und Freund Ernst Zahner (Mitte) auf dem Zürichsee, späte vierziger Jahre.

Ein von Alexander Xaver Gwerder in den vierziger Jahren geschaffenes Bild. «Das war der erste Hieb, den mir die Bürgerlichkeit versetzte: ich wollte Maler werden – und da Maler kein Beruf ist der Geld einbringt, steckte mich mein Vater in die Lehre.» (Brief an Erica Maria Dürrenberger, 14.10.1951. In: GW II, S. 349.)

Mit Ernst Zahner am Mythenquai in Zürich, um 1949.

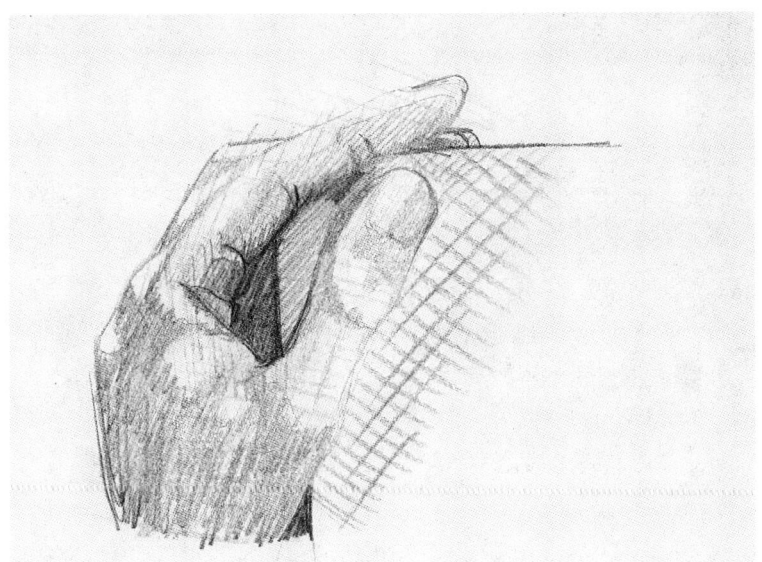

Die linke Hand des Autors, von Alexander Xaver Gwerder skizziert. «Manchmal ergibt sich das dringende Bedürfnis, einen leicht zugänglichen Teil von sich selber in Linien festzuhalten, sich zu vergewissern, dass man überhaupt vorhanden ist.» (Brief an Erica Maria Dürrenberger, 20.9.⟨–22.9.1951⟩. In: GW II, S. 332f.)

Um 1949. Fotografie von Ernst Zahner. «Ich habe etwas gegen Bauerntölpelei und Ländlermusik, sowie Gejodel, Bodenständigkeit und Augustfeuer: Meine Vorfahren waren Bauern.» (Brief an Erica Maria Dürrenberger, 6.1.1952, unveröffentlicht.)

An der Albisstrasse 153 in Zürich-Wollishofen, späte vierziger Jahre.
«Entweder: Sie unterwerfen sich, oder sie reagieren: Hamlet 1952!»
(«Maschenriss. Gespräch am Caféhaustisch». In: GW II, S. 176.)

Der Fremdenlegionär als Sujet im «Ex Libris» des Antimilitaristen «X. Gwerder», von ihm vermutlich in den frühen vierziger Jahren geschaffen. «Denn niemand / denn die Legion / hat die Brunnen vergiftet. Fata Morgana? / Nein! Poesie des Bösen: Mord / auf Distanz.» («Die Weise vom Kriterium eines Heutigen». In: GW I, S. 93.)

Das vom Autor wahrscheinlich in den späten vierziger Jahren entworfene «Ex Libris» mit dem Phönix als Sujet. «O Phönix, atlantisgeborener zur Schwelle der Spätnacht! / Zu rühmen den Blitz und die flatternden Fahnen bin ich / in den Winden die Spannung, das heimliche Warten am Rand / deiner Schwingen vorm Aufflug –» («Phönix», unveröffentlicht.)

Katzenschädel auf dem Schreibtisch des Autors in der Wohnung an der Albisstrasse, späte vierziger Jahre. «Im scharfen Schlagschatten ihres Lichtes gewinnen die brillenartigen Höhlungen des Katzenschädels, die mir als Abstellort für meine Federn dienen, eine tempelhafte Tiefe.» («November am Fenster». In: GW II, S. 61.)

Auf dem Balkon der Wohnung an der Albisstrasse, späte vierziger Jahre. «‹Individualanarchist›, ruft mir einer herauf. Ich stelle mich taub: ‹Wie bitte?›» («Dreizehn Meter über der Strasse». In: GW II, S. 87.)

Gegenüberliegende Seite:
«Dreizehn Meter über der Strasse»: Ausblick von der Wohnung mit zwei Balkonen und einem Erker im vierten Stock an der Brauerstrasse 110 in Zürich-Aussersihl.

Arbeitszimmer des Autors in der Wohnung an der Brauerstrasse, das unter anderem links das letzte von ihm gemalte Bild und rechts den Holzschnitt «Versunkenes» von Rudolf Scharpf zeigt, um 1952.

Um 1950. Fotografie von Hans Gwerder. «... da er ⟨Max Eichenberger⟩, als ich letztes mal im Odeon war, von meiner Bekleidung (Manchester-Airdress, hellgraue Hosen, gelbes Halstuch) als von der Tankfahrer-Uniform zu schwätzen sich getrieben sah.» (Brief an Erica Maria Dürrenberger, 14.10.1951. In: GW II, S. 351.)

Um 1950. Fotografie von Hans Gwerder.

An der Arbeit in der Druckerei Hug & Söhne, 1951. «Als Angestellter im graphischen Gewerbe kann man, ohne den Hausaltar Mammons, ganz anständig vegetieren.» (Brief an Karl Krolow, 11.8.1950. In: GW II, S. 241.)

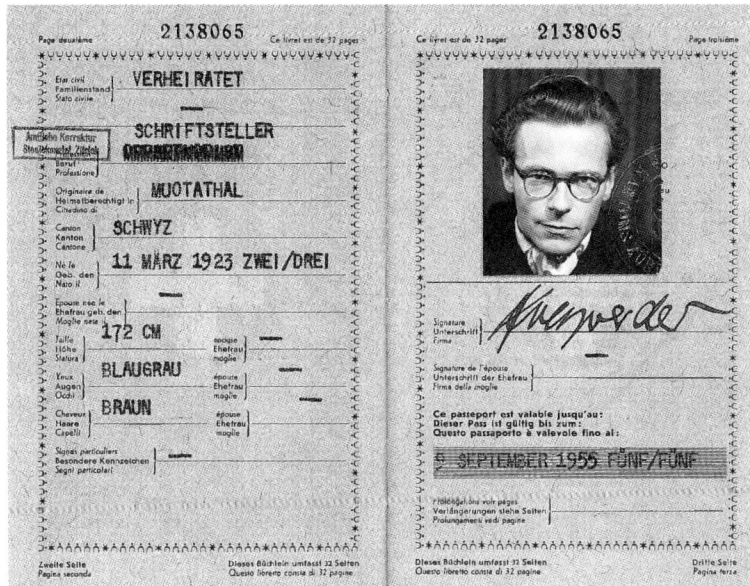

Der gelernte Offsetkopist bekennt sich im kurz vor seinem Tod ausgestellten Pass zu seiner wahren Berufung.

«Sie suchen Land» – das letzte von Alexander Xaver Gwerder geschaffene Bild, 1952 (Besitz: Trudy Federli, Zürich).

Vincent van Gogh: «Le jardin de la Maison de Santé» in Arles, 1889 (Sammlung Oskar Reinhart, «Am Römerholz», Winterthur). In diesem Spital, wo der von Alexander Xaver Gwerder bewunderte Maler mehrmals gelegen hat, starb der Autor am 14. September 1952.

Biographie

Alexander Xaver (eigentlich Xaver Josef) Gwerder wird am 11. März 1923 in Thalwil geboren als Sohn des Josef Xaver Gwerder (1900–1976) und der Louise, geborene Iten (1894 bis 1987), aus Ägeri. Er hat zwei jüngere Geschwister: Johannes (geb. 1930) und Anneliese (geb. 1935). Der Vater stammt aus dem Muotatal im Kanton Schwyz und arbeitet als Werkmeister in der Seidenfabrik Schwarzenbach in Thalwil. 1924 zieht die Familie von der Ludretikonerstrasse 27 an die Alte Landstrasse 179 in Thalwil. Gwerder erinnert sich, dass er schon als Kleinkind «nie ganz in der Realität lebte»: «Jenes Zimmer, an der alten Landstrasse in Thalwil, in dem ich nachts, es war zugleich Schlafzimmer meiner Eltern, kaum 1jährig, vor den Gittern meines Eisenbettchens Tiger promenieren sah, ist mir ebenso gegenwärtig, wie mich irgend ein Steuerzettel oder ein Aufgebot zur Klarheit bringen kann: ich träume.»[1]

1928 erfolgt der Umzug an die Glärnischstrasse 26 in Wädenswil. Von 1929–1935 besucht der von seinen Eltern «Veri» genannte Gwerder dort die Primarschule. «Meine Kindheit unterschied sich nicht von der anderer Arbeiterkinder. Mit der Kinderkrippe begann die Einsamkeit, die bis heute eigentlich dieselbe blieb. (...) Mit zwölf Jahren begann ich mein erstes Tagebuch, das mir, als Vater es erwischte, Schläge eintrug. Da verlegte ich mich aufs Malen.»[2] In seiner Klasse zählt er zu den besten Schülern; Zeichnen und Deutsch sind seine Lieblingsfächer. Gwerder erinnert sich an das «Blitzlicht jenes Zaubers, der zur Winterszeit im Dorf lag, wo ich zur Schule ging. Um 4 Uhr nachmittags waren die Schulstunden beendet, und keiner von uns begab sich geradewegs heim. Wir warfen Schneebälle zum Ärger eines grossen Misanthropen, des Abwartes, gegen die Scheiben unseres Gefängnisses. Unversehens wurde es auf diese Art 5 Uhr und die Dämmerung dunkel. Da flammten jeweils da und dort die ersten Strassenlaternen auf, die an Drähten von

Stange zu Stange über dem Heimweg gespannt waren, und leuchteten ins Dunkelblaue eines Dunkelblaus, dass es wie zwiefacher Himmel schien.»[3]

Wenn er in der Freizeit nicht durch die Wälder streift oder Velotouren macht, malt er «kitschige Aquarelle und leidliche Kopien kitschiger Postkarten» oder liest Bücher von Karl May. «Dabei verfolgt er Winnetou und seine Freunde nicht nur im Buch, sondern auch auf der stets daneben liegenden Karte.»[4] Die «ersten, schauerlichen Verse» entstehen Mitte der dreissiger Jahre. «Ich bemerke so nebenbei, dass ich eigentlich schon als kleiner Kneisel gedichtet haben muss, denn die neusten Verse müssen aus jener geistigen Landschaft stammen, die man damals für so wirklich hielt, dass man sich nicht darüber klar wurde, dass man träumte.»[5]

Nachdem die Familie 1932 zweimal in Wädenswil das Domizil gewechselt hatte – von der Glärnischstrasse an die Weststrasse 2 und von dort an die Buckstrasse 8 –, bezieht sie 1934 ein Haus an der Gartenstrasse 16 in Rüschlikon. Von 1935–1938 geht Gwerder dort in die Sekundarschule. Als Jüngling ist ihm die katholische Kirche, aus der er später austreten wird, noch ein sinnliches Erlebnis: «Ich war auch mal Altardiener (Ministrant nennt man das) und schnurrte einst weihrauchbetört und kultbeflissen die Messe lateinisch herunter ohne Lateinisch zu können. Das waren noch Zeiten! Ich erinnere mich genau, wie wollüstig ich im Schott'schen Volksmessbuch blätterte und die schmiegsame Griffähigkeit am Ziegenleder erprobte. Dann, eine ähnliche Wollust ergab sich aus dem Schwung des Weihrauchfasses: ich malte mir immer aus, wie es würde, wenn die Kette risse, und versuchte dabei, ganz unmerklich, den Schwung auf diesen oder jenen der im Chor Sitzenden zu lenken für den Fall –»[6]

«Als das Malen zur Leidenschaft gediehen war und ich 15 Jahre zählte, kam die Berufswahl. Da Malen kein Brotberuf ist»[7], macht er «wider Willen» von 1938–1942 eine Lehre als An- und

Umdrucker bei der Firma Gebrüder Fretz in Zürich. In der Gewerbeschule lernt er das Lithographieren in der gleichen Lehrlingsklasse wie der spätere Tiermaler Fritz Hug und der künftige Schauspieler Fred Tanner. In der Freizeit diskutiert Gwerder gerne in Cafés wie dem «Montparnasse» und dem «Select» in Zürich oder geht ins Kino, um französische «Milieufilme» oder Filme von Laurel und Hardy anzusehen. Jean Gabin und Michel Simon gehören zu seinen Lieblingsschauspielern. Der Jugendfreund Ernst Zahner erinnert sich, dass der Liebhaber von «Filmen mit kriminalistischem Einschlag» sich eines Abends weigerte, «alleine nach Hause zu gehen. Die Schreckgestalten, die er eben in einem Gruselfilm gesehen hat, verfolgen ihn in jedem verschneiten Gartenpfosten: der sonst so mutige und waghalsige Gwerder übernachtet bei seinem Freund!»[8] Anderseits musste einmal E. Zahner «mit einer Luftpistole die Asche von der Zigarette schiessen, die Gwerder im Mund hielt». Und «ein anderes Mal balancierte er auf einem schmalen Brückengeländer über die Sihl».[9]

1940 schreibt er «kitschige Liebesgedichte», «immerhin an eine Geliebte, die mich dann in der Folge samt den Gedichten nicht ernst nahm.»[10] Ein Jahr später lernt er bei den Pfadfindern seine spätere Frau Gertrud Wälti (geb. 1923) kennen.

«Mit 19 war dieser entscheidende Kreuzweg» – die Diskrepanz zwischen Wunsch und Zwang bei der Berufswahl – «beendet. Entscheidend in dem Sinne, als dass er mich ganz nach innen verwies, wo ich nach und nach jene Möglichkeiten entdeckte, die das Leben ausmachen.»[11]

1942 muss er in Kloten als Artilleriebeobachter in die Rekrutenschule «mit ihrem ganzen Sadismus, mit ihrer ganzen Sinnlosigkeit». Erster Versuch, das Militär in Frage zu stellen, indem er sich weigert, auf «Mannsscheiben» zu schiessen. Nach der Grundausbildung leistet er Aktivdienst «an der Alpengrenze Gotthard-Bedretto gegen Italien, der mir zu sehr persönlichen Ansichten über die Elemente des Zwanges verhalf».[12] Eines dieser «Elemente» sah so aus: «Inspektion durch Major Sonderegger. Die Mannschaft steht im knietiefen Schnee, die Vollpackung auf dem Rücken, den Karabiner in der rechten Hand, zwanzig Min. in Achtungstellung. Der grimmige Wind, es ist minus 18 Grad, zerreisst die noch viel grimmigeren Flüche. Es ist Befehl, ohne Ohrenschützer, Wollhelme, Halstücher und Handschuhe anzutreten. Was das hiess, wissen nur diejenigen, die dabei waren. Ein Ausspruch Sondereggers: Für jeden Beobachter ist es eine Ehre, Katarrh zu haben.»[13]

1943 begegnet er dem «Blauen Eisenhut», dem «Keim» zum Titelgedicht seines späteren Gedichtbandes: Im Meiental «stand ich oben, wo nach den mageren Matten die Felsenpfade beginnen, um eine Wegbiegung herum, plötzlich Aug in Auge mit dem königlichen Kämpen der hohen Flora. Er wurde mir dunkles Symbol –: seine tonlose Einsamkeit, sein Trotzen, seine Form und Farbe, sein Gift, seine Unberührbarkeit und schliesslich die verschiedenen und seltsamen Orte seines Vorkommens.»[14] Er beginnt «ernstlich zu schreiben».

1944 heiratet er Gertrud Wälti, «Sekretärin eines Rechtsanwaltes». Das Paar nimmt Wohnsitz am Gatternweg 14 in Riehen bei Basel. Geburt des Sohnes Urban, eigentlich Alexander Urban[15]. Noch Jahre später ereifert sich Gwerder, der auch in diesem Jahr Aktivdienst leisten muss, dass «der damalige Hptm. Weiss (...) das Telegramm, darin mir meine Frau die Geburt des Alexander Urban ankündigte, mir 5 Tage lang hinterzog, um den Urlaub (...) nicht geben zu müssen».[16] Er erlebt am Rande den Krieg: «Während eines Samstagmorgen-Bummels entlang der Wiese, bombardierten einige Flieger das Dorf Weil. Die Bäume, schöne starke Eichen und Ulmen, strotzten und rauschten und die Wiese rauschte auch und glitzerte silbern. Ein Storch fing Frösche in einem Graben und trug sie, an einem Bein gepackt, zum Horst. Libellen gab's, die auch flogen. Und dann krachte es. Ziegel flogen hoch, von blossem Auge gut sichtbar. Der Tüllinger Hügel stieg schön und symmetrisch, seltsam symmetrisch, wie ein Kegelgrab. Ich war erstaunt und die Zeit schien mir verflucht, und notwendig das Abseits, das Lichtjahre zwischen Innen und Aussen legt.»[17]

Nachdem Gwerder «von Basel genug Engstirniges» gesehen hat, zieht die Familie im Frühjahr 1946 an die Albisstrasse 153 in Zürich-Wollishofen. Geburt der Tochter Heidi.

Lernt in der Firma Fotorotar den Maler Max Baer kennen, mit dem ihn für einige Zeit eine Freundschaft verbindet. Er schliesst die Prosasammlung «Ein Mosaik aus Sehnsucht» ab, «viel zu sentimental, zu künstlich».

1947 tritt er in die Druckerei Hug & Söhne an der Feldstrasse 122 in Zürich ein, wo er bis zu seinem Tod als Offsetkopist und auch als Lehrlingsausbildner arbeitet. Er besucht an der Universität verschiedene Vorlesungen über Literatur, die er jedoch «trocken, leblos, gänzlich aussen und ohne Beziehung» findet. Der Autodidakt lässt als «einzigen Lehrer» gelten: «meine Augen». Die von Gwerder geschilderte Lebensform hat bis in sein Todesjahr Gültigkeit: «Seit Ende 46 lebe ich ganz für mich mit meiner Familie, die mich gar nicht stört, mit ein paar Büchern, Bildern und hin und wieder einem Konzert.»[18]

Vermutlich im Januar 1949 fasst er die seit 1943 entstandenen besten Gedichte in der Sammlung «Aus der Innung des engen Lebens» zusammen, wobei er zwei Jahre später von den 122 Texten nur noch ein Sechstel als «passable Verslein» bezeichnet. Im Februar 1949 bietet er die Sammlung dem Arche-Verlag in Zürich an, der nach Gwerders Tod mehrere Bände mit nachgelassenen Texten publiziert. Zu diesem Zeitpunkt kann sich aber der Verlag nicht für eine Veröffentlichung der Gedichte entscheiden, obwohl er «von ihrer Qualität, hauptsächlich auch in formaler Hinsicht, sehr beeindruckt»[19] ist. Versuche, die Sammlung in anderen Schweizer Verlagen zu veröffentlichen, scheitern ebenfalls.

Im Frühling 1949 entstehen die «Zwei Gesänge gegen die Masse», die «schon seit Jahren in mir gärten und in kurzen

Stücken, die ich noch nicht zu deuten vermochte, hie und da ausbrachen.»[20] Ein Jahr später versucht er den «Hintergrund» von Gedichten wie diesen zu beschreiben: «Mir graut vor den Völkern, vor dem Volk, vor der Masse. (...) ich stürbe durch sie, müsste ich einer der ihren werden. Welche Hölle! Und das im Friedensparadies Europas. Es lebt sich so leicht hier, so gut und so fett. Man ahnt, bei aller Wohlhabenheit, nicht, dass es den anderen noch gibt, der in den Kreuzweg dieser Wohlhabenheit, dieses Sattseins gespannt ist. Einmal wird man ihn hören müssen.»[21]

Im Juni 1949 gratuliert er Gottlieb Duttweiler, Gründer der Migros und Politiker, «dass es eine, relativ wichtige, Erscheinung wie Sie in der Schweiz noch wagt, gegen den Strom von Dekadenz zu schwimmen.»[22]

Durch Vermittlung eines Arbeitskollegen, Hans Hilfiker, schickt Gwerder die beiden erwähnten Lyriksammlungen und andere Gedichte Erwin Jaeckle, Chefredaktor der ‹Tat›, zu, auch weil sie «rein sprachlich, als einzige Zeitung mir erträglich ist».[23] Am 16. Juli 1949 werden erstmals vier seiner Gedichte in der ‹Tat› veröffentlicht. Jaeckle ermuntert ihn: «Ihre Gedichte (...) sind in jedem Sinne verheissungsvoll und schon die Stufe, die sie erreicht haben, erfreulich. Gehen Sie den Weg weiter. Verzichten Sie auf alle Rilke-Anklänge. Ihre Gedanken haben diese Art Sprachkleid nicht nötig.»[24] Die Anerkennung macht Gwerder «ordentlich Freude und Mut», und er dankt Jaeckle für «das Wohlwollen auf welches man sonst in meinem Alter so selten stösst».[25]

Mit Jaeckle, «einem umfassenden Geist, dem intelligentesten Schweizer wahrscheinlich», beginnt er einen Briefwechsel, in dem neben Problemen der Literatur vor allem die oft unterschiedlichen Ansichten der beiden zum Militär und zur Politik in der Schweiz zur Sprache kommen. Jaeckle setzt sich immer wieder für Gwerders Gedichte ein, lehnt aber die Publikation der militär- und gesellschaftskritischen Aufsätze stets ab. Gwerder beginnt einige Zeit später ebenfalls mit Max Rychner, dem bekannten Literaturkritiker und Feuilletonredaktor der ‹Tat›, zu korrespondieren. Er findet an Rychner «nichts Spezifisches im nationalen Sinn, lauter universale Sachlichkeit in begeistertem Eifer, Grösstes zu feiern und zugänglich zu machen».[26]

Im Herbst 1949 «beging ich die 27 Sonette der ‹Kleinen Verklärung›, die wohl nur wenigen ihren Sinn preisgeben. Ich war dienend dabei und bekam vor lauter Demut Hemmungen, sobald ich unter die Leute in der Stadt geriet. (…) es waren wundervolle Abende, Nächte und selbst Tagesstunden, in denen meine Feder und ich dieselbe Schwingung eines Höheren aufwiesen.»[27] Er bietet diese Sammlung und «Zwei Gesänge gegen die Masse» vergeblich Schweizer Verlagen zur Publikation an.

Wie ein Motto zu den kommenden drei intensiven Lebens- und Schreibjahren wirken das in seinem Brief aus diesem Jahr an den Maler-Freund Max Baer ersehnte «Spanien der Seele» hinter der «wechselnden Innung unseres Ichs» und das geforderte «Versteck, ein unbelauertes Stück Leben, von Ländern, die Menschen nicht ertrügen, umgeben.»[28]

Am 18. Januar 1950 beginnt Gwerder – unregelmässig – ein Tagebuch zu führen. Darin denkt er über seine schriftstellerische Zukunft nach: «Ich habe grosse Gedanken, ungestaltete, undeutliche Ideen, die wohl erst empfangen sind. Aber ich bin sicher, dass Werke daraus erwachsen werden, die rühmlich sind, und sicher bin ich auch, dass ich sie schaffen werde.»[29] Er freut sich riesig über die «wirklich dichten Gedichte Valérys in der Übersetzung des grossen Spürers jeden Gefühls: Rilke».[30] Paul Valérys Werk wird nun zunehmend mit der «Genauigkeit der Gedanken eines *Herr Teste*» die Stelle der «präzisen Melodik» Rilkes einnehmen. Etwas später macht er Bekanntschaft mit den Gedichten Georg Trakls, einem «ungeheuer grossen toten Bruder – einem ungeheuer lebenden»: «Wenn Rilke ein Mond ist, dann ist Trakl ein Wetterleuchten das man umarmen kann.»[31]

Im April ärgert er sich über einen das Militär befürwortenden Artikel in der ‹Tat›: «Merkt man wirklich noch immer nicht, dass unsere Generation den Anfang der Militärdämmerung bedeutet? Dass unter den Stahlhelmen ein Gesicht front, das heuchelt, bis es merkt, dass alle andern Gesichter auch heucheln? Der Geist der Résistance wächst im eigenen Lande gegen die Menschenschinderei perverser Provenienz.»[32] Kurz darauf berichtet er Jaeckle über seine Reaktion auf dessen «Idee von der absoluten Landesverteidigung» in der gleichen Zeitung: «Ich war nahe daran das Militär zu bejahen. Ich will Ihnen schwören: Es war das erste Mal in meinem Leben! Sofort rief ich mir jenen Wachtmeister in Erinnerung mit den hervorstehenden Augen, von Beruf Kübelleerer bei der Stadt, wie er im finsteren Treppenaufgang der Sust Hospental dem Hauptmann flüsternd hinterbrachte, wie ein Kamerad von mir noch Dreck zwischen den Nägeln des Absatzes seiner Militärschuhe habe. Und damit, siehe da, brachte ich Ihren ganzen, so wirklich gemeinten Leitartikel zum Zusammenbruch.»[33] Jaeckle mahnt ihn danach: «weniger Weltanschauung, mehr dichten!»[34]

Gwerder schreibt im Mai der deutschen Dichterin Oda Schaefer auf ihre in der ‹Tat› publizierten Gedichte hin: «Und hätte ich besser beobachtet, wäre mir an Ihren Versen aufgestiegen, dass Sie Deutsche sind. Eine Schweizerin schreibt nicht: ‹Der Mittag ist erkrankt.› Einen erkrankten Mittag gibts hier einfach nicht; vielleicht darf es ihn nicht geben.»[35] Schaefer macht Kurt Friedrich Ertel, einen angehenden Kunsthistoriker und Herausgeber der ‹signaturen. blätter für grafik und dichtung› im pfälzischen Landau, auf den «jungen, sehr begabten Schweizer Lyriker» aufmerksam: «Er macht sehr eigenartige Gedichte, ich setze grosse Stücke auf ihn.»[36] Der «avantgardistische Verleger» Ertel bittet Gwerder darauf um Gedichte für seine Zeitschrift. Dieser ist nicht überrascht, «dass der Boden in Deutschland fruchtbarer ist als der unserige, der mehr und mehr einer Wüste von Bierbäuchen und Ballfüsslern gleicht.»[37] Ertel schreibt ihm nach der Lektüre der Texte: «Das ist überhaupt das Grossartige an Ihrer Dichtung, dass sie, abgesehen von einer dichterischen Naturveranlagung, Entwicklungsmöglichkeiten zeigt.»[38] Die Publikation eines für August geplanten Heftes mit Gwerders Gedichten verzögert sich jedoch lange, auch weil die von ihm vorgeschlagenen «grafischen Pendants» von Willy Hug den Herausgeber der Zeitschrift nicht überzeugen.

Trotz oder vielleicht gerade wegen der vorgesehenen «ersten gewichtigeren Veröffentlichung im Lande der vielen Wiegen europäischer Geister»[39] bereitet ihm das Leben an der Albisstrasse immer mehr Mühe: «Mein Gott, diese Umgebung. Die armselige Miniaturwiese zwischen viereckige Geschmacksmonstren geklemmt und dennoch von kleinen, strahlendweissen Müllerblümchen über und über bestickt. Eine Uhr schlägt zwischen dem Anstürmen eines Motorrades. Im Radio wäre Symphoniekonzert heute. Jetzt fangen sie auch noch an, den Garten zu begiessen. Die übergeschäftigen Spiessertrottel. Die Intriganten des Wohnlebens. Jauche über sie!»[40] Besinnt er sich jedoch während der Schreibarbeit auf die «Natur innen», den «einzig wirklich stillen Punkt», hat die Umgebung noch andere Facetten: «Über dem Dache rechts wird's noch einmal hell und seltsam kühl wie Vanille-Eis. Das Dach wird dabei ganz schwarz im Gegenlicht. Was für unglaubliche Spielarten doch das Grün hat. Es gibt ein antikes Grün an den Gesträuchen, die die Wiese umsäumen. Und dieses ist verflochten mit grauen Schatten und wirkt ruinös.»[41]

«Vielleicht besteht mein Talent, das, was ich ohne mein Dazutun habe, lediglich in der Gabe phantastischen Sehens. Meine Sehnerven schauen nicht bloss, gleichsam, sondern sie umklammern den Gegenstand, den ich anschaue, dringen in ihn ein, stossen sich und werden zertreten. Dieser Vorgang bringt die entsprechenden Gefühle in Aufruhr, und wenn sich diese stürmische See wieder glättet, entsteigt ihren Fluten, wie die Schaumgeborene, das entsprechende Wort für den erschauten Gegenstand.»[42] Für die Entwicklung seines Talentes, für sein schriftstellerisches Streben findet Gwerder in der Schweiz jedoch keine lebenden Vorbilder: «Dichter sind hierzulande sehr selten; und wenn sie welche sind, dann solche, die auf dem festen Fundament ‹urwüchsiger Bodenständigkeit› thronen, dass man vor ihnen erschrickt, wie vor Kasernen. Entdeckt man eines Tages den andern, von dem anzunehmen ist, dass er senkrecht auf der schiefen Ebene der Zeit steht – dann ist er bereits seit Jahren tot.»[43]

Er schreibt seit Anfang dieses Jahres die meisten der «verrückten Prosagedichte» wie «Die Begegnung» oder «Die Mauer», «aus meinem unmittelbaren Alltag entstanden». Im Sommer ist das «erste Drittel» der Sammlung erreicht. Wenn der Band «je erscheint, bin ich von der Welt der ‹Normalen› verurteilt und verbannt. Gut, dass es bestimmte Bindungen, wie Familie, gibt, sonst zerstöbe man, wie ein Komet.»[44] Er veröffentlicht jedoch die Prosagedichte nicht, wie geplant, in einem Band, sondern einzelne in Sammlungen wie *Die Begegnung* und *Monologe*. In bezug auf den Denk- und Schreibprozess «vollzieht sich seit einiger Zeit etwas, das ich in seiner untergründigen Unruhe am ehesten mit Umschichtung bezeichnen möchte (…) eine Reinigung im Sinne des Abstossens gewisser Vorurteile, übernommener Weisen, Denkweisen vor allem, und nicht zuletzt des Stürzens verschiedener, nun plötzlich unbrauchbarer Götzen».[45] In diesem Zusammenhang ist Gwerder klar: «Der mühsame Weg zu meinen Besitztümern wird besät sein mit Trümmern der Übereinkunft.»[46]

Auf Empfehlung von Kurt Friedrich Ertel besucht er im Juli die Schweizer Künstlerin Cornelia Forster: «Ihre Welt ist heil, ganz, und, wo es ratsam scheint, nichts zu sehen, dekorativ verhüllt – auf jeden Fall ohne Riss, durch den mindestens auch ein Himmel dringen könnte; ausser natürlich dem wechselnden Himmel der Geschäfte (…) in diesem Himmel tönt's ständig wie mit einer scherbelnden Glocke: Künstlerin.»[47] Sein «Künstlerbild» sieht anders aus: «Man muss zu den Verachteten gehen, zu den Zerbrochenen, die aus der Verzweiflung der Umstände, der Formen ihr Werk zurechtbiegen und -hämmern, in steter Gefahr, abermals zu zerbrechen und noch mehr Verachtung zu tragen zu haben.»[48]

Von Ende Juli bis Anfang August verbringt er einige Ferientage «wie ein etwas in Brüche gegangener Eremit» in Pfäffikon/Schwyz, «in einem alten Bauernhaus zu halber Höhe des Etzels, am oberen Zürichsee»: «So über der Landschaft sollte man doch meinen gesicherter zu sein vor dem Sinnlosen, vor den Tumulten blinder Tagwerkerei. Aber nein, die Wellen schlagen bis unters Haus und Nachts im Regen erwart' ich – jetzt und jetzt – das Zusammenschlagen der Flut.»[49] Zurück in Zürich, «der sehr geschäftstüchtigen, immerhin in manchem auch schönen, Stadt»[50], nimmt er durch Vermittlung von Oda Schaefer Kontakt mit dem deutschen Dichter Karl Krolow auf. Schaefer verhalf Gwerder «zu Berührungen mit jenem Deutschland ohne geographische Grenzen, zu dem man hinträumt wenn man ‹Hölderlin› sagen hört».[51] Die Bekanntschaft mit Vertreterinnen und Vertretern eines «geistigen Deutschlands» lässt ihn den Schrecken über den Untergang des «Dritten Reiches» vielleicht ein wenig vergessen, das er als junger Mann während des Krieges zeitweise bewundert haben soll.

Als ihn Ertel auf den «Olympier» Goethe aufmerksam macht, entgegnet er ihm: «Was heisst Olympier? Ich akzeptiere im Olymp, neben Rodin, van Gogh, Utrillo, Chopin, Mozart, Tschaikowsky, Rimbaud, Rolland, Trakl, Valéry und Rilke, weder einen zum einschlafen greisen und weisen Schulmeister, noch den muffigsten ‹Schönedeling› der deutschen Literatur: Stifter!»[52] Etwas später versucht Gwerder die Aktualität von einem der Künstler in «seinem Olymp» zu umreissen: «Für mich steht van Gogh als das Absolute in der Malerei, als der Weg oder die Richtung in der weitergegangen werden könnte gegens

Höchste. Und zwar van Gogh als Ganzes, nicht nur als Zeichnung, als Bild, als Farbe, als Briefe, sondern die Lüste, die Leidenschaften, die Sehnsüchte, die Trunkenheiten, die Strahlen und die Untergänge. Golgatha und Anacapri!»[53]

Gwerder lädt Ertel ein, ihn im Herbst in Zürich zu besuchen, und bietet ihm neben einer Übernachtungsmöglichkeit noch anderes an: «Auch mein Schreibplatz steht Ihnen zur Verfügung samt Büchern und Kerzen.»[54] Am 1. Oktober zieht die Familie an die Brauerstrasse 110 («13 Meter über der Strasse») in die «neue Wohnung (ohne den PdA-Blockwart vom früheren Ort!), die mit zwei Balkonen und einem Erker im vierten Stockwerk die schönste Aussicht über das Industriequartier der Stadt mit seinen unzähligen Geleisen und Dampflokomotiven, die an wechselnden Stellen wie Vulkane in Rauchpilze ausbrechen, bis auf die umliegenden Höhenzüge vom Zürichberg zum Üetliberg gewährt. (…) Überdies habe ich noch zwei Minuten zu gehen ins Geschäft, so dass wirklich ein Minimum an überflüssiger Betriebsamkeit erreicht ist.»[55]

Vom 4.–21. Oktober muss er den ihm verhassten Wiederholungskurs leisten. Nach dem Militärdienst notiert er im Tagebuch: «Im Gedicht bin ich mir selber am nächsten!»[56]

Am 22. Oktober besucht ihn Ertel und schreibt ihm nach der Rückkehr: «Wir sind Wenige, halten wir darum umso intensiver zusammen! (…) einmal müssen Sie ja vor die Öffentlichkeit, muss sich die Öffentlichkeit mit Ihnen auseinandersetzen!»[57] Diese Auseinandersetzung kann vorderhand nicht stattfinden, da sich das Erscheinen der ‹signaturen›-Nummer mit seinen Gedichten weiterhin verzögert. Gwerder reagiert auf die Verzögerung und das Verhalten von Ertel etwas ungehalten: «Ich jedenfalls habe nun, etwas enttäuscht, eher die Ansicht, es sei ihm von Anfang an um gewisse Punkte in der Schweiz gegangen, mittelst denen er private Bedürfnisse leichter erkunden oder befriedigen konnte, als um Veröffentlichung von Gedichten.»[58]

Gwerder übersetzt einige wenige Texte von Valéry, de Musset, Rimbaud und Verlaine aus dem Französischen ins Deutsche, obwohl «mein Französisch leider (…) gänzlich ungenügend ist. Immer muss ich mit dem Dictionnaire herumlaborieren.»[59] Oda Schaefer erwähnt ihn in einem Vortrag über Lyrik in München «als Beispiel der ‹Phase II des Expressionismus›, wie Gottfried Benn sich in einem seiner letzten Essays ausgedrückt hat (…) Sie und Wolfgang Bächler (…) sind für mich die jungen Exponenten dieser Richtung. Es handelt sich allerdings um einen ganz anderen Expressionismus als seinerzeit; der ‹Oh Mensch›-Schrei ist dem ‹Oh Gott›-Schrei gewichen».[60] Er liest mit wachsender Begeisterung zwei Bände mit Essays und Dichtungen des deutschen Schriftstellers Eugen Gottlob Winkler, die ihm Ertel ausgeliehen hat; auch Winkler «ist in meinen Olymp eingezogen».

Das Jahr 1951 beginnt Gwerder melancholisch und skeptisch: «Die Tage jetzt sind so verdammt grau; statt einigen Jubels, statt minutenlanger Aufblicke spürt man die Nebelringe sich drehen, innen. Zu was schreibt man; zu was lebt man? Weder Kunst noch Familie sind ausreichende Antwort!»[61] Aber seine Existenzängste und -zweifel sind ohne politischen Hintergrund – den im Jahr zuvor begonnenen Koreakrieg und den herrschenden Kalten Krieg – undenkbar. Diese beiden unerfreulichen Ereignisse bestärken Gwerder in seinem Kampf gegen den Militarismus und die Bürokratie in der Schweiz: «Ich sehe den Augenblick gekommen (…), das ‹selbstherrliche› Beamtentum aus den Schuhen zu heben. Aller Wahrscheinlichkeit nach kann jetzt die Weiche gestellt werden für einen späteren Bürgerkrieg, den ich unausweichlich kommen fühle, wenn die Knechtung noch zwei, drei Schritte vorwärts macht. Das Volk denkt nicht mehr so gnädig, angesichts einer Weltlage auch, die ohnehin die ‹heroische› Einheit unseres kleinen aber von Machthabern zerklüfteten Landes je länger je fragwürdiger beeinflusst. (…) Es wird einmal nicht mehr damit getan sein, dass man jeden mittelst des Aufgebotes an die Strippe nehmen kann. Es sind immer mehr ringsherum, die, auch wenn sie nicht *Nein* sagen können, so doch *Nein* sind!»[62] Es ist ihm jedoch bewusst, dass man, hätte man «in gewissen anderen Ländern derartige Korrespondenzen mit Regierungsmitgliedern» wie die zitierte mit dem Parlamentarier Erwin Jaeckle, «versteckt» würde. «Das ist an und für sich schon sehr positiv.»[63]

Ende Januar erkundigt er sich brieflich beim deutschen Maler Rudolf Scharpf, der von Ertel für die grafische Ausstattung von Gwerders ‹signaturen›-Nummer gewonnen werden konnte, «wie weit Ihre Arbeiten gediehen sind».[64] Scharpf verspricht in seiner Antwort, die Illustrationen «nächstens» zu realisieren, und reagiert sehr positiv auf Gwerders Gedichte: «Es ist ein Ton darin, der mich tief anrührt – und dort, wo ein Zittern verhaltener Wut spürbar wird, besonders.»[65] Als er Proben von graphischen Arbeiten des deutschen Künstlers sieht, äussert er sich enthusiastisch: «Scharpf (...) ist einer der Aufständischen im Reiche des Geistes. Ein Bruder in van Gogh. Ein Bruder in Apoll!»[66]

Hin und wieder bedauert er, «dass ich achtundvierzig Stunden pro Woche angekettet bin. Wenn auch in kaum merklichen Ketten, da doch der Arbeitgeber eher ein Freund zu mir ist und nach Möglichkeit erleichtert, was zu erleichtern der Gang des Geschäftes erlaubt.»[67] Als Freundschaftsdienst kann das Angebot des Arbeitgebers Willy Hug an seinen Arbeitnehmer verstanden werden, im hauseigenen Magnus-Verlag einen Band mit dreissig Gedichten herauszugeben. Mitte Februar übergibt ihm Gwerder dafür ein Manuskript – vielleicht «Atlantis» –, eine Vorform der definitiven Sammlung *Blauer Eisenhut*. Im März verspricht ihm K. F. Ertel, «bald die Druckbogen» der ‹signaturen›-Nummer zu senden, nachdem er von Scharpf die Holz- und Linolschnitte erhalten hat. Als Titel schlägt Gwerder vor: «*Begegnung* (...) Im doppelten Sinn: Malerei – Dichtung / Scharpf – Gwerder»[68]. Scharpf bittet ihn um Gedichte für eine bibliophile «Mappe» mit Texten und Originalgraphik verschiedener Künstler, die in Mannheim herauskommen soll.

Vermutlich ab März erwirbt Gwerder nach und nach die Bücher von Gottfried Benn. Dessen Werk, auf das ihn schon früher die deutschen Briefpartner aufmerksam machten, hat er vorher nur aus einigen in Zeitungen und Zeitschriften veröffentlichten Texten gekannt: «Nun endlich (...), fast durch Zufall, erreichte mich sein Werk! Tatsächlich: Der grösste Lebende – man kann ihn gar nicht hoch genug einschätzen. Und mehr: Was verachtet und für verrückt gehalten abseits lag (...), wird durch ihn legitimiert und die brachen Explosionen dürfen sich in offensichtlichen Bildern zur rücksichtslos eigenen Welt entfalten.»[69] Für sich notiert er im Tagebuch: «Benn: Er schrieb das, was ich gerne geschrieben haben wollte, wenn ich nicht zu jung dazu und meine Mittel nicht zu schwach wären.»[70] Er schreibt Benn einen verehrenden Brief und gratuliert ihm zum 65. Geburtstag am 2. Mai: «Sie sind der Sturm, der uns Zweifelnden ins Haar fährt. Der Turm ist gebaut – ‹Zwei Schritte vom Rand›, aber wir kämpfen nicht, wir springen: Denn er trägt!»[71] Später nimmt Gwerder Stellung zum Vorwurf des zu grossen Einflusses von Benn auf sein Schreiben: «Man sagt mir Benn nach – nun gut, was ist dabei – sollen sie's doch auch versuchen – nur genügt eben der Ton nicht – man muss auch bewältigt haben für diesen, für solchen Ton!»[72] In diesem Jahr beginnt er ebenfalls mit grossem Gewinn mit der Lektüre von Werken Nietzsches, auf die er wohl durch Benn gestossen ist.

Auch aufgrund der Auseinandersetzung mit Benns Schriften bemerkt er im April in den letzten paar entstandenen Gedichten «eine rasche, wie ein Feuer um sich greifende Veränderung». Und erklärt diese noch mit einer anderen Erkenntnis: «Valéry: Ein Gedicht wird vor allem aus Worten gemacht. Ich sehe plötzlich, dass es so ist.»[73] Krolow reagiert begeistert auf die veränderte Schreibweise: «Ihre neuen Gedichte sind grossartig: in der Tat ein bedeutender Fortschritt gegenüber den beiden ‹Atlantis›-Proben.»[74] Er folgt dem Rat Krolows und übernimmt aus dem bestehenden Manuskript «Atlantis» nur noch einige wenige

Texte in die Sammlung «Tula, die Gegenwart», da sich die neuen Gedichte «gänzlich in Herkunft und Genauigkeit» von den früheren unterscheiden. Das Auswahlkriterium für den neuen Band ist, «alles Krasse, politisch Anspielende, überhaupt zeitlich anzüglich Betreffende, gar nicht in die Wahl zu ziehen. Nur das Eigenständige, von welchem Publikum auch Abgehobene, und in der dünnen Luft gänzlicher Unangreifbarkeit Destillierte mit strengstem Massstab auf Reinheit und Präzision Gemessene.»[75]

Da sich die «bibliophile» Mappe in nächster Zeit nicht realisieren lässt, schlägt ihm Scharpf Mitte Mai die Herausgabe eines gemeinsamen Privatdruckes vor. Gwerder reagiert «begeistert» auf den Vorschlag und realisiert noch im gleichen Monat in der Druckerei seines Arbeitgebers 100 gefalzte Blätter mit vier Gedichten in seiner Handschrift, wobei er 50 Exemplare Scharpf schickt. Dieser wird ihm später ebenfalls 50 Leporellos mit den an seinem Wohnort Altleiningen in der Pfalz hergestellten Holzschnitten zukommen lassen. Trotz den positiven Entwicklungen in den letzten Wochen kann sich Gwerder gewissen «existentiellen Tiefs» auch im Wonnemonat Mai nicht entziehen: «Heute ein unglaublich düsterer Tag. Wie Winter trostlos – das Wetter für Selbstmörder. Man hat den Eindruck, sogar die vom Sonnenlicht unabhängigen Dinge, wie Möbel oder Bücher, seien eingegraut in ein Nichts, das doppelt anfällt, weil es aus puren Vergeblichkeiten sich zusammensetzt.»[76]

Manchmal findet er die Brotarbeit und das Familienleben als hemmend für sein schriftstellerisches Schaffen: «Heute (…), um vier Uhr nachmittags, stieg mir die schönste Abhandlung über Existenzialismus und ‹Existenzialisten› auf. Ich konnte sie nur so vor mich hersagen – um halb sechs, zuhause, Nachtessen, Fülle im Bauch, Kinderlärm, Cigaretten, Zeitung –: kurz, der ganze Strudel familiären, vegetativen Dösens. Aus war's mit Dichtung – die Wahrheit trumpfte auf.»[77]

Mitte Juli kommt endlich, mit fast einem Jahr Verspätung, das ‹signaturen›-Heft *Die Begegnung* heraus mit drei Gedichten und fünf Holz- und Linolschnitten von Rudolf Scharpf. Auch das trübe Sommerwetter trägt bei, dass er dem deutschen Mitstreiter statt Worte der Freude über das Erscheinen nur «einige Zeichen eines kümmerlichen Geistes» unterbreiten kann: «Ich bin zusammengeschlagen, ausgebreitet, zum Trocknen aufgespiesst in einem Herbarium zwischen Grau und Zarathustra – Was könnte einen da noch interessieren? Doch höchstens das Wörterbuch der Antike. Platon hängt mir zum Halse heraus – Montaignes Essais sind zu beruhigt für unsere Zeit – Trakls Verse halten noch, auch Rimbaud, aber nur bei geschlossenen Fenstern.»[78] Weil er den «seltsamen und abseitigen Anspruch» eines in der ‹Tat› veröffentlichten Gedichtes der Schweizer Lyrikerin Erica Maria Dürrenberger «entdeckt», beginnt er mit ihr einen Briefwechsel. Die Beziehung zu ihr wird sein Schicksal bestimmen.

Ende Juli erhält er von Scharpf die Leporellos mit vier Holzschnitten, die zusammen mit seinen Gedichten den Privatdruck *Monologe* ergeben. Zum Titel bemerkt er: «Monolog –: in immer einer Zeit bei den Menschen einsame, kaum verstandene Mitteilung eines Abseitigen. Aber nicht er allein: Seine eigene Welt spricht mit. Jeder echte Monolog bedeutet: einer allein in seiner eigenen *Welt!*»[79] Auch wegen des fehlenden Druckvermerkes und des unterschiedlichen Formates – «ein Peitschenschlag von Einsamkeit» – findet der Privatdruck in der Öffentlichkeit eine enttäuschende Aufnahme: «Ich stosse durchwegs auf Ablehnung mit unseren fliegenden Blättern – und der erwartete Schlag ging ins Wasser: statt zu schockieren – mokieren sich die Leute über die flüchtige (ich zitiere) Heilsarmee-Aufmachung.»[80] Scharpf hingegen versucht den – äusseren – Unzulänglichkeiten eine positive Seite abzugewinnen: «ein Monolog-Selbstzweck, wie er (...) wahrer nicht ausfallen konnte».[81]

Gwerder wird von Erwin Jaeckle in die «Zürcher Freitagsrunde» – «bei schönem Wetter im ‹Terrasse›, bei schlechtem Wetter im ‹Odeon›» – eingeführt, wo er neben den Verlegern Walther

Meier und Peter Schifferli sowie dem Literaturprofessor Emil Staiger («Militärkopf par ex.») erstmals Max Rychner trifft: Er «entsprach genau meiner Vorstellung aus seinen Büchern –; nur äusserlich etwas jünger –».[82] Nach einigen Teilnahmen an den «Freitagabend-Tafelrunden» unter den ihm weltanschaulich fremden Persönlichkeiten stellt er fest: «Ich hielt viel zu viel von seinen Vertretern – auch was ‹Rang und Namen› hat, ist nur eine besser gestellte Figur des gesellschaftlichen Schachspiels –.»[83] «Ich ziehe in Zukunft den Anarchistenkongress vor!»[84]

Weil er meint, wegen der vorgezogenen Rekrutenschule den bevorstehenden Wiederholungskurs im Herbst nicht mehr leisten zu müssen, bittet er die Militärdirektion Zürich um Klarheit über den Sachverhalt. Da ihm diese keinen Dispens erteilt und er sich im Recht glaubt, schreibt er am 1. August dem Chef des Eidgenössischen Militärdepartementes, Bundesrat Karl Kobelt, und protestiert gegen die «offen deklarierte Willkür». Er droht darauf dem unnachgiebigen Militärdepartement, dass er «dem Aufgebot zu diesem Dienst keine Folge leisten werde. Das Recht ist mir sehr viel wert, aber auf die Paragraphen pfeif' ich, wenn diese von den einen umgangen werden dürfen.»[85] – «Ich komme und komme nicht vom Militär los»[86], vertraut er Jaeckle an, der – als Nationalrat und Oberst in der Armee – sich vergeblich an Ort und Stelle in Bern um eine Lösung von Gwerders Problemen bemüht. Erica Maria Dürrenberger ist über die kompromisslose Haltung des «gequälten Freundes erschüttert»: «Auch wenn Sie im Recht sind, ist es nicht recht, sich in solche Schwierigkeiten zu begeben. Soll denn Michael Kohlhaas wieder auferstehen? (…) Es betrübt mich masslos, dass Sie keine Heimat haben in unserem Land. (…) Sie aber wollen partout keine Heimat haben. (…) schlimmstenfalls, meine Treue folgt Ihnen auch ins Gefängnis.»[87] Gwerder gesteht der Brieffreundin: «Die Politik ekelt mich an, ohne dass ich mich bis heute je einmal ganz hätte von ihr lösen können. Sie zerschlägt jede aufkommende kontinuierliche Arbeit und mischt sich mit und auch gegen persönliche Anlagen, die (...) Kräfte enthalten können, welche lediglich darauf warten, nicht mehr von ihr gebunden zu sein –.»[88]

Trotz dieser Schwierigkeiten arbeitet er kontinuierlich an seinem Gedichtband, den er im August «Herbstzeitlos» nennt und am 21. September abschliesst. Der definitive Titel: *Blauer Eisenhut*. Krolow dankt für das ihm gewidmete Gedicht «Moment poétique» – eines der Gedichte aus dieser Sammlung: «Ein wunderbares, präzises Ding von einem Gedicht, wirklich ein poetischer Augenblick und eine kleine Ewigkeit, ein Leuchten dazu, ein Blitz, der durch 8 Zeilen fährt.»[89] Auf Krolows Feststellung von Gwerders «erstaunlicher Produktivität» entgegnet ihm dieser: «Ich weiss nicht ob das produktiv zu nennen ist: dieses Jahr sind bis jetzt ca. 50 Gedichte entstanden – aber nur die Hälfte davon unter Bedingungen, die ich gelten lasse –»[90] Nicht Quantität, sondern «sprachliche Präzision und Geistesgegenwart» ist das schwer erreichbare Ziel: «Je länger ich mich, und je intensiver, mit dem Gedicht einlasse –, desto weiter scheint mir, was mir als Vollendung vorschwebt, sich zu entfernen. Und doch: der Teufel, oder der Gott, hat mich gepackt und ruhelos gemacht; das Wählen, dessen Geheimnis ja, nach Valéry, nicht geringer ist, als das der Erfindung –, das Formen und wieder Umschmelzen beginnt schon lange bevor ich etwas niederschreibe. Mit dem natürlichen Resultat, dass im Ganzen weniger geschrieben wird; dafür sozusagen gar nichts mehr abgeändert werden muss.»[91]

Zum «Wählen», «Erfinden» und «Formen» kommt in der Werkstatt des Dichtens noch etwas Weiteres hinzu: «Das Ausarbeiten betrifft dann nur noch einzelne Worte, grammatikalische Formung, oder oft sogar Streichung ganzer Strophen. Gewöhnlich lasse ich ein eben geschriebenes Gedicht ein, zwei Tage beiseite und sehe dann beim nochmaligen Vornehmen sofort die nötigen Änderungen. Entweder ist es dann für mein Dafürhalten gut, und dann wird es ad acta gelegt, oder es ist gänzlich missraten – und wandert zum berühmten Papierkorb. Gefühle, Töne, Wolken, Sterne, Blicke über Dächer –: das sind die Auslöser des Gedichts – wenn es darauf wartet.»[92] Für den Prozess des Denkens und Schreibens, dieses manchmal mühsame «an mir selber Feilen und Bohren», braucht es «oft Wochen um Wochen das leise aber bittere Leben eines Nachtschattengewächses», wobei «von mir aus keine Rede sein kann von ‹Hobby›, wenn es um Geschriebenes geht (...) Es bedeutet mir vorwiegend Leben, sieht man vom Vegetativen ab, ist auch zeitweilig sogar eine Seinsfrage.»[93] Dem Schreiben von ungewöhnlichen Gedichten wegen kann er sich allerdings auch ein Leben als «Zuhälter in Marseille» vorstellen oder die Erfahrung des Rauchens von «Marihuana-Cigaretten».

Am 22. Oktober rückt Gwerder doch in den Militärdienst – «zwischen rostigen Drähten, Dummköpfen und verbrecherischem Unsinn» – ein: «Drei Monate Kerker wurden angekündigt, – es ist nicht bessere Einsicht meinerseits, wenn ich also gehe, sondern ziemlich gewissenlose Berechnung. Zahl' sie die Eidgenossenschaft!»[94] Gegen Ende des Wiederholungskurses berichtet er: «Ich bin völlig indifferent, und wenn ein Gefühl vorhanden ist, dann das: die Erwartung einer Explosion. Hinter der Fassade der Freiheit arrangiert man die hündischste, unwürdigste Sklaverei. Ich habe ein gutes Gedächtnis und die syphilitische Helvetia ist allzu ahnungslos in ihrer Krankheit.»[95] Und gleich nach der Rückkehr aus dem Dienst notiert er im Tagebuch: «Um sich in unserer Zeit wohl zu fühlen, muss man Ding oder Soldat sein.»[96] Gwerder kann aber auch Positives melden: «Politisch kam ich mit drei Tagen Arrest und zwei Tagen vorzeitiger Entlassung (Urlaub) weg. (...) Etwa sechs Gedichte entstanden in den drei Wochen, ohne geringste Militärtrübung.»[97]

Eines dieser Gedichte – «Astern» – ist die Folge einer traumhaft anmutenden Begegnung mit einer «schönen» Frau: «Das Militär war vergessen. Was war nicht alles vergessen –, es war noch die Nacht mit ihrer fremden Kälte, mit ihren Mauern aus Stille. Es war noch die Sprache, die keine Grenzen mehr zu haben sich entfaltete wie Teppiche aus Cimmerien –, eingewoben alle Reiche der Erinnerung, alle Zonen des Möglichen – mit dem göttlichen Hinab. (...) Worte standen mir bereit. Jeder Wink befahl neue heran. Ein Meer von Worten. Ich wählte aus, erinnerte mich an mein Bemühen, genau und einfach zu werden, schrieb ohne zu streichen, schwebte über den Wassern und konnte viel –.»[98] Trotz des «offenen Landes», das sich ihm durch diese Erfahrung zeigt, quält ihn sein Zaudern im alltäglichen Leben: «Eigentlich bin ich nur ein verhinderter Durchbrenner, ein Rimbaud dritter Güte. Da schneien einem die Götter Gelegenheiten ins Haar –, und man setzt sich säuberlich in die Ofenecke, bis alle zu ungesalzenen Tränen schmelzen. Meine Sehnsucht galt immer der Abwesenheit eines Ideals, in Entfernungen, die ich nicht kannte und daher meistens überschätzte.»[99]

Kurt Friedrich Ertel hat im November die «fixe Idee», einen «kleinen Gedichtband» von Gwerder herauszugeben, «denn: es muss unbedingt mit Ihnen was geschehen.»[100] Dieser schlägt dafür die Sammlung «Land über Dächer. Neue Lyrik» vor, an der er seit Oktober arbeitet. In dieser Auswahl sind Prosagedichte wie «Morgen in Aussersihl» enthalten, die sich in der «Syntax» wie in der «Themenstellung» «wesentlich» von den früheren, «verrückten Prosagedichten» unterscheiden. Er sieht «die Morgenröte des Gedichts», wobei eine der neuen Perspektiven darin besteht, «dass bei mir erst jetzt jene Stufe beginnt, da ich vom Inhalt, von der (noch weiter zurück) Ahnung her den Rhythmus aufrufen kann, gleichsam wie mit einer Stimmgabel, (welch' ein schauriges Instrument: Töne aufzuspiessen!) worauf sich dann der diesem angeschlagenen Ton entsprechende Sprachbereich zur Auswahl auftut.»[101] Gwerder weiss, dass «die Verse, die hierzulande gedruckt bezw. zur Veröffentlichung vorgeschlagen werden, vorwiegend formal, und nur formal, zur Beurteilung gelangen». Deshalb «sind auch im *Blauen Eisenhut* ausschliesslich gereimte Verse. Wahrscheinlich auch gehört das so dazu, dass einer erst zeigt, dass er das Handwerkliche beherrscht, ehe man auch dem Melos und den Stromschnellen seiner ‹Prosagedichte› traut.»[102] Bei all den erfreulichen Entwicklungen in der Kunst des Gedichteschreibens bleibt er selbstkritisch: «Wenn ich bessere Gedichte als andere schreibe, dann heisst das nicht, dass meine Gedichte gut sind – sondern, dass jene anderen schlecht schreiben.»[103] – «Der Weg wird allerdings noch lang sein bis zur Kopfgruppe, aber nicht unmöglich, besonders wenn man sieht, wie alte Strohpuppen heute den Markt beherrschen.»[104]

Anfang November hört er mit dem Tagebuchschreiben auf und beginnt am 17. November, «genaue Aufzeichnungen» unter dem Titel «Gravuren und Gladiolen. Eine kontrapunktische Sammlung» zu machen, «unter dem Aspekt, das Entlegene oder auch Falsche zu fixieren».[105] Statt, wie geplant, diese «von November zu November» zu führen, hört er damit schon im Januar 1952 wieder auf. In diesen Aufzeichnungen denkt er über die Gründe seines Schreibens nach: «Niemand glaube, ich sitze in egozentrischer Behaglichkeit im elfenbeinernen Turm und schreibe da die Ergüsse blasierter Herzflut auf Büttenpapier. Nein –, ich schreibe, weil ich mir der grossen Verlassenheit bewusst bin. Weil ich allein stehe am öden Sandstrand brennender Fragen. Weil mir weder Himmel noch Erde je anders als fraglich antworteten und je anders als fraglich antworten können, da diese Fragen nur ich allein weiss bis in die finsteren Falten ihrer Antwort.»[106]

Gwerder sagt den für den 24. November geplanten Besuch bei Erica Maria Dürrenberger in Reigoldswil ab, da «uns der Dienst eine finanzielle Lücke gerissen hat, die mir noch nicht erlaubt auch nur das Bahnbillet nach Liestal zu riskieren».[107] Die Brieffreundin interpretiert diese Begründung als Vorwand, schickt ihm aber dennoch – jedoch vergeblich – Geld für die Reise. Sie ist über das Ausbleiben und Verhalten Gwerders als «Stolzer», «Einsamer» und «Kostverächter» sehr verstimmt und fordert ihn auf: «Elan vor Weltschmerz!»[108] Trotzdem besucht sie ihn am 11. Dezember in Zürich. Die persönliche Begegnung enttäuscht ihn – «s wär nüd nötig gsi» –, was er Dürrenberger in sarkastischen Briefen danach spüren lässt.

Vor Weihnachten erscheint die immer wieder überarbeitete, einzige Buchpublikation zu Lebzeiten, *Blauer Eisenhut*. Ein Exemplar schickt er dem deutschen Schriftsteller Ernst Jünger, der ihm hinter dessen Büchern «so unwirklich» vorkommt und bei dem er «die von Valéry gerühmte Genauigkeit der Gedanken und ihrer Darstellung»[109] findet. Nach Erhalt des Bandes gratuliert ihm Jaeckle zur «grossen und schönen dichterischen Leistung. Ich freue mich, zu wissen, dass Sie den wenigen Stimmen im Lande Ihre vernehmliche gesellt haben.»[110] Krolow findet das Buch «ganz ausgezeichnet» und gesteht Gwerder: «Es sind hier einmal nicht Versifikationen, Reimereien sondern durch und durch poetische Gebilde versammelt.»[111] Nur wenige Tage später, am 29. Dezember, lobt er den Band in seiner Besprechung «Ein junger Schweizer Lyriker» in der ‹Tat› auch öffentlich und schreibt, dass «hier eine bemerkenswert sichere Begabung ein literarisches Erlebnis umsetzt in Verse (…), die von zugleich stürmischer Aussagemächtigkeit und zarter Spiritualität sind, die die Fähigkeit haben, Traum, Erfahrung und Widerfahrung des Traumes, Laut werden zu lassen, und zwar ganz direkt, ohne Umweg». In seinem Dank an Krolow bezeichnet Gwerder dessen Kritik als «das schönste Geschenk aller Weihnachten, soweit ich mich zu erinnern vermag. (…) Sie erfanden eigens für mich eine eigene Besprechung!»[112]

Mit den positiven Urteilen von Jaeckle, Krolow und Rychner hat sich Gwerders Wunsch – «die Achtung der Wenigen, die auch ich achte – erfüllt und ich habe kein schlechtes Gewissen dabei –; fanden doch die Mühen, die ‹Askese›, die Tänze auf Messers Schneide, der Flug über Abgründe mit imaginären Schwingen, oder, konkret, die Nachtstunden, die körperliche Besessenheit, die Räusche ohne Alkohol, das Kopfweh ohne

‹Ausschweifung›, kurz: die Auf- und Anwendung der gesamten freien Zeit, ihre Anerkennung.»[113]

Vom guten Echo auf *Blauer Eisenhut* in seinem schriftstellerischen Streben bestärkt, ist Gwerder zu Beginn des Jahres 1952 optimistisch, obwohl der Januar die «härtesten Farben des Jahres» hat: «Wenn der erste Tag des Jahres vorbedeutend ist, dann wird dieses Jahr gut werden: Er ist nicht so ruhig, dass man seiner Vorhersage misstrauen müsste, und nicht so trübe, dass es einen beunruhigte.»[114] Schon bald ziehen allerdings die ersten schwarzen Wolken auf, als Erica Maria Dürrenberger den Briefwechsel mit ihm abbricht: «Sie haben sich in mir getäuscht, ich habe es wohl gemerkt: E.M. Dürrenberger ist nicht so wortschöpferisch begabt, wie Sie glaubten und wie es für Sie wertvoll wäre in einer weiteren Korrespondenz. (...) Bauen Sie da weiter, wo Sie an jenem Herbstabend angepackt wurden ‹die Begegnung mit der «schönen» Frau im letztjährigen Wiederholungskurs. Anm. des Hg.› – Vielleicht wird jene Erscheinung wieder auftauchen um Sie aus dem Eis zu retten.»[115]

Mitte Januar berichtet er über die Reaktionen auf Krolows Besprechung von *Blauer Eisenhut* in der ‹Tat›, der für ihn «bereits passé» ist: «Mein Vater, der immer Tatsachen sehen will, suchte mich eiligst auf und zeigte eine Riesenfreude. Und im Dorf, wo ich klein war, hiess es nun: ah' darum war er immer so komisch und guckte über einen hinweg. – Zum lachen, mein lieber Rudolf Scharpf. Wir, Sie und ich, wissen, was es auf sich hat mit dem Land über Dächer.»[116] Er schliesst die erste Fassung der Gedichtsammlung «Land über Dächer» ab, worin es «einige schärfere Sachen» hat. Gwerder ist «unterwegs», arbeitet an längeren «Stadtgedichten» wie «Intime Ausstellung» und «Ein Abend, eine Strasse und ein Mittag in der City», wozu er «abendliche Gänge» macht, «um das ‹Milieu› einwirken zu lassen».[117] Er erhält erstmals auf ein Prosastück – «Zum Möwenflug» – Beifall von kompetenter Seite: «Zeilen reiner Zustimmung und Freude, (...) an dem besten Stück Prosa, (...) das ich an Qualität neben die besten Ihrer Gedichte stellen möchte. (...) Schreiben ist Nachtwandeln und zugleich ein sehr einfacher, nüchterner, überlegter Vorgang. Man merkt's auch bei Ihnen sogleich.»[118] Max Rychners Dank für das ihm von Gwerder zugeeignete Gedicht «Von letzten Dichtern» enthält prophetische Töne: «Drei kleine Säulen, da stehen sie, verschieden an Figur und doch zusammengehörend von Ursprungs wegen, von eigener Windmusik umspielt und zugleich melodische Fetzen eines anderen ‹Letzten› empfangend und weiterspielend. Mich freut es, dass ich dabei war, als die Wortzauberei in Ihnen begann, und ich wünsche, deren Fortgang und Wandlungen mitzuerleben, gewiss, dass Ihnen noch vieles bevorsteht.»[119]

Nach der Publikation von *Blauer Eisenhut* werden wichtige deutsche Literaturzeitschriften wie ‹Neue Literarische Welt› und ‹Die Literatur› auf das Schaffen des Schweizer Autors aufmerksam. Auch der Redaktor der hiesigen Zeitschrift ‹Hortulus›, Hans Rudolf Hilty, der nach Gwerders Tod mehrere Bände von ihm herausgeben wird, fühlt sich von der «Eigenart» seiner Gedichte «angesprochen». Die Veröffentlichung des Gedichtes «Tee» erfolgt jedoch nicht mehr zu Gwerders Lebzeiten. Trotz der vielversprechenden Publikationsmöglichkeiten hat er Anfang März dunkle Ahnungen: «Ich habe viel zu tun im Geschäft, eine grosse Leere im Kopf zuhause, und blühe nur manchmal anderswo. (...) Ich spüre irgendwelche Wendungen sich vorbereiten und bin bemüht den Faden der Parze durch diverse Messer zu führen.»[120] Etwas später benennt er die Ursache seines Zwiespaltes: «Ich habe das bürgerliche Leben satt bis zum Überdruss, und nur den Paragraphen zuliebe oder aus Furcht vor den Paragraphen das Scheindasein weiterzuführen –, dazu eigne ich mich nun immer weniger.»[121] Er macht die Bekanntschaft einer Frau – einer «Arztgehilfin» –, die unter dem Namen «Rheila» in einige seiner Texte eingehen wird. Auch deshalb befindet er sich «in einem tollen Wirbel der Gefühle und der Überlegungen. Tanz mit der ganzen Familie, mit der ganzen Sippschaft. (...) Möglich, dass meine Frau und ich uns trennen.»[122] Er beabsichtigt, sich den «interfamiliären Konflikten» zu entziehen und nach Argentinien auszuwandern. Sagt aus diesen Gründen den geplanten Besuch in Deutschland ab. Er hatte anfangs April eine Ausstellung von Rudolf Scharpf in Kaiserslautern besuchen, sich mit Ertel treffen und eine Lesung in Darmstadt halten wollen. Scharpf versucht den Deprimierten zu trösten: «Sie werden weitergehen, auch im Taumel von innen und aussen, überm Abgrund.»[123] Auf die grosse seelische Anspannung reagiert Gwerder mit einem «ergiebigen Nervenzusammenbruch. Darauf Angina, Penicillin und dann der Rest: Zahnarzt. Übermorgen nehme ich wohl den 48 Std.-Trott wieder auf – zum Rätsel der Bürger (...) Dass ein anderes Land meiner wartet, davon bin ich so sicher, wie ich überzeugt bin davon, dass es unmöglich ist nach 20 oder 30 Jahren auf denselben Schienen zu manövrieren.»[124] Er schliesst im April das lange Prosagedicht «Ein Abend, eine Strasse und ein Mittag in der City» ab – «eine verrückte Folge von Verrücktheiten» (...) Es war zu schlimm, als dass ich mir selber traute dabei».[125]

Er beginnt im Mai – als eine Art literarische Reaktion auf seine Krise – mit der Niederschrift des «schonungslosen Dialogs» «Maschenriss», in den er auch verschiedene früher entstandene Lyrik- und Prosatexte aufnimmt und sie collageartig mit neu geschriebenen Teilen verbindet. Dieses «Gespräch am Caféhaustisch» «tönt schaurig für die Gleichgewichtigen –, Stabilen –, aber formal werde ich jeden Satz auf die Spitze treiben».[126] Erica Maria Dürrenberger nimmt im gleichen Monat den Briefkontakt mit ihm wieder auf. «Es sind noch immer die selben Dächer über die die Worte heranjagen», antwortet er ihr, «und der Süden ⟨Dürrenberger hielt sich ferienhalber in Südfrankreich auf. Anm. des Hg.⟩ wäre für mich pendenter, wenn nicht, nicht genau bestimmbare, Teile jener Substanz zerfallen wären und noch immer bröckeln, welche diese Lockung trugen. (…) Lese noch immer Nietzsche, Baudelaires künstliche Paradiese, Eliots Gedichte, auch Lorca's (…) Ich schreibe genaue, aber heftig rotierte Verse jetzt. Oft auch das Gegenteil: kalt, klar, ohne Güte, viel Schwermut, Nein's.»[127]

Spätestens Anfang Juni beendet er die um mehrere Gedichte erweiterte zweite Fassung von «Land über Dächer». Am 15. Juni erscheinen der Prosatext «Hauptmann Sack» unter dem Titel «Ein Tag des Soldaten» und das Gedicht «Verse für Rheila» in der Zeitschrift ‹Die Literatur›, was die erste Veröffentlichung von Texten Gwerders in einem renommierten Presseorgan in Deutschland bedeutet. Um dieselbe Zeit besuchen ihn Rudolf Scharpf und dessen Frau in Zürich: Sie «brachten faule Krabben und Tang und winzige Muscheln mit ⟨aus ihrem vorherigen Ferienaufenthalt in Südfrankreich. Anm. des Hg.⟩. Besser war die grosse Holztafel, die er mir schenkte: ‹Versunkenes›.»[128] Kurz zuvor hatte Gwerder eine – radikale – Lösung seiner weiterhin unbefriedigenden Lebenssituation in Betracht gezogen: «Um einen bestimmten Preis würde ich sogar die Sandalen am Kraterrand lassen wie Empedokles –».[129]

Ende Juni lädt ihn Erica Maria Dürrenberger ein, sie in Reigoldswil zu besuchen und «die Kirschen zu probieren – in 14 Tagen sind sie vorbei».[130] Er kann jedoch die Einladung nicht annehmen: «Die Kirschenernte verpatzt und die vornestisch'ste Hitze mit Schlafversuchen vor dem Nichts verbracht –, Briefe, die ich nicht mal beantworten konnte, Prosa, die nicht geschrieben wurde – von Versen gar nicht zu reden. (…) man nennt den Zustand Gelbsucht (…) Seit 14 Tagen schon spürte ich, dass es, vor allem psychisch, immer dunkler wurde.»[131] Die vergeblich wartende Dürrenberger versucht die Ursache des «Zustands Gelbsucht» in Worte zu fassen: «Sie sind krank vor Hitze, Müdigkeit und Sehnsucht nach dem verlorenen Traum.»[132] Die schwere Krankheit macht ihn für mehrere Wochen arbeitsunfähig. Der Kranke zieht eine hellsichtige Bilanz seines Lebens in diesem Jahr: «1952 ist ein seltsames Jahr. Ich halte mich nirgends, lasse mich überall fallen. Ich glaube, dieser Herbst bringt den endgültigen Bruch mit dem Staat und seiner Ordnung für Automaten. Seltsam: der Frühling ganz hochgespannt und die Funken sprangen – dann ein Ultratief; ein Wolgasängertief – und jetzt die physischen Reaktionen – was kommt danach?»[133]

Ein erster – harmloser – «Bruch mit dem Staat» besteht darin, dass er sein Leibblatt ‹Die Tat› abbestellt – «jetzt ist gar keine politische Zeitung mehr im Haus. Mit der ‹deutschen Rundschau› bin ich auch verkracht, die sind ja vom Westen gekauft, – die ‹Schweizer Rundschau› ist nach Habergrütze orientiert».[134] Vermutlich noch vor Ausbruch der Krankheit hatte er das Prosastück «Möglich, dass es gewittern wird …» geschrieben, wo er seine aufwühlenden (Liebes-)Erfahrungen im vergangenen Frühling in einer für ihn neuartigen Schreibweise verarbeitete: «Ich habe ja jetzt viel mehr Sicherheit in Bezug auf Prosa. Auch da muss es *neu* sein (…) *eigen* – und keineswegs nur thematisch, sondern *stilistisch vor allem.*»[135] Er lernt die Gedichte von Else Lasker-Schüler kennen, die «Verse» hat, «die nenn' ich in gleicher Höhe wie Trakl, Heym und Rilke».[136]

Am 19. Juli veröffentlicht die ‹Tat› auf der Magazin- statt auf der Literaturseite erstmals seit einem Jahr wieder ein «neues» Gedicht von Gwerder: «Morgen in Aussersihl», das er allerdings bereits im Dezember zuvor der Zeitung überlassen hatte. Über die Plazierung des Gedichts – «wie ein Hühneraugeninserat» – erbost, schreibt er Erwin Jaeckle: «Die Literatur-Seite der ‹Tat› wird schwach und schwächer – wenn das so weiter geht wird Max Rychner in absehbarer Zeit Sportredaktor.»[137] Jaeckle, «der Chef der Militär-Kurpromenade a. d. ‹Tat›», fühlt sich von Gwerders Worten angegriffen und kritisiert die ihm zugeschickten Prosastücke «Hauptmann Sack» und «Möglich, dass es gewittern wird …» vernichtend: «Sie haben Benn das Übelste abgeguckt, die Assoziitis. Das ist Dichtkunst der Zwanzigerjahre und ganz und gar überlebt. Die Originalität um jeden Preis liefert für die Dauer keine Werte. Ich bin darüber traurig, dass Sie sich derartigen bengalischen Feuerwerken verschreiben. Der Erfolg soll Sie nicht bestätigen. Sie sind nicht am Ufer angekommen. Der Weg ist nicht abzusehen.»[138]

Durch diese ablehnende Haltung sieht sich Gwerder in «Helvetien abgesägt». Noch nicht ganz von der Gelbsucht genesen, wird sein Gedicht «Morgen in Aussersihl» obendrein von der ‹Zürcher Woche› auf «niederträchtige Art und Weise» angegriffen und parodiert: ‹Lyrik ist nicht nur, wenn man krampfhaft zusammengeschusterten Unsinn als unverfälschtes seelisches Quellwasser deklariert, jeden Satz zu Hackfleisch verarbeitet und die noch unsinnigeren Einzelteile hübsch unordentlich aufeinanderbeigt, ‹denn Gedichte sehen nun einmal so aus›. So siehst du aus. (…) Ich bewerbe mich um die Carnegie-Medaille, weil es mir gelungen ist, mich selber aus dem lyrischen Sumpf, Marke Gwerder, zu retten.»[139] Als Gwerder sich brieflich bei der ‹Zürcher Woche› über das «Pamphlet» beschwert und für den Nachdruck des Gedichtes ein Honorar verlangt, antwortet ihm die Zeitung: «Wir gestatten uns, Ihnen mit der nächsten Abrechnung ein kleines Aufmunterungshonorar von Fr. 5.– zu überweisen und empfehlen Ihnen, damit einen währschaften Goethe'schen Gedichtband zu erwerben.»[140] Zum Glück erscheint in der ‹Zürcher Woche› die öffentliche Replik von «Marquis Prosa» erst am 19. September, nach dem Tod des Dichters: «In dem Brief des Dichtermannes Gwerder steht noch etwas: ‹Ich habe der Schrebergartengesinnung Ihrer Zeitung zur Lyrik nichts entgegenzuhalten.› Das ist aber traurig. Der Antischrebergärtner hat uns nichts entgegenzuhalten. Nichts Besseres. Nichts Gescheiteres. Nichts, was einem Gedicht ähnlich sähe. Nichts. Nichts. Nichts.»

«Probieren Sie, die Dummheit der Welt etwas zu vergessen, mit Ihren eigenen Worten könnte ich Ihnen sagen, dass man nur für Wenige schreibt und von Einzelnen verstanden werden kann»[141], tröstet Erica Maria Dürrenberger den Brieffreund, der sich «gelb geärgert» hat über die «Intrigen» der «Schweizer Essayisten» und «sonstigen Vertuscher und Retoucheure». Seine «Zörner» darüber reagiert er im Aufsatz «Betrifft: Pfahlburg» und in der Glosse «Vom Geiste Zürichs» ab. Dort will er «anderswo beheimateten Dichtern Mut machen», «indem man ihnen anschaulich beweist, dass sie keineswegs allein in der amüsanten Lage sind, Spiessruten laufen zu dürfen zur Blechmusik geistiger Schrebergärtner.»[142] Endlich kann Gwerder die Einladung Dürrenbergers, die für ihn erfreulicherweise nicht zum «gewöhnlichen Akademikerklüngel» gehört, annehmen. Von Mitte bis Ende August erholt er sich von den körperlichen und geistigen Strapazen in Reigoldswil/Kanton Basel-Land in deren Haus, über dem als «unsichtbare Inschrift» steht: «Hier bin ich Mensch, hier darf ichs sein.»[143] Er lernt dort Dürrenbergers zehn Jahre jüngere Tochter Salome kennen. Die Liebesbeziehung zu ihr schlägt sich nieder in einigen Gedichten und in seinem letzten Prosatext «Ein Tag in Basel».

Im Sommer beginnt für Gwerder die produktivste Zeit seines Lebens, trotz oder vielleicht gerade wegen der erwähnten Turbulenzen und der gleichzeitigen, krankheitsbedingten Zurückgezogenheit. Von Juli bis Mitte September entstehen die meisten Texte seiner letzten Lyriksammlung «Strom. Gedichte und Die roten Lieder aus der brandschwarzen Stadt». Anfang August schickt er eine frühe Fassung dieser Sammlung der ‹Neuen Schweizer Rundschau›. Er stellt die während seines Ferienaufenthaltes verfassten Gedichte mit einigen kurz zuvor entstandenen Texten zur Sammlung «Reigoldswiler Verse» zusammen. Nach der Rückkehr Ende August eine hektische Betriebsamkeit («ich explodiere»); Gwerder schreibt die letzten Gedichte, darunter fast alle der 19 «roten Lieder aus der brandschwarzen Stadt».

Der deutsche Dichter Wolfgang Bächler trifft ihn in jenen Tagen in Zürich: «Er sagte, er (…) müsse endlich ausbrechen aus einer Umgebung von Opportunisten, ‹wehrhaften Spiessbürgern›, dem Zwang der Ämter und des Berufs. (...) von seiner literarischen Arbeit liess er nur wenig noch gelten, und er sah sich auch hier vor einem neuen Beginn.»[144] Da Gwerder auf keinen Fall wieder ins Militär will, sucht er um Verschiebung des Mitte September beginnenden Wiederholungskurses nach. Seinen «letzten Freund» Rudolf Scharpf orientiert er über die Begründung seines Gesuches und seine gegenwärtige Befindlichkeit: «Um vom Militär Dispens für ein halbes Jahr zu erwirken: (...) gab ich an, ich müsste eine Stelle, eine grosse Chance!, bei Dir, als Sekretär, antreten, und zwar spätestens am 27. Sept. (...) Immerhin und zu meiner Schande (...) sei es gestanden, dass ich die Absicht hatte mit Morphium zu verduften – Psst! (Salome) (...) Ich bitte also in aller Form um Asyl: die dicken Havannas und die Autoschnauzen verfolgen mich.»[145] Er besorgt sich einen Pass, kündigt am 12. September seine Stelle auf den 27. des Monats und bietet einen Teil seiner Bücher einem Antiquar zum Kauf an. Der Plan, zu Scharpf nach Altleiningen zu ziehen und die Familie nachkommen zu lassen, wird sich durch die nachfolgenden Ereignisse als halbherzig, ja als eine Art Ablenkungsmanöver erweisen.

Am Freitag, 12. September, schreibt er Abschiedsbriefe. Ein Schreiben und die definitive Fassung der Sammlung «Strom...» ist an einen seiner deutschen Förderer, den Redaktor und Dichter Heinz Winfried Sabais, adressiert. Statt am Nachmittag seinen kranken Vater zu besuchen, reist er mit Salome Dürrenberger nach Arles in Südfrankreich. Denn «in der Schweiz habe ich nichts zu bestellen», aber: «Ich bin sehr glücklich – ich liebe!»[146] Im Gepäck hat er eine vorletzte Fassung der Sammlung «Strom...», Gedichte von Federico García Lorca und das Buch *Der barmherzige Hügel* von Lore Berger.

Das Paar kommt am 13. September in Arles an und bezieht ein Zimmer im «Hôtel des Bains». Gwerder schreibt auf einer Postkarte an einen Freund: «Ich möchte noch einmal auf der

‹Wirbelsäulenflöte› spielen.»[147] In diesem Poem des von Gwerder geschätzten russischen Dichters Wladimir Majakowski steht: «Immer öfter überleg ich: – / setzt man nicht am besten / den Schlusspunkt mit einer Kugel ins Herz?»[148]

In ihrer momentanen Hoffnungslosigkeit beschliessen Alexander Xaver Gwerder und Salome am Abend, gemeinsam Selbstmord zu begehen. Nachdem dies mit einer Überdosis Morphium nicht gelingt, schneiden sie sich am nächsten Tag gegenseitig die Pulsadern auf. Während Salome Dürrenberger überlebt, stirbt der Dichter am Sonntagabend, 14. September, im Armenkrankenhaus «Hôtel Dieu» in Arles, wo der von ihm bewunderte van Gogh mehrmals gelegen hat. Gwerder soll sterbend gesagt haben: «Ich will leben!»

Der Dispens des Eidgenössischen Militärdepartements für den am 15. September beginnenden Wiederholungskurs erreicht ihn nicht mehr. Ebenfalls zu spät kommt das Schreiben von Walther Meier von der ‹Neuen Schweizer Rundschau› vom 16. September. Obwohl er die ihm von Gwerder Anfang August zugeschickten Gedichte «mit Vergnügen gelesen» hat und «einige davon wirklich gut» findet, schickt er die Texte – wie schon früher mehrmals – wieder zurück, mit der Aufforderung, die Gedichte «nach Neujahr» nochmals einzusenden.

Roger Perret

Anmerkungen

Sämtliche kürzeren Zitate ohne Quellennachweis stammen aus dem Briefwechsel zwischen Alexander Xaver Gwerder und Erica Maria Dürrenberger, Kurt Friedrich Ertel, Hans Rudolf Hilty (‹Hortulus›), Erwin Jaeckle (‹Die Tat›), Karl Krolow, Walther Meier (‹Neue Schweizer Rundschau›), Oda Schaefer und Rudolf Scharpf; aus Gwerders Manuskript «Tagebuchblätter 1950/1951» sowie aus Mechthild Korner: «‹Find heim, oder zerbrich!› Alexander Xaver Gwerder 1923–1952». Wissenschaftliche Arbeit zur Erlangung des Sekundarschullehrerdiploms des Kantons Luzern, undatiert ⟨um 1970⟩.

Bei allen Briefen, aus denen Zitate verwendet werden und die in Band II der Gesammelten Werke und Ausgewählten Briefe (= GW) abgedruckt sind, wird auf die Seitenzahl ihres Erscheinens dort hingewiesen. Über die Besitzerinnen und Besitzer der Briefe orientiert das «Standortverzeichnis» in GW, Bd. II, S. 431. Bei Zitaten aus unveröffentlichten Texten, «Tagebuchblättern» und Briefen wird der Vermerk «unveröffentlicht» (= uv.) angegeben. Diese Dokumente befinden sich, wenn nicht anders vermerkt, im Besitz von Frau Trudy Federli, Zürich.

1 Brief (= B) an Erica Maria Dürrenberger (= EMD), ⟨Mitte November 1951⟩ (uv.).
2 B an Kurt Friedrich Ertel (= KFE), 25.6.1950 (uv.).
3 Alexander Xaver Gwerder (= AXG): Manuskript «Tagebuchblätter 1950/1951» (= MTb.), Eintrag 18.1.1950, unpaginiert (uv.).
4 Mechthild Korner: «Find heim ...», a.a.O., S. 8.
5 B an KFE, 12.12.1951 (uv.).
6 B an Oda Schaefer (= OS), 14./21.1.1951, GW, S. 258f.
7 Siehe Anm. 2.
8 M. Korner: «Find heim ...», a.a.O., S. 10.
9 M. Korner: «Find heim ...», a.a.O., S. 11.
10 Siehe Anm. 2.
11 Siehe Anm. 2.
12 Siehe Anm. 2.
13 AXG: Typoskript «Das geschah während des letzten Krieges», undatiert ⟨November 1949⟩, uv. Der Text war eine Reaktion auf den «Aufruf an unsere WK-Soldaten» in der ‹Tat›, 7.11.1949, der «Anekdoten» aus dem Wiederholungskurs «zur Erheiterung unserer Leser» wünschte. Er wurde von Jaeckle abgelehnt, gemäss B an AXG, 9.11.1949 (uv.): «Sie haben uns nicht verstanden! Unsere Anekdoten wollen keine Kritik wiedergeben.»
14 B an Erwin Jaeckle (= EJ), 23.12.1951, GW, S. 374.
15 Urban Gwerder schrieb schon als Kind Gedichte, veröffentlichte 18jährig einen ersten Gedichtband und war in den 60er Jahren ein bekannter Undergroundpoet und -publizist. 1998 wird sein Buch *Im Zeichen des magischen Affen*, eine Anthologie seines Schaffens und Zeitgeschichte der Gegenkultur von Anfang der 60er Jahre bis heute, erscheinen.
16 B an EMD, 20.9. ⟨-22.9.1951⟩, GW, S. 330.
17 Siehe Anm. 2.
18 Siehe Anm. 2.
19 B vom Verlag der Arche, 21.3.1949 (uv.).

20 AXG: MTb., Eintrag 29.1.1950 (uv.).
21 AXG: MTb., Eintrag 6.7.1950 (uv.).
22 B (Kopie) an Gottlieb Duttweiler, 1.6.1949 (uv.).
23 B an EJ, 4.7.1949, GW, S. 208.
24 B von EJ, 12.7.1949, GW, S. 209.
25 B an EJ, 16.7.1949 (uv.).
26 B an EJ, 26.2.1950, GW, S. 211.
27 Siehe Anm. 20.
28 B an Max Baer, 28.8.1949 (uv.). Im Besitz von Kurt Baer, Horgen.
29 AXG: MTb., Eintrag 5.2.1950 (uv.).
30 AXG: MTb., Eintrag 23.1.1950 (uv.).
31 B an OS, August 1950, GW, S. 239.
32 B an EJ, 11.4.1950, GW, S. 215.
33 B an EJ, 18.4.1950, GW, S. 217.
34 B von EJ, 19.4.1950, GW, S. 219.
35 B an OS, 28.5.1950, GW, S. 223.
36 B von OS an KFE, 10.6.1950 (uv.). Im Besitz von Martina Ertel, Giessen.
37 AXG: MTb., Eintrag 20.6.1950 (uv.).
38 B von KFE, 6.7.1950 (uv.).
39 B an OS, 2.7.1950, GW, S. 233.
40 AXG: MTb., Eintrag 30.5.1950 (uv.).
41 AXG: MTb., Eintrag 4.6.1950 (uv.).
42 AXG: MTb., Eintrag 6.6.1950 (uv.).
43 Siehe Anm. 42.
44 B an OS, ⟨Anfang August 1950⟩, GW, S. 240.
45 Siehe Anm. 42.
46 Siehe Anm. 41.
47 AXG: MTb., Eintrag 20.7.1950 (uv.).
48 Siehe Anm. 47.
49 Siehe Anm. 31.
50 B (Kopie) an Karl Krolow (= KK), 11.8.1950, GW, S. 240.
51 B (Kopie) an KK, 2.9.1950, GW, S. 243.
52 B an KFE, 30.8.1950 (uv.).
53 B an KFE, 16.9.1950 (uv.). Erstdruck dieser Passage in: Katalog (= Texte) zur Ausstellung «Copain Vincent – Die Wirkung van Goghs auf die Schweizer Kunst», Kunstmuseum Olten 1988 (= Begleitheft zum Mai-Heft 1988 der kulturellen Monatsschrift ‹du›), S. 69.
54 B an KFE, 13.9.1950 (uv.).
55 B (Kopie) an KK, 3.12.1950, GW, S. 248.
56 AXG: MTb., Eintrag 22.10.1950 (uv.).
57 B von KFE, 1.11.1950 (uv.).

58 Siehe Anm. 55.
59 Siehe Anm. 50.
60 B von OS, 6.1.1951 (uv.).
61 B an OS, 28.1.1951, GW, S. 264.
62 B an EJ, 20.3.1951, GW, S. 271.
63 Siehe Anm. 6.
64 B an Rudolf Scharpf (= RS), 28.1.1951, GW, S. 265.
65 B von RS, 13.3.1951 (uv.).
66 B an KFE, 17.3.1951, GW, S. 267.
67 AXG: MTb., Eintrag 13.3.1951 (uv.).
68 B an RS, 7.3.1951 (uv.).
69 B an OS, 5.5.1951, GW, S. 278f.
70 AXG: MTb., Eintrag 30.3.1951 (uv.).
71 B an Gottfried Benn, 23.4.1951, GW, S. 273.
72 B an RS, 29.5.1952, GW, S. 400.
73 AXG: MTb., Eintrag 22.4.1951 (uv.).
74 B von KK, 9.5.1951 (uv.).
75 Siehe Anm. 69.
76 AXG: MTb., Eintrag 10.5.1951 (uv.).
77 B an RS, ⟨2.7.1951 (Poststempel)⟩ (uv.).
78 B an RS, ⟨Mitte Juli 1951⟩, GW, S. 295.
79 AXG: Manuskript «Gravuren und Gladiolen. Eine kontrapunktische Sammlung», Heft I, 17.11.–30.11.1951, Eintrag 30.11.1951 (uv.).
80 B an RS, 6.8.1951 (uv.).
81 B von RS, 12.8.1951 (uv.)
82 B an EJ, 21.7.1951 (uv.).
83 B (Kopie) an KK, 2.9.1951, GW, S. 310.
84 B an EMD, 14.10.1951, GW, S. 351.
85 B (Kopie) an Eidg. Militärdepartement, 21.9.1951 (uv.).
86 B an EJ, 1.8.1951, GW, S. 299.
87 B von EMD, 26.9.1951, GW, S. 337–340.
88 B an EMD, ⟨Anfang August 1951⟩, GW, S. 308.
89 B von KK, 5.9.1951, GW, S. 318.
90 B (Kopie) an KK, 5.8.1951, GW, S. 302.
91 B an Max Rychner (= MR), ⟨Mitte September 1951⟩ (uv.).
92 B an EMD, 3.9.⟨–5.9.⟩1951, GW, S. 315f.
93 Siehe Anm. 92.
94 B an EMD, 21.10.1951, GW, S. 353.
95 B an EMD, 4.11.1951 (uv.).
96 AXG: MTb., Eintrag 10.11.1951 (uv.).
97 B an EJ, 21.11.1951 (uv.).

98   B an EMD, 11.11.1951, GW, S. 363f.
99   B an EMD, 14.11.1951 (uv.).
100 Postkarte (= PK) von KFE, 24.11.1951 (uv.).
101 Siehe Anm. 1.
102 B an RS, 6.12.1951, GW, S. 369.
103 AXG: MTb., Eintrag 3.10.1951 (uv.).
104 B an KFE, ⟨Anfang November 1951⟩, GW, S. 357.
105 B an EMD, 21.11.1951 (uv.).
106 AXG: Manuskript «Gravuren und Gladiolen. Eine kontrapunktische Sammlung», Heft II, 1.12.1951–⟨1.⟩ Januar 1952 (uv.).
107 Siehe Anm. 105.
108 B von EMD, 27.11.1951 (uv.).
109 B an Ernst Jünger, 23.12.1951, GW, S. 372.
110 B von EJ, am letzten Advent ⟨24.12.⟩ 1951, GW, S. 375.
111 B von KK, Weihnachten 1951, GW, S. 376.
112 B an KK, 30.12.1951, GW, S. 376f.
113 B an EJ, 30.12.1951, GW, S. 379.
114 Siehe Anm. 106. Eintrag Neujahr 1952 (uv.).
115 B von EMD, 10.1.1952 (uv.).
116 B an RS, 17.1.1952, GW, S. 383f.
117 B an EJ, 1.2.1952, GW, S. 384.
118 PK von KK, 13.3.1952 (uv.).
119 B von MR, 15.3.1952, GW, S. 390f.
120 B an RS, 2.3.1952 (uv.).
121 B an KFE, ⟨13.3.1952⟩, GW, S. 388.
122 B an RS, 12.3.⟨1952⟩, GW, S. 386.
123 B von RS, ⟨29.3.1952⟩, GW, S. 394.
124 B an RS, 12.5. ⟨sic!⟩ ⟨12.4.⟩ 1952, GW, S. 396.
125 Siehe Anm. 124.
126 Siehe Anm. 72.
127 B an EMD, 2.6.1952, GW, S. 402ff.
128 B an EMD, ⟨Mitte Juli 1952⟩, GW, S. 407.
129 B an EMD, 11.6.1952 (uv.).
130 B von EMD, 30.6.1952 (uv.).
131 Siehe Anm. 128.
132 B von EMD, 16.7.⟨1952⟩ (uv.).
133 Siehe Anm. 128.
134 Siehe Anm. 128.
135 Siehe Anm. 128.
136 B an EMD, ⟨Ende Juli 1952⟩, GW, S. 415.
137 B an EJ, 24.7.1952, GW, S. 409.

138 B von EJ, 25.7.1952, GW, S. 411f.
139 «Marquis Prosa» ⟨d.i. Peter Farner⟩: «Pssst ... Zürcher Wochengeflüster» in: ‹Die Zürcher Woche›, 1.8.1952, Nr. 31.
140 B von F.⟨red⟩ Hirs, ‹Die Zürcher Woche›, 15.8.1952 (uv.).
141 B von EMD, 6.8.1952, GW, S. 418.
142 AXG: «Vom Geiste Zürichs» in: ‹Die Literatur›, 15.10.1952, Nr. 15, S. 6, und GW II, S. 148ff.
143 B von EMD, ⟨Mitte November 1951⟩ (uv.).
144 Wolfgang Bächler: «Wir haben einen Freund verloren. Alexander Xaver Gwerder †» in: ‹Die Literatur›, 15.10.1952, Nr. 15, S. 5.
145 B an RS, ⟨10.9.1952 (Poststempel)⟩, GW, S. 421f.
146 B an Heinz Winfried Sabais, ⟨ca. 12.9.1952⟩, GW, S. 423.
147 Verlorene PK an Kurt Matthys, ⟨13.9.1952⟩. Tel. Auskunft von K. Matthys, September 1997.
148 Wladimir Majakowski: «Wirbelsäulenflöte» in: *Poeme*. – Frankfurt am Main: Insel 1974 (= Werke, Bd. II), S. 35.

Ausgewählte Dokumente II

Erwin Jaeckle im Nationalrat, um 1960. Der Chefredaktor der Zeitung ‹Die Tat›, Schriftsteller und Politiker – «ein umfassender Geist, der intelligenteste Schweizer wahrscheinlich» – war der Entdecker und wichtigste Förderer von Alexander Xaver Gwerders schriftstellerischem Schaffen in der Schweiz.

> Bald sind es Smaragde,
> bald schiefe Chinesen –
>
> Erwin Jaeckle
> in Verehrung und
> Dankbarkeit,
> zu Weihnachten 1951,
> herzlich:
>
> A.X. Gwerder

Widmung an Erwin Jaeckle im Gedichtband *Blauer Eisenhut*. In seinem Dank dafür rühmte Jaeckle die «grosse und schöne dichterische Leistung» und war «des guten Wissens, dass Ihr Weg für Sie, mich und viele noch voll von Geschenken sein wird.» (Brief an Alexander Xaver Gwerder, am letzten Advent ⟨24.12.⟩1951. In: GW II, S. 375.)

Widmung von Erwin Jaeckle in seinem 1951 erschienenen Buch
Kleine Schule des Redens und Schweigens.

DIE TAT Schweizerische unabhängige Tageszeitung

REDAKTION | Zürich
Limmatstraße 152
Postfach Hbf. 2364
Telephon 27 12 55

Herrn A. X. Gwerder-Waelti
Albisstrasse 153
Z ü r i c h   38 .

Zürich, 12. Juli 1949. j/sch

Sehr geehrter Herr Gwerder,

ich danke Ihnen für Ihre Sendung vom 4. Juli, die ich Ihnen, ohne die zwei Gesänge gegen die Masse, die Sie mir freundlicherweise dedizieren, wiederum zurücksende.

Ich habe Ihre Gedichte, so gut mir dies meine Zeit zuliess, gelesen und mich darüber gefreut. Sie sind in jedem Sinne verheissungsvoll und schon die Stufe, die sie erreicht haben, erfreulich. Gehen Sie den Weg weiter. Verzichten Sie auf alle Rilke-Anklänge. Ihre Gedanken haben diese Art Sprachkleid nicht nötig. Ich habe Ihre Sammlung auch unserem Feuilletonredaktor, Herrn Dr. Max Rychner, der Ihnen bestimmt bekannt ist, übergeben; auch er hat die besten Eindrücke von Ihren Möglichkeiten. Vier von Ihren Gedichten werden wir veröffentlichen. Sie sind bereits in Satz gegangen.

Ich begrüsse Sie mit den besten Wünschen und dem Ausdruck der vorzüglichen Hochachtung.

(Dr. E. Jaeckle)

Erster Brief Erwin Jaeckles an den Autor (In: GW II, S. 208f.). Mit der Publikation der vier Gedichte in der ‹Tat› vom 16. Juli 1949 wurde das lyrische Schaffen Alexander Xaver Gwerders erstmals einer grösseren Öffentlichkeit vorgestellt.

Der letzte Brief des Autors an Erwin Jaeckle, der den Bruch mit ihm, der ‹Tat› und der Schweiz einleitete (In: GW II, S. 409ff.). In seiner Antwort vom 25. Juli 1952 kritisierte Jaeckle, dass A. X. Gwerders Briefe «voll des Negativen, der Kritik, der Bissigkeiten gegen andere und die Arbeit anderer» seien, und prophezeite ihm: «Der Weg ist nicht abzusehen.» (In: GW II, S. 411f.)

Max Rychner, fünfziger Jahre. Der Feuilletonredaktor der ‹Tat›, Literaturkritiker und Schriftsteller gehörte mit Erwin Jaeckle zu den wichtigsten Förderern Alexander Xaver Gwerders und wählte die meisten Texte von ihm aus, die in der ‹Tat› veröffentlicht wurden.

Von letzten Dichtern

Max Rychner zugeeignet

I
Von letzten Dichtern die Kunde
sei hier in die City gesagt –
Es tönt ja kein Sieg keinem Munde
bevor es tagt ...

Aber Glanz aus Rost und Ruinen
spiegelt sich trotzdem im Buch –,
Worte die kamen und gingen
und mancher Versuch ...

Und viel Verwehtes und nie
beglückter ans Licht getragen,
als jene Luftfigur, die
nur wenige haben ...

II
Was wenige haben,
wollschnaufig im Dunkel der Felle, oder
im Laube auch
das trockene Dämmer der Raupen,
die Landung von weither –, kniend
im Umkreis uralten Lidschlags –: Knien
vor den Bildern ....
        Dies nur
hält endlich die Netzhaut ein wenig
in Atem, bricht
die Launen der Banalität auf seltsamem
Hintergrund: Teichen, mongolischem
Spiegelgras, sumpfigem Zubehör, Steppen,
Kirgisenschilf –, bis einmal
die Stunde schellt: Sturz
über Treppen, an Häusern im Flug und
am Wirbel vorbei ins Kino.
Oh, die Armut
der letzten Dichter!

III
Wer zwischen Trancen und Tram lebt
sucht Ankergründe abseits –,
im Wind der die Schwalben ans Haus klebt –,
und immer aus Worten ein Reiz ...

Und immer von Worten die Balsas,
die tragenden Hölzer im Sinn –
Besteckaufnahme: (man kann das)
Direkt unterm Orion hin ...

Die Nacht nicht der Clubs und der Kassen,
der städtischen Tandaradei –
Und immer noch einsamer lassen,
und immer, im Grunde – vorbei.

Alexander Xaver Gwerder

Erstveröffentlichung des Max Rychner gewidmeten Gedichts «Von letzten Dichtern» in der ‹Neuen Literarischen Welt› am 10. März 1952. In seinem Dankesbrief vom 15. März freute es Rychner, «dass ich dabei war, als die Wortzauberei in Ihnen begann, und ich wünsche, deren Fortgang und Wandlungen mitzuerleben, gewiss, dass Ihnen noch vieles bevorsteht.» (In: GW II, S. 391.)

«Betäubt von den Geschenken» – Antwort mit Zeichnung von Ende Dezember 1951 an Max Rychner, der für den Band *Blauer Eisenhut* mit einem Zitat aus einem Gedicht Baudelaires gedankt hatte: «ô toi que j'eusse aimée, ô toi qui le savais!»

Erschienen am	Artikel	Zeilen	à	Betrag	Bezahlt am
Juli 50 15/190	Sommerabendsonett (Gedicht)		F	10.--	5. Aug. 1950
Jan. 51	Vorschuss f. 3 Gedichte als Spende für Lawinengeschädigte ausgegl.	31.1.51		20.-- 20.-- 20.--	20.--
Juli 51 14/188	3 Gedichte		F	30.--	8. Aug. 1951
Dez. 51 3/328	Malerisches Traktat	100	Sond.	20.--	9. Jan. 1952
Juli 1952 9/195	Morgen in Aussersihl (Gedicht)		F	10.--	8. Aug. 1952
Sept. 53 12/249	Gedicht : Rondo Hon. an Fau Wwe. Gwerder		F	12.--	8. Okt. 1953

Das von der ‹Tat› geführte Honorarblatt Alexander Xaver Gwerders.

83

Porträt der sagenumwobenen indianischen Sängerin Yma Sumac auf der Titelseite der ‹Schweizer Radio-Zeitung›, 15.–21.4.1951. A. X. Gwerder war von der Stimme der Sumac mit dem Vieroktavenbereich, die er vermutlich am Radio gehört hatte, derart beeindruckt, dass er danach das Gedicht «Indianische Sängerin» verfasste. Siehe GW I, S. 42.

Oda Schaefer, 1949. Die Lyrikerin und Erzählerin setzte sich als erste in Deutschland für das Schaffen des Schweizer Brieffreundes ein, indem sie ihm Kontakte zu Kurt Friedrich Ertel und Karl Krolow vermittelte. Sie schrieb dem «Kollegen in Apoll»: «Ich finde, wir Dichter, ohnehin gefährdet, müssen zusammenhalten.» (Brief an Alexander Xaver Gwerder, 19.7.1950, unveröffentlicht.)

Kurt Friedrich Ertel, fünfziger Jahre. Der deutsche Kunsthistoriker veröffentlichte 1951 die erste Gedichtsammlung Alexander Xaver Gwerders – *Die Begegnung* – in seiner Zeitschrift ‹signaturen. blätter für grafik und dichtung› und setzte sich auch nach dem Tod des Schweizer Freundes für die Publikation von dessen nachgelassenem Werk in Deutschland ein.

Holzschnitt von Rudolf Scharpf im Heft *Die Begegnung* der Zeitschrift ‹signaturen›.

Karl Krolow in Göttingen, Sommer 1950. Alexander Xaver Gwerder bezeichnete die lobende Besprechung des deutschen Lyrikers und Brieffreundes von *Blauer Eisenhut* am 29. Dezember 1951 in der ‹Tat› als «das schönste Geschenk aller Weihnachten, soweit ich mich zu erinnern vermag». (Brief an Karl Krolow, 30.12.1951. In: GW II, S. 376.)

KARL KROLOW

Elegie auf den Tod eines jungen Dichters

Hinter dem an den Leib gezogenen Knie der Frau, die auf den Mann wartet,
Die Luft — aufrecht vor der gemusterten Gardine,
Aufrecht vor der Tapeten-Limonade,
Die langsam in vier Ecken ausläuft;
Hinter dem Hotelzimmer mit Zentralheizungs-Geruch
Und der kleinen Wolle rasierten Achselhaars
Mit dem Blick auf Fichtenhang und zerstoßenen Schiefer;
Hinter dem raschen Atem zweier Menschen in der Umarmung,
Den Fünf-Minuten-Geräuschen der Wollust
Vor einem Spiegel, der zusieht,
Teilnahmslos wie abgelegte Wäsche:

Hinter dem allem —

Hinter dem elastischen Gummi Zeit, dem hilflosen Augenblick Leben,
Der Winzigkeit Oktobernachmittag mit lodenfarbenem Regen
Und schütterer Schneespur unter Wolken,
Mit Nebel, der an die Kehle greift, die Rachenmandeln entzündet
Und die Gedanken der Toten zarter macht;
Hinter der schwebenden Arrakflasche
Und der für das Jenseits bestimmten Münze, die auf der Tischkante blitzt:

Hinter dem allem —

Erstveröffentlichung der ersten Elegie in ‹Hortulus›, September 1953, 3. Heft. Die beiden Elegien Karl Krolows auf den Tod von Alexander Xaver Gwerder wurden 1959 im Band *Land über Dächer* den nachgelassenen Gedichten beigefügt.

Widmung von Ernst Jünger in seinem 1950 erschienenen Buch *Über die Linie*, das bei Alexander Xaver Gwerder «buchstäblich einschlug» und in welches er vom deutschen Schriftsteller «ein Zeichen Ihrer zeitgenössischen Anwesenheit» erbat. Jünger dankte für den Band *Blauer Eisenhut*, den ihm Gwerder am 23. Dezember 1951 zusammen mit einem verehrenden Brief geschickt hatte. Siehe GW II, S. 372f.

Eine Seite aus der von Alexander Xaver Gwerder geführten Liste seiner Bücher, die mehrere Bände von Ernst Jünger verzeichnet. In dessen Werk fand er «die von Valéry gerühmte Genauigkeit der Gedanken und ihrer Darstellung».

Beginn des Briefes von Rudolf Scharpf vom 29. März 1952, illustriert mit mehreren Holzschnitten. Alexander Xaver Gwerder hatte kurz zuvor den vorgesehenen Besuch bei ihm in Deutschland wegen grosser persönlicher Probleme abgesagt. Scharpfs Versuch, den deprimierten Schweizer Freund zu trösten, gipfelt in der Aussage: «Sie werden weitergehen, auch im Taumel von innen und aussen, überm Abgrund.» Siehe GW II, S. 393f.

Rudolf Scharpf, um 1955. Der deutsche Maler und Graphiker illustrierte mehrere Publikationen von Alexander Xaver Gwerder und wurde von diesem als sein «letzter Freund» bezeichnet. Gwerder plante, Ende September 1952 zu Scharpf nach Altleiningen zu ziehen und die Familie nachkommen zu lassen, um sich dort eine neue Existenz aufzubauen.

«In der Schweiz habe ich nichts zu bestellen»: Abschiedsbrief an den Redaktor Heinz Winfried Sabais und die deutschen Freunde, geschrieben kurz vor der Abreise Alexander Xaver Gwerders nach Arles am 12. September 1952. Gwerder hatte mit dem Brief auch die letzte Gedichtsammlung «Strom. Gedichte und Die roten Lieder aus der brandschwarzen Stadt» an Sabais adressiert.

Wir haben einen Freund verloren

Alexander Xaver Gwerder †

Als *Alexander Xaver Gwerder* mir zum ersten Mal Gedichte schickte, war ich seltsam berührt von dem aufwühlend expressiven Ton dieses jungen Schweizers, der mehr von den Wunden und Bedrängnissen unserer Zeit spüren ließ als die meisten Verse seiner Altersgenossen in Deutschland. Gwerder bekannte sich aus echtem innerem Zwang zum Expressionismus, glaubte an eine neue, freilich gebändigtere Phase dieses Stils. Benn hatte ihn entscheidend angeregt und in seinem ganzen Wesen war er ein später Bruder von Heym, Trakl und Klabund. Wie sie, in deren Dichtungen es auch von kommendem Unheil witterte, wuchs er (am 11. März 1923 geboren) in einer Welt auf, in der die Konventionen und das saturierte Bürgerglück der Zeit vor dem ersten Weltkrieg wie in einem europäischen Wurf von Formen, ein Spiel in Fiebern ..."
Ein Teil seiner Gedichte erschien im Vorjahr im Magnus-Verlag, Zürich, in dem Bändchen *Blauer Eisenhut*. Max Rychner hatte ihn schon früher entdeckt und Gedichte in der „Tat" gebracht. Sonst fühlte er sich sehr einsam und unverstanden in der Schweiz und beklagte sich in seinen Briefen mit bitterer Ironie über die „Stehkragenverhältnisse" und daß er seinen konsequenten Pazifismus, seine Auflehnung gegen den Konformismus und den ganzen genormten Zeitgeist nicht öffentlich kundtun dürfe.

Als ich ihn endlich — für flüchtige Stunden nur auf der Durchfahrt in Zürich — persönlich kennenlernte, war er schon mitten im Aufbruch. Er hatte seine Stellung gekündigt, ordnete Papiere und Rechnungen. Er sollte wieder

Orkanische Musik

Hoch fliegt die Stadt gegens Chaos, vom Stern der erstarrt
Eisig umloht. Und dein Herz inmitten der Türme
Stürzender Wut — die Welt unterm Pflugschar der Stürme —
Noch zuckt es so rot und glühend die Flamme beharrt.

Wie der Gesänge Alleinsein im endlichen Schweigen
Schwinge hinaus im bezwingenden Wirbel der Strömung,
Wirf dich empor am Taumel betäubender Krönung —
Urtiefen bellen im Schlafe zerschellender Geigen.

Schweigen — Oh Ton jenseits der Stimme, dem Ohr
Unverständliches Brüllen — schon nicht mehr gehörte
Stille, verdammt an die stumme Kelter, vergor,

Dich zu berauschen, zu türmen den sterblichen Stolz.
Abgründe, Klippen der Klarheit, tödlich betörte
Gestalt deiner Sinne — Zerfall im äonalten Holz ...

Alexander Xaver Gwerder

Naturschutzpark bis heute scheinbar unversehrt erhalten blieben. Er konnte früh eine Familie gründen, hatte in Zürich eine gesicherte Existenz in einem graphischen Betrieb. Er hatte die Diktatur, das Grauen des Krieges, Haß, Unmenschlichkeit, Zerstörungen und das Elend danach erlebt. Und doch hinterließ diese Zeit in ihm und in seinen Dichtungen tiefere, schmerzlichere Spuren als bei den meisten von uns. Und er wußte und litt daran, daß nichts überwunden ist, daß die Gefahren untergründig weiterschwelen, daß es nur ein trügerischer Frieden war, in dem er lebte, wußte, daß die Bedrohungen nicht von außen kommen, sondern auch in seiner Heimat in der Menschen selbst liegen. Er war kein Dichter, für den die Kunst nur schöne Daseinsarabeske ist, sondern ein überaus sensibler und zugänglicher Seismograph mit unheimlichen Zugängen zu allen Welten und Unterströmungen, die unsere Zeit bewegen und unsere Freiheit im Großen und Kleinen gefährden.

„Zusammenhangsfiebrig" holte er in Gedichten und lyrischer Prosa kühn assoziierend Chiffren und Symbole aus Mythen, versunkenen Kulturen, Archaisches und Exotisches an den Saum der aufgerissenen Gegenwart. Was Benn über Klabund und sein Verhältnis zur Realität sagte, trifft auch auf Gwerder zu: „Immer nur sie angehen, immer nur sie umbiegen zu einem Zug von Masken, zu einem zu einer mehrwöchigen Übung einrücken, er war fest entschlossen, nie mehr eine Kaserne zu betreten. Er sagte, er wolle nach Deutschland gehen, in eine rheinische Industriestadt, und seine Familie nachkommen lassen. Er müsse endlich ausbrechen aus einer Umgebung von Opportunisten, „wehrhaften Spießbürgern", dem Zwang der Ämter und des Berufs. Das fassadenhafte Ordnungsgefüge, in dem er lebte, erschien ihm immer mehr noch als bisher fragwürdig und unwahr. Auch von seiner literarischen Arbeit ließ er nur wenig noch gelten, und er sah auch hier vor nur einem neuen Beginn. In seinen Entschlüssen ließ er sich nicht beirren, so gut und wohltuend wir uns auch sonst verstanden und nahe gekommen waren. Er litt an dem, was auch uns bedrückt, er gehörte zu uns und freute sich, in Deutschland Freunde vorzufinden.

Wenige Tage später, am 14. September, hat er dann den anderen, endgültigen Ausweg gewählt, in Arles, an dem Tag, an dem er die Uniform hätte anziehen müssen. Daß er so tief verzweifelt war, hatte er sich nicht anmerken lassen. Aber in seine letzten, sehr schlichten Gedichte war es schon eingekehrt. Betroffen und erschüttert trauern wir um einen Freund einen Dichter, einen Menschen, der an diese Zeit zerbrach, gegen die sein Geist und sein Wort nichts vermochte.

Wolfgang Bächler

«Ein überaus sensibler und verletzlicher Seismograph mit unheimlichen Zugängen zu allen Welten und Unterströmungen, die unsere Zeit bewegen.» Erster Nachruf auf Alexander Xaver Gwerder in Deutschland von Wolfgang Bächler in der Zeitschrift ‹Die Literatur›, 15.10.1952, Nr. 15. Auf der Durchreise in Zürich hatte Bächler Gwerder kurz vor dessen Selbstmord persönlich kennengelernt.

Selbstporträt von Max Baer. Ölbild, 1950 (Privatbesitz). Mit dem Horgener Maler verband Alexander Xaver Gwerder in den späten vierziger Jahren eine enge Freundschaft. Diese bestand auch darin, dass der Maler den Dichter porträtierte und dieser sich von Bildern Baers zu Gedichten inspirieren liess.

Alexander Xaver Gwerder als Leser. Ölbild von Max Baer, 1949 (Besitz: Trudy Federli, Zürich).
Alexander Xaver Gwerder und seine Frau Trudy. Ölbild von Max Baer, 1948 (Privatbesitz Wermatswil).

Willy Hug, um 1950. Der Inhaber der Druckerei Hug & Söhne publizierte im hauseigenen Magnus-Verlag den Gedichtband *Blauer Eisenhut*. Für Alexander Xaver Gwerder war dort der «48 Std.-Trott» leichter erträglich, auch weil der Arbeitgeber Hug «eher ein Freund zu mir ist und nach Möglichkeit erleichtert, was zu erleichtern der Gang des Geschäftes erlaubt». («Tagebuchblätter 1950/1951», Eintrag 13.3.1951, unveröffentlicht.)

Die Druckerei Hug & Söhne an der Feldstrasse 122/Magnusstrasse. Ölbild von Henri Schmid, 1982 (Besitz: Stadt Zürich). Der Arbeitsplatz Alexander Xaver Gwerders befand sich im Eckzimmer des ersten Stockes.

Das Haus Erica Maria Dürrenbergers in Reigoldswil im Kanton Basel-Land. Aufnahme aus den dreissiger Jahren. Hier erholte sich im August 1952 Alexander Xaver Gwerder von seiner Gelbsucht und schenkte dem Ehepaar Dürrenberger als Dank für die Gastfreundschaft die Sammlung «Reigoldswiler Verse».

Erica Maria Dürrenberger, 1957. Die Schweizer Lyrikerin hatte den Briefwechsel mit Alexander Xaver Gwerder im Januar 1952 abgebrochen, da sie sich seinen immer kritischeren und sarkastischeren Bemerkungen nicht mehr gewachsen fühlte. Trotzdem schrieb sie ihm einige Monate später wieder, weil «Sie mein Leben reicher machen durch Ihre Briefe». Sie forderte den jüngeren, oft mit sich und der Welt hadernden Freund einmal auf: «Elan vor Weltschmerz!» (Brief von Erica Maria Dürrenberger, 27.11.1951, unveröffentlicht.)

Reinschrift eines Gedichtes mit Kalligraphie von Alexander Xaver Gwerder. Privatbesitz. Die «malerischen Auszüge» aus der ersten unveröffentlichten Gedichtsammlung «Aus der Innung des engen Lebens» schenkte er am 7. April 1949 dem Maler-Freund Max Baer.

Frühe Fassung von «Réveille». Einer der Texte, die der Autor von 1950 bis Anfang 1952 mit anderen der sogenannten «verrückten Prosagedichte» in ein Album eintrug. Das Gedicht wurde in die Sammlung «Land über Dächer» aufgenommen.

Alexander Xaver Gwerder · Réveille

Ich sah, wie man einer Frau
mit scharfem Messer den
Kopf abschnitt. Genau dort, wo es
normalerweise duftet nach
Orangen – zwischen Perl-
kette und dem Keimflaum kommender
Küsse – dort
setzten sie an.
   Kein Schrei – kein
Grau! Still zischend erlosch, wie eine
Kerze lischt – erst brandig und
schwelend, zuletzt mit einem
staunenden Rauch ...
   Es roch entsetzlich
nach Militär, nach ledernem
Frühstück zu Hunderten, und eine
Sehnsucht nach Geschlecht
krümmte sich zusammen über der
grausamen Kindheit, die aus
Taktschritten blühte –

Erstdruck von «Réveille» in ‹Hortulus›, April 1959, 2. Heft. Siehe GW I, S. 89.

DIE WEISE VOM KRITERIUM EINES HEUTIGEN!

menschlichen

"Reiten,reiten,reiten" -,das konnte der Dichter
~~des 19.~~Jahrhunderts ~~noch~~/mit Wolken
und Mond. Uns
~~bleibt~~ der Ritt in Stahl und Benzin,besser:
dazwischen. Es bleibt kaum Zeit
für den Fischzug der Bazare und
nächstens werden individuelle Bedürfnis-
Anstalten sowie Selbstbedienungs-
Krematorien verabfolgt -
Paradiese sind selten. 13 Meter
über der Strasse *Bahnhmd,*
beginnt schon der Himmel. ~~Später,~~
~~am~~ Kaugummi ;,
spult sich der Tag wieder rückwärts - Radio -
und ~~auch~~ später
knallen die gelben und blauen Taxis
den Rest vor die Haustür.

Den Rest: die Lippen,
die zückenden Zungen,die Wasserstoff-
Blonden und wieder den Rest -, was
dem Heil: ~~bleibt weiter ?~~ Blumen vielleicht -,Scharteken
und schmal auch so weisse
empfindliche Bändchen -(man sollte
die Hände sich waschen
vor Versen.)
Auch jenes schwarzweisse Zwiegespräch
mit dem Ausdrücken von Tiefsee und Stratosphären,
Act ~~haben~~ im Hintergrund keine Mustersongs
von Missouri-Banditen.

Darling - vielleicht - wir reisen
bei Ebbe -,wir wagen die älteste Expedition
ins Innere unserer Wüste. Wer weiss
was für Oasen dort
brennen!

II

Episoden im Treppenhaus
haben plötzlich Bedeutung -,fielen
nicht Worte wie Datteln
Sie den Liftschacht hinunter ?
~~Wir~~ trinken Milch *ihr Erstinen*
aus den Händen Unbekannter,und ~~die~~
über ~~bläst ein Phantom~~ *Summe*
~~auf~~ den Schreibtisch. - ~~Gleichwohl: es soll~~
~~noch leben wo~~
~~im Gestänge des Leviathans~~..."

"Eugen Gottlob" hiess ein Gehetzter,
ein anderer "Xaver",ganz simpel.
Es gibt solche Listen -
"Es gibt auch
Schritte die ahnen lassen,was der Azur
von uns hält -

Frühe Fassung von «Die Weise vom Kriterium eines Heutigen», in der Sammlung «Land über Dächer» enthalten. Die später gestrichenen Zeilen ««Eugen Gottlob› hiess ein Gehetzter, / ein anderer ‹Xaver›, ganz simpel.» (= II: III,1/2) beziehen sich auf den vom Autor

Hingegen
kurz vor halb zwei unterm Neumond
streift des Nachbars beethovensches Katze am Balkon vorbei -: Gottvater
krault sie am Kinn." Ich
sage dem:
           Kakophonie!

III

In Kentucky soll eines Morgens
der Gekreuzigte
Samba getanzt haben - was natürlich
in gewissen Gegenden Europas
schwer schadete
seinem Ruf. Aber: Rufen
denn nicht wir
nicht immer ? Ja/schreien denn
nicht alle Maschinen/nach Meer ?
Die Vögel nach Propellern/und der neue
Nash nach/Unsterblichkeit ?/

Herrlich/wie am ersten Tag,oh Margerit-Rose:
Purpur/über indischen Vulkanen,Bananen
auch/Cigarettenfilter und schlussendlich/
doch die Daunen. Vieles
endet der Schlaf,(vor allem vorher) nur
die Mistel grünt standhaft
durch den Dezember.

Da hilft keine story weiter
als bis in das Tal des Todes,(Texas,Amerika)
kein Festspiel,kein
zweiter Wahlgang....Hier
baut der Geist seine Sphinxen - denn niemand
denn die Legion
hat die Brunnen vergiftet.
Nein!   Fata morgana ?

                                     Alexander Xaver Gwerder

geschätzten deutschen Schriftsteller Eugen Gottlob Winkler, der sich ebenfalls in jungen Jahren das Leben genommen hat. Siehe GW I, S. 91ff.

> Der Auszug aus dieser geistigen Tretmühle kann doch nicht beginnen, ehe wir nicht nur in Belangen des Einzelnen, sondern in allen Zusammenhängen der Gemeinschaft selbständig urteilen und handeln dürfen und können. Um zu dürfen, wäre erst nötig, den Staatsschutz abzubauen, abzulehnen statt anzurufen; um zu können, das untrügliche Gewissen, die innere Waage von Gut und Böse auszubilden indem wir sie benützen, statt dass wir sie, unter dem Deckmantel propagierter, staatlich anerkannter, nur zu oft gewissenloser Denkvorschriften übertönten.

Handschriftenprobe von Alexander Xaver Gwerder.

A bschrift VII   20.6.50

Sehr geehrter Herr Hug,

Welch ein grossartiger Herr ist der Unbekannte, dessen Handschrift Sie mir zur Beurteilung vorlegen ! Ein "Blitzkerl", würde der Dichter Kleist sagen. Welche Energien toben auf dem Briefblatt aus !
Er ist herrisch und anmassend, arbeitet rasch unter stetem Wechsel von Unwille und Begeisterung. Es muss etwas laufen, und so rasen etwa die "A"- und "T"-Balken in die Zukunft hinein.
Wie frisch und unverbraucht ist dieser Mann, wie energisch und undiszipliniert gleichzeitig ! Wie kann er böse sein in den Endzügen ! Im Worte "Böse" überschlägt er sich gar und verrät dabei vielleicht sexuelle Konflikte.
Manche Anstriche sind ausserordentlich freundlich,- wie hässlich, frech dagegen ist das "in Belangen" der dritten Zeile !
Es steckt ein bedeutender Mann und Schaffer hinter diesen Zügen. Aber er ist innerlich voller Hochmut und Ueberheblichkeit. Sicher ist er sehr intelligent, auch berechnend und ausnützend, andererseits leistungsbereit, wenn es so geht, wie er will. Er kann sich konzentrieren, besitzt auch kaufmännische Fähigkeiten. Aber er ist innerlich und auf die Dauer auch nach aussen sichtbar anmassend und grob.
Er kann einem auch ein X für ein U vormachen (Typisch dafür ist die erste Zeile !). In dieser so aktiven Schrift liegt ferner ein künstlerisches Element. Dazu eine rastlose Art, nicht ohne gewisse grandiose innere Gebärde. Der Schreiber gehört nicht auf einen kleinen Posten. Er hat direktoriales Gebaren. Aber man möchte mit ihm nicht beruflich zu tun haben,- er überrennt oder frisst einen auf. Welch schwindelhaftes Zeichen "sch" des schönsten Wortes "Gemeinschaft" !
Der Schreiber ist bei aller Energie, aller Leistungsfähigkeit und Originalität sich selbst eine Gefahr. Dass ihm Sensibilität, Geduld, Wartenkönnen abgehen, ist selbstverständlich.
Aber immer wieder stellt man fest, dass er ein ausserordentlicher Mann ist, auch in der Gefühlsbreite, im eigenwilligen Organisieren und in der künstlerischen Haltung. auf die Dauer aber wird er das Selbstgeleistete immer wieder umschmelzen - ein ruheloser Geist.-

Ich hoffe, das Gutachten diene Ihnen und bin hochachtungsvoll Ihr

                                                              sig.

«Sich selbst eine Gefahr»: Graphologisches Gutachten zur Handschriftenprobe, mit Kommentar Gwerders, 20.6.1950. Das Gutachten wurde von seinem Arbeitgeber Willy Hug in Auftrag gegeben.

«Das Leben ist das rätselhafteste aller Figuren des Bewusstseins»: Erste Fassung des Aphorismus «Antwort» in «Gravuren und Gladiolen. Eine kontrapunktische Sammlung», ⟨Heft III, 6.1.–1.2.1952⟩, Eintrag ⟨Mitte Januar 1952⟩, unveröffentlicht. Siehe GW II, S. 196.

trauen sie selber sich zu,bis sie verlöschen am Tage,die Kohle
verglüht,Ihre Hände verbrannt und die Nacht es wert war,
geträumt worden zu sein.
4:
Er strich sich selber durch wie einen missratenen Satz - gab
sich eine Hieroglyphe - und lebte von nun an: nicht mehr zu
ent ~~arraten~~!
~~entrüffer~~   DIE DAME: *Am Ende ist immer Ruhe mich an*.
Gehen wir weiter träumen!"~~Sogleich~~ nicht ~~auf~~,ich habe ja gern
geglaubt dass du mich liebtest,auch wenn es nicht wahr war. "

*****

«Er strich sich selber durch wie einen missratenen Satz – gab sich eine Hieroglyphe – und lebte von nun an: nicht mehr zu entziffern!»: Schluss des «schonungslosen Dialogs ‹Maschenriss›», der in der hier vorliegenden früheren Fassung noch «Fackelbeleuchtung» und «Walking and Whistling Blues» hiess. Siehe GW II, S. 186.

Alexander Xaver Gwerder · Ein Tag in Selba

«Genau so wie Rheila sah sie aus, als sie gestern abend vor dem Schlafengehen unter die Türe trat, um mich zum letztenmal zu fragen, ob ich morgen mit ihr in die Stadt käme», denkt Kreon.
Der Autobus von Tauwil nach Beheim wiegt seine Gäste ziemlich sanft in den Lederkissen. Karin sitzt neben ihm. Still. Und es sind doch schon gut zehn Minuten, daß sie so neben einander sitzen.
Von Zeit zu Zeit hält der Transport, jemand steigt aus, jemand steigt ein – Türe zu mit massivem Schlag, und der Fahrer schiebt jedesmal mit der rechten Hand den Riegel vor. Zur Sicherheit.
«Genau wie Rheila», denkt Kreon wieder – und daran: was knüpfen sich nur für entlegene Fäden? Teppich des Schicksals, dieser abgegriffene, verschmierte Stoff Leben – was hätte er denn für neue, unerhörte Muster entwickeln sollen? Wenn ein Stück Bürgerlichkeit zum Abschluß kommt, hebt sich gleich das widerliche Gespinst, welches, zum selben Nessushemd sich entwickelnd, die selben Namen um die selben Pflichten flicht. Nein. Es bleibt nichts zu hoffen am Ende des Stückes. Die Vorhänge fallen von allen Seiten, und das Herausklatschen ist sowieso nie ehrlich gemeint und wäre überdies peinlich für den Akteur.
«Beheim» ruft der Wagenführer und meint damit Kreon, der unbekannt in der Gegend ist. Aber dies ist nicht seine Station. «Was ist überhaupt meine Station?» denkt er, «immer wieder zurück nach dorthin, wo man begann?»
Was für ein herrlicher, zauberhafter Nebel wob nicht heute früh über Malan, dem Dorfe, wo Kreon zur Erholung weilt. Und wie er dann weich zwischen die Häuser sank mit feuchter Frische, gleichsam einen Negativ-Abguß der noch stillen Häuser dem Morgen zu liefern ...
Karin hatte ihn verglichen mit einem schonenden Traum zwischen Schlaf und Tag. Der frühe Autobus hatte schon bereit gestanden, halbvoll und kurz vor der Abfahrt. Kreon hatte sich vorgenommen, Karin zu fragen, ob sie sich für heute «du» sagen sollten. Er war so sicher, ausgeruht und erwartete Dinge von diesem Tag, die es natürlich nicht gab. Was gab es überhaupt? Hier die Fahrt auf Lederkissen, die Sonne,

Erstdruck von «Ein Tag in Basel» unter dem verschlüsselten früheren Titel «Ein Tag in Selba» in ‹Hortulus›, Februar 1957, 1. Heft. Siehe GW II, S. 102–109.

Zweifarbiger Holzschnitt von Marianne Guggenheim zu «Ein Tag in Selba» in ‹Hortulus›.

BLICK IN DIE NACHT

Oh, seiner Stunden bewusst sein,
seiner Spanne von Trift zu Trift -,
ob nichts sich hebt, ob die Schrift
der Schatten nicht könnte Lust sein.

Wie trifft es von Felsen und Bergen
auf dich -, oh, wie trifft es zu!
Du wartest der Speere, der Schergen -,
bereit zu gehen bist du.

Du denkst - nein, das wäre zu weit schon,
du legst nur dein Ohr an die Wand...
da wächst dir von Ferne der Schreimohn,
mit wächserner Glut in die Hand.

***

Die Suche nach der richtigen Schlusszeile: «ein Blick in die Nacht, in die Hand». Siehe die Endfassung dieses Gedichts aus der Sammlung «Land über Dächer» in: GW I, S. 112.

Ich geh unter lauter Schatten

Was ist denn das für eine Zeit -
Die Wälder sind voll von Traumgetier.
Wenn ich nur wüßte, wer immer so schreit,
Weiß nicht einmal, ob es regnet oder schneit,
ob du frierst auf dem Weg zu mir -

Die Wälder sind voll von Traumgetier,
ich geh unter lauter Schatten ·
Es sind Netze gespannt von mir zu dir,
und was sich drin fängt, ist nicht von hier -,
ist, was wir längst vergessen hatten.

Wenn ich nur wüßte, wer immer so schreit?
Ich sucht ihm ein wenig zu geben
von jenem stillen Trunk zu zweit,
voll Taumel und voll Seligkeit
würd' ich den Becher ihm heben -

Weiß nicht einmal, ob es schneit oder regnet . . .
Seh die Sterne nicht mehr, seit ich dich verließ;
Kenn den Weg nicht mehr, den du mir gesegnet
und zweifle sogar, ob du mir begegnet -
Wer war denn das, der mich gehen hieß?

Aber, du findest doch her zu mir -?
Sieh, es wird Zeit, daß ich ende.
Die Wälder sind voll von Traumgetier
Und ich darunter bin nicht von hier . . .
Ich gäbe alles, wenn ich dich fände!

Erstdruck – mit einigen Ungenauigkeiten – von Gwerders wohl bekanntestem Gedicht in der von Hans Bender in Frankfurt a. M. herausgegebenen Zeitschrift ‹Konturen›, Januar 1953, Heft 4. «Ich geh unter lauter Schatten» gehört zu den «Roten Liedern aus der brandschwarzen Stadt» in der Sammlung «Strom …». Siehe GW I, S. 154.

Alexander Xaver Gwerder

S T R O M

Gedichte
und
Die roten Lieder
aus der brandschwarzen Stadt.

Titelblatt der vorletzten Fassung der Sammlung «Strom ...», die Alexander Xaver Gwerder in Arles bei sich trug.

FREI, EWIG FREI –

Wir zwei am Meer...
Dies Glück muss uns die Welt noch schenken!
Wir wollen Weite haben um uns her –,
nichts anderes denken.

Du –, ich liebe dich!
Zu diesem wollen wir die Welt noch zwingen.
Dass sie uns lasse von den Erdendingen
den Fieberstrich –

Du glühst –, ich glühe!
Welch'ein Feuer fällt aus allen Himmeln!
Da –, die Stadt, drin Millionen wimmeln,
die Menschheitsfrühe!

Oh Stadt –, oh Glück!
So wird der Mensch gemacht der Ewigkeit:
Frei, ewig frei gibt uns die Zeit zurück
der Seligkeit.

meine letzten Verse!
– Axverder
13. Sept 52

«Wir wollen Weite haben um uns her –, / nichts anderes denken»: Letztes, noch in Zürich geschriebenes Gedicht von Alexander Xaver Gwerder aus der Sammlung «Strom...». Den handschriftlichen Zusatz hat er vielleicht schon vor der Abreise am 12. September 1952 nach Arles oder erst dort angebracht. Siehe GW I, S. 137.

Die Begegnung

I

Eine Welt ist zu Ende — ich weiß —
Das wußt' ich heut abend, als du vorübergingst
Fremde seit je — doch für immer dem Kern
Dieser Fügung Vertrauteste — verhängt
Über den Augenblick zweier fast tonloser
Sekunden . . .
           Gewißheit endlich,
Unter den süßlichen Düften
Giftigen Benzinnachmittags,
Der noch aus den Blättern der Allee
Fiel, wie kündende Wolke metallenen
Gottes: Gipfelgewißheit!
Zwei Schritte vom Abgrund . . .

Es gab etwas das blendete und beinahe Tränen
Trieb und das ich denn hinter mir ließ,
Wie eine Schuld, die mir nun nachstellt und später,
Im Bett, aus den Kissen steigen wird und
Stampfend auf meiner Brust . . .

Ich werde nicht einschlafen können.

Ich werde tolle Symbole erfinden, unbändige
Gleichnisse, um wenigstens die schlanke Kontur
Deines Schattens hinüber zu zeichnen
In den verdammten Tag. Denn es war Nacht.
Lärmige, nichtssagende, außergewöhnlich
Gewöhnliche Nacht beliebiger Großstadt
Die mir dich brachte . . .

Türme zu bauen, wäre Befreiung,
Teuflische vielleicht — ich aber reiße ein.
Warum nur, (es läßt sich erklären)
Was immer ich baute —
Die Schranke zu durchbrechen, wäre Leben,
Gottloses vielleicht — ich aber vegetiere,
Warum nur, (es läßt sich erklären)
Lieber mit Gott.

Beginn des Titelgedichtes der Sammlung, die im Juli 1951 als Heft der Zeitschrift ‹signaturen› erschien.

Einer der fünf Holz- und Linolschnitte Rudolf Scharpfs, die mit den drei Gedichten Alexander Xaver Gwerders die Sammlung *Die Begegnung* bilden.

ALEXANDER XAVER GWERDER
geb. 1923, lebt in Zürich

RUDOLF SCHARPF
geb. 1919, lebt in Altleiningen (Rheinpfalz)

Holzschnitt
Linolschnitte

signaturen   2. jahrgang, 4. folge

blätter für grafik und dichtung
herausgeber und verlag: k. f. ertel, landau, rheinpfalz, landeckstraße 22

Impressum von *Die Begegnung*. Da die Produktionszeit dieser Sammlung fast ein Jahr dauerte, sah Gwerder seiner ersten grösseren Veröffentlichung mit wachsender Ungeduld entgegen: «Herrgott wie brenne ich darauf, der Welt die *Begegnung* um die Ohren zu hauen!» (Brief an Kurt Friedrich Ertel, 17.3.1951. In: GW II, S. 268.)

Titelseite des im Juli 1951 in einer Auflage von 100 Exemplaren erschienenen Privatdruckes *Monologe* von Alexander Xaver Gwerder und Rudolf Scharpf. Gwerder schickte Scharpf 50 Ex. des gefalzten Blattes mit den vier in Zürich gedruckten Gedichten. Umgekehrt erhielt er von diesem 50 Ex. des Leporellos mit den vier in Altleiningen gedrucken Holzschnitten.

ALEXANDER XAVER GWERDER

VIER GEDICHTE

NACH DER HANDSCHRIFT

Monolog

*Da ist ein Blatt das die Winde
hinwirren als es welk lag:
Es gab die Tortur der Tropfen,
Verfaultes im Brunnstein und
dreckige Tritte —*

*Nein. Es gab nichts!
Wo denn wäre der Baum?
Schlaf —
Jenes grüne Dämmern unter den
Blitzen des Sommers?
Nein!*

Titelseite des von Gwerder hergestellten Blattes der Sammlung *Monologe* in einem kleineren Format als das von Scharpf geschaffene Leporello. Die unterschiedlichen Formate und der fehlende Druckvermerk bedeuteten für Gwerder ein «Peitschenschlag von Einsamkeit». Der «erwartete Schock ging ins Wasser: statt zu schockieren, – mokieren sich die Leute über die flüchtige (ich zitiere) Heilsarmee-Aufmachung.» (Brief an Rudolf Scharpf, 6.8.1951, unveröffentlicht.)

Alexander Xaver Gwerder

Blauer Eisenhut

Gedichte

MAGNUS-VERLAG A.G. ZÜRICH
1951

Titelseite der einzigen Buchpublikation zu Lebzeiten, die im Dezember 1951 in einer Auflage von 1000 Exemplaren im Verlag vom Arbeitgeber des Autors herauskam. Dieser konstatierte nach dem Erscheinen: «Was ich Ihnen schrieb das ich mir wünschte, die Achtung der Wenigen, die ich auch achte, hat sich bis jetzt erfüllt und ich habe kein schlechtes Gewissen dabei –» (Brief an Erwin Jaeckle, 30.12.1951. In: GW II, S. 379.)

Umschlag der ersten posthumen Veröffentlichung, die drei Jahre nach dem Tod des Autors 1955 in Peter Schifferlis Verlag der Arche in Zürich erschien. Sie enthielt eine Auswahl von Gedichten, vor allem aus der vorletzten Fassung der Sammlung «Strom ...», und begründete den Ruhm und Mythos Gwerders. Der Herausgeber Hans Rudolf Hilty hatte vom Autor schon Anfang 1952 Gedichte für seine von ihm in St. Gallen herausgegebene Zeitschrift ‹Hortulus› erbeten. Erst nach dem Tod Gwerders begann er jedoch, dort regelmässig Gedichte und Prosatexte von ihm zu veröffentlichen.

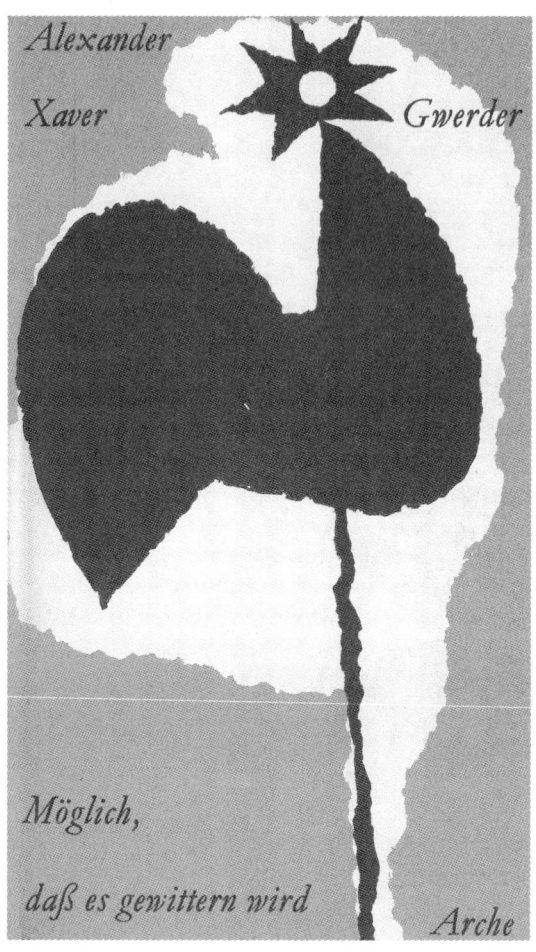

Umschlag der 1957 veröffentlichten Nachlasspublikation mit Prosatexten und Aphorismen. Herausgeber war Hans Rudolf Hilty, der auch die Edition der zwei folgenden Gwerder-Bände im Verlag der Arche besorgte.

Umschlag des 1959 erschienenen zweiten posthumen Gedichtbandes, der trotz des Titels nicht nur Texte aus der Sammlung «Land über Dächer» vereinigte.

Alexander Xaver Gwerder: Maschenriß Gespräch am Kaffeehaustisch

«Im Hinblick auf irgendeine Lücke, irgendeine Helligkeit, einen Maschenriß zwischen zwei Viertelstunden: Was treiben wir eigentlich?...»

Alexander Xaver Gwerder
Die Arche

ARCHE NOVA

Nach seiner Erstveröffentlichung 1957 in der Zeitschrift ‹Hortulus› erschien dieser Text erst 1969 in Buchform. Diese zeitliche Verspätung und das Fehlen jeglichen Kommentars in der Ausgabe trugen dazu bei, dass er in der Öffentlichkeit und in den Medien fast kein Echo auslöste.

Dieter Fringeli
Die Optik der Trauer
Alexander Xaver Gwerder
Wesen und Wirken

Kandelaber

Die aus einer Dissertation hervorgegangene erste grössere kritische Arbeit zu Leben und Werk des Autors von Dieter Fringeli. Sie erschien 1970 in Egon Ammanns Kandelaber Verlag in Bern und leitete eine neue Phase der Auseinandersetzung mit Gwerder ein. Fringeli interpretierte dessen Schicksal auch im Kontext von anderen hiesigen «Dichtern im Abseits» und sah in Gwerder den «Inbegriff des tragischen jungen Schweizer Autors».

Der von Urs Maltry gestaltete Umschlag einer Auswahl von in Buchform zumeist unveröffentlichten Gedichten und Prosatexten, die Georges Ammann 1978 im Zürcher orte-Verlag herausgab. Mit dieser Publikation wollte man eine «neue, junge Generation» ansprechen, die in Gwerder nicht nur den Gesellschaftskritiker, sondern auch einen «grossen Dichter» entdecken konnte, der «‹entlang deiner Zärtlichkeit› Neues erkundete».

Umschlag des 1991 erschienenen Sammelbandes mit einem Holzschnitt von Rudolf Scharpf – eine konzentrierte Auswahl mit mehreren unveröffentlichten Gedichten aus dem Band «Lyrik» der damals in Arbeit befindlichen *Gesammelten Werke*.

Nachweis der Abbildungen

Die Zahlen entsprechen den Seiten der Abbildungen.

Baer, Kurt, Horgen 96, 103
Castiglia-Dürrenberger, Jacqueline, Reigoldswil 100f.
Ertel, Martina, Giessen/BRD 86
Federli, Trudy, Zürich 9–16, 18–32, 77f., 87, 90–94, 97, 104, 106–114, 116f., 119ff., 126
Gwerder, Urban, Zürich 17
Hug, Willy, Zürich 98f.
Jaeckle, Annebeth, Zürich 75
Krolow, Karl, Darmstadt/BRD 88
Limmat Verlag, Zürich 131
Mertz-Rychner, Claudia, Frankfurt am Main/BRD 80
Monacensia, Literaturarchiv und Bibliothek (Nachlass Oda Schaefer), München/BRD 85
Perret, Roger, Zürich 33, 81, 89, 95, 105, 115, 122–125, 127–130
Schweizerisches Literaturarchiv (Nachlass Erwin Jaeckle), Bern 76, 79, 82f.
Zentralbibliothek Zürich 84

Kommentar

Zur Edition

I

Zu Lebzeiten von Alexander Xaver Gwerder (= AXG) erschienen drei schmale Gedichtsammlungen. Die nach seinem Tod in den fünfziger und sechziger Jahren herausgegebenen Lyrik- und Prosabände begründeten den Ruhm des Autors. In den siebziger Jahren kamen zwei weitere Bände und Sammlungen mit veröffentlichten und unveröffentlichten Texten heraus (siehe «Bibliographie» im vorliegenden Band). 1991 folgte der bisher letzte, vom Schreibenden herausgegebene Band *Wäldertraum*, eine konzentrierte Auswahl aus dem Teil «Lyrik» der *Gesammelten Werke*. Ausser diesem Buch und dem im orte-Verlag erschienenen Band *Wenn ich nur wüsste, wer immer so schreit* sind alle erwähnten Bücher *vergriffen*.

Schon allein deswegen ist die Wiederveröffentlichung von bereits publizierten Texten sowie die Publikation von unveröffentlichten Texten und Briefen AXGs ein langjähriges Desiderat. Ein anderer Grund für die Herausgabe einer kritisch kommentierten Ausgabe ist die unbefriedigende Edition der vor allem im Arche Verlag publizierten Bände. Der Herausgeber Hans Rudolf Hilty bewies bei der Auswahl der Werke viel Fingerspitzengefühl, jedoch nicht immer bei der Rekonstruktion der originalen Textgestalt. Zudem berücksichtigte er bei der Zusammenstellung der Lyrikbände die vom Autor selbst konzipierten Sammlungen nur unvollständig und verzichtete in allen Bänden auf ein klärendes Nachwort und einen Editionsbericht.

Dadurch wurde ein literarisches und biographisches Bild von AXG entworfen, dem die Spannkraft und die Widersprüche des Werkes wie der Persönlichkeit fehlten. Die 1970 erschienene Biographie von Dieter Fringeli, die drei danach publizierten, oben erwähnten Sammlungen sowie die 1994 vorgelegte Dissertation über den Autor von Roman Bucheli brachten an diesem etwas einseitigen Bild wichtige Korrekturen an.

Die vorliegende kritische Edition möchte eine neue – verlässliche – Grundlage für die Auseinandersetzung mit dem Leben und Werk eines der bedeutendsten Schweizer Lyriker dieses Jahrhunderts bieten. Durch die Präsentation von zahlreichen unveröffentlichten Arbeiten und biographischen Dokumenten sowie durch die Darstellung der Textgenese sollen nicht nur das Gesichtsfeld erweitert, sondern auch die offenen Fragen beantwortet werden, die durch die teilweise editorisch ungenügenden früheren Publikationen entstanden sind.

Erstmals werden zwei im Schaffen des Autors zentrale und von ihm selbst zusammengestellte Lyriksammlungen originalgetreu in ihrem Zusammenhang publiziert. Alle zu Lebzeiten und nach dem Tode AXGs erschienenen Sammlungen und Texte werden ebenfalls aufgrund der Originalvorlagen neu herausgegeben.

Ein wichtiges Anliegen der *Gesammelten Werke und Ausgewählten Briefe* (= GW) ist die erstmalige Veröffentlichung von ausgewählten Briefen von und an AXG. Abgesehen von einigen Zitaten aus Briefen in der Biographie von Dieter Fringeli und in einzelnen Publikationen über den Autor sind die Briefe als Ganzes alle unpubliziert. Sie sollen das Bild des Autors, das bis jetzt vor allem aus seinen Lyrik- und Prosatexten gewonnen wurde, schärfer konturieren und ihm neue Aspekte verleihen. Gleichzeitig geben die Briefe durch die Interpretationen eigener und fremder Texte sowie durch AXGs poetologische Aussagen eine Verständnishilfe für die teilweise hermetische Welt seiner Gedichte und vermitteln Einblick in das Denken und den Alltag des Autors.

Ausführliche Anmerkungen zu den Sammlungen sowie zu jedem Gedicht und Prosatext werden einen weiteren Schwerpunkt dieser Ausgabe bilden. Ausserdem enthält sie eine detaillierte Bibliographie sowie eine längere Biographie in Form einer Chronologie, die auch Zitate aus unveröffentlichten Dokumenten wie Briefen und Tagebüchern des Autors verwendet, welche bei der Auswahl nicht berücksichtigt werden konnten. Ein Bildteil wird verschiedenste werkgeschichtliche und biographische Dokumente präsentieren.

II
Zur Situation des Nachlasses

Standorte und Inhalt
Die Ausgabe stützt sich hauptsächlich auf folgende vier Nachlässe und Sammlungen:

Nachlass im Besitz von Trudy Federli, Zürich:
Dieser umfangreichste und wichtigste Nachlassteil umfasst in erster Linie Manuskripte und Typoskripte von sämtlichen Texten inkl. Vorstufen und Varianten sowie von Lyrik- und Prosasammlungen. Dazu alle Belege von Erstveröffentlichungen in Buchform, in Zeitungen und in Zeitschriften sowie umfangreiches Sekundärmaterial. Von den Briefen besitzt Trudy Federli nicht nur die an AXG gerichteten, sondern viele seiner eigenen hand- und maschinenschriftlichen Schreiben, die ihr von den Empfängerinnen und Empfängern zurückgegeben wurden. Weitere biographische und werkgeschichtliche Dokumente sind die handschriftlichen Tagebücher und Aufzeichnungen, Photographien ihres Mannes und einzelner seiner Freunde sowie die vom Autor vor allem in seiner Jugendzeit geschaffenen Bilder. Zum Nachlass gehört auch AXGs Bibliothek samt einem von ihm angelegten Verzeichnis der Bücher.

Teilnachlass im Besitz von Dieter Fringeli, Nunningen:
Dieser gewichtige Teil setzt sich zusammen aus Dokumenten,

die ehemals im Besitz von Erica Maria Dürrenberger und Heinz Winfried Sabais waren. Er enthält eine späte und die letzte von AXG geschaffene Lyriksammlung. Weitere Vorstufen und Varianten von Gedichten liegen in Briefen an Dürrenberger vor. In Abschrift vorhanden sind auch die Briefe an Kurt Friedrich Ertel. Ausserdem ist aufschlussreiches Sekundärmaterial vorhanden.

Teilnachlass im Besitz des Schweizerischen Literaturarchives, Nachlass Erwin Jaeckle, Bern:
Er umfasst hauptsächlich einige zum Teil Erwin Jaeckle gewidmete Bücher, Erstdrucke und Sammlungen des Autors, Briefe an Erwin Jaeckle und Max Rychner, Vorstufen und Varianten von Texten, oft als Beilage zu Briefen an diese beiden Adressaten, sowie Sekundärmaterial.

Sammlung im Besitz von Frau Martina Ertel, Giessen/BRD:
Sie enthält Briefe an ihren Vater, Kurt Friedrich Ertel, Vorstufen und Varianten von Gedichten, die den Briefen beigefügt waren, sowie Sekundärmaterial, vor allem zu den editorischen Bemühungen K. F. Ertels um das nachgelassene Werk nach dem Tod AXGs in den frühen fünfziger Jahren.

Überlieferung der Texte
Fast alle Lyrik- und Prosatexte liegen als Typoskripte vor, wobei es von den veröffentlichten Texten dazu noch Erstdruckfassungen in Zeitschriften-, Zeitungs- und/oder in Buchform gibt. Von einigen wenigen Gedichten sind Manuskripte erhalten, die jedoch fast immer Vorformen der Endfassung sind. In den meisten Fällen hat AXG jedoch die erste handschriftliche Fassung, auch der Prosatexte, vernichtet. Da die Witwe des Autors, Frau Trudy Federli, schon zu seinen Lebzeiten einzelne Texte genau nach der Vorlage auf der auch von ihm benutzten Schreibmaschine abgetippt und dies nach seinem Tod fortgesetzt hat, ist kein Unterschied zwischen der von ihr und der vom Autor hergestellten

Fassung festzustellen. Nur einzelne von Trudy Federli angefertige Prosaabschriften sind mit «T» (= «Trudy») gekennzeichnet. Die meisten Typoskripte sind ausserdem *nicht* datiert.

III
Editorisches Vorgehen

Zur Auswahl
Alle zu Lebzeiten veröffentlichten Sammlungen und Texte sowie die nach dem Tod AXGs erschienenen Gedichte und Prosaarbeiten werden publiziert. Zudem werden die beiden letzten vom Autor selbst zusammengestellten und als Ganzes unveröffentlichten Gedichtsammlungen in ihrer, soweit rekonstruierbaren, originalen Form gedruckt.

Von den über 500 vorliegenden Gedichten werden 257 veröffentlicht. Davon sind rund 100 Texte unveröffentlicht. Der grössere Teil der weggelassenen Gedichte stammt aus der literarisch noch wenig eigenständigen Schaffenszeit von 1943–1949. Die aus dieser frühen Zeit stammenden Gedichtsammlungen «Frühe Gedichte» (1947), «Aus der Innung des engen Lebens» (1949) und «Kleine Verklärung» (1949), in welchen die meisten der seit 1943 entstandenen Gedichte enthalten sind, werden deshalb nicht integral publiziert. Aus der Sammlung «Aus der Innung des engen Lebens» wurden zum Beispiel lediglich 14 Gedichte ausgewählt. Diese strenge Auswahl entspricht ungefähr der kritischen Beurteilung des Autors selbst, der, gemäss seinem Brief an Oda Schaefer vom 14./21.1.1951, von den 122 Gedichten dieser Sammlung nur noch ca. 20 als «passable Verslein» gelten lassen wollte. Von den frühen Gedichtsammlungen werden einzig die «Zwei Gesänge gegen die Masse» (1949) als Ganzes publiziert. Weil sie eher ein längeres Einzelgedicht als eine Sammlung sind, werden sie den «Ungesammelten Gedichten» zugerechnet.

Da die Eigenständigkeit in den ab 1950 verfassten Arbeiten, auch nach AXGs eigener Einschätzung, stark zunahm, wurden von den 1950 und 1951 geschriebenen Gedichten nur einige wenige, von den im Todesjahr 1952 verfassten keine ausgeschieden.

Von den im Vergleich zu den Gedichten wenigen Prosatexten wird hingegen fast alles veröffentlicht. Elf der 40 ausgewählten Arbeiten sind unveröffentlicht. Weggelassen wurden nur, von einer Ausnahme abgesehen, die Geschichten aus der frühen Sammlung «Mosaik aus Sehnsucht» (1946), die AXG im erwähnten Brief an Oda Schaefer 1951 selbst schon verworfen hatte, und zwei eher periphere Arbeiten von 1949.

Die vereinzelten Übersetzungen von Gedichten und einem Prosatext werden alle aufgenommen.

Aus Platzgründen muss auf die vollständige Veröffentlichung der Tagebücher und Aufzeichnungen von 1950 bis Anfang 1952 verzichtet werden. Da sie nur phasenweise die Qualität der Lyrik- und Prosatexte erreichen und teilweise als Vorstufen von einigen dieser Arbeiten gelten können, wiegt der Verlust nicht schwer. Aufschlussreiche Auszüge sind aber in der «Biographie» und in den «Kommentaren und Anmerkungen zu den Texten» im vorliegenden Band zu finden.

Druckvorlagen

Zu Lebzeiten von AXG veröffentlichte Sammlungen und Texte
Die Gedichte aus den Sammlungen *Die Begegnung*, *Monologe* und *Blauer Eisenhut* werden nach der Erstdruckfassung publiziert. Diese wurde jedoch immer mit der allenfalls vorhandenen Typoskriptendfassung verglichen. Ungenauigkeiten wie Druckfehler und offensichtliche Fehler, vor allem in der Rechtschreibung, wurden berichtigt.

Das gleiche Vorgehen gilt auch für die Einzelveröffentlichungen von Lyrik- und Prosatexten in Zeitungen und Zeitschriften. Vom Autor nachweislich *nach* dem Druck eines Textes angebrachte Korrekturen wurden berücksichtigt.

Nach dem Tod von AXG veröffentlichte Arbeiten und unveröffentlichte Texte
Generell wird von einem Lyrik- und Prosatext immer eine bzw. die letzte Fassung, die der Typoskript- oder Manuskriptendfassung entspricht, veröffentlicht. Die Druckfassungen in dieser Ausgabe wurden, wenn möglich, nach diesen Vorlagen erstellt.
Gerade die von Hans Rudolf Hilty in den beiden Nachlassbänden *Dämmerklee* und *Land über Dächer* edierten Gedichte entsprechen in der Textgestalt nicht immer der Typoskriptendfassung, sei es, weil er diese nicht kannte oder weil er oft ziemlich willkürlich vor allem in die Interpunktion eingriff. Die vom Autor häufig nicht nur grammatikalisch, sondern auch rhythmisch gesetzten Satzzeichen entsprechen deshalb in der Druckfassung dieser Ausgabe genau der Vorlage. Nur in einzelnen Fällen wurden inkonsequente Zeichensetzungen berichtigt.

Wenn sich die frühere Fassung eines Textes im Wortlaut stark von der letzten unterscheidet, im Vergleich mit dieser und mit anderen ausgewählten Arbeiten qualitative Eigenständigkeit bewahrt und kein Hinweis im Entstehungsprozess zu finden ist, dass sie vom Autor ausdrücklich verworfen wurde, wird sie ausnahmsweise auch publiziert. Dies ist jedoch nur bei *vier Gedichten* der Fall.
Da die Überlieferung vor allem der Gedichte oft sehr komplex ist – von manchen Arbeiten existieren bis zu einem halben Dutzend oder noch mehr unterschiedliche Zeugen –, kann bei den nachgelassenen Texten die Endfassung manchmal nicht klar bestimmt werden, weil vom Autor selbst keine ausdrücklich als solche deklariert wurde. So gibt es von einigen Gedichten einen

oder gar noch mehr – oft sich nur minim unterscheidende – Zeugen, die ebenfalls die letzte Fassung sein könnten. In einem solchen Fall wird nur die vom Herausgeber – aufgrund der Entstehungsgeschichte des betreffenden Gedichtes und im Vergleich mit derjenigen anderer ausgewählter Verse – als wahrscheinlichste Endfassung bezeichnete Variante publiziert. Bei *zwei Gedichten*, wo sich der Herausgeber weder für die eine noch für die andere Variante der Endfassung als Druckvorlage entscheiden konnte, werden *beide Varianten* im Textteil präsentiert. In allen anderen Fällen werden die Abweichungen detailliert in den Anmerkungen zu den Texten aufgeführt (siehe auch die Erläuterung von «Fassung» und «Variante» weiter unten).

Gliederung der Ausgabe

Band I: Lyrik

Gesammelte Gedichte
Die als Sondernummer einer Zeitschrift erschienene Sammlung *Die Begegnung* (1951) wird als selbständige Publikation aufgefasst. Sie und die anderen zu Lebzeiten AXGs veröffentlichten Gedichtsammlungen *Monologe* (1951) und *Blauer Eisenhut* (1951) werden aufgrund der Chronologie ihres Erscheinens und in ihrer originalen Form (Zusammensetzung und Reihenfolge der Texte) im ersten Teil dieser Abteilung präsentiert.

Der zweite Teil umfasst die nachgelassenen Typoskripte «Land über Dächer. Neue Lyrik» (1950–1952) und «Strom. Gedichte und Die roten Lieder aus der brandschwarzen Stadt» (1951/1952). Die beiden Sammlungen werden in der chronologischen Reihenfolge ihrer Entstehung und, soweit bei letzterer rekonstruierbar (siehe Kommentar zu «Strom ...» in GW, Bd. III, S. 231–239), ebenfalls in ihrer originalen Form publiziert. Da der Autor die Gedichte «Winter», «Tee» und «Vergang» (= «Damals») aus «Land über Dächer» in einer späteren Fassung erneut in «Strom ...» aufnahm, weil für ihn die frühere Sammlung bei der Arbeit an der späteren schon abgeschlossen war und keine konkrete Publikationsmöglichkeit weder für die eine noch für die andere vorlag, wird an diesem doppelten Erscheinen der drei Gedichte nichts geändert. Abgewichen von der überlieferten originalen Textgestalt von «Land über Dächer» wird nur dann, wenn von einem Gedicht eine spätere Fassung als die in der Sammlung enthaltene existiert.

Ungesammelte Gedichte
Den ersten Teil dieser Abteilung bilden die zu Lebzeiten von 1949–1952 in Zeitungen und Zeitschriften veröffentlichten Texte in der chronologischen Reihenfolge ihres Erscheinens. Nicht aufgenommen werden die beiden Gedichte, die zwar vom Autor publiziert wurden, jedoch im nachgelassenen Typoskript «Land über Dächer» enthalten sind und in diesem Rahmen präsentiert werden.

Der zweite Teil umfasst die nachgelassenen Gedichte von 1943–1952. Hauptprinzip der Gliederung dieser Texte ist die Chronologie. Dafür mussten die meisten dieser Arbeiten zuerst datiert werden (siehe die Ausführungen zur Datierung weiter unten). Eine erste Gruppe bilden die zwischen 1943–1949 entstandenen Gedichte, welche die literarisch noch wenig eigenständige frühe Schaffenszeit des Autors repräsentieren. Die zwischen 1950 und 1952 entstandenen Gedichte werden innerhalb des Entstehungsjahres aufgeführt und dort nach chronologischen *und* thematischen Gesichtspunkten gruppiert.

Die nachgelassenen Übersetzungen werden aufgrund der Chronologie ihres Entstehens präsentiert. Das fremdsprachige Original wird in der Anmerkung zum Text wiedergegeben.

Band II: Prosa und Briefe

Teil I: Gesammelte Prosa
Die kürzeren Prosawerke – Erzählungen, prosagedicht- und briefartige Stücke, Essays, Aufsätze, Artikel, Besprechungen usw. – werden in einer eigenen Abteilung präsentiert.

Die erste Gruppe umfasst die veröffentlichte Prosa zu Lebzeiten von AXG, in der Chronologie ihres Erscheinens in Zeitungen und Zeitschriften von 1951/1952.

Die nachgelassene Prosa von 1946–1952 wird in zwei Gruppen aufgeführt: Die erste Gruppe umfasst die nachgelassenen Erzählungen, prosagedicht- und briefartigen Stücke sowie Mischformen zwischen erzählender und kritischer Prosa. Der zweite Teil enthält einerseits die Aufsätze und Essays zur Politik und Gesellschaft von 1949–1951, hauptsächlich zu den Themen «Militär» und «Schweizer Armee», anderseits die Aufsätze, Essays und Artikel zur Sprache, Literatur und (bildenden) Kunst von 1951/1952.

Die restlichen Texte, die entweder längere Arbeiten darstellen, der Prosa nahestehen oder im Werk des Autors formal eine periphere Rolle einnehmen, werden in eigenen Abteilungen aufgeführt. Dazu gehören der «Maschenriss», dieses zum Dramatischen neigende «Gespräch», die chronologisch geordneten Aphorismensammlungen und die einzige Übersetzung einer Prosaarbeit. Das fremdsprachige Original wird in der Anmerkung zum Text wiedergegeben.

Teil II: Ausgewählte Briefe
Über die Auswahl und Gliederung orientiert der separate Editionsbericht in GW, Bd. II, S. 427–430.

Band III: Dokumente zu Leben und Werk und Kommentar

Teil I bilden die Biographie und ausgewählten Dokumente zu Leben und Werk des Autors samt Nachweis der Abbildungen.

Teil II enthält den vorliegenden Editionsbericht, ein Verzeichnis der in den Anmerkungen verwendeten Abkürzungen und Siglen, die Kommentare und Anmerkungen zu den Gedichtsammlungen sowie zu den Lyrik- und Prosatexten, eine ausführliche Bibliographie, das Nachwort des Herausgebers sowie ein alphabetisches Verzeichnis der in den Kommentaren und Anmerkungen erwähnten Sammlungen und Texte.

Einrichtung des Kommentar- und Anmerkungsteils

Allgemeines
Zum einen wird die Überlieferung, Entstehung und Wirkung der zu Lebzeiten publizierten Sammlungen dokumentiert bzw. die Überlieferung und Entstehung der unveröffentlichten und in dieser Ausgabe erstmals wiedergegebenen Lyriksammlungen. Bei all diesen Sammlungen werden, wenn möglich, auch die entsprechenden Angaben zu den allfälligen Vorstufen mitgeteilt. Diese Erläuterungen stehen *vor* den Anmerkungen zu den einzelnen Gedichten der jeweiligen Sammlung.

Die Angaben über die Überlieferung und Entstehung derjenigen Gedichtsammlungen, aus denen nur einzelne Texte publiziert werden, stehen ebenfalls *vor* den Anmerkungen zu den «Ungesammelten Gedichten». Die Kommentare zu den frühen, in dieser Ausgabe nicht berücksichtigten Sammlungen bilden also den Beginn der Anmerkungen zu den Gedichten 1943–1949; der Kommentar zum «Handgeschriebenen Album» (1950–1952) leitet die Anmerkungen zu den Gedichten von 1950 ein, welche den Hauptteil dieses Albums ausmachen.

Zum anderen wird über die Überlieferung jedes Lyrik- und Prosatextes und den Zeitpunkt seiner Entstehung informiert sowie der Erstdruck bibliographisch nachgewiesen und die Form der Druckvorlage beschrieben.

Überlieferung (= Ü)
Von jedem Text werden sämtliche Manuskript- und Typoskriptzeugen aufgeführt. Es folgen Hinweise auf den Umfang, die Paginierung (nur bei den Prosatexten), die Korrektur und Datierung. Falls ein Zeuge aus einer anderen Sammlung als aus dem Nachlass bei Trudy Federli stammt, wird dies vermerkt.

Zeitpunkt der Entstehung (= ZE)
Die Datierung der zumeist undatierten Texte wird als *Annäherung* verstanden. Sie stützt sich unter anderem auf Hinweise des Autors selbst, etwa in Briefen und Tagebüchern, auf das Vorkommen von Zeugen in zeitlich bestimmbaren Sammlungen oder auf das Vorliegen eines Gedichtes mit einem oder mehreren anderen Gedichten, die datiert sind oder zeitlich ziemlich genau bestimmt werden können, auf dem gleichen Blatt. Wenn ein Text in zwei zeitlich relativ weit auseinanderliegenden Phasen entstanden ist, wird der Zeitpunkt der ersten Phase **fett** vermerkt.

Erstdruck (= E)
Vermerkt wird, wann und in welcher Zeitschrift oder Zeitung und/oder in welchem Buch der Erstdruck erschienen ist. Erstdrucke von Textauszügen werden an dieser Stelle nicht erfasst, sondern in den Anmerkungen des Herausgebers vermerkt.

Druckvorlage (= D)
Hinweis, welcher Textzeuge bzw. welche Erstdruck-, Typoskript- oder Manuskriptendfassung oder welche Variante der Letztfassung als Druckvorlage verwendet wurde. Bei unveröffentlichten Texten erfolgt ausserdem ein entsprechender Vermerk.

Anmerkungen des Herausgebers (= AH)
Es werden zusätzliche Informationen zum Überlieferungszusammenhang eines Textes geliefert wie Vorkommen in einer Sammlung, Anmerkungen des Autors auf Textzeugen, Beilage eines Briefes mit einem allfälligen Verweis auf die Band- und Seitenzahl der GW, wo das betreffende Schreiben abgedruckt ist. Werden verschiedene Titel von Texten oder Zitate aus Briefen nacheinander aufgeführt, erfolgt der Verweis auf Band I bzw. Band II nur bei der ersten Nennung. *Bei Verweisen auf den Band III entfällt die Bandzahl.*
Aussagen des Autors in Briefen und Tagebüchern zu einem seiner Texte oder entsprechende Äusserungen seiner Briefpartnerinnen und -partner in Schreiben an ihn werden chronologisch aufgeführt, allenfalls mit Hinweis auf die Band- und Seitenzahl der GW, wo das betreffende Schreiben abgedruckt ist.

Es folgen Erläuterungen von Personen vorwiegend aus dem Familien-, Bekannten- und Freundeskreis des Autors sowie Quellenangaben für Selbstzitate, Begriffe, Buchtitel usw., die im Gesamtwerk AXGs eine wichtige Rolle spielen. Bei den Übersetzungen der Gedichte werden, neben dem fremdsprachigen Original, zum Vergleich diejenigen Übertragungen anderer präsentiert, die der Autor selbst in Briefen zu seinen Übersetzungsversuchen positiv oder negativ erwähnt.

Der letzte Teil dokumentiert die Textgenese. Da es bei einigen Gedichten sehr schwierig war, eine Endfassung zu bestimmen, und fast alle diesbezüglichen Varianten nur im Anmerkungsteil dieser Ausgabe präsentiert werden können, werden die Unterschiede – in Wortlaut, Strophenbildung, Zeilenbruch sowie Interpunktion – nicht nur bei den Varianten der Letztfassung, sondern auch bei allen früheren Fassungen eines Textes angegeben. Die Chronologie des Entstehungsprozesses stellt eine Rekonstruktion dar im Sinne einer Annäherung. Sie soll der Leserin und dem Leser einen Einblick in die Werkstatt des Autors geben.

Der Herausgeber verwendet die Begriffe «Fassung» und «Variante» in der nachfolgend erläuterten Weise:

Fassung
Eine genau bestimmbare Vorform der Druckvorlage wird als «Fassung» bezeichnet. Eine Fassung entspricht immer dem Zeugen eines Textes auf einem oder mehreren Blättern und unterscheidet sich hinsichtlich Wortlaut, Strophenbildung, Zeilenbruch und Interpunktion von anderen Zeugen dieses Textes. Entscheidendes Merkmal einer Fassung ist, dass eine chronologische Reihenfolge aufgrund des Vergleichs von verschiedenen Zeugen eines Textes und hauptsächlich aufgrund der Korrekturen des Autors erstellt werden kann. Enthält ein Textzeuge eine oder mehrere hand- oder maschinenschriftliche Korrekturen, wird die dadurch geschaffene veränderte Textstufe stets als neue Fassung bezeichnet. Die allenfalls unterschiedliche Entstehungszeit der Berichtigungen wird nicht berücksichtigt. Wird eine Korrektur geändert oder auch die Änderung wieder gestrichen, ergibt das eine weitere oder mehrere weitere neue Fassungen. Die Chronologie der verschiedenen Fassungen wird wie folgt wiedergegeben: T1 = 1. Fassung, T2 = 2. Fassung, bis TE = Typoskriptendfassung.

Variante
Kann ein Textzeuge nicht eindeutig als Vorform der Druckvorlage oder einer anderen – früheren – «Fassung» bestimmt werden, wird er «Variante» genannt. Entscheidendes Merkmal einer Variante ist, dass eine *chronologische Reihenfolge* aufgrund des Vergleichs von verschiedenen Zeugen eines Textes *nicht erstellt werden kann* (Beispiel: T1a = 1. Fassung, Variante a, T1b = 1. Fassung, Variante b). Die Textzeugen unterscheiden sich zwar betreffend Wortlaut, Strophenbildung, Zeilenbruch oder Interpunktion, enthalten aber selbst keinen Hinweis auf eine bestimmbare entstehungsgeschichtliche Reihenfolge.

Kritischer Apparat

Lyrik
Eine römische Ziffer verweist auf die Strophe, eine arabische Ziffer auf die Zeile der Druckvorlage. Eine vorangestellte römische Ziffer mit Doppelpunkt kennzeichnet Teile eines mehrteiligen Gedichts ohne eigenen Titel.

Die Unterschiede im Titel, in der Widmung und im Wortlaut werden im Detail bei den Fassungen, Varianten und Erstdrucken aufgeführt, diejenigen in Strophenbildung, Zeilenbruch und Interpunktion jedoch im Detail nur bei der/den Variante(n) der Druckvorlage und bei einem Erstdruck. Abweichungen in der Orthographie wie Gross- und Kleinschreibung, Zusammen- und Getrenntschreibung sowie Druckfehler werden nur bei einem Erstdruck erfasst. Die Unterschiede der Druckfassung in dieser Ausgabe im Verhältnis zur Erstdruckfassung resultieren hauptsächlich aus der engen Anlehnung an die Typoskriptendfassung sowie aus den wenigen Korrekturen in der Rechtschreibung, die der Herausgeber vorgenommen hat.

Bei den früheren Fassungen und Varianten von solchen werden die Unterschiede in Strophenbildung, Zeilenbruch und Interpunktion lediglich pauschal wiedergegeben. Bei den im «Handgeschriebenen Album» (1950–1952) enthaltenen Textzeugen in Form von Manuskripten werden die Unterschiede nur hinsichtlich Titel und Wortlaut vermerkt, da der Zeilenbruch hin und wieder mehr der eigenwilligen, raumgreifenden Handschrift des Autors gehorcht als dem poetischen Kalkül.

Prosa
Eine arabische, **fett** gedruckte Ziffer verweist auf die Seitenzahl in Band II dieser Ausgabe, eine arabische, normal gedruckte auf die Zeilenzahl.

Auch aus Platzgründen werden bei den Fassungen und Erstdrucken die Unterschiede nur hinsichtlich Titel und Wortlaut vermerkt. Auf Druckfehler in einem Erstdruck wird ebenfalls hingewiesen. Die Unterschiede der Druckfassung in dieser Ausgabe im Verhältnis zur Erstdruckfassung resultieren hauptsächlich aus der engen Anlehnung an die Typoskriptendfassung. Einzig bei den Varianten werden die Unterschiede in der Interpunktion angegeben. Abweichungen in der Interpunktion und der Orthographie wie Zusammen- und Getrenntschreibung, Gross- und Kleinschreibung werden nicht dokumentiert.

Im weiteren werden folgende Zeichen verwendet: Fehlende Worte, Sätze, Zeilen, Strophen, Strophenbildungs-, Zeilenbruch- und Satzzeichen im Verhältnis zur Druckvorlage stehen in eckigen Klammern [ ]; alle Zusätze, auch diejenigen des Herausgebers im Wortlaut, im Verhältnis zur Druckvorlage stehen in spitzen Klammern 〈 〉; 〈?〉 steht für eine unsichere Lesart oder nach einem schlecht lesbaren Wort; (//) bezeichnet eine im Verhältnis zur Druckvorlage unterschiedliche bzw. zusätzliche Strophenbildung, (/) einen entsprechenden Zeilenbruch; wenn eine Stelle nicht gestrichen wurde, aber darüber, darunter oder daneben einen Korrekturvorschlag enthält, wird sie aufgeführt und die Wortlautvariante nach dem Zeichen \ wiedergegeben.

Der Herausgeber

Verwendete Abkürzungen und Siglen

Aa	Allegro appassionato. Hg. von H.G. Biel. Textredaktion von Liselotte Scharpf. Mit Zeichnungen von Ilse Bluttner. – Berlin: Berliner Verlagsbüro 1976
AH	Anmerkung des Herausgebers
Anm.	Anmerkung
AXG	Alexander Xaver Gwerder
B	Brief/-e
BE	Blauer Eisenhut. Gedichte (Zürich 1951)
Bl.	Blatt/Blätter
D	Druckvorlage
Dä	Dämmerklee. Nachgelassene Gedichte (Zürich 1955)
dat.	datiert
DB	Die Begegnung (Landau 1951)
DF	Dieter Fringeli
DL	Die Literatur. Blätter für Literatur, Film, Funk und Bühne. Hg. von Hans Werner Richter. – Stuttgart: Deutsche Verlags-Anstalt
DLAKK	Schiller-Nationalmuseum / Deutsches Literaturarchiv, Handschriftenabteilung, Handschriftenbestand Karl Krolow, Marbach am Neckar
E	Erstdruck
EB	Erstdruck in Buchform
EJ	Erwin Jaeckle
EMD	Erica Maria Dürrenberger
F	Fassung/-en
GgM	Wenn ich nur wüsste, wer immer so schreit. Gesänge gegen die Masse (Zürich 1978)
GW	Gesammelte Werke und Ausgewählte Briefe
H	Herausgeber
HAG	«Handgeschriebenes Album» von Alexander Xaver Gwerder
Hg.	Herausgegeben
Ho	Hortulus. Vierteljahresschrift für neue Dichtung (ab 1957: Illustrierte Zweimonatsschrift für neue Dichtung). Hg. von Hans Rudolf Hilty. – St. Gallen: Tschudy-Verlag
HRH	Hans Rudolf Hilty
hs.	handschriftlich
HWS	Heinz Winfried Sabais
Ip.	Interpunktion
KFE	Kurt Friedrich Ertel

KK	Karl Krolow
Ko	Konturen. Blätter für junge Dichtung. Hg. von Hans Bender. – Frankfurt am Main: Verlag Eremiten-Presse
korr.	korrigiert
LüD	Land über Dächer. Nachgelassene Gedichte (Zürich 1959)
M	Manuskript/-e
Ma	Maschenriss. Gespräch am Kaffeehaustisch (Zürich 1969)
ME	Manuskriptendfassung/-en (M1, M2 ... = 1., 2. ... Fassung)
MGuG	Manuskript «Gravuren und Gladiolen. Eine kontrapunktische Sammlung»
Mög	Möglich, dass es gewittern wird. Nachgelassene Prosa (Zürich 1957)
Mo	Monologe. Vier Gedichte nach der Handschrift (Zürich/Altleiningen 1951)
MR	Max Rychner
ms.	maschinenschriftlich
MTb.	Manuskript «Tagebuchblätter 1950/1951»
ndTit.	neben dem Titel
ndZ.	neben der Zeile
NLW	Neue Literarische Welt. Hg. von der Deutschen Akademie für Sprache und Dichtung. – Darmstadt: Montana-Verlag
NSR	Neue Schweizer Rundschau. – Zürich: Fretz & Wasmuth
NZZ	Neue Zürcher Zeitung
Otit.	Obertitel
OS	Oda Schaefer
pag.	paginiert
PK	Postkarte
Po	Poesie. Zeitschrift für Literatur. Hg. von Frank Geerk und Tadeus Pfeifer. – Basel
RL	Die roten Lieder aus der brandschwarzen Stadt
RS	Rudolf Scharpf
S.	Seite/-n
Sb.	Strophenbildung
SLAEJ	Schweizerisches Literaturarchiv, Nachlass Erwin Jaeckle, Bern
Slg.	Sammlung/-en
St	Strom. Gedichte und Die roten Lieder aus der brandschwarzen Stadt
Str.	Strophe/-n
T	Typoskript/-e
TAIL	Typoskript «Aus der Innung des engen Lebens. Gedichte»
Tat	Die Tat. Schweizerische unabhängige Tageszeitung (Zürich)

TE	Typoskriptendfassung/-en (T1, T2 ... = 1., 2. ... Fassung; T1a = 1. Fassung, Variante a, T1b = 1. Fassung, Variante b)
TF	Trudy Federli
Tit.	Titel
TKV	Typoskript «Kleine Verklärung. 27 Sonette»
TLüD	Typoskript «Land über Dächer. Neue Gedichte» (1. + 2. Fassung)
TMa	Typoskript «Maschenriss. Gespräch am Caféhaustisch»
TMFG	Typo-/Manuskript «Frühe Gedichte»
TRL	Typoskript «Die roten Lieder aus der brandschwarzen Stadt» (TRLa = Variante a, TRLb = Variante b)
TRVF	Typoskript «Reigoldswiler Verse»; im Besitz von Dieter Fringeli
TStA	Typoskript «Strom. Gedichte und Die roten Lieder aus der brandschwarzen Stadt» bei Alexander Xaver Gwerder in Arles
TStF	Typoskript «Strom ...»; im Besitz von Dieter Fringeli
TStNSR	Typoskript «Strom ...», an ‹Neue Schweizer Rundschau›
TZGgM	Typoskript «Zwei Gesänge gegen die Masse»
udTit.	unter dem Titel
udZ.	unter der Zeile
Ü	Überlieferung
üdTit.	über dem Titel
üdZ.	über der Zeile
unbetit.	unbetitelt
undat.	undatiert
unpag.	unpaginiert
Utit.	Untertitel
uv.	unveröffentlicht
V	Variante/-n
VGL	Veröffentlichte Gedichte zu Lebzeiten
W	Widmung
Wä	Wäldertraum. Ausgewählte Gedichte (Zürich 1991)
Z.	Zeile/-n
Zb.	Zeilenbruch
ZE	Zeitpunkt der Entstehung

Kommentare und Anmerkungen zur Lyrik (Band I)

Gesammelte Gedichte

Veröffentlichte Gedichtsammlungen zu Lebzeiten

Die Begegnung (1951)

Überlieferung

Die Begegnung. ⟨Drei Gedichte. Mit fünf Holz- und Linolschnitten von Rudolf Scharpf. Ohne Inhaltsverzeichnis; unpag. (In einem Halbkartonumschlag 12 lose Bl.), wovon je fünf Bl. mit Gedichten und Schnitten, einseitig bedruckt).⟩ Hg. von K. F. Ertel. – Landau/Rheinpfalz: K. F. Ertel ⟨Mitte Juli 1951⟩ (– signaturen. blätter für grafik und dichtung. 2. Jg., 4. Folge)

Auflage: max. 300 Ex.

T der Slg. fehlt. Von einem oder ev. zwei Gedichten gibt es jedoch eine TE.

Reihenfolge der Gedichte: «Die Klöster der Einsamen», «Die Begegnung», «Die Kentaurin».

Vgl. Wolfgang Bächler: «Blätter für Graphik und Dichtung» ⟨Sammelbesprechung⟩. In: NLW, 10.2.1952, Nr. 3:

«Von Presse und Buchhandel kaum beachtet, gibt K. F. Ertel schon im zweiten Jahrgang in zwangloser Folge die ‹signaturen› heraus. Die kleinen Mappen vereinen auf losen Blättern besten Papiers vorbildlich gedruckt jeweils Arbeiten eines Lyrikers und eines Graphikers. (…) In paritätischem Wechsel werden auch junge, experimentierende Kräfte zum Teil erstmals vorgestellt. (…) Die Mappen werden im Jahresabonnement und auch einzeln geliefert.»

Entstehung und Wirkung

Durch Vermittlung von OS wandte sich der deutsche Herausgeber der Zeitschrift ‹signaturen› und angehende Kunsthistoriker, KFE, am 12.6.1950 an AXG, mit der Bitte um einige Gedichte für seine Zeitschrift. Weil er von der Qualität der Texte überzeugt war, entschied er sich, eine Nummer ausschliesslich mit Gedichten AXGs herauszugeben. Er wählte, gemäss seinem B vom 27.6.1950, zuerst folgende vier Gedichte dafür aus: «Die Begegnung», «Die Kentaurin», «Regenbaum» (uv.) und «Die Klöster der Einsamen». Noch im *B an KFE,* 7.11.1950, sprach AXG von «sechs Gedichten» (vermutlich die dreiteilige «Begegnung» und die drei obenerwähnten Gedichte), die für die Publikation vorgesehen waren. Auf welche Anregung hin das Gedicht «Regenbaum» weggelassen wurde, geht aus dem Briefwechsel AXG–KFE nicht hervor.

Für die Realisierung der «grafischen Pendants» schlug AXG seinen Arbeitgeber Willy Hug, der auch Maler war, vor. Da KFE die Arbeitsproben Hugs «nicht für überdurchschnittlich» hielt, konnte das Heft nicht, wie vorgesehen, im August 1950 erscheinen. Auf Wunsch AXGs suchte KFE selbst einen geeigneten Künstler und bat den deutschen Maler und Graphiker RS um Mitarbeit. Weil dieser die Illustrationen bis Ende 1950 nicht lieferte, nahm AXG im Januar 1951 direkt Kontakt mit ihm auf, schickte ihm einige Gedichte und bat ihn um einen «Situationsbericht». Der deutsche Kollege reagierte sehr positiv auf die Texte des Schweizers und sicherte ihm die baldige Fertigstellung der Illustrationen zu. KFE war denn auch bereits im März im Besitz dieser Arbeiten. Die für April 1951 vorgesehene Publikation der Nummer musste aber mangels finanzieller Mittel des Herausgebers nochmals verschoben werden. Der wegen des verzögerten Erscheinens etwas ungehaltene AXG hatte deshalb noch bis Mitte Juli 1951 zu warten, bis er endlich – mit fast einjähriger Verspätung – die ersten Exemplare von DB erhielt. (Siehe auch Kommentar zu Mo, S. 165.)

B von KFE, 12.6.1950, II, S. 225f.: «Da ich mich auf den wirklich ausserordentlichen und künstlerischen Instinkt von Oda Schaefer getrost verlassen darf, schreibe ich Ihnen denn. Um es kurz zu sagen: würden Sie mir einige Ihrer Gedichte für unsere Zeitschrift anvertrauen? Freilich (und leider) kann ich an unsere Autoren kein Honorar zahlen. Sie können sich denken: Auflage höchstens 300 und noch nicht 100 Bezieher. Ich selbst noch im Studium; bezahle alles aus eigener Kasse und bin vom Verleger bis zum Papierkorbausleerer alles in einer Person. (…) Vielleicht kennen Sie jungen bildkünstlerischen Nachwuchs, der auch Anteil nehmen würde?» *B an KFE,* 17.6.1950, S. 226f.: «Herzlichen Dank für Ihre Zusendung, die mich in mehr als persönlicher Beziehung freut. Dass es nicht nur junge Künstler gibt, sondern, was unserer Zeit besonders fehlt, auch junge Verleger mit anderen als Publikumsidealen … Dass es Wagemut gibt, ohne väterliches Vermögen im Rücken … Dass es Idealismus gibt … (…) Gerne überlasse ich Ihnen die beigelegten Verse». *B von KFE,* 18.6.1950 (uv.): «Ich werde Ihre Arbeiten sobald als möglich bringen. Wenn Sie mir ein grafisches Pendant dazu verschaffen könnten, nur mit Ihren Gedichten. Das wäre mir am liebsten, denn sonst müsste ich Sie in einem Heft junger Dichter bringen, was ich insofern nicht gerne täte, da das bei mir vorliegende Material leider nicht ein auch nur annäherndes Niveau hat.» *MTb.*, 20.6.1950 (uv.): «Ich dachte mir's doch, dass der Boden in Deutschland fruchtbarer ist als der unserige, der mehr und mehr einer Wüste von Bierbäuchen und Ballfüsslern gleicht.» *B an KFE,* 25.6.1950 (uv.): «Ich denke, dass wir auch auf eine Besprechung dieser kommenden ‹signaturen› durch den grossen Kritiker und Dichter Max Rychner in der ‹Tat› rechnen dürfen.» *MTb.*, 27.6.1950 (uv.): «Ertel will mir eine ganze Nummer der ‹signaturen› einräumen. Das ist viel. Mehr als ich erhoffte. Willy Hug will die grafischen Pendants dazu schaffen und, fertig gedruckt im eigenen Geschäft, Ertel kostenlos überlassen. (…) Ertel hat bis jetzt die ‹Klöster der Einsamen›, ‹Aurora› ⟨uv.⟩, ‹Der Regenbaum› ⟨uv.⟩ und ‹Die Kentaurin› (für Oda Schaefer) angenommen.» *B von KFE,* 27.6.1950 (uv.): «Sind Sie einverstanden, wenn ich in Ihrem Heft folgendes bringe: ‹Begegnung›, ‹Die Kentaurin›, ‹Regenbaum›, ‹Die Klöster der Einsamen› und dazu 6 grafische Blätter von Hug? (…) Die Blätter müssen lose sein und brauchen nicht geheftet zu werden.» *B an KFE,* 28.6.1950, S. 229: «Braucht es Mut, um die ‹Begegnung› ⟨er meint das Gedicht und nicht die Slg.⟩ herauszugeben? Ich denke: Ja! Und weil Sie diesen so vorbehaltlos haben, bin ich gerne mit dieser letzteren Zusammenstellung einverstanden. Die Flagge für das Heft soll Ihren Händen entstammen; ich möchte überrascht werden damit.» *B an OS,* 2.7.1950, S. 233: «Der avantgardistische Verleger K.F. Ertel räumt mir das August-Heft der ‹signaturen› ein! Wir haben uns bereits in allen Punkten geeinigt. (…) Nun, das werden keine ‹Schlaflieder› sein. Und die ‹signaturen› werden auch nicht von Schläfern gelesen. (…) Von Rilke heisst es, er hätte nie die Besprechungen seiner Werke gelesen. Ich aber bin gespannt auf das allfällige Echo; oh, ich bin eitel und werde sogar ein Exemplar an die ‹Tat› schicken. Denn es freut mich doppelt und ich bin stolz darauf, dass die erste gewichtige Veröffentlichung im Lande der vielen Wiegen europäischer Geister geschieht.» *B an KFE,* 13.7.1950 (uv.): «Dann liess ich noch, probeweise, zwei Skizzen zu Gedichten von Juskiewicz zeichnen. (…) Ich bin jedoch sehr gegen eine Illustrierung von Versen, wie gegen ihre Vertonung als Lied.» *B von KFE,* 24.7.1950 (uv.): «Jetzt in media res zu Hugs Sachen; diese Angelegenheit ist mir sehr peinlich, nicht zuletzt auch für Sie. Um es in nuce zu sagen, ich halte die Arbeiten nicht für überdurchschnittlich (und ob sie zu Ihren Arbeiten passen würden??!) (…) Ich würde, wirklich, die Sachen nehmen – so würden die Arbeiten aber enorm gegenüber Ihren Gedichten abfallen und jeder würde sich fragen, wie so etwas möglich ist und wie ich auf eine solche Zusammenstellung käme. (…) zu Ihren Gedichten stehe ich unbedingt und diese werde ich auch herausbringen.» *B an KFE,* ⟨Ende Juli 1950⟩ (uv.): «Dass Hug ‹besseres› machen könnte, innert nützlicher Frist, glaube ich nicht und ich schlage Ihnen deshalb vor, einen mächtigeren Mann selber zu finden und zu gewinnen.» *B an KFE,* 13.8.1950 (uv.): «Was machen meine ‹signaturen›? Haben Sie schon einen Künstler? Im Grunde genommen und offen gesagt, bin ich viel mehr interessiert am gedruckten Wort, als am grafischen Ausdruck. Werden die Hefte noch vor Oktober herauskommen? Mit ihrer Wirklichkeit im Rücken, gelängen mir die drei Wochen Miliz-Strafanstalt leichter.» *B von KFE,* 18.8.1950 (uv.): «Für Sie habe ich niemanden finden können, so dass ich Scharpf bitten werde: einer der Begabtesten der Jungen (…) Scharpf wird Ihnen sicher zusagen. (…) Sowie ich die Arbeiten von Scharpf habe, werde ich mit dem Druck beginnen.» *B an KFE,* 30.8.1950 (uv.): «Scharpf sagt mir sehr zu. Ich halte ihn sogar ohne Übertreibung (…) für genial. Kann er es noch schaffen, dass die Herausgabe im September erfolgte? Zeigten Sie ihm die Gedichte schon? Hoffentlich sagen die ihm zu, auf dass die ‹signaturen› auch für ihn zum frohen Ereignis werden.» *B von KFE,* 1.11.1950 (uv.): «Ich hoffe Ihnen nun bald die Gwerder ‹signaturen› zusenden zu können. (…) einmal müssen Sie ja vor die Öffentlichkeit, muss sich die Öffentlichkeit mit Ihnen auseinandersetzen!» *B an KFE,* 7.11.1950 (uv.): «Ich erhielt für die sechs Gedichte, die Sie für die ‹signaturen› auswählten, noch einen anderen Druckantrag. Selbstverständlich haben Sie persönlich den Vorzug.» *B von KFE,* ⟨Anfang Dezember 1950⟩ (uv.): «Gerne hätte ich Ihre Sachen zu Weihnachten herausgebracht, aber ich höre und sehe nichts von Scharpf. (…) Schreiben Sie doch bitte mal selbst an Sch., dass ich auf seine Arbeiten warte. Sollten Sie Ihre Gedichte in der Schweiz irgendwie verwenden können, so mögen Sie das bitte selbst entscheiden. Sie wissen ja, dass ich an sich gerade an diesen Versen hänge, aber, vielleicht kommen bald neue …» *B an KFE,* 7.12.1950 (uv.): «Ich habe den Druckantrag abgelehnt (…) Ich nahm, als ich obige Absage traf, an, dass es nicht Ihre Absicht ist, mir einen zweiten Zürcher in die ‹signaturen› einzuschieben. (Stoll sagte mir von einem gemeinsamen Heft; wovon Sie mir ja nichts erwähnten.)» *B an EJ,* 28.12.1950, S. 252: «Mein Heft der ‹signaturen› ist leider noch nicht gedruckt, der Herr Herausgeber benützt mich vorläufig als Umschlagstelle für seine Schweizerhonorare, sonst würd' ichs Ihnen jetzt mit altchinesischer Weitschweifigkeit zu Füssen legen.»

B an RS, 28.1.1951, S. 265: «Nachdem mein Versuch, K.F. Ertel von hier aus grafische Arbeiten zu liefern, an der Unzulänglichkeit des Grafikers scheiterte, bin ich nun erfreut, dass er Sie dafür gewinnen konnte. (…) Es würde mich interessieren, wie weit Ihre Arbeiten gediehen sind.» *B von RS,* 4.2.1951, S. 265f.: «Darf ich Ihnen sagen, wie mich Ihre Gedichte in manchem verwandtschaftlich anrühren? Solche Zeichen, über Fernen getauscht, sind heute sicherlich mehr noch als in irgendeiner beruhigteren Gegenwart dem

Einzelnen Anruf und Bestärkung. In diesem Sinne sehe ich auch das Begegnen in einem der kleinen ‹signaturen›-Hefte, das sich wohl nächstens ergeben wird. Ich habe heute zugleich an K.F. Ertel geschrieben und es soll an mir nicht liegen, wenn sich das Erscheinen Ihrer Nummer noch hinauszögern sollte.» *B an RS,* ⟨24.2.1951⟩, S. 266: «Es wäre auch K. F. Ertel einmal zu gönnen, wenn man sich um die ‹signaturen› risse –» *B an RS,* 7.3.1951 (uv.).: «Wie wäre es, wenn der Titel der ‹signaturen› *Begegnung* hiesse? Im doppelten Sinn: Malerei – Dichtung / Scharpf – Gwerder». *B von RS,* 13.3.1951 (uv.): «Ihre Titel-Findungen für die Holzschnitte, die ich Ihnen sandte, sind mir ein Zeichen mehr einer Gleichgestimmtheit, die Ihren Vorschlag *Begegnung* sehr gut und recht erscheinen lässt.» *PK von KFE,* ⟨März 1951⟩ (uv.): «Es geht also los und ich werde Ihnen bald die Druckbogen schicken können (...) Scharpf hat nun die Holzschnitte geschickt –» *B an KFE,* 17.3.1951, S. 268: «Herrgott wie brenne ich darauf, der Welt die *Begegnung* um die Ohren zu hauen! (...) Scharpf und ich wären uns einig, wenn die ‹signaturen› mit dem Titel *Begegnung* hinausgingen. Es ist ja auch eine Begegnung in fast allem Sinn, den man einem solchen Ereignis geben mag.» *PK von KFE,* ⟨21.3.1951⟩ (uv.): «Spätestens Mitte April werden Sie Ihre ‹signaturen› in Händen haben. (...) Die Bezeichnung *Begegnung* finde ich ausgezeichnet –» *PK von KFE,* ⟨29.4.1951⟩ (uv.): «Ihnen schnell die Nachricht, dass Ihre ‹signaturen› vorliegen. Nur, bei der momentanen Misere in D. ist es so, dass man alles gleich berappen muss. In einigen Tagen hoffe ich soweit zu sein, dass ich die Auflage vorbezahlen kann und dann bekommen Sie als ‹erster Abonnent› das Heft.» *B an KFE,* ⟨Mitte Mai 1951⟩, S. 281: «Spannen Sie mich nicht ein ganzes Jahr auf die Folter – dieses vollendete sich nämlich Mitte nächsten Monats. (...) Hoffentlich haben Sie die ‹signaturen› korrigiert, sonst wimmelts von Fehlern wie in der ‹Rolf Müller›-Besprechung.»
PK von KFE, ⟨16.7.1951⟩ (uv.): «Haben Sie mich unterdes schon in den Orkus verflucht? Es ging leider nicht früher. (...) jetzt ist es aber soweit.» *B an RS,* ⟨Mitte Juli 1951⟩, S. 295: «Die ‹signaturen› (3 Expl.) kamen letzten Freitag; mit nur zwei Druckfehlern, die nicht einmal gross stören (...) Ja, ja, diese Verse sind nun schon alt, aber trotzdem kann ich mich noch gut zu ihnen entschliessen. Gedruckt sind sie sehr schön, hauptsächlich Ihre Holz- und Linolschnitte.» *PK von KFE,* ⟨18.7.1951⟩ (uv.): «Scharpf macht sich ausgezeichnet mit Ihnen, Sie haben das richtig empfunden. *Unheimlich* begabt das Ganze!» *PK an KFE,* ⟨1.8.1951⟩ (uv.): «Rychner, dem ich ein Expl. überreichte, freute sich sehr daran (ich glaube, fast mit ein bisschen Beschämung, dass solche Dinge nicht in der Schweiz herauskommen) und äusserte seine Bewunderung über solch ein ‹unrentables› Unternehmen.» *B (Kopie) an KK,* 5.8.1951, S. 302: «Ich muss gestehen, die Gedichte dieser *Begegnung* waren tragische Prozesse und durchwegs der Inspiration mit allen Zufällen, in allen Zufälligkei-

ten unterworfen – in diesem Sinne ist die ‹Begegnung› wohl das echteste Gedicht, das ich je geschrieben habe – indessen: Leiden sollen nicht unbedingt zu Kunstwerken führen; indem die Selbstkontrolle beinahe ganz fehlt und sich auf sprachliche Richtigkeit beschränkt, die bewussten Mittel, die den Rang, die Stufe des Künstlers dabei ausmachen, irgendwie imaginär werden und bei vollem Bewusstsein zuerst wieder aufgefunden, ja errungen werden müssen.»
PK von KFE, ⟨13.8.1951⟩ (uv.): «C. Forster hat sehr gut über die neuen ‹signaturen› sich ausgelassen (...) Krolow ist ganz begeistert von Ihren Sachen, auch andere Dichter schrieben mir sehr angetan. Heute gehen wieder 3 Exemplare an Sie ab. (...) Ich garantiere Ihnen nun 25 Stück.» *B von EMD,* 13.8.1951 (uv.): «Aus Ihren ‹Signaturen› (...) lese ich phantastisch Ungeheures, das sich auftut wie Bilder aus der Offenbarung Joh. Und dann ‹Oh Staunen, endlich, am wissenden Mund› ⟨III,8, in ‹Die Klöster der Einsamen›⟩ – Himmelsfarben, die Ihre Farben sind ... ach alles was ich sage, kommt nicht einem Lichte gleich, so wie es aus bewölktem Horizont über der Nordsee plötzlich hereinbricht. ‹Dies ist die Kentaurin auf der blauen Seite des Lebens› ⟨II,1/2, und VII,1/2, in ‹Die Kentaurin›⟩. Dies ist: Die Echtheit im Gedicht.» *B von KFE,* ⟨März 1952⟩ (uv.): «Über die Besprechung meiner ‹signaturen› in ‹Die neue literarische Welt› war ich einigermassen erstaunt, da es Bächler übertragen wurde. Ob Fehse nicht wollte?» *B an KFE,* ⟨13.3.1952⟩, S. 388: «Bächler hat mir geschrieben, er sei froh gewesen, den *Eisenhut* bei seiner ‹signaturen›-Besprechung ebenfalls gehabt zu haben. Die Prosagedichte seien eben zu expressionistisch. Was verstehen die Leute überhaupt unter Expression? Sie kommen mir vor wie Modeschöpfer: immer à jour und politisch auf der Höhe der Miststöcke.»

Besprechungen

Wolfgang Bächler: «Blätter für Graphik und Dichtung» ⟨Besprechung von DB und Martha Saalfeld/Otto Pankok: *Gedichte und Holzschnitte*⟩. In: NLW, 10.2.1952, Nr. 3:

«(...) Die Gedichte in *Die Begegnung* sind wohl früheren Ursprungs ⟨als die in BE⟩. Sie knüpfen noch zu äusserlich an das expressionistische Erbe an, mit grellen Adjektiva und emphatischen Wortgestikulationen. Doch gute, eigenwillige Details zwischen den konturlosen Partien kündigen bereits eine verheissungsvolle Entwicklung an. (...)»

E.A.J. ⟨d.i.?⟩: «Hinweise auf Zeitschriften». In: ⟨?⟩:
«(...) Die (...) Zeitschrift ‹signaturen, blätter für grafik und dichtung› bringt (...) erschütternde Verse ganz eigenen Klangs von A. Xaver Gwerder (geb.

1923) und in ihrer visionären Kraft ergreifende Holzschnitte von Rudolf Scharpf (geb. 1919). Aus dem Ringen mit den seelischen Abgründen der Zeit und überwältigt von der Sehnsucht nach einer neuen und reineren Ordnung des Lebens, als sie heute möglich ist, erwachsen den beiden Künstlern in Wort und Bild Leistungen, die von echtem Kunstsinn getragen sind. (...)»

S. 11	**Die Klöster der Einsamen**
Ü:	T, 1 S. (TE)
ZE:	⟨Frühling–Mitte Juni 1950⟩
E = EB:	DB
D:	DB
AH:	*B (Kopie) an KK*, 5.8.1951, II, S. 302: Wortlaut siehe Kommentar zu DB, S. 159f.

DB:	II,8	Einzelne
	IV,1	Pissoir und Banken ⟨Druckfehler⟩
		4 in schwarz und azur

S. 13	**Die Begegnung**
Ü:	T, 3 S. (T1)
	M, 7 S., korr. (M2 + M3)
	T, 3 S. (T4)
ZE:	⟨Frühling–Mitte Juni 1950⟩
E = EB:	DB
D:	DB
AH:	M2 + M3 in HAG. TE fehlt.
	B an KFE, 13.7.1950 (uv.): «Das Erlebnis der ‹Begegnung› z.B. war unerhört, unvorhergesehen und plötzlich. Es warf mich hinab und fesselte zugleich; ich bekannte mich zur Rücksichtslosigkeit und war dennoch frei – ein Zustand von innerer Spannung, der einen wie der Verfemteste zu sein vorkommen lässt, und wie ein König. Man bekommt, rein physisch, das Zittern in Knie und Händen. Und all das bedrückt mich, mit allmählicher Steigerung, die äussere Umgebung, der Rahmen, dessen Elastizität auch begrenzt ist. Unerfreulich im Ganzen! – Es geht ja vorüber und wenns aufgeschrieben ist, erkennt man erst, dass es das schönste Leben war. –» *B (Kopie) an KK*, 5.8.1951, S. 302: Wortlaut siehe Kommentar zu DB, S. 159f.

T1:	Tit.	[Die] Begegnung
	Sb., Zb. und Ip.	

	I:	V,1	Ein Turm zu bauen
	III:	II,12	Gestorbenen einer Gegenwart
M2:	I:	V,1	Ein Turm zu bauen
	III:	II,12	Gestorbenen einer Gegenwart
M3:	III:	II,12	Gestorbenen einer Gegenwart
T4:	Sb., Zb. und Ip.		
DB:	I:	IV,3	hinüber zu zeichnen
	II:	II,4/5	Orakel[,] / das
		IV,2	Sehnsucht, auf die, 5 leiser[,] 6 die[,]
	III:	II,3	wohllüstiger Anbetung 6 Dürren[,]
			11 wärst Du 14 ergreifendes ⟨Druckfehler⟩ Spiel

S. 17 **Die Kentaurin**
Ü: M, 3 S. (W und Wortlaut = M3 = T3 = DB)
T, 2 S.; im Besitz von SLAEJ (T1)
T, 1 S., hs. korr. (T2 + T3)
T, 1 S. (T3)
M, 3 S., dat. Juli 1950 (M3)
ZE: ⟨März 1950–Mitte Juni 1950⟩
E = EB: DB
D: DB
AH: M in HAG. M3 (wahrscheinlich Abschrift von T3) in *B an OS*, 2.7.1950, S. 232ff. (nicht abgedruckt); ehemals im Besitz von OS. TE fehlt oder DB gibt in zwei Fällen – IV,2, und VI,9 – ungenau die Ip. von T3 = M3, die vermutlich TE = ME sind, wieder. Obwohl AXG beim Erscheinen von DB die beiden fehlenden Satzzeichen nicht ausdrücklich als Druckfehler bezeichnet hat, wurden sie wegen der Datierung von M3 = T3, die vielleicht sogar *nach* der allenfalls als D für DB figurierenden F entstanden sind, in die D für diese Ausgabe eingefügt.
B an KFE, 17.6.1950, II, S. 227: «‹Die Kentaurin› ist ein Prosagedicht oder ein Gedicht in Prosa aus einem, etwa achtzig solcher Gedichte umfassenden, Bändchen, welches sich für die nächste Zeit noch in Arbeit befindet. Ich weiss nicht, wie diese Art Gedicht anspricht oder aufgenommen werden wird. Es ist mir übrigens auch gleichgültig, aber für den Verleger zählen diese Punkte und da im obigen Fall Zweifel bestehen für eine günstige Aufnahme, will ich Ihnen näher sagen, wieso ich dazu komme so zu schreiben. Erstens entspricht mir zur Zeit die Form, die mich nicht bindet im Sinne von Reim und Rhyth-

mus. Habe ich diese Freiheit, so stellt sich mir, zweitens, kein, wenn auch noch so kleines, Hindernis vor die direkte Verwandlung des Gefühls in Worte. Und endlich wird auch die Phantasie, indem sie nicht auf Reime jagt, unmittelbarer und gültiger für das Thema, während zugleich die poetische Substanz dichter wird und mehr Ausdrucksvermögen erhält durch die freieren und echteren Symbole und Bilder.» *B von KFE,* 18.6.1950 (uv.): «Bedurfte es bei der ‹Kentaurin› eigentlich einer Erklärung? Doch kaum – es ist grossartig und ich bin jetzt schon gespannt, wie sich einzelne Mitarbeiter zu diesen Versen äussern werden.» *B an KFE,* 25.6.1950 (uv.): «Die Erklärung zur ‹Kentaurin› schreib ich Ihnen auf Grund des hiesigen Brauches: Alles zuerst genau zu sezieren, ehe es, auf den finanziellen Erfolg hin geprüft – abgelehnt wird. Man wächst zwischen Massstäben, die es – oh frohes Entdecken – nicht überall gibt. Kunstwerke ohne Vorbehalt gleichsam als Überraschung, als Hinreissung entgegen zu nehmen, ist bei uns nicht Sitte. Ausser bei wenigen. Aber vielleicht ist das in der Welt so, nur sind bei uns ausserordentlich wenig Wenige.» *B an OS,* 2.7.1950, S. 233: «Und weil ich jetzt Ihnen auch etwas geben kann, schrieb ich die ‹Kentaurin› für Sie. (Die Handschrift ist beigelegt ⟨= M3⟩.) Nehmen Sie sie für viel, für ein ganzes Buch; ich wüsste niemand, dem ichs mit mehr Berechtigung widmen könnte, aber auch niemand, für den sie noch viel zu wenig wäre. –» B (Kopie) an KK, 5.8.1951: Wortlaut siehe Kommentar zu DB, S. 159f.

Tit. Die Kentaurin:
    Anspielung auf das 1911 erschienene, von Rilke übertragene Buch *Der Kentauer* von Maurice de Guérin (1810–1829), das AXG schätzte und von dem er seit Anfang 1950 eine spätere Ausgabe besass.
W Für Oda Schaefer:
    Oda Schaefer (1900–1988), deutsche Lyrikerin, Erzählerin und Feuilletonistin. AXG schrieb OS im Mai 1950 nach der Lektüre einiger ihrer in der ‹Tat› publizierten Gedichte und schickte ihr eigene Arbeiten. Beeindruckt von deren Qualität, machte sie KFE, den Herausgeber der Zeitschrift ‹signaturen. blätter für grafik und dichtung› im pfälzischen Landau, auf AXGs Lyrik aufmerksam. Ebenfalls durch ihre Vermittlung kam der Briefkontakt zu KK zustande. Sie war die erste in Deutsch-

land, die AXG Ende 1950 in einem Vortrag über Lyrik öffentlich erwähnte. Und schon früh hatte sie den Schweizer Briefpartner auf die «letzten Klänge des Expressionismus» von Georg Heym, Georg Trakl und Gottfried Benn in einigen seiner Gedichte hingewiesen. AXG nahm diese anfänglich noch unbewusste Verwandtschaft gerade mit dem Denken und Schreiben des letzteren erst ein Jahr später – im Frühling 1951 – richtig wahr: Er teilte OS als ersten seiner BriefpartnerInnen mit, wie sehr seine dichterischen Bestrebungen durch das kürzliche Kennenlernen von Benns Werken bestätigt würden.

T1:	W	[Für Oda Schaefer]
	Sb., Zb. und Ip.	
T2:	W	[Für Oda Schaefer]
	Ip.	
M3 = T3:	Ip. = T2	
DB:	IV,2	er[,] 3 Gefährtin[,]
	VI,9	Aufhalt[,] 11 Zweier

Monologe (1951)

Überlieferung

Monologe. Vier Gedichte nach der Handschrift. ⟨Mit vier Holzschnitten von Rudolf Scharpf. Ohne Inhaltsverzeichnis; unpag. (Ein vierteiliger Leporello, mit vier Holzschnitten beidseitig bedruckt; Format: 35 x 25 cm. Zuhinterst, auf der leeren Seite, eingelegt ein Blatt A 2, zweimal gefalzt auf A 4, mit vier Texten einseitig bedruckt; Format: 29,7 x 20,9 cm.)⟩ – ⟨Zürich/Altleiningen: Privatdruck Ende Juli 1951⟩

Auflage: 100 Ex.

Wegen der speziellen, «nicht linearen» Anordnung der Texte auf dem einseitig bedruckten Faltbl. kann die Reihenfolge der Gedichte «Die Sonnenblumen», «Stadtmorgen» und «Kulturlandschaft» nach dem ersten Text «Monolog» nicht genau bestimmt werden.
Da AXG die Texte in Zürich druckte und RS die Holzschnitte in Altleiningen und die Hälfte der Auflage an einem und der Rest am anderen Ort herausgegeben wurde, werden Zürich und Altleiningen als Erscheinungsorte aufgeführt.

Entstehung und Wirkung

Gemäss *B von RS/Günther Rohn*, 4.3.1951, war zuerst eine bibliophile «Mappe» vorgesehen, mit Texten und Originalgraphik, welche die Künstler RS und Rohn in Mannheim herausgeben wollten. In dieser «Mappe» sollte von jedem Künstler auch eine «Äusserung seiner Auffassung ‹von Kunst u. Leben›» enthalten sein. Die beiden deutschen Initianten und Mitbeteiligten luden neben AXG vier deutsche bildende Künstler mit «etwa drei Arbeiten» zur Mitarbeit ein. Der «Querschnitt durch das Schaffen einiger junger Künstler» in einer Auflage von 100 Ex. kam nicht zustande, war aber Auslöser für Mo. AXG steuerte für die geplante «Mappe» auch Teil I des Prosatextes «Kunst und Leben», II, S. 81–84, (siehe dazu AH, S. 350f.) bei. RS wählte für dieses Projekt die Gedichte «Stadtmorgen», «Schicksale», «Kulturlandschaft» und «Die Sonnenblumen» aus. AXG tauschte jedoch für Mo «Schicksale» gegen «Monolog» aus.

Da sich die Herausgabe von DB seit Sommer 1950 dahinzog und AXG darüber verärgert war, reagierte er auf den Vorschlag von RS im B vom 16.5.1951, in nächster Zeit Mo statt die «Mappe» herauszugeben, postwendend. Bereits am 23.5.1951 schickte er RS 50 gefalzte Bl. mit den vier Gedichten in seiner Handschrift, gedruckt in einer Auflage von 100 Exemplaren bei seinem Arbeitgeber, der Druckerei Hug & Söhne in Zürich. Umgekehrt sandte ihm RS Ende Juli 1951 ebenfalls 50 von total 100 Leporellos mit den vier in Altleiningen gedruckten Holzschnitten. Die je 100 gefalzten Bl. und Leporellos mit den Texten und Holzschnitten ergaben in Zürich und Altleiningen zusammen den Privatdruck Mo. Nur einige Tage zuvor war die lang erwartete Slg. DB erschienen. Beide Slg. enthielten Gedichte, die 1950 entstanden und, angesichts der raschen Entwicklung und Veränderung von AXGs Schreibweise, für ihn zum Zeitpunkt der Veröffentlichung im Sommer 1951 schon leicht «überholt» waren. (Siehe auch Kommentar zu DB, S. 156–160.)

B von RS, 4.3.1951 (uv.): «Verzeihen Sie, wenn ich Ihnen heute nur den beigefügten Zettel ‹den vervielfältigten *B von RS/Günther Rohn*, 4.3.1951 (uv.)› zugehen lasse. Dies wäre völlig ausserhalb unseres ‹signaturen›-Vorhabens; aber interessant, Sie als einzigen ‹Schreibenden› bei dieser kleinen, vielleicht sogar zufälligen, Vereinigung dabei zu wissen. (…) Könnten Sie eine Handschrift klischieren lassen?» *B an RS*, 7.3.1951 (uv.): «Ich könnte Ihnen 3 Gedichte, faksimiliert, A4, wie Beilage ‹Schicksale›, fertig gedruckt für unsere Mappe, (à 100 Stck.) ohne Kosten beschaffen.» *B von RS*, 13.3.1951 (uv.): «Für die Mappe wünschte ich mir von Ihren Gedichten: ‹Stadtmorgen›, ‹Schicksale› und ‹Kulturlandschaft›. (…) Wäre es möglich, als *4.* Blatt: ‹Sonnenblumen› noch anzuschliessen?» *B von RS*, 8.4.1951 (uv.): «die Mappe nimmt nun wohl allmählich Form an, die graphischen Beiträge sind nahezu vollständig beisammen. Es soll auch noch, hören Sie, ein dichterischer Beitrag erscheinen: ‹poèmes d'un jeune français›. Ihre Gedichte können Sie also schon faksimilieren lassen – die endgültige Auswahl liegt bei Ihnen.» *B von RS, 27.4.1951* (uv.): «zu unserer vorgehabten Mappe –: Dieser Plan muss nun leider noch einmal aufgeschoben werden, weil ich in der nächsten Zeit nicht mehr dazu kommen werde, die Graphik zu drucken.» *B an RS,* ⟨Anfang Mai 1951⟩, II, S. 274f.: «Die Mappe ist aber doch hoffentlich nicht überhaupt abgesagt. (...) Die Auflage wäre genau so: also 4 Blätter zusammenhängend, nur auf dünnem gelblichgrauem Zeitungsdruckpapier.» *B von RS, 16.5.1951* (uv.): «Darf ich Ihnen einen Vorschlag unterbreiten, den ich nur zögernd wage, befürchtend, Sie könnten enttäuscht sein –: wie wäre es, wenn wir beide jetzt allein einen kleinen, diesen, Druck wagen würden unabhängig von der geplanten (und vielleicht erst im Herbst zu verwirklichenden) Mappe, und unabhängig von den Ertelschen ‹signaturen›? Ich dächte mir Ihre vier Gedichte zusammen mit vier Holzschnitten, von denen ich Ihnen eine Probe sogleich beifüge. Um das Ganze einen Umschlag mit Titel, den ich schneiden würde (und drucken) – den Sie aber bestimmen müssten – oder aber einfach einen Holzschnitt als Umschlag mit den Namen und: vier Gedichte – vier Holzschn. 50 Exemplare der Auflage gehörten Ihnen, 50 mir. Ich würde die meinen, soweit ichs privat und persönlich nicht könnte, über den Kunsthandel vertreiben. (...) Wenn Sie zustimmen würden, könnten Sie sogleich Ihren Druck in der in Ihrem Brief geschilderten Weise auflegen und nach Fertigstellung 50 Exemplare mir zukommen lassen. Ich würde, nach Ihrem Einverständnis, meine Holzschnitte und den Umschlag hier drucken und 50 Exemplare davon an Sie senden.» *B an RS, 20.5.1951* (uv.): «Auf Ihren Mappenvorschlag will ich nicht nur zustimmend, sondern auch begeistert reagieren: Je weniger, je besser. Sie können sofort ans Werk gehen. Ich bin froh, dass Ihnen der Druck gefällt. Auf dünnerem Papier, nicht ganz weissem, wird es sich eher noch besser ausnehmen. Als Titel + Umschlag-Vorschlag: Eine Vignette Kastanien oder Eichenblatt die Schrift: *Monologe* und unsere Namen. (...) Nun hat aber diese Geschichte noch einen Haken. Ich werde kaum im Herbst schon wieder einen Druck liefern können, so gerne ichs täte. Die Herstellung der Druckplatte, das Papier und die Auflage kommen mich zu teuer zu stehen. Die Druckplatte mache ich zwar selber, z.T., hingegen für den Text in Lettern, Papier, das immer knapper wird, und für den Auflagedruck bin ich noch zudem auf meinen Arbeitgeber angewiesen.» *B an RS, 23.5.1951* (uv.): «ich (...) lasse Ihnen mit demselben Datum 56 Exemplare meines Beitrages zugehen. Die drei obersten und untersten Drucke im Paket sind Ausschuss und sollen eventuelle Beschädigungen dämpfen. Ich kann wahrscheinlich meinen Teil in zwei Buchhandlungen als sog. Kommissionsverkauf abgeben

–» *B von RS,* 26.6.1951 (uv.): «Nun werde ich aber mit *Nachdruck* drucken, denn noch vor der eventuellen Frankreichfahrt im kommenden Monat soll die Auflage fertig sein. Wenigstens habe ich, wie Sie aus Beigefügtem ersehen können, alles bereit ... bis auf das Druckpapier.» *B an RS,* 29.6.1951, S. 289f.: «Bei Ihnen ist tatsächlich *etwas* daran – die Schnitte gefallen mir sehr – ausser dem Druckvermerk – aber der ist ja auch nebensächlich. Wir werden uns voraussichtlich gut zusammen befinden in den *Monologen,* hingegen befürchte ich, das allfällige Publikum wird, nach dem ersten Schock – jene Dinge spucken, die es ja von je kennzeichneten. Das heisst – befürchten – nun ja –: eher steigt die Genugtuung mir auf über den zweifellos gelingenden Schock. Niemandem zu sagen, und doch liegt es offen zu Tage – unser Verhältnis – unsere Situation zu den Genossen Zweibeinern.»
B von RS, 21.7.1951 (uv.): «Diese Woche will ich den Druck an Sie absenden. Wenn Sie es nicht so wie ich machen (– meinen Anteil möcht ich möglichst verschenken –) wär ein Beschneiden oben und unten anzuraten, denn mit der Hand reisst und faltet es sich nicht so genau, als man von ‹Drucken› erwarten darf und vielleicht auch muss – dennoch ist das Ganze nichts für Bibliophile – Druckvermerk und dergl. blieb unterlassen – Ihre Gedichte sind ja genügend firmiert, die paar Bildchen als mehr oder weniger gemässe Verpackung nimmt man vielleicht ohne Aufhebens in Kauf – hoffentlich – (...) Noch eines: vielleicht stört auch, dass eine Seite leer ist – aber dies soll die Seite sein, auf der Ihre Gedichte aufliegen. Auch das Blatt gegenüber ist schon auf das Erscheinen Ihrer Überschrift eingerichtet ...» *PK an RS,* 31.7.1951, S. 297: «Die Drucke sind auch angekommen: wirklich, man sollte sie aber doch der Öffentlichkeit unter die, auf bestimmte Gerüche spezialisierten, Nasen halten können. Zu verkaufen wird so nichts sein –: schon der Unterschied der Formate ist ein Peitschenschlag von Einsamkeit. Ist das ganze Fehlen des Druckvermerks meine Schuld? Dann habe ich mich zuwenig deutlich ausgedrückt. Ich ‹beanstandete› lediglich seine Form – gegen die Worte hatte ich gar nichts einzuwenden. Haben Sie ihn nicht etwa mit Widerwillen, nur meiner falsch ausgedrückten Meinung zuliebe weggelassen? Dann tät es mir leid! Das Dichterporträt auf der Seite gegenüber (ich bilde mir ein, ich sei's) Ha! –: nichts für Spiesser.» *B an RS,* 6.8.1951 (uv.): «Ich stosse durchwegs auf Ablehnung mit unseren fliegenden Blättern – und der erwartete Schock ging ins Wasser: statt zu schockieren, – mokieren sich die Leute über die flüchtige (ich zitiere) Heilsarmee-Aufmachung. Man verlangt eben hierzulande, – wenn auch noch so heftige Quertreibereien, so doch formal (äusserlich) gediegene Behandlung. In diesem Falle, wie es sich natürlich erst jetzt erweisen konnte, hätten wir doch lieber gleiche Formate, gleiche Inhalte und einen Umschlag mit Druckvermerk und allem Komfort wählen sollen.» *B von RS,* 12.8.1951 (uv.): «Indessen hatte ich hier mit meinem bis dato versandten Dutzend zuweilen

einigen Anklang. (...) Die unverwöhnten (lies: leider allerhand gewöhnten) Deutschen stören sich bis jetzt am Zweierlei-Formierten nicht und das Dutzend also beglückter Spezies hat sich angesichts der Lieferung gratis und franko weder gross schock– noch mockiert ⟨sic!⟩. Wie gesagt: ein Monolog-Selbstzweck, wie er (Sie müssen zugeben) – wahrer nicht ausfallen konnte.» *B von EMD*, 28.9.1951 (uv.): «Ja, Monolog ist wohl vieles bei Ihnen und muss es bleiben, erstens weil Sie in den Wind sprechen der nur von 3000 m hoch aufwärts bläst, und alles andere hübsch im Tale sich auf mehr oder weniger fetten Wiesen mästet, zweitens weil Sie Ihre Lust daran haben en dehors zu bleiben.» *MGuG*, Heft I, 17.11–30.11.1951, Eintrag 30.11.1951 (uv.): «Monologe sind nicht, wie eine gröbliche Anschauung behauptet, unfruchtbar –, denn, was wir an den grössten Werken der Kunst bewundern, ist nichts anderes. Monolog –: in immer einer Zeit bei den Menschen einsame, kaum verstandene Mitteilung eines Abseitigen. Aber nicht er allein: Seine eigene Welt spricht mit. Jeder echte Monolog bedeutet: einer allein, in seiner eigenen *Welt!*»

Besprechungen

Es konnten keine ermittelt werden.

S. 21	**Monolog**
Ü:	M, 1 S. (Wortlaut = M2)
	T, 1/2 S. (T1a)
	T, 1/3 S., dat. 1950 (T1b)
	T, 1/2 S. (T1c)
	T, 1/3 S. (T1d)
	M, 1 S. (M2 = ME)
ZE:	⟨**Dezember**⟩ **1950**⟨–Mitte Mai 1951⟩
E = EB:	Mo
D:	Mo (= M2)
AH:	M in HAG. T1a und «Requiem», I, S. 282, auf gleichem Bl. Siehe dazu Anm., S. 297. T1b und «Verdämmern», I, S. 51, sowie «Sonatine», S. 278, auf gleichem Bl. Siehe Anm. zu «Verdämmern», S. 190f., und «Sonatine», S. 296. T1c und «Schlaf» (uv.) auf gleichem Bl. T1d und «Sonatine» sowie «Requiem» auf gleichem Bl. *MGuG*, Heft I, 17.11.–30.11.1951, Eintrag 30.11.1951 (uv.): Wortlaut siehe Kommentar zu Mo, S. 168.

T1a:	Sb. und Zb.
T1b:	Sb., Zb. und Ip.
T1c:	Sb., Zb. und Ip.
T1d:	Sb. und Ip.

S. 22	**Die Sonnenblumen**
Ü:	M, 2 S. (M1)
	T, 1 S., hs. korr. (T2)
	M, 1 S. (M3 = ME)
ZE:	⟨Januar/Februar 1950–Mitte Mai 1951⟩
E = EB:	Mo
D:	Mo (= M3)
AH:	M1 in HAG.

Tit. Die Sonnenblumen:
    Auch Anspielung auf einige gleichnamige Bilder von AXGs bevorzugtem Maler van Gogh. «Die Sonnenblumen aller Formate» gehörten, gemäss *B an EMD*, 20.9.⟨–22.9.1951⟩, II, S. 330, zu seinen «Lieblingsblumen». Siehe zur Bedeutung van Goghs bei AXG auch AH zu «Panische Stille», S. 301.

M1:	Tit.	Die Sonnenblume[n]
	Z. 19/20	wie / eine Trommel rührt
T2:	Sb., Zb. und Ip.	
	Z. 21	die Sonnenblume entzündet \ entflammt ⟨udZ.⟩
Mo:	Z. 4	Stu[c]ksälen 11 Pâtmos

S. 23	**Stadtmorgen**
Ü:	T, 1 S. (T1)
	T, 1 S. (T2)
	T, 1/2 S. (T3 = TE)
	M, 1 S. (M3 = ME)
ZE:	⟨1950⟩
E = EB:	Mo
D:	Mo (= M3 = T3)
AH:	T3 und «Waldseewinter» (uv.) auf gleichem Bl.
	B von RS, 13.3.1951 (uv.): «Darin ist ein grosser wallender Klang, der bei Georg Heym zum ersten Mal für mich auftauchte, fortgesetzt …» Siehe auch «Stadtmorgen», I, S. 244f., und dazu AH, S. 287.

T1:	Tit.		Der [Stadt]Morgen
	Ip.		
	I,1		Noch hab ich Platz 2 für eine nackte Pflanze
T2:	Ip. = T1		
	Wortlaut = T1		

S. 24   **Kulturlandschaft**
Ü: M, 2 S. (Tit. und Wortlaut = M4)
                T, 1 S., hs. korr. (T1 + T2)
                T, 1 S. (T3)
                M, 1 S. (M4 = ME)
ZE: ⟨Frühling 1950–Mitte Mai 1951⟩
E = EB: Mo
D: Mo (= M4)
AH: M in HAG.
                B von RS, 13.3.1951: Wortlaut siehe AH zu «Stadtmorgen», S. 169.

Otit. Aus dem Stilleben mit Früchten und Geige Willy Hugs:
    Das um 1948 entstandene Bild «Früchte mit Geige» hatte AXG, gemäss *B an KFE*, 28.6.1950, II, S. 229, an der Ausstellung «Zürcher Künstler» im Helmhaus in Zürich im Herbst 1949 gesehen. Siehe auch AH zu «Antike Vase» in BE, S. 186.

T1:	Otit.		Zum Stilleben mit Früchten und Geige Willy Hugs:
	Ip.		
	Z. 1		Über die kreischenden Keile
T2:	Otit. = T1		
	Ip. = T1		
	Z. 6		Lagunen scheiden das Ungemeine
T3:	Otit.		[Aus dem Stilleben …]
	Ip.		

Blauer Eisenhut (1951)

Überlieferung

Blauer Eisenhut. ⟨33⟩ Gedichte. ⟨Inhaltsverzeichnis auf S. 3. 45 Seiten.⟩ – Zürich: Magnus-Verlag ⟨Dezember⟩ 1951.

Auflage: 1000 Ex.

T der Slg. fehlt. Von sechs Gedichten gibt es jedoch TE. Der Vergleich der vorhandenen früheren F der restlichen 27 Gedichte mit den DruckF zeigt, dass AXG vermutlich auf den Druckfahnen nur noch kleine Änderungen, meistens in der Ip. und im Tit., angebracht hat, so dass viele der erhaltenen LetztF zumindest im Wortlaut der TE gleichkommen.

Entstehung und Wirkung

Eine frühe Version von BE ist die – als T nicht erhaltene – Slg. «Atlantis». Ein von AXG angelegtes hs. Verzeichnis, unbetit. und undat., könnte «Atlantis» betreffen, da es das gleichnamige Gedicht in einer früheren F enthält. Folgende 32 Gedichte von 1949 bis spätestens April 1951 sind darin aufgeführt:

	ZE	Slg.
– Kleines Lied	1949	
– Präludium (= Atlantis)	1951	
– Venus	1951 (uv.)	
– Tag	1951	BE
– Phönix	1951 (uv.)	
– Märchen	1950	
– Die Sekunde des Schönen (= Sekunde des Schönen)	1951	BE
– Verdämmern	1951	BE
– Sommerabendsonett	1950	BE
– Silbern	1951 (uv.)	
– Nachtmusik (= Ständchen)	1951	
– Pergola	1950	
– Himmel	1951	BE
– Mondwolken (= Mondwolke)	1950	BE
– Rose um Mitternacht	1950	BE
– Berge des Vergessens	1950	
– Das Schiff	1950	
– Sternbild ⟨Paul Valéry⟩	1950	
– Der Schulterstern	1950	BE
– Die Stimme	1950	
– Der Schrei	1950	
– Orkanische Musik	1950	
– Herbstliches Herz	1950 (uv.)	

- Nebel (= Morgennebel) 1951
- Hol über ... 1951
- Blendung 1950
- Abendland 1950
- Elegie 1950
- Unter Büffeln der Stille 1951 TLüD
- Der letzte Aufbruch 1949
- Schlaf 1950 (uv.)
- Vom Gedicht (= Gedichte) 1950 BE

Da diese Aufstellung auch Gedichte enthält, die wahrscheinlich nach Mitte Februar und spätestens im April 1951 geschrieben wurden, kann sie nicht das «Manuskript» betreffen, das AXG, gemäss *MTb.*, 14.2.1951, am gleichen Tag seinem Arbeitgeber Willy Hug bzw. dem Magnus-Verlag übergab. Es handelt sich eher um das Inhaltsverzeichnis der «Atlantis» genannten Slg., welche die frühere Slg. – das obenerwähnte «Manuskript» – veränderte und ergänzte. Obwohl AXG im *B an OS,* 5.5.1951, antönt, dass das Gedicht «Die Kentaurin» ebenfalls das Tit.gedicht der Slg. «Atlantis» sein könnte, ist es in obiger Aufstellung nicht enthalten. Allerdings existiert ein weiteres hs. Verzeichnis, unbetit. und undat., das «Die Kentaurin» und viele der in HAG enthaltenen «verrückten Prosagedichte» (siehe Kommentar zu HAG, S. 276–279) aufführt. Weil «Die Kentaurin» für die im Juli 1951 erfolgte, jedoch immer wieder aufgeschobene und unsichere Publikation von DB vorgesehen war, könnte die Aussage AXGs auch hypothetischer Natur gewesen sein.

Da ca. ab April 1951 «von allen früheren gänzlich in Herkunft und Genauigkeit sich unterscheidende Gedichte» *(B an OS,* 5.5.1951) entstanden, wollte er, gemäss *B an RS,* 23.5.1951, bis auf «vier oder fünf Gedichte» die «alten» von «Atlantis» auswechseln. Vermutlich sind in der neuen, nicht erhaltenen Slg. «Tula, die Gegenwart» von ca. Ende Mai 1951, neben dem Tit.gedicht, «neue» Gedichte wie «Die Zisterne», «Nachtbalkone» und «Indianische Sängerin» enthalten gewesen.

Diese Gedichte und viele der späteren in BE sind geprägt auch von der intensiven Beschäftigung AXGs mit dem Werk von Gottfried Benn seit Frühling 1951. Es ist anzunehmen, dass in der geplanten Slg. «Tula, die Gegenwart» die obenerwähnten «vier oder fünf Gedichte» oder alle neun vertreten waren, die zuvor in «Atlantis» enthalten und später in BE aufgenommen wurden (siehe obige Aufstellung).

Für «Tula, die Gegenwart» schrieb AXG, gemäss *B von KK,* 14.7.1951 (uv.), zwei unterschiedlich lange Versionen eines «Vorwortes». Beim folgenden uv. und undat. T mit dem Tit. «Zueignung an den Leser» handelt es sich sehr wahrscheinlich um eine der beiden Versionen dieses – später verworfenen –

«Vorwortes» (vgl. «Ohne Titel» – vielleicht die andere Version des «Vorwortes», II, S. 134f., und dazu AH, S. 359):

«Kaum einer, der ein paar Verse erwirbt, wird sich fragen, ob dies denn notwendig sei. Sie sind für ihn einfach da – und er gehört damit zu den wenigen, denen der Umgang mit feineren Spannungen noch möglich blieb. Wie aber vermöchte er anders aus dumpfen Anlagen sich zu erheben, als indem er solchen Spannungen Raum gäbe, sich bemerkbar zu machen und auszuwirken? Freilich lassen sich innere Spannungen weder einschliessen noch anfassen, und der jeweils hochbrandende Augenblick ihres Einsehens fällt einen Augenblick später in sich zusammen; von dieser Stelle aus für immer unerreichbar. Was in den Gedichten festgehalten ist, bedeutet die Figur dieser flüchtigen Höhe, zu deren Erscheinen die Zwischenräume zweier Klänge wie neue Aspekte alltäglichster Dinge beitragen können.

Dass sich an diesem Unterfangen Entfernungen offenbaren – des Tuns zu anderem Tun, des Geistigen zum Vegetativen, des einzelnen zur Menge – entspricht nur dem Ausdruck verborgenen Gesetzes, welches uns zu unablässig Suchenden macht.
Vielleicht blitzt dem Leser da und dort einer jener Einblicke, einer jener ahnungsvollen Vorgänge, die er einmal schon spürte, ohne dass er sie sich selber wörtlich zu formen vermocht hätte, aus Wort und Bewegung der Gedichte entgegen. Dann wäre genau erfüllt, was dem Dichter wert sein sollte –: nicht mit Banalitäten zu genügen, sondern dem Erwachen feinster Empfindungen des Bewusstseins beizustehen.»

Gemäss *B an KK,* 5.8.1951, gibt der Tit. eines kurz zuvor entstandenen Gedichtes der – inzwischen «endgültig fertiggestellten» – Slg. einen neuen Namen: «Herbstzeitlos». Auch diese nicht erhaltene Slg. hat vermutlich wieder einige «neue», seit Juni 1951 entstandene Texte wie «Antike Vase», «Schatten sinken» oder vielleicht auch nach «Herbstzeitlos» geschriebene wie «Nu exotique» und «Valse triste» aufgenommen und «ältere» Texte ausgeschieden. Nach dem Gedicht «Herbstzeitlos» schreibt AXG jedenfalls noch weitere zwölf Texte, bis er mit dem am 21.9.1951 entstandenen «Credo» die Slg. definitiv abschliesst und ihr den Tit. des kurz zuvor entstandenen Gedichts «Blauer Eisenhut» gibt. Die «selbstvorgenommene Auswahl der Jahre 1950/51» *(B an EJ,* 23.12.1951) enthält, gemäss einer unbetit. hs. Liste AXGs, folgende 33 Gedichte in «zeitlicher Reihenfolge»:

	ZE
– Der Schulterstern	⟨Anf./Mitte Juni 1950–Nov. 1951⟩
– Sommerabendsonett	⟨Anf.–Mitte Juni 1950⟩
– Mondwolke	⟨Anf./Mitte Juli 1950–Nov. 1951⟩
– Rose um Mitternacht	⟨Mitte/Ende Aug.⟩ 1950⟨–Nov. 1951⟩
– Gedichte	Ende 1950⟨–Nov. 1951⟩
– Verdämmern	⟨Januar⟩ 1951⟨–Nov. 1951⟩
– Tag	⟨Februar–Nov. 1951⟩
– Sekunde des Schönen	⟨Feb./März–Nov. 1951⟩
– Himmel	⟨Feb./März–Nov. 1951⟩
– Die Zisterne	⟨April/Mitte Mai–Nov. 1951⟩
– Nachtbalkone	⟨April/Mitte Mai–Nov. 1951⟩
– Tula, die Gegenwart	⟨Anf./Mitte Mai–Nov. 1951⟩
– Indianische Sängerin	⟨Ende April–Nov. 1951⟩
– Stundenspiel	31.5.1951⟨–Nov. 1951⟩
– Antike Vase	⟨Juni–Nov. 1951⟩
– Margueriten	⟨Juni–Nov. 1951⟩
– Schatten sinken	⟨Anf./Mitte Juli–Nov. 1951⟩
– Abwärts	⟨Anf./Mitte Juli–Nov. 1951⟩
– Fremde Tränen	⟨Anf./Mitte Juli–Nov. 1951⟩
– Rhythmen	⟨Anf./Mitte Juli–Nov. 1951⟩
– Herbstzeitlos	⟨Anf./Mitte Juli–Nov. 1951⟩
– Nu exotique	⟨Mitte Juli/Anf. Aug.–Nov. 1951⟩
– Valse triste	⟨Mitte Juli/Anf. Aug.–Nov. 1951⟩
– Strömung (Teil I)	⟨Mitte Juli/Anf. Aug.–Nov. 1951⟩
– Lotos	⟨Mitte Juli/Anf. Aug.–Nov. 1951⟩
– Moment poétique	⟨Mitte–Ende Aug. 1951⟩
– Regenblick	⟨Mitte/Ende Aug.–Nov. 1951⟩
– Sturmvogel	5.9.1951⟨–8.9.1951⟩
– Blauer Eisenhut	⟨Anf.–Mitte Sept. 1951⟩
– Reigen	⟨Anf./Mitte Sept.–Nov. 1951⟩
– Am Kamin	⟨Mitte Sept.–Nov. 1951⟩
– Strömung (Teil II)	⟨Mitte Sept.–Nov. 1951⟩
– Am Ufer	⟨Mitte Sept. 1951⟩
– Credo	21.9.1951⟨–Ende September 1951⟩

Da BE bei AXGs Arbeitgeberin, im Magnus-Verlag der Druckerei Hug & Söhne an der Feldstrasse/Magnusstrasse in Zürich, erscheint, hat er wahrscheinlich letzte Korrekturen, vor allem in der Ip. und im Tit., noch kurz vor der Drucklegung im Laufe des Novembers 1951 anbringen können. Am 22.12.1951 erhielt er die «ersten 20 Exemplare», während die restlichen 980 «erst nach Neujahr in den Handel» *(B an EJ,* 23.12.1951) gelangten. Obwohl die Slg. im Gegensatz zu DB und Mo fast nur Gedichte aus dem Veröffentlichungsjahr 1951 enthält, war BE für AXG, gemäss *B an RS* vom 17.1.1952, schon kurz nach der Publikation «passé». Neben der raschen Entwicklung und Veränderung seiner Schreibweise im allgemeinen ist speziell die Entstehung neuer Gedichte seit Herbst 1951, die sich von denjenigen in BE ziemlich unterscheiden, bzw. die Fertigstellung von TLüD (1. F) Mitte Januar 1952 Grund für AXGs Distanzierung von BE (siehe auch *B an RS,* 6.12.1951).

MTb., 14.2.1951 (uv.): «W. Hug will ein Bändchen mit dreissig meiner Gedichte im Magnus-Verlag herausgeben. Ich übergab ihm heute das Manuskript dafür. Gott will's – endlich! Ich habe auch ein Anrecht – und es ergibt sich meistens ohne mein darauf gerichtetes Streben, als Zufall.» *B von KK,* 1.3.1951 (uv.): «Hocherfreulich übrigens, dass Sie Aussicht haben, eine Auswahl Ihrer Gedichte drucken zu lassen. Ich will Ihnen wirklich wünschen, dass sich das Projekt realisiert. Es ist ungeheuerlich schwer, derzeitig mit Lyrik hervorzutreten. Zum Debütieren, wenigstens bei uns z. Zt., sitze ich auch ohne Verleger da.» *B an OS,* 26.3.1951 (uv.): «Im Magnus-Verlag wird gelegentlich das erste Bändchen mit ca. 30 Gedichten, wahrscheinlich unter dem Titel ‹Atlantis›, erscheinen.» *B an OS,* 5.5.1951, II, S. 277: «Schon einigemale dachte ich daran, Ihnen das Manuskript (‹Atlantis›) zu schicken, damit Sie, wählend und ratend, skeptischen und distanzierten Auges und Ohrs, eingriffen und klärten – aber dann schien mirs feige und dumm von mir – und jetzt bin ich unschlüssiger in Bezug auf Zusammenstellung und Titel, als je. Ebensogut könnte man nämlich zum Titelgedicht die ‹Kentaurin› erheben. Auf jeden Fall gedächte ich alles Krasse, politisch Anspielende, überhaupt zeitlich anzüglich Betreffende, gar nicht in die Wahl zu ziehen. Nur das Eigenständige, von welchem Publikum auch Abgehobene, und in der dünnen Luft gänzlicher Unangreifbarkeit Destillierte, mit strengstem Massstab auf Reinheit und Präzision Gemessene, in die Wahl für die Auswahl zu ziehen! Aber, gehörte da ‹Die Kentaurin› (heute) noch dazu? Sie sehen, der Schwierigkeiten gibts kein Ende. Und dabei dreht sichs, im Zeitalter der Atomistik, um Verse! Wer sind die Verrückten? Und noch eine Schwierigkeit: In letzter Zeit entstanden, wie mir scheint, von allen früheren gänzlich in Herkunft und Genauigkeit sich unterscheidende Gedichte, die kaum von mir aus vermischt in einem Bändchen gedruckt werden dürften. Soll ich nun warten, bis dreissig ‹Neue› entstanden sind, oder soll ich ‹Atlantis›, oder ‹Kentaurin› druckfertig machen? Ich werde grau darüber!» *B von KK,* 9.5.1951 (uv.): «Ihre neuen Gedichte sind grossartig: in der Tat ein bedeutender Fortschritt gegenüber den beiden ‹Atlantis›-Proben. (...) warten Sie noch zu, was sich an Neuem, Überraschendem ergibt und bringen Sie dann die Gedichte an den

Verleger.» *B an RS,* 23.5.1951 (uv.): «Ziemlich sicher, da gewichtige Stimmen sich dahin äusserten, ziehe ich das Manus ‹Atlantis› zurück und stelle ein neues Bändchen ‹Tula, die Gegenwart› dem Verleger anheim. Vielleicht vier oder fünf Gedichte könnten allenfalls, und wenn nötig, aus dem alten übernommen werden. Bis heute sind schon 10 ‹neue› vorhanden und ich habe keinerlei Zweifel an der Fortsetzung.» *B an OS,* 23.6.1951, S. 285f.: «Im Magnusverlag eilt es nicht, aber – umso besser – so kann ich die dreissig Gedichte immer wieder nach neusten Ergebnissen ergänzen bis zum Moment der Drucklegung.» *B (Kopie) an KK,* 5.8.1951, S. 303: «Das Manuskript ist jetzt endgültig fertiggestellt. Ich habe den Verleger gebeten, nach Möglichkeit das ‹Vorwort› wegzulassen, indem ich darauf hinwies, nicht so ohne weiteres mit dem Leser gemeinsame Sache machen zu wollen. Der Titel jetzt: «Herbstzeitlos.» *B an EMD,* 20.9.⟨–22.9.1951⟩, S. 330: «Eine seltsame Affinität besitze ich zum Aconitum napellum. Ich werde versuchen meine drei Dutzend Gedichte, falls sie gedruckt werden, auch wenn ich, via Militärgefängnis, nicht mehr gesellschaftsfähig bin, ‹Blauer Eisenhut› zu betiteln. ‹Credo› will ich auch noch einschmuggeln, d.h. auswechseln mit einem belangloseren.» *B an RS,* 13.10.1951 (uv.): «Das neue Gedicht an Sie ⟨‹Reigen›⟩ wird zu den drei Dutzend des Bändchens gehören. Vor Weihnachten dürfte dies (ausser Fehlern und Umbruch-Schwierigkeiten) kaum resultieren.» *B an KFE,* ⟨Anfang November 1951⟩, S. 357: «Die ersten Korrekturen zum *Blauen Eisenhut* sind gelesen (aber nur unter uns gesagt) und auf Ende Jahr wird er wahrscheinlich herauskommen.» *B an RS,* 6.12.1951, S. 369: «Zumal die Verse, die hierzulande gedruckt bezw. zur Veröffentlichung vorgeschlagen werden, vorwiegend formal, oder nur formal, zur Beurteilung gelangen. Motto: was sich nicht reimt, ist kein Gedicht! So sind auch im *Blauen Eisenhut* ausschliesslich gereimte Verse. Wahrscheinlich auch gehört das so dazu, dass einer erst zeigt, dass er das Handwerkliche beherrscht, ehe man auch dem Melos und den Stromschnellen seiner ‹Prosagedichte› traut. Wer indessen etwas von Versen hat, wird in einem einzigen Satz das in jedem Augenblick zu erwartende ‹Aufspringen der Bläue› wahrnehmen.»

B an EJ, 23.12.1951, S. 373f.: «Gerade auf gestern Mittag war es soweit, dass die ersten 20 Exemplare des *Blauen Eisenhutes,* frisch aus der Buchbinderei kommend, den Weihnachtsversand noch ermöglichten. Die übrigen 980 gelangen erst nach Neujahr in den Handel. Ich beeilte mich, sofort eines an Sie abzuschicken (…) Sie wissen, wie man sich einesteils an solchen Dingen freut, und, andrerseits, sie bereits allzu weit hinter sich hat, als dass die Freude neu wäre und ganz. Ich schloss das Manuskript – eine selbstvorgenommene Auswahl der Jahre 1950/51 – im September ab. Das früheste Gedicht ist der ‹Schulterstern›, das neueste ‹Credo›. (…) Dem Verleger freilich möchte ich einigen Absatz vergönnen. Unter dem Erfolg, den ich mir davon wünsche, verstehe

ich nicht Lärm, aber die Achtung einiger Weniger, die auch ich achte.» *B von EJ*, am letzten Advent ⟨24.12.⟩1951, S. 375: «Ich habe heute auf der Redaktion Ihren Gedichtband empfangen. Ich danke Ihnen herzlich für die doppelte Gabe: die dieser Gedichte und darüber hinaus jene des echten Bewusstseins einer grossen und schönen dichterischen Leistung. Ich freue mich, zu wissen, dass Sie den wenigen Stimmen im Lande Ihre vernehmliche gesellt haben, und ich bin heute des guten Wissens, dass Ihr Weg für Sie, mich und viele noch voll von Geschenken sein wird.» *B von KK*, Weihnachten 1951, S. 375f.: «Ich finde – kurz gesagt – Ihr Bändchen ganz ausgezeichnet, so ausgezeichnet, dass ich mich auf der Stelle daran machte, für die Münchner ‹Neue Zeitung›, sowie für die ‹Tat› eine 35–40 Zeilen-Besprechung zu schreiben. Im Grunde wollte ich (...) vor allem gern gestehen, dass mich Ihr Buch wirklich *entzückte*: es sind hier einmal nicht Versifikationen, Reimereien sondern durch und durch poetische Gebilde versammelt.» *B von KFE*, 27.12.1951 (uv.): «Erster Eindruck beim Lesen der Gedichte: Gwerder beginnt eigentlich erst auf Seite 18. Meines Erachtens beste Gedichte: ‹Rhythmus› ‹Gedichte› ‹Rose um Mitternacht› ‹Nachtbalkone› ‹Credo›. Ich habe, ich weiss nicht, ob es mir gelungen ist, auf Anhieb geschlossene Form und in dieser den Habitus des Autors zu verspüren versucht. (...) Jedenfalls haben sich mir die obigen am ersten erschlossen und ich glaube, dass sich bei diesen der Autor auch am stärksten und am formvollendetsten realisiert hat.» *B an KK*, 30.12.1951, S. 376f.: «Sie haben mir das schönste Geschenk aller Weihnachten, soweit ich mich zu erinnern vermag, mit Ihrer spontanen und herzlichen, tatkräftigen Anteilnahme, mit Ihrer mir wohl sehr gewogenen, aber Punkt für Punkt mir anliegenden Besprechung gemacht! Nirgends eine hohle Phrase, nirgends eine überflüssige Geste. Wohl haben Sie durch unsere Briefe tieferen Einblick in die Dinge die mich bewegen –, und Ihre Briefe haben grossen Einfluss auf die Bewegung –, doch erkenne ich auf den ersten Blick den genau erfassenden Ernst, mit dem Sie aus der Masse der Briefe und Gedichte das Wesentliche dichterischen Daseins zogen und zugrunde legten. Kein Satz ist mir fremd; und ich begreife erst jetzt ganz, wie weit und wie stark Ihre seltene Anteilnahme von Ihnen geleistet wird. (...) die Arbeit, die Sie sich auferlegten für diese Besprechung –; (es liegt Stoff für einen ganzen Aufsatz darin) keine Begriffe, Fassungen oder Wendungen wie sie zu Besprechungen üblicherweise Verwendung finden; Sie erfanden eigens für mich eine eigene Besprechung!»
B an EMD, 6.1.1952 (uv.): «Dem *Blauen Eisenhut* gehts nicht schlecht. Hingegen ist er für mich passé und stellt weder Probleme noch Ansprüche mehr, die interessieren könnten.» *B von RS*, 8.1.1952 (uv.): «Wenn Ihre Gedichte Literatur wären, würde ich vom Formalen zu plaudern versuchen; nun, da sie es nicht sind, darf ich Ihnen nur sagen, dass da und dort der starke Anruf ein Inneres trifft, jähe Erinnerungen, die das Gewissen wachrufen ... Eine Wirk-

samkeit, die spürbar bleibt über die ‹zufällige› Form eines einzelnen Gedichts, eines einzelnen Verses hinaus! Und wie schön, es findet sich all dies immer wieder unter dem einleuchtenden ‹Blauen Eisenhut› zusammen, hält sich da in Gewissheit und Bereitschaft ...» *B an RS,* 17.1.1952, S. 383f.: «Immerhin ist er ⟨BE⟩ bereits passé und das neue Bändchen *Land über Dächer* wäre druckfertig. Darin gibt es, was man sich jetzt eher leisten kann, einige schärfere Sachen. (...) Mein Vater, der immer Tatsachen sehen will, suchte mich eiligst auf ⟨nach der Besprechung des BE von KK in der ‹Tat› am 29.12.1951⟩ und zeigte eine Riesenfreude. Und im Dorf, wo ich klein war, hiess es nun: ah' darum war er immer so komisch und guckte über einen hinweg. –» *B an EJ,* 21.2.1952, S. 385: «Ihre generöse Reklame für den *Blauen Eisenhut* hat allerhand gezeitigt. Im ‹Hortulus› sollen in diesem Jahrgang zwei Gedichte, ‹Dämmerklee› und ‹Tee›, abgedruckt werden. Und vom Lektorat der Deutschen Verlags-Anstalt bin ich gebeten worden neue Gedichte einzusenden für den ‹Merkur› und ‹Die Literatur›. Keine schlechte Einladung –, nicht wahr?» *B an KFE,* 26.2.1952 (uv.): «Ihre Besprechung ⟨des BE⟩ ist ein sehr scharfer Blick in die Gedichte und zum Teil sogar brauchbar für mich persönlich. (...) Der Verleger ist gegenwärtig im Militär (Offizier natürlich) und ansonsten ein Lama. Es scheint ihm gar nicht um den Verkauf des *Eisenhutes* zu tun. Ich hörte schon Reklamationen hiesiger Buchhändler, die manchen Käufer schon abweisen mussten, weil sie nicht orientiert waren über das Büchlein.» *B an KFE,* ⟨13.3.1952⟩, S. 388f.: «Mit dem *Eisenhut* wirds neuerdings auch besser werden, bezw. mit dem Verlag –, ein Verlagsleiter, der sich besser auskennt, ist bereits eingestellt. (...) Die hiesigen Zeitungen kommen nun auch dran mit Besprechungen. Bis heute ist noch nirgends weiter besprochen worden. Dabei sind doch schon etliche fünfzig verkauft –, lediglich auf die Anzeigen der ‹Tat› und sogar der kleinen Erwähnung in der NLW hin.» *B von Traugott Vogel,* 23.4.1952 (uv.): «Ihre Sendung (*Blauer Eisenhut*) hat mich zuerst einmal gehörig verwirrt und fast kopfscheu gemacht; wiederholt versuchte ich's dann, Ihnen über eine der dargebotenen Gedicht-Stufen näher zu kommen, wählte zuletzt das Gedicht, das dem Bändchen den Namen geben durfte und dessen Thema und Anlass mir insofern vertraut sind, als ich ein Blumennarr bin und mir als Festungssoldat oft wie ein wehrhafter Akonit vorkam. Aber alles Mühen blieb ohne Lohn, als verschlösse sich meiner tastenden, suchenden Insektenzunge der Zugang zum geheim gehorteten Nektar – an dessen Vorhandensein ich keineswegs zweifle.» *B an RS,* 29.5.1952, S. 401: «Eine ‹Kapazität› in Zürich, bei der ich mal zu Gast war, meinte: mir fehle (in den Gedichten *Eisenhut*) die Güte! Neu ist allerdings, dass man Verse mit Güte macht. Eine andere, *der* wurde es ‹ganz verwirrt› vor denselben Versen. (Traugott Vogel).»

Besprechungen

KK: «Ein junger Schweizer Lyriker». In: Tat, 29.12.1951, Nr. 352:

«(...) Mit dieser Auswahl hat sich der in rascher, ja, stürmischer Entwicklung befindliche junge Dichter zu der kleinen Zahl jener gesellt, die die Fähigkeit haben, Aufmerksamkeit und Zustimmung zu erregen, deren künstlerische Redlichkeit, wie sie sich von Gedicht zu Gedicht zeigt, den Freund des Gedichts gewinnt. – Aber Gwerder erreicht mit seinen Gedichten mehr als das Geneigtsein der Liebhaber moderner Lyrik: die Konsequenz, mit der von ihm – Schritt für Schritt – ein ganz bestimmtes poetisches Gelände erobert wird, die echte, die reine Leidenschaft, die ihn je und je um die Wortsubstanz bemüht sieht, um das vom literarischen Jargon gereinigte, in seinen überraschenden Möglichkeiten und Tiefen aufgesuchte Wort, schaffen hier schöne Nachthaltigkeit der dichterischen Aussage.

Natürlich ist zu erkennen, einen wie starken Eindruck auf Gwerder Gottfried Benn gemacht hat. Sein rauschhaftes Assoziieren, überhaupt das ‹Gefälle› seiner Sprache, die Fügung von Reim und Rhythmik etwa, ist wieder zu erkennen. Wesentlicher scheint mir indessen, dass hier eine bemerkenswert sichere Begabung ein literarisches Erlebnis umsetzt in Verse, die sich vom Vorbild nicht haben verschlingen lassen, sondern ihr eigenes Leben behaupten, die von zugleich stürmischer Aussagemächtigkeit und zarter Spiritualität sind, die die Fähigkeit haben, Traum, Erfahrung und Widerfahrung des Traumes, Laut werden zu lassen, und zwar ganz direkt, ohne Umweg. Es entstehen Gebilde, die keinesweges wie Schnittmuster gewisser surrealistischer Praktiken vielmehr wie Geschöpfe purer Poesie wirken, wie Figuren und Zeichen des poetischen Sinns schlechthin, die zu Kristallen, zu luftigen Körpern zusammenschiessen. Ich denke an eine ganze Reihe von Stücken des kleinen Bandes wie etwa ‹Tag›, ‹Antike Vase›, ‹Verdämmern›, ‹Nachtbalkone›, ‹Mondwolke›. Der Reim, der von Gwerder sicher und wie überlegen gehandhabt wird, wird bei ihm nie zufällig aufgelesenes Mittel, ist kein Ingrediens der Stimmung, der Impression, sondern hat eine zuweilen schneidend fühlbare Notwendigkeit angenommen, ist ganz ‹eingepasst› dem Ablauf des einzelnen Gedichts, aus dem er an keiner Stelle herauszubrechen ist. Das Gedicht ist bei Gwerder alles in einem: gepresste Alge, Fabelwesen, Chimäre, Unikum und selbstverständlich Vorgang dichterischer Äusserung. Man darf gespannt sein auf die weitere Entwicklung eines Mannes, dem ganz offenbar eine wirkliche Begabung anvertraut ist.»

Wolfgang Bächler: «Blätter für Graphik und Dichtung» ⟨Sammelbesprechung. Siehe Kommentar zu DB, S. 160⟩. In: NLW, 10.2.1952, Nr. 3:

«(...) Gwerder hat (...) ein Bändchen kühner, assoziativ montierter Gedichte veröffentlicht, die ihn als eine faszinierende Formbegabung in der Nachfolge Gottfried Benns ausweisen. (...)»

K⟨arl⟩ Schwedhelm: «Steigendes Interesse an der Lyrik» ⟨Sammelbesprechung⟩. In: Deutsche Zeitung, 10.5.1952:

«(...) ‹Hirnpurpur, verströmend in Azoren› – ‹eine Stunde der Hypertrophie› des Poetischen bietet dem Leser das Bändchen *Blauer Eisenhut* (...) Er hat seinen Benn gelesen. Allein schon Titel wie ‹Nu exotique›, ‹Schatten sinken›, ‹Gedichte› wären ohne dieses Vorbild nicht denkbar. Die Anklänge sind so augenscheinlich, dass manche Wendung beinahe parodistischen Charakter annimmt. Doch Gwerders Artistik ist überheizt: Er legt Georgeschen Brokat an, wo Benn seinen Sakko getragen hätte. Sein Treibhaus-Raffinement lässt diese Verse vor der Blüte welken. Ohne Zweifel ist Gwerder, zumindest formal, hoch begabt, aber er muss zu sich selber kommen. Er wäre wohl zu Eigenem imstande.»

KFE: «Junge Lyrik». In: NLW, 25.5.1952, Nr. 10:

«A.X. Gwerder, eine Entdeckung Max Rychners, gehört der jüngsten Generation an, bei der sich der Zusammenbruch unserer alten Welt in einem ‹Vorgefühl eines originalen Neuwerdens› anzukündigen beginnt. Profil und Grundklang der Gwerderschen Dichtungen äussern sich in den überwiegend freien Rhythmen: ⟨Zitat aus ‹Credo›, II,1–4⟩.
In einem assoziativen Miteinander und Füreinander stossen sich derart die Dinge und der Geist der flackernd aufgerissenen Gegenwart wird im Gefälle der Sprache – dem Lautwerden des Unbewussten gleichsam – in die Untergründigkeit aussermenschlicher Gelände eingebildet. So gelingen dem Dichter kühn zusammengefügte und bestechende Ideogramme: ⟨Zitat aus ‹Rhythmen›, III,1–4⟩.
Gestalten des kollektiven Erlebnisraumes, vom seelischen Zwischenreich umwittert, beschwören so einen innigst-ungestümen Kosmos von Bildern. Dabei erweist seine artistische Form in Evidenz, dass der Dichter seinem Vorhaben jederzeit gewachsen ist. Freilich: eine sich mit Gottfried Benn berührende ‹lyrische Spur› bleibt unverkennbar. Resultiert daraus aber nicht ein Anspruch und nicht zuletzt die Selbstbehauptung der geistigen Aussage dieses jungen Schweizers?!»

S. 27	**Herbstzeitlos**
Ü:	T, 1 S., hs. korr. (T1a + T2)
	M, 1 S. (M1b)
	T, 1/2 S. (T2)
ZE:	⟨**Anfang/Mitte Juli**–November 1951⟩
E = EB:	BE, S. 7
D:	BE
AH:	M1b in *B an RS,* ⟨Mitte Juli 1951⟩, II, S. 296. T2 und «Rhythmen», I, S. 38, auf gleichem Bl. Siehe dazu Anm., S. 185. TE fehlt.
	B von RS, 21.7.1951 (uv.): «‹Herbstzeitlos›/‹Rose um Mitternacht› prägten sich tief ein, sodass Bilder daraus oder selbst ein Vers gegenwärtig bleiben, wo sich sonst nur die Scheibe beschlug vom Anhang des andern – jetzt aber eingegrabene Figur und die Entdeckung, dieses alles wuchs schon übers Persönliche!»

T1a:	Tit.	Herbstzeitlos –
	1p.	
M1b:	Tit.	Herbstzeitlos –
	1p.	
T2:	Tit.	Herbstzeitlos –
	1p.	

S. 28	**Strömung**
Ü:	T, 1 S., hs. korr. (T1 + T2 nur von Teil I)
ZE:	Teil I: ⟨**Mitte Juli/Anfang August**–November 1951⟩
	Teil II: ⟨**Mitte September**–November 1951⟩
E = EB:	BE, S. 8/9
D:	BE
AH:	T2 von Teil I unter dem Tit. «Brücke vor Tag» in GgM, S. 23. TE fehlt.

T1 von Teil I:	Tit.	Brücke vor Tag
	1p.	
	II,3	ertönen die Flöten
	(V,1–4)	Immer noch Brücke, / noch Wahl, noch Verzicht? / Erkennst du nichts – pflücke / doch dies zum Gedicht …
	V = (VI)	

T2 von Teil I:	Tit.	Brücke vor Tag
	Ip. = T1	

S. 30 **Am Ufer**
Ü: T, 1 S., hs. korr. (T1 + T2)
　　T, 1/2 S. (T3 = TE)
ZE: ⟨Mitte September 1951⟩
E = EB: BE, S. 10
D: BE
AH: T3 und «Credo», I, S. 63, auf gleichem Bl. Siehe dazu Anm., S. 196ff.

T1:	Ip.	
	I,1	Wunder in Wellen
	IV und V	⟨vertauschte Reihenfolge⟩
	IV,2 = (V,2)	Düfte, von allem　3 Als Letztes entfällt deinen Händen
	V,3 = (IV,3)	an fremder Küste
T2:	Ip. = T1	

S. 31 **Tag**
Ü: T, 1 S., hs. korr. (T1 + T2 + T3)
　　T, 1 S. (T4)
ZE: ⟨**Februar**–November 1951⟩
E: Tat, 14.7.1951, Nr. 188 (= T4)
EB: BE, S. 11
D: BE
AH: Text in einer unbetit. Slg., vermutlich «Atlantis» (Vorform von BE; uv.). Siehe Kommentar zu BE, S. 171f. TE fehlt.

T1:	Ip.	
	I,4	zu [den] Spielen
	II,2	das einst den Brüsten
T2:	Ip. = T1	
	II,2	das ehmals ⟨üdZ.⟩ den Brüsten
T3:	Ip. = T1	
T4:	Ip. = Tat	
Tat:	I,1	Verklärung;　4 zu den vielen ⟨Druckfehler⟩ Ertrunkener
	III,1	ersann –　2 Schleier –[,]

S. 32   **Valse triste**
Ü: T, 1 S., hs. korr. (T1 + T2a)
           T, 1/2 S. (T2b)
           T, 1/2 S. (T2c)
ZE: ⟨**Mitte Juli/Anfang August**–November 1951⟩
E = EB: BE, S. 12
D: BE
AH: T2b und «Silberschiff» (= T2b von «Oktober») auf gleichem
           Bl. T2c und «Oktober», I, S. 314, auf gleichem Bl. Siehe dazu
           Anm., S. 309f. TE fehlt.

Tit. Valse triste:
           Vgl. «Prolog» (= IV,1–4) in Gottfried Benn: *Gedichte in der
           Fassung der Erstdrucke*, Frankfurt am Main 1982, S. 273: «Ge-
           tanzt vor den finnischen Schären – / Valse triste, der Träume
           Schoss, / Valse triste, nur Klänge gewähren / dies eine mensch-
           liche Los».

T1:   Ip.
           III,2–4   von denen keiner künden kommt der ging /
                      am Tartarus, da werden die Tragöden /
                      zu jener Finsternis die sie umfing ...
T2a: Ip.
T2b: Ip.
T2c: Ip.
BE: I,3   die Einzige

S. 33   **Tula, die Gegenwart**
Ü: T, 1 S.
ZE: ⟨**Anfang/Mitte Mai**–November 1951⟩
E = EB: BE, S. 13
D: BE
AH: TE fehlt.

T: Ip.
           III,1   in Morgens blaue Lichtung   3/4 zerschlägt der
                      Himmel voll Vernichtung / propellerlos den
                      Stein.
BE: II,3   Netz[,]

S. 34	**Die Zisterne**
Ü:	T, 1 S. (Ta)
	T, 1 S. (Tb)
ZE:	⟨April/Mitte Mai–November 1951⟩
E = EB:	BE, S. 14
D:	BE
AH:	TE fehlt.
Ta:	Ip.
Tb:	Ip.

S. 35	**Sekunde des Schönen**
Ü:	T, 1 S. (T)
ZE:	⟨Februar/März–November 1951⟩
E = EB:	BE, S. 15
D:	BE
AH:	T in einer unbetit. Slg., vermutlich «Atlantis» (Vorform von BE; uv.). Siehe Kommentar zu BE, S. 171f. TE fehlt.

T:	Tit.	Die Sekunde des Schönen
	Ip.	

S. 36	**Stundenspiel**
Ü:	T, 1 S., dat. 31.5.1951, morgens (T)
	M, 5 S., dat. Juni 1951; im Besitz von SLAEJ (M)
ZE:	**31. Mai 1951, morgens**⟨–November 1951⟩
E = EB:	BE, S. 16/17
D:	BE
AH:	Auf Tit.bl. von M: «Alexander Xaver Gwerder an Erwin Jaeckle – Spruch und Horizont – im Juni 1951». TE fehlt.

W Für Erwin Jaeckle:
>Erwin Jaeckle (1909–1997), Schweizer Journalist, Schriftsteller und Politiker; 1943–1971 Chefredaktor und bis 1977 Leiter der Kulturbeilage der ⟨Tat⟩. Mit MR erster und wichtiger Förderer von AXGs schriftstellerischem Schaffen. Publizierte in der ⟨Tat⟩ am 16.7.1949 erstmals und später immer wieder Gedichte von ihm.

T = M:	Tit.	Das Stundenspiel

	W	[Für Erwin Jaeckle]
	Ip.	
BE:	III,2	Gebirgsverwand[t]schaft ⟨Druckfehler⟩

S. 38 **Rhythmen**
Ü: T, 1 S., hs. korr. (T1 + T2a)
T, 1/2 S. (T2b)
ZE: ⟨**Anfang/Mitte Juli**–November 1951⟩
E = EB: BE, S. 18
D: BE
AH: T2b und «Herbstzeitlos», I, S. 27, auf gleichem Bl. Siehe dazu Anm., S. 181. TE fehlt.

T1:	Ip.	
	I,3	Viel Erze am Himmel
T2a:	Ip.	
	Wortlaut = T1	
T2b:	Ip.	
	Wortlaut = T1	
BE:	II,3	umso

S. 39 **Nu exotique**
Ü: T, 1 S., hs. korr. (T1 + T2a)
T, 1 S. (T2b)
ZE: ⟨**Mitte Juli/Anfang August**–November 1951⟩
E = EB: BE, S. 19
D: BE
AH: TE fehlt.

T1:	Ip.	
	III,1	Nichts hilft!
T2a:	Ip.	
T2b:	Ip.	
BE:	Tit.	Nu éxotique

S. 40 **Antike Vase**
Ü: T, 1 S. (T)
ZE: ⟨**Juni**–November 1951⟩
E = EB: BE, S. 20/21
D: BE
AH: TE fehlt.

W Für Willy Hug:
> Willy Hug (geb. 1917), Leiter der Druckerei Hug & Söhne in Zürich und somit Arbeitgeber AXGs; Maler. Veröffentlichte BE im hauseigenen Magnus-Verlag. Siehe auch AH zu «Kulturlandschaft» in Mo, S. 170.

T: W   [Für Willy Hug]
    Ip.

S. 42   Indianische Sängerin
Ü: T, 1 S. (Ta)
        T, 1 S. (Tb)
ZE: ⟨Ende April–November 1951⟩
E = EB: BE, S. 22/23
D: BE
AH: TE fehlt.

Tit. Indianische Sängerin:
> Die sagenumwobene indianische Sängerin Yma Sumac, geboren 1927 in Ichocan in den Anden Perus. AXG hörte die «unmögliche» Stimme der Sumac mit dem Vieroktavenbereich sehr wahrscheinlich am 18.4.1951 im Rahmen der Sendung «Ein Tag der Indianer» im «Landessender Beromünster». Vielleicht hat er auch das faszinierende Porträt der Sängerin auf der Titelseite der ‹Schweizer Radio-Zeitung›, 15.–21.4.1951, Nr. 15, gesehen. Siehe die Abb. dieser Foto, S. 84.

I,1 Ata hualpa: Die Mutter von Sumac soll in gerader Linie vom letzten Inkakönig, Atahualpa, abstammen, der 1553 von den Spaniern getötet wurde.

I,3 Ixtapa: Vielleicht Anspielung auf den Tit. der ersten Schallplatte von Sumac in den USA – «Voice of the Xtabay» –, die den internationalen Durchbruch brachte, und das Lied «Xtabay» darin.

Ta: Tit.   Yma Sumak
        Utit.   Die indianische Sängerin aus Itchogan
        Ip.
        I,3/4   von Zürich bis Yalta / entfesselt
Tb: Tit.   Yma Sumac
        Utit.   Die indianische Sängerin aus Itchogan
        Ip.
        Wortlaut = Ta

S. 43	Moment poétique
Ü:	T, 1/2 S. (TE)
ZE:	⟨Mitte–Ende August 1951⟩
E = EB:	BE, S. 23
D:	BE
AH:	T und «Regenblick», I, S. 48, auf gleichem Bl. Siehe dazu Anm., S. 189. Identische Abschrift von T auch in B (Kopie) an KK, 2.9.1951, II, S. 309ff. (nicht abgedruckt). *B von KK,* 5.9.1951, S. 318: «Vielen, lebhaftesten Dank für (...) das Gedicht vor allem, das Sie liebenswürdigerweise mir widmeten, eine Widmung, die mich ehrt! Ein wunderbares, präzises Ding von einem Gedicht, wirklich ein poetischer Augenblick und eine kleine Ewigkeit, ein Leuchten dazu, ein Blitz, der durch 8 Zeilen fährt. Ein *sehr* schönes Gedicht, wie gesagt. Ich glaube, Sie errieten es, als Sie diesen Geister- und Geistesgruss mir sandten, dass er mir sonderlich nahe sein müsste. Er ist es in der Tat!»

W Für Karl Krolow:
>Karl Krolow (geb. 1915), deutscher Lyriker, Erzähler, Essayist und Übersetzer. Autor der ersten Besprechung eines Bandes – BE – von AXG am 29.12.1951 in der ‹Tat›. Schrieb nach dem Tod AXGs die beiden «Elegien auf den Tod eines jungen Dichters» (in: LüD, S. 39–45) und rezensierte weitere Bücher von ihm und über ihn.

S. 44	Reigen
Ü:	T, 1 S., hs. korr. (T1a + T2)
	T, 1 S. (T1b)
	T, 1 S.; im Besitz von Martina Ertel, Giessen (T2)
ZE:	⟨**Anfang/Mitte September**–November 1951⟩
E = EB:	BE, S. 24
D:	BE
AH:	T1a + T2 ehemals im Besitz von RS. T2 in *B an KFE,* ⟨Mitte September 1951⟩, II, S. 324f. TE fehlt.

W Für Rudolf Scharpf:
>Rudolf Scharpf (geb. 1919), deutscher Maler und Graphiker. Schuf die Illustrationen für DB, Mo, *Ein Abend, eine Strasse und ein Mittag in der City* und Mög. Er war, neben KFE, der einzige Briefpartner aus Deutschland, den AXG persönlich

kannte. Dieser plante, Ende September 1952 zu RS nach Alt-leiningen zu ziehen und die Familie nachkommen zu lassen, um sich dort eine neue Existenz aufzubauen. Stattdessen reiste er mit seiner Geliebten Salome Dürrenberger nach Arles, wo der Versuch eines Doppelselbstmordes scheiterte. RS wurde von AXG als sein «letzter Freund» bezeichnet.

T1a:	Ip.
T1b:	Ip.
T2:	Ip.

S. 45	**Abwärts**
Ü:	T, 1 S. (T)
ZE:	**Anfang/Mitte Juli**–November 1951⟩
E = EB:	BE, S. 25
D:	BE
AH:	TE fehlt.

W Für Gertrud:
    Gertrud Federli-Gwerder, geb. Wälti (*1923), Ehefrau von AXG.

T:	Tit.	Abwärts –
	W	Für Trudy

S. 46	**Margueriten**
Ü:	T, 1 S. (T)
ZE:	⟨**Juni**–November 1951⟩
E = EB:	BE, S. 26
D:	BE
AH:	TE fehlt.

T:	Ip.		
	II,2	Verliebten [als] Lösegeld	4 noch alles zählt
	III,1	Wer dich in späte Zimmer	
	IV,4	und doch zwei Hände	
	V,1	Dann dumpf nach	
BE:	V,4	Kehrricht	

S. 47	**Blauer Eisenhut**
Ü:	T, 1/2 S. (TE)
ZE:	⟨Anfang–Mitte September 1951⟩
E = EB:	BE, S. 27
D:	BE
AH:	T und «Sturmvogel», I, S. 55, auf gleichem Bl. Siehe dazu Anm., S. 192f. *B an EJ*, 23.12.1951, II, S. 374: «Der Keim zum Titelgedicht legte sich mir 1943, im Meiental, ins Gemüt. Dort stand ich oben, wo nach den mageren Matten die Felsenpfade beginnen, um eine Wegbiegung herum, plötzlich Aug in Auge mit dem königlichen Kämpen der hohen Flora. Er wurde mir dunkles Symbol –: seine tonlose Einsamkeit, sein Trotzen, seine Form und Farbe, sein Gift, seine Unberührbarkeit und schliesslich die verschiedenen und seltsamen Orte seines Vorkommens. Mit Gletschern sei er z.B. in die Lüneburger-Heide ausgewandert –; das ist doch fanatisch genug für eine Pflanze, nicht wahr?»
S. 48	**Regenblick**
Ü:	T, 1/2 S. (Ta) T, 1 S. (Tb)
ZE:	⟨**Mitte/Ende August**–November 1951⟩
E = EB:	BE, S. 28
D:	BE
AH:	Ta und «Moment poétique», I, S. 43, auf gleichem Bl. Siehe dazu Anm., S. 187. TE fehlt.
Ta:	Ip. IV,1 doch Tränen
Tb:	Ip. Wortlaut = Ta
S. 49	**Fremde Tränen**
Ü:	T, 1 S. (T1) T, 1 S., hs. korr. (T1 + T2)
ZE:	⟨**Anfang/Mitte Juli**–November 1951⟩
E = EB:	BE, S. 29
D:	BE
AH:	TE fehlt.

T1:	Ip.
T2:	Ip.

S. 50	**Gedichte**
Ü:	T, 1 S., dat. Ende 1950 (T1)
	T, 1 S., hs. korr. (T2 + T3)
ZE:	**Ende 1950**⟨–November 1951⟩
E:	Tat, 14.7.1951, Nr. 188
EB:	BE, S. 30/31
D:	BE
AH:	T1 in einer unbetit. Slg., vermutlich «Atlantis» (Vorform von BE; uv.). Siehe Kommentar zu BE, S. 171f. D für E ev. unbekannte F? TE fehlt.

T1:	Tit.	Vom Gedicht
	Ip.	
T2:	Ip.	
T3:	Ip.	
Tat:	Tit.	Gedicht[e] ⟨Druckfehler?⟩
	I,3	Sybille
	II,9	Klänge, ⟨Druckfehler⟩ enthalten
	III,8	Sängen[.] ⟨Druckfehler⟩
BE:	I,3	Sybille

S. 51	**Verdämmern**
Ü:	T, 1 S., hs. korr. (T1 + T3a)
	T, 1/3 S., dat. 1951 (T2)
	T, 1/2 S. (T3b)
ZE:	⟨**Januar**⟩ **1951**⟨–November 1951⟩
E = EB:	BE, S. 32
D:	BE
AH:	Text in einer unbetit. Slg., vermutlich «Atlantis» (Vorform von BE; uv.). Siehe Kommentar zu BE, S. 171f. T2 und «Sonatine», I, S. 278, sowie «Monolog», S. 21, auf gleichem Bl. Siehe Anm. zu «Sonatine», S. 296, und «Monolog», S. 168f. T3b und «Nachtmusik» (= «Ständchen»), I, S. 310, auf gleichem Bl. Siehe dazu Anm., S. 307f. TE fehlt.
	B von KK, 6.2.1951 (uv.): «Dabei gestehe ich gerne, dass mir Ihr beigefügtes Gedicht ‹Verdämmern› ganz besonders gefallen hat. Nach häufigerem Lesen scheint mir als sei es eines der gelungensten überhaupt, die ich von Ihnen kenne: so präzis im

Bild, so knapp gehalten, so erfreulich unschwelgerisch im Gefühl, immer nur auf Genauigkeit der Aussage aus, wie Sie hier sind. Das Gedicht ist selber ‹Figur› geworden unter Ihren Händen, finde ich.» *B (Kopie) an KK*, 10.2.1951 (uv.): «Ich freue mich auch über Ihre Zustimmung zum ‹Verdämmern›. Umso mehr, als ich, was Sie darüber sagten, bewusst mit meinem Denken anstrebte. Dafür lege ich jedoch diesen Versen nicht viel Bedeutung bei und zwar deshalb. Ich bin, es sei offen gestanden, viel eher zuhause, d.h. es dünkt eben mich edler im Abstand zu allem übrigen, wenn das oder die Gefühle nicht allzu behauen zum Bau verwendet werden, wenn da und dort die Absolutheit *eines* Menschen eckig vorstösst – denn dies braucht nicht (und ist Aufgabe der Substanz, um es so zu sagen) weniger schön zu sein, als was durch das Denken präzisiert wird.» Siehe auch AH zu «Traumwelle», S. 304.

T1:	Ip.	
	I,2	das Wolle durch die Strassen schleift.
		3 ahnen fern den Schlaf 4 nach dir greift
	II,4	Und dich in Ungewisses
	III,2	Blick dir kühl
T2:	Ip.	
	I,3	ahnen fern den Schlaf
T3a:	Ip.	
T3b:	W	Für Karl Krolow
	Ip.	

S. 52	**Sommerabendsonett**
Ü:	T, 1 S. (TE)
ZE:	‹Anfang–Mitte Juni 1950›
E:	Tat, 15.7.1950, Nr. 190
EB:	BE, S. 33
D:	BE
AH:	Text in einer unbetit. Slg., vermutlich «Atlantis» (Vorform von BE; uv.). Siehe Kommentar zu BE, S. 171f.
	B von MR, 22.6.1950 (uv.): «Vielen Dank für Ihr Gedicht, dessen verwegenes Experimentieren mir gefällt.»

S. 53	**Schatten sinken**
Ü:	T, 1 S., hs. korr. (T1 + T2a)
	T, 1 S.; im Besitz von SLAEJ (T2b)

ZE:	⟨Anfang/Mitte Juli–November 1951⟩
E = EB:	BE, S. 34/35
D:	BE
AH:	T2b in *B an EJ*, 16.7.1951, II, S. 292f. TE fehlt.

T1:	Tit.	Schatten sinken –
	Ip.	
	I,3	Die Regenbogenräume
T2a:	Tit.	Schatten sinken –
	Ip.	
T2b:	Tit.	Schatten sinken –
	Ip.	

S. 55   **Sturmvogel**

Ü:	M, 1 S., korr., dat. 5.9.1951; im Besitz von DF (M1 + M2 + M3)
	T, 1 S., hs. korr.; im Besitz von DF (T4 + T5)
	T, 1/2 S. (T6 = TE)
ZE:	**5. September 1951**⟨–8.9.1951⟩
E = EB:	BE, S. 36
D:	BE
AH:	M1 + M2 + M3 sowie T4 + T5 als Beilage in *B an EMD*, 3.9.⟨–5.9.⟩1951, II, S. 312–318 (nicht abgedruckt). T6 und «Blauer Eisenhut», I, S. 47, auf gleichem Bl. Siehe dazu Anm., S. 189. Identische Abschrift von T6 (= M6) in *B an RS*, 8.9.1951, S. 322.
	B an EMD, 3.9.⟨–5.9.⟩1951, S. 317: «Heute morgen im Geschäft ist mir die erste Strophe des beigelegten ‹Sturmvogels› eingefallen; die erste Niederschrift leg ich dazu. So sehen auch Sie ziemlich genau meine Arbeitsweise für gebundene Gedichte. Wenn später noch Änderungen kommen, betreffen diese höchstens einzelne Worte. –»

M1:	Ip.	
	I,3	Himmels Gluten
	II,3	wo Blitze 4 die blaue Zeichen in die Wellen
	III + IV	⟨vertauschte Reihenfolge⟩
	III,1 = (IV,1)	Taucht da der Dreizack drohend auf 2 dir ⟨?⟩ gilt 3 die Dünung wie ⟨?⟩ aus 4 spricht mit Vögeln, Schilf und Strand im
M2:	Ip. = M1	
	II,4	mit blauen Zeichen in die Wellen

	III + IV	⟨vertauschte Reihenfolge?⟩
	III,1	Springt da des Rätsels Dreizack drohend vor
		4 spricht von Fischen, Schilf und Strand im
M3:	Ip. = M1	
	II,4	mit blauen Zeichen in die Wellen
	III,4	spricht von Fischen, Schilf und Strand im
T4:	Ip.	
	Wortlaut = M3	
T5:	Ip. = T4	
	III,4	spricht von Fischen, Schilf und Strand im
BE:	IV,3	einer Letzten

S. 56 **Am Kamin**
Ü: T, 1 S. (T)
ZE: ⟨Mitte September–November 1951⟩
E = EB: BE, S. 37
D: BE
AH: TE fehlt.
B an MR, ⟨Mitte September 1951⟩ (uv.): «Auch das letzte Gedicht (heute Nachmittag ohne eine Umsetzung aufgeschrieben) ⟨ist ‹beigelegt›⟩, aber aus vielen innerlichen früheren Beobachtungen (bei ‹vergegenwärtigter Erinnerung›) entstehend.»

T: Sb. und Ip.
   II,4   mit deinem Fusstritt

S. 57 **Rose um Mitternacht**
Ü: T, 1 S., dat. 1950 (T1a)
   T, 1 S., hs. korr. (T1b + T2)
ZE: ⟨Mitte/Ende August⟩ 1950⟨–November 1951⟩
E: Tat, 14.7.1951, Nr. 188
EB: BE, S. 38/39
D: BE
AH: Text in einer unbetit. Slg., vermutlich «Atlantis» (Vorform von BE; uv.). Siehe Kommentar zu BE, S. 171f. TE fehlt.
B von RS, 21.7.1951 (uv.): Wortlaut siehe AH zu «Herbstzeitlos», S. 181.

W Meinem Vater:
    Josef Xaver Gwerder (1900–1976), Werkmeister in der Seidenfabrik Schwarzenbach in Thalwil.

T1a:	W	[Meinem Vater]
	Ip.	
T1b:	W	[Meinem Vater]
	Ip.	
T2:	Ip.	
	II,10	erstick[t]en
Tat:	II,10	erstick[t]en
	III,5/6	aus. / Und

S. 59   **Himmel**
Ü: T, 1/2 S. (T1)
    T, 1 S. (T2)
ZE: ⟨Februar/**März**–November 1951⟩
E = EB: BE, S. 40
D: BE
AH: Text in einer unbetit. Sammlung, vermutlich «Atlantis» (Vorform von BE; uv.). Siehe Kommentar zu BE, S. 171f. T1 und «Silbern» (uv.) auf gleichem Bl. TE fehlt.

T1:	Ip.	
	III,1	die die Ruh der Weite
T2:	Ip.	
BE:	III,2	Wermuthmonden

S. 60   **Der Schulterstern**
Ü: T, 1 S. (Ta)
    T, 1 S. (Tb)
ZE: ⟨**Anfang/Mitte Juni 1950**–November 1951⟩
E: Tat, 10.2.1951, Nr. 39
EB: BE, S. 41
D: BE
AH: Text in einer unbetit. Slg., vermutlich «Atlantis» (Vorform von BE; uv.). Siehe Kommentar zu BE, S. 171f. TE fehlt.

Ta:	Ip.
Tb:	Ip.

Tat:	III,1	Tagsüber[,]
	V,2	Vergessen,

S. 61 **Nachtbalkone**
Ü: T, 1 S., hs. korr. (T1 + T2a)
T, 1 S., hs. korr. (T2b + T3)
ZE: ⟨**April/Mitte Mai**–November 1951⟩
E = EB: BE, S. 42
D: BE
AH: TE fehlt.

T1:	Ip.	
	III,3	Traumweiss und Tröstung
T2a:	Ip. = T1	
T2b:	Ip.	
T3:	Ip.	

S. 62 **Mondwolke**
Ü: T, 1 S.; im Besitz von Martina Ertel, Giessen (T1a)
T, 1 S., hs. korr. (T1b + T2 + T3 + T4a)
T, 1 S., hs. korr. (T4b + T5)
ZE: ⟨**Anfang/Mitte Juli 1950**–November 1951⟩
E = EB: BE, S. 43
D: BE
AH: T1a in *B an KFE,* 21.7.1950 (uv.). T4a oder T4b in einer unbetit. Slg., vermutlich «Atlantis» (Vorform von BE; uv.). Siehe Kommentar zu BE, S. 171f. TE fehlt.

T1a:	Tit.	Mondrauch
	Ip.	
T1b:	Tit.	Mondrauch
	Ip.	
T2:	Tit.	Mond im Rauch ⟨üdTit.⟩
	Ip. = T1b	
T3:	Tit.	Mondlicht ⟨über «Mond im Rauch»⟩
	Ip. = T1b	
T4a:	Tit.	Mondwolken ⟨über «Mondlicht»⟩
	Ip. = T1b	
T4b:	Tit.	Mondwolken
	Ip.	
T5:	Ip. = T4b	

S. 63	**Credo**
Ü:	M, 1 S., korr., dat. 21.9.1951; im Besitz von DF (M1 + M2 + M3)
	T, 1 S., dat. September 1951; im Besitz von DF (T4)
	T, 1/2 S. (T5 = TE)
ZE:	**21. September 1951**⟨–Ende September 1951⟩
E = EB:	BE, S. 44
D:	BE
AH:	M1 + M2 + M3 sowie T4 als Beilage in *B an EMD*, 20.9.⟨–22.9.1951⟩, II, S. 325–335 (nicht abgedruckt). T5 und «Am Ufer», I, S. 30, auf gleichem Bl. Siehe dazu Anm., S. 182. *B an EMD*, 20.9.⟨–22.9.1951⟩, S. 329: «Aber gestern Nacht noch um elf Uhr, nach Erledigung der beiden unerquicklichen Stücke, stiegen, beim Gott der Dichter, Verse auf, null Komma nichts da – und nun werden sie bleiben. Dass Ihr Name darüber steht, das müssen Sie mir verzeihen – es ist indessen trotzdem so.» *B an EMD*, 29.9.1951 (uv.): «Da ich feststellte, dass Ihr Gedicht mit dem ‹Sommerseligen› M. Lauterburg ⟨Martin Lauterburg (1891–1960), Schweizer Maler⟩ zugedacht ist, strich ich die Widmung an Sie beim ‹Credo›. *B von EMD*, 5.10.1951 (uv.): «Wenn Sie nicht sofort den Strich durch die Widmung des ‹Credo› auskratzen, ausradieren, auslöschen, so künde ich Ihnen die Freundschaft auf 700 km Distanz ⟨EMD schrieb den B im südfranzösischen Les Saintes-Maries-de-la-Mer⟩. Diese Widmung hat mich doch so sehr gefreut und gerührt, war es doch das erste mal, dass jemand, d.h. nicht jemand sondern ein richtiger Dichter, mich mit einem Gedicht beehrt und nun ... Es ist doch nicht mein Fehler, dass Sie an einer Stelle falsch lasen: Du Sommerseliger ... bezieht sich auf, siehe Überschrift, den Spätsommertag.» *B an EMD*, 14.10.1951, S. 346: «Die Streichung der Widmung bezog sich nicht unbedingt auf den ‹Sommerseligen› –; schliesslich kann man ja das ‹Credo› auch ohne Zusammenhang mit jenem annehmen: ich werde also versuchen, die Widmung wieder hineinzuschmuggeln.» *B an EMD*, 21.10.1951, S. 353: «Bekam soeben die erste Korrektur ⟨die ersten Fahnen von BE⟩, werde gleich für E.M.D. wieder einsetzen.» ⟨PS zu Beilage ‹Dämmerklee›; nicht abgedruckt.⟩ *B an EMD*, 22.12.1951 (uv.): «Ich bin in einiger Verlegenheit: die 1000 ⟨Exemplare des BE⟩ sind gedruckt (...) und die Widmung des ‹Credo› ist nach der letzten Korrektur vergessen worden! Ich habe deswegen noch kurz

vor Torschluss mit dem Setzer verhandelt, aber es nützt schon nichts mehr. Es gibt nicht soviel Papier für Gedichte, um den dritten Bogen nochmals zu drucken. Und hineinstempeln sähe zu ostentativ und billig aus, abgesehen von technischen Schwierigkeiten. (…) kreiden Sie's ruhig mir an wegen der Widmung (Es liesse sich darüber streiten) ⟨AXG hat die Widmung wohl absichtlich weggelassen, da er über die persönliche Begegnung mit EMD bei ihm in Zürich am 11.12.1951 enttäuscht war⟩.»

I,1 «Du Sommerseliger»:
    Vgl. Gedicht «An einen Spätsommertag» von EMD: «Bleib eine Weile noch im blauen Haus, / du Sommerseliger, schmilz im heissen Kusse / dies scheue Herz, den Kalten zum Verdrusse: / Kommt, schaut und staunt, das Spiel ist noch nicht aus! // Entzückte Wellen tanzt mir um die Brust! / Heut reifen meine Trauben an den Hängen; / die Süsse möchte neu zum Munde drängen, / und überfliessen jede Lebenslust. // Verschwende dich, o fruchtbereite Erde! / In deiner Wärme stille all mein Sehnen / und lass mich schlafen! – Kummers Wolkenband // verweht in Räumen die sich endlos dehnen. – / Vom Licht gezogen schwimmt aus Nacht und Fährde / ein Glücksdelphin ans abendgoldne Land.» (T im Nachlass TF. Darauf hs. Anm. von EMD: «Das grosse Missverständnis, Sommerseliger, AXG bezog es auf sich selber und von da an zerbrach etwas». Gedicht in EMD: *Der Silberbecher*, Liestal 1957, S. 23.)

M1:	W	Für Erika Maria Dürrenberger
	Ip.	
	I,3	als rote Stimmen
	II,1	Kusse –, grauer Katafalk 2 die Erhängten wehn 3 Stricken kullern ⟨?⟩ 4 und Tod ein eisiger ⟨?⟩ Schalk
	III,3	zwischen Halmen ⟨Wort unleserlich⟩
	IV,1	Du fährst ⟨?⟩ den Tag 2 ⟨Wort unleserlich⟩ schwer
M2:	W	Für Erika Maria Dürrenberger
	Ip. = M1	
	I,3	mit süssen ⟨?⟩ Stimmen

	II,3	Stricken ⟨Wort unleserlich⟩ 4 und Tod ein arger Schalk

M3:   W   Für Erika Maria Dürrenberger
      Ip. = M1
      Wortlaut = M2, ausser I,3, und II,3
T4:   W   Für Erica Maria Dürrenberger
      Ip.

S. 64   Lotos
ZE: ⟨Mitte Juli/Anfang August–November 1951⟩
E = EB: BE, S. 45
D: BE
AH: T oder M als D für E fehlt.

Nachgelassene Gedichtsammlungen

Land über Dächer (1950–1952)

Überlieferung

LüD ist in zwei Versionen überliefert:

Land über Dächer. Neue Lyrik, 1. Fassung (TLüD, 1. F)

Land über Dächer. Neue Lyrik (hs.). T, gebunden, hs. korr., 29 Gedichte, unpag., Inhaltsverzeichnis auf der dritten S., undat. (Juli 1950–ca. Mitte Januar 1952).

Inhalt der Slg. siehe TLüD (2. F), Gedichte 1–29.

Land über Dächer. Neue Lyrik, 2. Fassung (TLüD, 2. F = D)

Land über Dächer. Neue Lyrik (hs.). T, gebunden und lose Bl., hs. korr., 38 Gedichte, unpag., Inhaltsverzeichnis (ms. und hs.) auf der dritten S., undat. (Juli 1950–ca. Anfang Juni 1952).

Für das Motto auf der fünften S. existiert noch eine V, mit dem Zitat von Nietzsche sowie mit einem Zitat von T.S. Eliot und einem «Spruch» AXGs:

«For us, there is only the trying. / The rest is not our business. / Home is where one starts from.»
(Erste zwei Z. auch in: TMa, II, S. 185. Siehe dazu AH, S. 368.)

«Ich habe der Welt nicht meine / Seele zu geben, denn ich will / die Welt nicht gewinnen.»

Die Slg. enthält folgende Gedichte:
Gedichte 1–29 auch in TLüD (1. F)

	Slg.	*EB*
– November	TStNSR	Dä
– Dämmerklee	TStNSR, TStA	Dä
– Astern	TStA	Dä
– Die Verse einer Nacht		Dä
– Nur Farben, nur Spiele …		Dä
– Der Schläfer	HAG, TStNSR, TStA	Dä
– Morgen in Aussersihl	HAG	LüD
– Die Mauer	HAG	LüD
– Kindliches Rendezvous	HAG, TStNSR	LüD
– Ballade in Blau		GW
– Glocken	HAG	LüD
– Tee	HAG, TStA, TStF	Dä
– Intérieur		Dä
– Nachts am Quai	HAG	LüD
– Mond	HAG	GW
– Unter Büffeln der Stille		GW
– Réveille	HAG	LüD
– Monsun		LüD
– Die Weise vom Kriterium eines Heutigen		LüD
– Winter	TStA, TStF	Wä
– Cabane au Canada		GW
– Nachtmahr		GW
– Après		GW
– Vergang (= Damals)	TStNSR, TStA, TStF	Dä
– Unter Brücken		Wä
– Augur		Dä
– Abschied	HAG	LüD
– Von letzten Dichtern		NLW (= E)
– The big bell		GW

– Die Laterne war's nur		Wä
– Intime Ausstellung		LüD
– Nachthirsch		LüD
– Berceuse	TStNSR, TStA	GW
– Chanson		GgM
– Blick in die Nacht		Wä
– Ein Schauer, der dem Grund entquillt (= Lied)	TStNSR, TStA	Dä
– Möwe		GW
– Perle	TStA	GW

Die Gedichte 1–29 (gebunden mit zusätzlichen losen Bl.) sind nicht in chro-
nologischer Reihenfolge geordnet. *Die Gedichte 30–38 (lose Bl.),* die hs. im
Inhaltsverzeichnis aufgeführt werden, sind vermutlich in der Reihenfolge
ihres Entstehens verzeichnet.
15 Gedichte sind identisch in TLüD (1. + 2. F). 14 Gedichte aus TLüD (1. F)
sind in einer späteren F oder V in TLüD (2. F) enthalten.

Anzahl Gedichte in anderen Slg.: zehn in HAG; sieben in TStNSR; neun in
TStA; drei in TStF.
Anzahl Gedichte als E in folgenden Publikationen: eines in NLW; elf in Dä;
elf in LüD; eines in GgM; vier in Wä; zehn sind uv. bzw. als EB in GW.

Die udTit. «Land über Dächer» 1959 publizierte Slg. mit 17 Gedichten ent-
hält von 38 Gedichten aus TLüD (2. F) also nur elf Texte. Drei Gedichte –
«Monolog», «Die Sonnenblumen» und «Kulturlandschaft» – stammen aus
Mo. Weitere drei – «Aurora in Zürich», «Ein Abend, eine Strasse und ein Mit-
tag in der City» und «Spiegelung» – liegen auf losen Bl. vor.
Diese verschiedenen Quellen werden von HRH im Anhang nicht erwähnt.
Zudem ist die Datierung der Gedichte – sie «entstanden im Jahre 1951 und zu
Beginn des Jahres 1952» – ungenau.

Entstehung

Das früheste Gedicht – «Die Mauer» – entstand bereits im Sommer 1950 (zumindest T1). Weitere vier Texte – «Unter Büffeln der Stille», «Réveille»,
«Monsun» und Abschied» – wurden im Frühling 1951 geschrieben. Die meisten Texte (24) entstanden jedoch nach Fertigstellung der Slg. BE seit Oktober 1951. Gemäss *B an KFE,* 12.12.1951, und an RS, 17.1.1952, muss TLüD
(1. F) vermutlich frühestens im Dezember 1951 und spätestens Mitte Januar
1952 abgeschlossen worden sein.

TLüD (2. F) hat AXG, gemäss seinem *B an KFE,* 4.6.1952, spätestens Anfang Juni 1952 beendigt, vielleicht auch schon im März/April dieses Jahres. Die hs. im Inhaltsverzeichnis von TLüD (2. F) aufgeführten zusätzlichen neun Gedichte müssen zwischen Januar und Frühling 1952 geschrieben worden sein. Ob AXG diese Gedichte wirklich in der vorliegenden Zusammenstellung und Reihenfolge veröffentlicht hätte, ist fraglich. Da TLüD (2. F) bereits eine überarbeitete Slg. ist, kommt sie einer endgültigen Druckvorlage sicherlich näher als zum Beispiel die Slg. TStF. Trotzdem muss man aufgrund des Entstehens der einzigen Buchpublikation zu Lebzeiten, BE (siehe dazu Kommentar, S. 171–178), annehmen, dass AXG einige Gedichte noch ausgewechselt oder sie leicht verändert hätte, was er zumindest im Falle von elf Texten bis spätestens Mitte September auch getan hat.

PK von KFE, 24.11.1951 (uv.): «Ich hätte die ‹fixe› Idee im Laufe des nächsten Jahres einen kleinen Gedichtband von Ihnen im ‹signaturen›-Verlag herauszugeben. Denn: es muss unbedingt mit Ihnen was geschehen und zwar würde ich dann mit etwa 100 Exemplaren die wichtigsten Organe und Leute damit überschwemmen. In Deutschland, denke ich, müsste das einschlagen, so wie ich die Deutschen kenne – sie begeistern sich schon für das Neue. Kurzum: ein Bündel Gedichte, etwa 30, Auflage 500.» *B an KFE,* 27.11.1951 (uv.): «Ihre fixe Idee interessiert mich natürlich auch sehr – und dies umsomehr, als hierzulande wohl gedruckt werden wird, aber nicht genau so, wie ich, und wie Sie es gerne sähen. Gut Gebautes, fein Empfundenes schon, aber wie die Sache ‹moderner› wird, werden die Leute misstrauisch. (...) Wenn Sie also die Idee glauben verwirklichen zu können, stelle ich Ihnen das Manuskript zur Verfügung. Eventuell (ich denke es mir sogar glänzend in seiner Wirkung) könnten wir den ‹Hauptmann Sack› hintan stellen? Was meinen Sie? Etwa zehn, elf streng gebaute und der Rest wie Beilage (‹Morgen in Aussersihl›)? (...) Für das obengenannte Bändchen hätte ich folgende Bedingungen: Dass ich unter allen Umständen die letzten Korrekturen zu lesen bekäme – Dass nur eine einfache, gerade Schrift (Antiqua) zur Verwendung gelangt – und dass mir eine noch zu bestimmende Anzahl Freiexemplare zukäme.» *B von KFE,* 5.12.1951 (uv.): «Sehr freue ich mich, dass Sie meine ‹fixe Idee› gutheissen und mit von der Partie sein wollen. Ihre Vorschläge dazu sind akzeptiert!» *B an RS,* 6.12.1951, II, S. 369: «Ich würde mich natürlich sehr darüber freuen (KFEs Plan, TLüD als Buch herauszugeben), zumal die Verse, die hierzulande gedruckt bzw. zur Veröffentlichung vorgeschlagen werden, vorwiegend formal, oder nur formal, zur Beurteilung gelangen. Motto: was sich nicht reimt, ist kein Gedicht! So sind auch im *Blauen Eisenhut* ausschliesslich gereimte Verse. Wahrscheinlich auch gehört das so dazu, dass einer erst zeigt, dass er das Handwerkliche beherrscht, ehe man auch dem Melos und den

Stromschnellen seiner ‹Prosagedichte› traut. Wer indessen etwas von Versen hat, wird in einem einzigen Satz das in jedem Augenblick zu erwartende ‹Aufspringen der Bläue› wahrnehmen.» *B an KFE,* 12.12.1951 (uv.): «Ich bemerke so nebenbei, dass ich eigentlich schon als kleiner Kneisel gedichtet haben muss, denn die neusten Verse ⟨diejenigen in TLüD (1. F)⟩ müssen aus jener geistigen Landschaft stammen, die man damals für wirklich hielt, dass man sich nicht darüber klar wurde, dass man träumte. Na ja. Alter Wein ist nicht der schlechteste. Das ‹signaturen› Bändchen soll heissen: *Land über Dächer, Neue Lyrik.* Einige der neuen Gedichte zeigte ich auf das hin Krolow, der tatsächlich auch dafür eintritt.» *PK von KFE,* 16.12.1951 (uv.): «*Land über Dächer* gefällt mir sehr gut.»
B an EMD, 6.1.1952 (uv.): «Ich arbeite seit dem ‹Credo› (September 1951) ⟨in BE⟩ am neuen Bändchen *Land über Dächer* welches ev. auch den ‹Hptm. Sack› enthalten wird.» *B an RS,* 17.1.1952, S. 383f.: «Immerhin ist er ⟨BE⟩ bereits passé und das neue Bändchen *Land über Dächer* wäre druckfertig. Darin gibt es, was man sich jetzt eher leisten kann, einige schärfere Sachen. Ich lege Ihnen zur Illustration den Mittelteil der ‹Weise vom Kriterium eines Heutigen› bei. (...) Wir, Sie und ich, wissen, was es auf sich hat mit dem Land über Dächer.» *B an KFE,* 4.6.1952, S. 405: «Das Manus *Land über Dächer* ⟨die 2. F⟩ liegt vor.»

S. 67	**November**
Ü:	T, 1 S., hs. korr. (T1 + T2a)
	T, 1 S.; im Besitz von DLAKK (T2b)
	T, 1 S. (T3a)
	T, 1 S. (T3b)
	T, 1 S. (T4 = TE)
ZE:	⟨**Anfang Oktober 1951**–Anfang August 1952⟩
E = EB:	Dä, S. 30 (Wortlaut = T3a = T3b)
D:	T4
AH:	Hs. Anm. von AXG auf T2b: «Eines der neuesten Beispiele, falls Sie irgendwo einmal auf die ‹Allerjüngsten› zu sprechen kommen –.» T3a in TLüD (1. + 2. F). T4 in TStNSR.

T1:	Ip.	
	I,4	rote Astern
	III,3	durch die Stunden schwillt
T2a:	Ip.	
	III,3	durch die Stunden quillt
T2b:	Ip.	
	Wortlaut = T2a	

T3a: Ip.
        III,3   durch die Maschen quillt
T3b: Ip.
        Wortlaut = T3a
Dä: I,2   Gedörn[–],
        II,1/2   Feuersäulen. / Der Rest ist Asche, stumm[–], –
        III,2/3   Bet! Es ändert nichts. / Was durch die Maschen
                    quillt,
        IV,1   Lichts,   2 schwoll, zwei Segel, Sonnen-
                    sagen»[–]:   3 denn[–], –

S. 68   **Dämmerklee**
Ü: T, 1 S., hs. korr. (T1a + T3)
        T, 1 S., hs. korr.; im Besitz von DF (T1b + T2)
        T, 1 S. (T4)
        T, 1 S. (T5)
        T, 1 S. (T6 = TE)
ZE: ⟨**Anfang/Mitte Oktober 1951**–Anfang August 1952⟩
E: Politische Rundschau. Monatsschrift für Kultur, Politik und
        Wirtschaft, Bern, 32. Jg., Juli 1953, S. 182
EB: Dä, S. 6 (= T6)
D: T6
AH: T1b + T2 in *B an EMD,* 21.10.1951, II, S. 353 (nicht abge-
        druckt). T4 in TLüD (1. F), T5 in TLüD (2. F). T6 in TStNSR;
        identische Abschrift von T6 in TStA.
        B von EMD, 23.10.1951 (uv.): «Der ‹Dämmerklee› gefällt mir
        ausnehmend gut. So prägnant und geschlossen geschmiedet.
        Aber etwas behagt mir nicht. Zu den Reimen ‹Brecher, Fächer›
        gehört: Dächer. Wäre es falsch statt ... blüht von den Dächern,
        blüht *über Dächer* zu setzen? Die Rosse beim Einnachten,
        welch starkes Bild!» *B an EMD,* Oktober 1951, S. 355: «Es
        wäre falsch ‹über Dächer› zu setzen.»

T1a: Ip.
        III,3   Wehender Überschwang
T1b: Ip.
        Wortlaut = T1a
T2:   W   für Willy Hug
        Ip. und Wortlaut = T1b
T3:   W   für Willy Hug
        Ip. = T1a

	I,5	glüht von den Dächern
	III,3	Wehender \ Wallender ⟨ndZ.⟩ Überschwang
T4:	Ip. = T1a	
	W	für Willy Hug
T5:	Ip. = T1b	
	W	für Willy Hug
Pol. Rund.:	I,3/4	entlang. / Lautloser
	II,3	Spät – als ein letztes Glück – 4 quer:
	III,5	Fächer.
Dä:	II,3	Glück,

S. 69   Astern

Ü:	T, 1 S., hs. korr. (T1 + T2)
	M, 2 S.; im Besitz von DF (M2)
	T, 1 S. (T3)
	T, 1 S., hs. korr. (T4 + T5 = TE)
ZE:	⟨**Anfang November 1951**–Mitte September 1952⟩
E = EB:	Dä, S. 8
D:	T5
AH:	M2 in *B an EMD*, 11.11.1951, II, S. 362–366. T3 in TLüD (1. + 2. F). T4 + T5 in TStA.

B an EMD, 11.11.1951, S. 363f.: «Was war nicht alles vergessen –, es war noch die Nacht mit ihrer fremden Kälte, mit ihren Mauern aus Stille. Es war noch die Sprache, die keine Grenzen mehr zu haben sich entfaltete wie Teppiche aus Cimmerien –, eingewoben alle Reiche der Erinnerung, alle Zone des Möglichen – mit dem göttlichen Hinab. (...) Worte standen mir bereit. Jeder Wink befahl neue heran. Ein Meer von Worten. Ich wählte aus, erinnerte mich an mein Bemühen, genau und einfach zu werden, schrieb ohne zu streichen, schwebte über den Wassern und konnte viel –. (...) Es blieb ein violettes Gedicht –, es blieb eine jungenhafte Lust zu träumen und ein paar Takte jener Musik, die man nur allein hört. – Wo begann der Sinn irgendeiner Realität –, wo verlor der Flug seine Kraft? Es gab nur einen Ausweg: das Letzte, das Spät, das Spiel. Lied – Linie – Laut.»

T1:	Ip.	
	I,3	hier sein
	IV,4	gelang ehmals Glanz

	V,1	Nun stehen die Uhren
	VI,3	Wir flogen und fanden
T2:	Ip. = T1	
	Wortlaut = T1, ausser IV,4	
T3:	Ip.	
	Wortlaut = T2	
T4:	V,1	Nun stehen die Uhren
	VI,3	Wir flogen und fanden
Dä:	II,3	Rauch,
	IV,2	Tanz –[,]
	VI,1	liegen[–], oh landen, 3 Handen –

S. 70	**Die Verse einer Nacht**
Ü:	T, 1 S., hs. korr. (T1 + T2)
	T, 2 S. (T3 = TE)
ZE:	⟨Anfang November 1951–Mitte Januar 1952⟩
E:	Ho, 3. Jg., Juni 1953, 2. Heft, S. 46/47
EB:	Dä, S. 10–12
D:	T3
AH:	T3 in TLüD (1. + 2. F).
	B an EMD, 11.11.1951: Wortlaut siehe AH zu «Astern», S. 363f. («Die Verse einer Nacht» beziehen sich, gemäss *B an EMD,* 13.11.1951 (uv.), ebenfalls auf die Erlebnisse mit einer «schönen» Frau in jener Nacht im Wiederholungskurs, die im B vom 11.11.1951 geschildert werden.)

T1:	Tit.		[Die] Verse einer Nacht
	Ip. Teile nicht numeriert.		
	I:	III,4	im fremden Haus
	II:	II,8	dort der Tag
	III:	V,1	Dann ein Vers 2 Noch sind Früchte
			3 so geliebt, so zu End, so bezahlt
T2:	Tit. und Ip. = T1		
Ho:	Teile nicht numeriert.		
	I:	I,2	Gras –[,]
		II,1	Vergessens, – (…) Licht,
		III,3	Meere; 4 es sang (…) Haus –
	II:	I,6	zwischen Ta[n]g und Traum[,]
		II,2	Laut[–], 7 trinken! 8 Grau
	III:	I,2	umflog[–], 3 begrenzt, 4 Strahl,
		II,2	Leid –[,] 3 Es erlosch

	III,3 steigen,
	IV,1 fliegen; (…) sank, 2 Traum –[,] 3 Wie verschneit (…) Rank, 4 fror,
Dä:	Ip. = Ho, ausser I: III,3, und:
	II: I,4 gebracht.

S. 73	**Nur Farben, nur Spiele …**
Ü:	T, 1 S.; im Besitz von DF (T1a)
	T, 1 S.; im Besitz von SLAEJ (T1b)
	T, 1 S. (T2a)
	T, 1 S. (T2b)
ZE:	⟨Anfang November 1951–Mitte Januar 1952⟩
E = EB:	Dä, S. 13
D:	T2b
AH:	T1a in *B an EMD*, ⟨Mitte November 1951⟩ (uv.). T2b in TLüD (1. + 2. F).

B an EMD, ⟨Mitte November 1951⟩: «Dieser Tage wurde mir erst klar, dass mir erst jetzt jene Stufe beginnt, da ich vom Inhalt, von der (noch weiter zurück) Ahnung her den Rhythmus aufrufen kann, gleichsam wie mit einer Stimmgabel, (welch' ein schauriges Instrument: Töne aufzuspiessen!) worauf sich dann der diesem angeschlagenen Ton entsprechende Sprachbereich zur Auswahl auftut. Sie werden es deutlich spüren am beigelegten ‹Nur Farben, nur Spiele›. Und, vor allem: *Indifferenz* gegen schon Vorhandenes. Nicht vergleichen während der Arbeit. Alle Parallelen abbiegen, verknüpfen zu neuen Rosetten oder Runkelrüben.» *B von EMD*, 22.11.1951 (uv.): «Wie beschwingt ist Ihr ‹Nur Farben, nur Spiele›! Nicht nur im Rhythmus (wohl unbewusst haben Sie jenes Gedicht von Max Rychner mit Abweichung einer Anfangssilbe verwendet, wobei mir aber der Jambus am Anfang noch mehr zusagt). Also, nicht nur im Rhythmus, der so leicht wie eben eine Sylphe seine Versfüsse setzt, auch sonst empfinde ich das Gedicht so zart und duftig wie kein anderes von Ihnen. Es ward wohl mit der Eos-Flamingofeder geschrieben? Besonders liebe ich Ihre Rosse, die ja immer wieder Ihren Sonnenwagen emporziehen. D.h. Sie sässen als Helios selbst auf einem Ihrer Rosse.»

T1a:	Ip.
	II,1 «Wie Liebe, wie Lachendes, Mähnen

T1b:	Ip.	
	Wortlaut = T1a	
T2a:	II,1	Lachendes;
Dä:	Tit.	Nur Farben, nur Spiele[…]
	I,1	Schweigen[–], –
	III,1	Spiele[–], –
	IV,2	Tanz –[,] 3 Haar –[,] 4 jetzt –[,]

S. 74	**Der Schläfer**
Ü:	M, 2 S. (Wortlaut = T6)
	T, 1 S., hs. korr. (T1 + T2)
	T, 1 S., hs. korr. (T3 + T4)
	T, 1 S. (T3)
	T, 1 S. (T5)
	T, 1 S. (T6 = TE)
ZE:	⟨**Dezember 1951**–Anfang September 1952⟩
E:	NLW, 4. Jg., 10.6.1953, Nr. 11, S. 5
EB:	Dä, S. 18 (= T6)
D:	T6
AH:	M in HAG. I,1–5, und II,1–3, von T2 in *B an EJ*, 30.12.1951, II, S. 379f. T3 + T4 in TLüD (1. F), T3 in TLüD (2. F). T5 in TStNSR. T6 in TStA.

T1:	Zb. und Ip.	
	II,3/4	Gewölbe ohne die Heimkehr – /
		[Da] Goldhelme? 5 Der Morgen dann
T2:	Zb. = T1. Ip.	
T3:	Zb. = T1. Ip.	
T4:	Zb. = T1. Ip.	
	II,4	Ein Goldhelm
T5:	Ip. = T3	
NLW:	III,4	von Innen

S. 75	**Morgen in Aussersihl**
Ü:	M, 2 S. (Wortlaut = T4)
	T, 1 S. (T1)
	T, 1 S. (T2)
	T, 1 S. (T3)
	T, 1 S. (T4 = TE)
ZE:	⟨**Mitte November 1951**–Anfang Juni 1952⟩
E:	Tat, 19.7.1952, Nr. 195 (Zb. = T2)

EB: LüD, S. 8
D: T4
AH: M in HAG. T1 in *B an RS*, 6.12.1951, II, S. 369f. T3 in TLüD (1. F) und T4 in TLüD (2. F). Vorlage für E in der ‹Tat› war sehr wahrscheinlich eine frühere F (= T2), wo der Zb., von einer Ausnahme abgesehen, mit demjenigen von T1 identisch ist. AXG hatte vermutlich diese F schon mit *B an EJ*, 23.12.1951, S. 372f., der ‹Tat› überlassen. Diese hatte dann die F, ohne AXG zu benachrichtigen – siehe seine diesbezügliche Aussage im *B an EMD*, 5.8.1952 – erst viel später abgedruckt. Deshalb wird als D die LetztF in TLüD (2. F) benutzt. Das Gedicht war Anlass für die Polemik und Parodie von «Marquis Prosa» in der ‹Zürcher Woche› vom 1.8.1952. Vgl. «Vom Geiste Zürichs», II, S. 148ff., und dazu AH, S. 364ff.
B an KFE, 27.11.1951 (uv.): «Ich bin neulich zu einer Form von Prosaarbeiten gekommen, die sich wesentlich von der älteren, die Sie kennen, absetzen, sowohl was die Syntax betrifft, als auch die Themenstellung überhaupt. (...) Ein Jahr lang schrieb ich ausschliesslich auf ‹Präzision›, was mir wohl jetzt noch gut und gerne liegt – indessen hatte das so seine Wirkung auf die ganz unvermittelt angerückten ‹Neuen›.» *B an EJ*, 24.7.1952, S. 409: «Ferner müssen Sie einen sehr laienhaften Metteur beschäftigen z. Zeit, der, für Zürich so hervorragende, Verse wie ‹Morgen in Aussersihl› plaziert wie ein Hühneraugeninserat.» *B an EMD*, ‹Ende Juli 1952›, S. 414: «Der ‹Morgen in Aussersihl› war die Rache der Literaten.» *B an EMD*, 5.8.1952 (B verloren. Zitiert nach Faksimile, irrtümlich «November 1951» dat., in: DF: *Die Optik der Trauer. Alexander Xaver Gwerder. Wesen und Wirken*, Bern 1970, unpag., zwischen S. 16 und 17): «Der Hptm. Sack wirkt sich weiter aus: Die ‹Zürcher Woche› hat meine Verse ‹Morgen in Aussersihl› auf eine niederträchtige Weise angegriffen. (...) Ich ahne den Zusammenhang mit der Magazinseite, unten ... Rychner wäre dann nicht mehr so verantwortlich. Und dann: hat man mir ja nicht gesagt, dass man es abdrucken wolle!»

T1: Sb., Zb. und Ip.
T2: Zb. und Ip.
T3: Ip.
Tat: I,2–8 Eiszeit (/) Frühstückend [/] im Uhrenstil, (/) Späherblick dann [/] und die gewiegte (/)

		Kurve [/] ohne Orakel. / Milch wallt im Hüttenrauch (/) während [/] die Zinnen frieren –: (/) Zahn-[/]klappernde Gitter
	II,4	Autobus,
LüD:	I,3	Späherblicke ⟨Druckfehler⟩ 7 frieren[–]:
	II,2	besinnungslos –[,] 4 hochseefahrend,
		7 Ententeich[,] – 8 bluthoch,

S. 76	**Die Mauer**
Ü:	T, 1 S., dat. 1950 (T1)
	T, 1 S.; im Besitz von DF (T2a)
	M, 5 S. (M2b)
	T, 2 S. (T3)
	T, 2 S., hs. korr. (T3 + T4)
	T, 2 S. (T5 = TE)
ZE:	⟨**Anfang/Mitte Juli**⟩1950⟨–Anfang Juni 1952⟩
E:	IU, 8. Jg., Juni 1958, 3. Heft, S. 76/77
EB:	LüD, S. 12/13
D:	T5
AH:	Hs. Anm. von AXG auf T2a: «Etwas aus jener Zeit der ‹Begegnung›. Sonst aber bleibt wenig von damals.» M2b in HAG. T3 in TLüD (1. F), T3 + T4 in TLüD (2. F). T1 und T5 als lose Bl. in TLüD (2. F).
	B von KFE, 16.7.1950 (uv.): «diese ‹Mauer› ist grossartig. Merkwürdig, wie sich bei Ihnen ‹Gewaltsames› und Sensitives kreuzen …»

T1:	Sb., Zb. und Ip.	
	I,5	ohne Beachtung – Ich lästere 6/7 Münster, das mir seinen Schatten in den schwärenden Schoss [mir] / wirft 9 erreichte 12 wo die Keime nicht zu Tage tretender Morde, wo die Vulkane 15 schwindsüchtiger Fäulnis, Landkarte verärgerter Armut, voll zweifelnder 22 Offenbarung[en]
	II,1/2	meines Regens, / der (…) durchrieselt
T2a:	Sb., Zb. und Ip.	
	Wortlaut = T1, ausser I,5	
M2b:	Wortlaut = T2a, ausser:	
	I,4/5	wie eine gespreizte Idee / ohne Bedeutung

T3:	Zb. und Ip.	
	Wortlaut = T2a, ausser I,12, II,1/2	
T4:	Ip.	
	I,15	schwindsüchtiger Fäulnis, Landkarte verärgerter Armut, voll zweifelnder
Ho:	I,1	ich, 5 Bedeutung ... 10 jene Verstecke 11 lassen –[,] 14 Oh Spucke –[,] 16 Ausdrucks.[–] 18 Dauer[!] –[,] 19 Erniedrigungen[–]: 24 Masken[–]. 25 liebsten.
	II,2	durchrieseln[–]: 6 brennen 10 Stille[–]. Und 15 Abs –[.] 19 Schwärze[–,] 22/23 spüren ... (//) So 26 Mitspielern –[.]
LüD = Ho, ausser:		
	I,13/14	zerplatzen. (//) Bürgerlichkeit 28 seiner ⟨Druckfehler⟩ Wiederkehr

S. 78	**Kindliches Rendezvous**	
Ü:	M, 2 S. (Wortlaut = T4)	
	T, 1 S. (T1)	
	T, 1 S. (T2)	
	T, 1 S. (T3)	
	T, 1 S. (T4 = TE)	
ZE:	⟨Oktober/Mitte November 1951–Anfang August 1952⟩	
E = EB:	LüD, S. 10 (Sb. und Zb. = T2)	
D:	T4	
AH:	M in HAG. T2 in TLüD (1. F), T3 in TLüD (2. F). T4 in TStNSR.	
T1:	Sb., Zb. und Ip.	
T2:	Sb. = T1; Zb. und Ip.	
T3:	Zb. und Ip. = T2	
LüD:	I,4	Rotte[,]
	II,3	Dämmerung –
	II,5/III,1	Kellern ... [//] Endlich der Abhang, 2/3 vergeblich, und (/) viel [/] Versäumtes.

S. 79	**Ballade in Blau**
Ü:	T, 3 S. (T1)
	T, 3 S. (T2)
	T, 3 S. (T3 = TE)

ZE:	⟨Dezember 1951–Anfang Juni 1952⟩
D:	T3, uv.
AH:	T2 in TLüD (1. F), T3 in TLüD (2. F). Teil II auch als Gedicht u.d.Tit. «Blau» mit anderer Ip. als T3.
	B an RS, 20.12.1951 (uv.): «Die ⟨Blaue Ballade⟩ erfordert nur rasch den Hinweis, Sie mögen, sofern Sie dazu Zeit und Lust haben, prüfen, inwieweit ihr Inhalt, der ausserhalb ihrer Form undenkbar ist, sich ungereimt hielte. Diese Form in der sie sich ergab (es ergibt sich die Form ja nicht so leicht wie sie sich liest! Man kämpft an der Himmelsleiter) *ist* zugleich für den Inhalt *gültig.* Sie *wird* es nicht erst. Das zweite, das Sonett, als strengste Form, wirkt dennoch als das freiste. Es steht für das Blau der Erde. Die ersten Verse für das Blau des Denkens, die letzten für jenes des Geschehens.»

W Für Rudolf Scharpf:
    Siehe AH zu «Reigen» in BE, S. 187f.

T1:	W	[Für Rudolf Scharpf]
	Sb. und Ip.	
T2:	Ip.	

S. 82   Glocken

Ü:	M, 2 S. (Tit. und Wortlaut = T5)
	T, 1 S. (T1)
	T, 1 S., hs. korr. (T2 + T3)
	T, 1 S. (T4)
	T, 1 S. (T5 = TE)
ZE:	⟨Dezember 1951–Anfang Juni 1952⟩
E = EB:	LüD, S. 11
D:	T5
AH:	M in HAG. T4 in TLüD (1. F), T5 in TLüD (2. F).

T1:	Tit.	Abendglocken
	Sb., Zb. und Ip.	
T2:	Tit. = T1	
	Zb. und Ip. = T1	
T3:	Zb.; Ip. = T2	
T4:	Ip.	
LüD:	II,6 aller[,] 14 beginnt.	

S. 83	**Tee**
Ü:	T, 1 S. (T3)
ZE:	⟨**Dezember 1951**–Anfang Juni 1952⟩
E:	NLW, 3. Jg., 10.10.1952, Nr. 19, S. 3 (= T2)
EB:	Dä, S. 19 (Wortlaut = T4 = TE)
D:	T3
AH:	Da T4 dieses Gedichtes in TStF, wird hier nur die in TLüD (2. F) enthaltene F erfasst und gedruckt. Siehe T4 in TStF, I, S. 133, und dazu Anm., S. 246f.

Tit. Tee: Tee war das Lieblingsgetränk von KFE, das ihm AXG hin und wieder zukommen liess.

W Für Kurt Friedrich Ertel:
Kurt Friedrich Ertel (1919–1976), deutscher Kunsthistoriker. Herausgeber der ‹signaturen. blätter für grafik und dichtung› in Landau/Rheinpfalz, wo die erste selbständige Veröffentlichung von AXG, DB, erschien; Leiter der «Kasimir-Hagen-Sammlung» in Bonn; Kulturreferent und Mitverwalter des Museums der Stadt Giessen. Durch Vermittlung von OS wandte sich KFE im Juni 1950 an AXG und bat um Gedichte für seine Zeitschrift. Er besuchte AXG im Oktober 1950 in Zürich. Plante, von ihm einen Lyrikband – TLüD – zu publizieren, und setzte sich auch nach AXGs Tod sehr für die Publikation des nachgelassenen Werkes in Deutschland ein. Er wies den Schweizer Freund und Briefpartner schon früh auf die Werke von G. Benn, W. Majakowski und E.G. Winkler hin.

S. 84	**Intérieur**
Ü:	T, 1 S., hs. korr. (T1 + T2a)
	T, 1 S.; im Besitz von DF (T2b)
	T, 1 S. (T3 = T1 = TE)
ZE:	⟨**10. Dezember 1951**–Mitte Januar 1952⟩
E:	NZZ, 17.1.1954, Nr. 121 (= T3)
EB:	Dä, S. 16
D:	T3
AH:	T2b in *B an EMD,* 31.12.1951, II, S. 380ff. (nicht abgedruckt). Hs. Anm. von AXG auf T2b: «Geschrieben den Tag vor dem Sie zu Besuch waren –» T3 in TLüD (1. + 2. F).

T2a:	W	Für E.M.D. ⟨Erica Maria Dürrenberger; gestrichen⟩

T2b:	W	(Mir selber)
Dä:	I,1/2	glaubst. / Selbst
	II,2	Herbstgezweige: 3 Welt –[,]

S. 85   **Nachts am Quai**
Ü: M, 2 S. (Tit. = T2a = T2b; Wortlaut = T4)
         T, 1 S., hs. korr. (T1 + T2a + T3)
         T, 1 S. (T2b)
         T, 1 S. (T4 = TE)
ZE: ⟨Anfang–Mitte Januar 1952⟩
E = EB: LüD, S. 28
D: T4
AH: M in HAG. T4 in TLüD (1. + 2. F).

T1:   Tit.   «Neue Welt»
         Sb., Zb. und Ip.
         I,1   Schwanken und Schritt
         II,7   auf Flaschen gezogen   8 Baisse und Schneemann am
T2a: Tit.   Familienfest ⟨udTit.⟩
         Sb. = T1; Zb. und Ip. ⟨oder = T1?⟩
         Wortlaut ev. = T1
T2b: Tit.   Familienfest
         Sb. und Zb. = T1; Ip.
         II,7   auf Flaschen gezogen
         III,2/3   Grabe – weil – / man stirbt
T3:   Tit.   Nächtlicher Bummel ⟨üdTit.⟩
         Sb. = T1; Zb. und Ip. = T2a ⟨?⟩
LüD: III,2   nächstens ⟨Druckfehler⟩ am nassen Grabe –[,]

S. 86   **Mond**
Ü: M, 2 S. (Wortlaut = T2b)
         T, 1 S., hs. korr. (T1 + T2a)
         T, 1/2 S.; im Besitz von SLAEJ (T2b)
         T, 1 S. (T3)
         T, 1 S. (T4a)
         T, 1 S. (T4b)
ZE: ⟨**Anfang/Mitte Januar**–Anfang Juni 1952⟩
D: T4b, uv.

AH:	M in HAG. T2b und «Mittag», I, S. 363, auf gleichem Bl. Siehe dazu Anm., S. 327. T3 in TLüD (1. F), T4a in TLüD (2. F). T4a ev. frühere F von T4b.
T1:	Sb., Zb. und Ip.

	I,1	Im Schattenschacht voll Gärung
		2/3 Heimkehr / bin ich – Da fallen [denn]
		5 und lotosflockende
	IV,3	und weiter im Ionenhagel
T2a:	Sb., Zb. und Ip. = T1	
	I,2/3	Heimkehr / bin ich – Da fallen [denn] ⟨?⟩
		4 Landlos denn ⟨?⟩
	IV,3	und weiter im Ionenhagel
T2b:	Wortlaut = T2a, ausser I,4	
	Sb., Zb. und Ip. = T1	
T3:	Sb. = T1; Zb. und Ip.	
	I,2/3	Heimkehr / bin ich. Da fallen
	IV,3	und weiter im Ionenhagel
T4a:	I,2–5	Heimkehr[–] / bin ich. Da fallen denn (/) die Senkrechten [/] der Erinnrung (/) an Landlos [/] in lotosflockende (/) Ziegenmilch.
	II,1–3	Gestade, [/] Quirl (/) meiner Tanzfigur, [/] Brüstung (/) und Pelz über Asphalt!
	III, 2–6	des (/) hohen [/] Pulses ohnmächtige / Fragmente[–] / vor stumme Fenster [/] und quere (/) Hängebrücken auch.
	III,6/IV,1–4	auch. [/ und //] Nirgends, (/) (...) Klirren [/] einer (/) Handvoll Gestalt – [/] und weiter (/) im Ionenhagel der weissen / kugeligen Fremde.[..]

S. 87	**Unter Büffeln der Stille I**
Ü:	T, 1 S., hs. korr. (T1 + T2a + T2b + T2c)
	T, 1/2 S. (T2d)
	T, 1 S. (T3a)
ZE:	⟨März 1951–Mitte Januar 1952⟩
D:	T3a, uv.
AH:	«I» im Tit. vom H. Text in einer unbetit. Slg., vermutlich «Atlantis» (Vorform von BE; uv.). Siehe Kommentar zu BE, S. 171f. T2d und «In Versen», I, S. 312, auf gleichem Bl. Siehe dazu Anm., S. 309. T3a in TLüD (1. + 2. F). T1 + T2a + T2b +

T2c und T2d als lose Bl. in TLüD (2. F). Da IV,1–4, von T3a und T3b von AXG auf einem losen Bl. in TLüD (2. F) als gleichwertige V bezeichnet, werden beide V des Textes gedruckt. Siehe «Unter Büffeln der Stille II» (= T3b), I, S. 88.

W An Gottfried Benn:
OS und KFE haben AXG bereits im Spätfrühling 1950 auf Benns Werk aufmerksam gemacht. Er begann jedoch erst ca. im März 1951, sämtliche erhältlichen Bücher Benns zu erwerben und sich intensiv mit ihnen auseinanderzusetzen. Über die Bedeutung und den Einfluss seines Werkes auf AXGs Arbeiten siehe «Biographie», S. 49; *B an G. Benn*, 23.4.1951, II, S. 273f.; *B an OS*, 5.5.1951, S. 278f.; *B an KFE*, ⟨Mitte Mai 1951⟩, S. 281f.; *B an KK*, 5.8.1951, S. 303.

T1:	W	[An Gottfried Benn]
	Ip.	
	II,1	Der mit dem Klöppel lämmernd
	III,1–3	heitern / Unbegreifbarkeit – / Fontänen
	IV,1–4	Mit Fragen und Danäergeschenk / Tempelsäulen füllen; / Kirgisenhorden im Gelenk / Steppen einsam brüllen.
T2a:	Ip. = T1	
	Wortlaut = T1, ausser II,1	
T2b:	Ip. = T1	
	Wortlaut = T2a, ausser:	
	IV,1–4	Zusätzliche Variante unter IV: Die Flut hinab –, mit Brisen, Blüten / in den Sand gesät – / wo Hufe schlagen, Wundertüten / und im Wind verweht.
T2c:	Ip. = T1	
	Wortlaut = T2b, ausser zusätzliche Variante von:	
	IV,1–4	Wortlaut = T2b, ausser Z. 1 und 3
T2d:	Ip.	
	Wortlaut = T2a, ausser:	
	III,1/2	heitern / Unerklärlichkeit –

S. 88   **Unter Büffeln der Stille II**
Ü: T, 1 S. (T3b)
ZE: ⟨März 1951–Mitte Januar 1952⟩
D: T3b, uv.

AH:	«II» im Tit. vom H. Siehe «Unter Büffeln der Stille I» (= T3a), I, S. 87, und dazu AH, S. 214f.
S. 89	**Réveille**
Ü:	M, 2 S., korr. (M1 + M2)
	T, 1/2 S. (T3a)
	T, 1 S. (T3b)
	T, 1 S. (T4 = TE)
ZE:	⟨Ende März 1951–Mitte Januar 1952⟩
E:	Ho, 9. Jg., April 1959, 2. Heft, S. 61
EB:	LüD, S. 29
D:	T4
AH:	M1 + M2 in HAG. T3a und «Die Kathedrale», I, S. 283, auf gleichem Bl. Siehe dazu Anm., S. 298. T4 in TLüD (1. + 2. F).

M1:	Tit.	Auf! Tagwach!
	Z. 3	dort, in der Mitte, wo 4–6 nach / Orangen duftet – zwischen der Perl- / kette und dem leisen Keimflaum 8 setzte wer an 10 Grauen! Still zischend, verlöschend, 11 erst ahnungslos, dann brandig 18/19 über einer / grausamen Kindheit
M2:	Wortlaut = T1	
T3a:	Sb., Zb. und Ip.	
	Z. 4/5	nach / Orangen duftet 8 setzte wer an 11 erst ahnungslos, dann brandig
T3b:	Sb. = T3a; Zb. und Ip.	
	Wortlaut = T3a	
Ho = LüD:	Z. 16	Hunderten,

S. 90	**Monsun**
Ü:	T, 2 S. (T1)
	T, 1 S. (T2 = TE)
ZE:	⟨April 1951–Anfang Juni 1952⟩
E = EB:	LüD, S. 35 (Zb. = T1)
D:	T2
AH:	T1 in TLüD (1. F), T2 in TLüD (2. F). Da sich «Pythia», I, S. 291f., das eine frühere F oder V von T2 ist, ziemlich von dieser unterscheidet, wird sie separat gedruckt und nicht als frühere F oder V erfasst. Die ZE von «Monsun» berücksich-

	tigt jedoch die frühere Entstehung von «Pythia». Siehe Anm. zu «Pythia», S. 300.
T1:	Zb.
LüD:	Z. 3 flammt, 11 Mond, 17–19 es (/) duftet [/] nach Mokka (...) algerische (/) Flocken ... [/] die Brücke 25 Gewölk, 28/29 Hirns. / Und

S. 91	**Die Weise vom Kriterium eines Heutigen**
Ü:	T, 2 S., hs. korr. (T1 + T2 + T3)
	T, 3 S., hs. korr. (T4a + T4b)
	T, 3 S. (T5 = TE)
ZE:	⟨Dezember 1951/Mitte Januar 1952–Anfang Juni 1952⟩
E = EB:	LüD, S. 30–33
D:	T5
AH:	T4a + T4b in TLüD (1. F), T5 in TLüD (2. F).
	B an RS, 17.1.1952, II, S. 383f.: «das neue Bändchen *Land über Dächer* wäre druckfertig ⟨die 1. F⟩. Darin gibt es, was man sich jetzt eher leisten kann, einige schärfere Sachen. Ich lege Ihnen zur Illustration den Mittelteil der ⟨Weise vom Kriterium eines Heutigen⟩ bei. (...) Wir, Sie und ich, wissen, was es auf sich hat mit dem Land über Dächer ⟨Z. in II: III,7–9⟩.»

I: I,1 «Reiten, reiten, reiten»:
Beginn des Prosatextes *Die Weise von Liebe und Tod des Cornets Christoph Rilke*, Berlin 1906. In Rainer Maria Rilke: *Prosa*, Frankfurt am Main 1980 (= Werke, Bd. III/1), S. 93.
III: Z. 9 Nash: Siehe AH zu «Intime Ausstellung», S. 226.

T1:	Sb., Zb. und Ip.	
	I:	I,2/3 des 19. Jahrhunderts noch / mit Wolken 4 bleibt der Ritt 5 bleibt kaum Zeit 7 individuelle Bedürfnisanstalten 11 über der Strasse 12/13 Himmel. Später, / am Kaugummi 14 und auch später
	II,3	Rest – was bleibt weiter? 10 mit den Ausdrücken von Tiefsee 11 haben im Hintergrund 14/15 wagen die älteste Expedition / ins Innere unserer Wüste. [tat twam asi] Wer weiss

	II:	II,1–4 Wir trinken Milch / aus den Händen Unbekannter, und / die Briefe bläst ein Phantom / auf den Schreibtisch. (4–6) Gleichwohl: es soll / noch leben wo / im Gestänge des = 10–12 Leviathans 5–10 [«Sie treiben (...) denken sie]
		III,1–5 «Eugen Gottlob» hiess ein Gehetzter, (/) ein anderer «Xaver», ganz simpel. (/) Es gibt solche Listen – (/) Es gibt auch / Schritte
		7–9 Hingegen (/) kurz vor halb zwei unterm Neumond (/) streift des Nachbars beethovenscheue (/) (10–13) Katze am Balkon vorbei –: Gottvater / krault sie am Kinn: Ich / sage dem: / Kakophonie!
	III:	Z. 3 was natürlich in gewissen Gegenden Europas schwer 13/14 indischen Vulkanen, Bananen auch, / Cigarettenfilter und schlussendlich 21 (Texas, Amerika) 27/28 Nein! Schweigen ist mehr – [Mord / auf Distanz.]
T2:		Sb. = T1; Zb. und Ip.
	I:	I,5 bleibt kaum Zeit 7 individuelle Bedürfnisanstalten 11 über der Strasse
		II,11 hat im Hintergrund 14/15 wagen die älteste Expedition / ins Innere unserer Wüste. [tat twam asi] Wer weiss
	II:	II,4 über den Schreibtisch 5–12 [«Sie treiben (...) im Gestänge Leviathans ...»]
		III,1–5 «Eugen Gottlob» hiess ein Gehetzter, (/) ein anderer «Xaver», ganz simpel. (/) Es gibt solche Listen – (/) «Es gibt auch / Schritte
		7–9 Hingegen (/) kurz vor halb zwei unter Neumond (/) tappt des Nachbars Katze (/) (10–13) beethovenscheu am Balkon vorbei –: Gottvater / krault sie am Kinn. Ich / sage dem: / Kakophonie!
	III:	Z. 3 was natürlich in gewissen Gegenden Europas schwer 13/14 indischen Vulkanen, Bananen auch, / Cigarettenfilter und schlussendlich 21 (Texas, USA)
T3:		Sb. = T1; Zb. und Ip.
		Wortlaut = T2, ausser:

	II:	III,7–9	Zum Beispiel: «Tappt (/) kurz vor halb zwei unterm Neumond (/) [tappt] des Nachbars Katze
T4a:	Zb.		
T4b:	Zb. = T4a		
	II:	II,12/	
		III,1	Leviathans …» \ Denn es gibt ⟨ndZ.⟩ // «gratis den Traum
		III,3	allgemeiner Bildung \ der Volkshochschule ⟨udZ.⟩ 4 Aber gratis auch
LüD:	I:	I,1	reiten –[,] 6 Bazare, 14 rückwärts –[,] Radio –[,]
		II,2	Wasserstoffblonden 3 Rest –[,] 4 vielleicht –[,] 11 kleine ⟨Druckfehler⟩ Mustersongs
	II:	II,2	Unbekannter, 7 Stadt,
	III:	Z. 12	Margaret-Rose 26 Fata morgana

S. 94 **Winter**
Ü: T, 1 S. (T2)
ZE: ⟨Dezember 1951–Mitte Januar 1952⟩
E: Po, 6. Jg., 1978, Heft 1, S. 8 (= T2)
EB: Wä, S. 46 (= T3 = TE)
D: T2
AH: Da T3 dieses Gedichtes in TStF, wird hier nur die in TLüD (2. F) enthaltene F erfasst und gedruckt. Siehe T3 in TStF, I, S. 132, und dazu Anm., S. 246.

S. 95 **Cabane au Canada**
Ü: T, 1 S., hs. korr. (T1 + T2a)
T, 1 S. (T2b)
T, 1 S. (T3 = TE)
ZE: ⟨November 1951–Mitte Januar 1952⟩
D: T3, uv.
AH: T3 in TLüD (1. + 2. F).

T1: Ip.
T2a: Ip.
T2b: Ip.

S. 96		**Nachtmahr**
Ü:		T, 1 S., hs. korr. (T1 + T2)
		T, 1 S. (T3 = TE)
ZE:		⟨November 1951–Mitte Januar 1952⟩
D:		T3, uv.
AH:		T3 in TLüD (1. + 2. F).
T1:		Ip.
	III,4	und nicht, was
	V,3/4	blieb unvereinbar, / ein vages Geisterstück
T2:		Ip. = T1

S. 97		**Après**
Ü:		T, 1 S., hs. korr. (T1 + T2a)
		T, 1/2 S.; im Besitz von SLAEJ (T2b)
		T, 1 S. (T3 = TE)
ZE:		⟨Dezember 1951⟩
D:		T3, uv.
AH:		T2b und «Berceuse» I, S. 110, auf gleichem Bl. Siehe dazu Anm., S. 227. T3 in TLüD (1. + 2. F).

W Dem Andenken Friedrich Nietzsches:
AXG lernte Nietzsches Werk vermutlich durch die Lektüre von Texten Benns kennen, die Nietzsche thematisieren oder ihn erwähnen. Betreffend die Bedeutung Nietzsches für AXG siehe *B an EMD*, 14.10.1951, II, S. 346f.

T1:	W	[Dem Andenken Friedrich Nietzsches]
	Ip.	
T2a:	W	Pro memoria Friedrich Nietzsche
	Ip. = T1	
T2b:	Ip. = T1	

S. 98	**Vergang**
Ü:	T, 1 S. (T3a)
ZE:	⟨**November 1951**–Mitte Januar 1952⟩
E = EB:	Dä, S. 15 (Wortlaut = T5 = TE)
D:	T3a
AH:	Da T5 dieses Gedichtes (= «Damals») in TStF, wird hier nur die in TLüD (1. + 2. F) enthaltene F erfasst und gedruckt. Siehe T5 in TStF, I, S. 131, und dazu Anm., S. 245f.

S. 99	**Unter Brücken**
Ü:	T, 1 S., hs. korr. (T1 + T2 + T3)
	T, 1 S. (T4 = TE)
ZE:	⟨November 1951–Mitte Januar 1952⟩
E = EB:	Wä, S. 37 (= T4)
D:	T4
AH:	T4 in TLüD (1. + 2. F).

I,4 «Fleurs du Mal»:
Les Fleurs du Mal, 1857 erschienener Lyrikband des franz. Dichters Charles Baudelaire (1821–1867).

T1:	Ip.	
	IV,3/4	in Tangglut sich erinnernd / dass die Flut nach Meeren dröhnt.
	(V,1–4)	Lautlos bricht dein Boot entzwei, / sinkt mit Mohn und Frauenschuh – / Schlafe weiter –, einerlei, / ob ich träume, oder du …
T2:	Ip. = T1	
	IV,4	dass der Grund nach Meeren dröhnt.
T3:	Ip.	

S. 100	**Augur**
Ü:	T, 1 S., hs. korr. (T1 + T2)
	T, 1 S. (T3)
	T, 1 S., hs. korr. (T3 + T4 = TE)
ZE:	⟨November 1951/Mitte Januar 1952–Anfang Juni 1952⟩
E = EB:	Dä, S. 14
D:	T4
AH:	T3 in TLüD (1. F), T3 + T4 in TLüD (2. F).

T1:	Ip.	
	IV,3	wirst es nie erkennen
	V,3	Doch durch
T2:	Ip. = T1	
	V,3	Doch durch
T3:	V,3	Doch durch
Dä:	IV,2	Gott[,]

S. 101	**Abschied**
Ü:	M, 3 S. (Tit. = T8; Wortlaut = T1a)
	T, 1 S., hs. korr. (T1a + T4 + T5)
	T, 1 S. (T1b)
	T, 1/2 S. (T2a)
	T, 1 S., hs. korr. (T2b + T3)
	T, 1 S. (T6)
	T, 1 S. (T7)
	T, 1 S. (T8 = TE)
ZE:	⟨Ende April/Anfang Mai 1951–Anfang Juni 1952⟩
E = EB:	LüD, S. 34
D:	T8
AH:	M in HAG. T1b in *B an KK*, 6.5.1951 (uv.). T2a und «Südmeerüber», I, S. 313, auf gleichem Bl. Siehe dazu Anm., S. 309. T6 ev. V von T7 oder von T8. T7 in TLüD (1. F), T8 in TLüD (2. F).
	B von KK, 9.5.1951 (uv.) «Ganz ausgezeichnet auch der ‹Heimweg› ⟨T1b⟩. Sie haben Ihre Gaben gut genützt und ich bin im Zusehen mit Ihnen glücklich. (…) Nicht, dass Sie nicht früher schon gute Arbeit leisteten; aber mir scheint: Ihre letzten Sachen sind unvergleichlich viel besser gelungen.»

T1a:	Tit.	Heimweg
	Zb. und Ip.	
	I,4–7	Brocken schluchzenden / Gipses und das Ende / stösst kalkweiss ein Auge / zwischen Geleise
	III,1	qualmende Kohlenstadt 5 Gift dieser Schläge
T1b:	Tit. und Wortlaut = T1a	
	Zb.; Ip. = T1a	
T2a:	Zb. und Ip. = T1b	
	Wortlaut = T1a	
T2b:	Zb.; Ip. = T1a	
	I,4–7	Brocken schluchzenden / Gipses und das Ende / stösst kalkweiss sein Auge / zwischen Geleise
	III,1	qualmende Kohlenstadt 5 Gift dieser Schläge
T3:	Zb. und Ip. = T2b	
	Wortlaut = T2b, ausser III,1	
T4:	Zb. und Ip. = T1a	
	I,6/7	stösst gipsweiss ein Auge / zwischen Geleise
	III,1	qualmende Kohlenstadt

T5:	Tit.	Tragödie ⟨?⟩ ⟨über «Abschied» = gestrichen⟩ \ Tragischer ⟨Abschied?⟩ ⟨neben «Tragödie»⟩
	Zb. und Ip.	= T1a
	I,6/7	schlägt den Giftzahn / zwischen Geleise
	III,1	qualmende Kohlenstadt
T6:	Sb., Zb. und Ip.	
T7:	Zb. und Ip.	
LüD:	I,2	Maschine, 5 Kalkes,
	II,2	Blättern –[;] 3 Glückskäfer –[;] 4 nie!»
	III,4	sie –[,]

S. 102	**Von letzten Dichtern**
Ü:	T, 3 S., hs. korr. (T1 + T2)
	T, 2 S. (T3)
	T, 2 S. (T4 = TE)
ZE:	⟨**Anfang/Mitte Januar**–Mitte Februar 1952⟩
E:	NLW, 3. Jg., 10.3.1952, Nr. 5, S. 9
D:	T4
AH:	T3 in TLüD (1. F), T4 in TLüD (2. F). Da die W in T4 fehlt, aber von AXG für den E in NLW hinzugefügt wurde, steht sie auch in der D. Siehe «Von letzten Dichtern», I, S. 328, das vermutlich der in T1 erwähnte Epilog ist, und dazu Anm., S. 315. *B von NLW,* 7.3.1952 (uv.): «Ihr Gedicht, das für mich, da es aus der Schweiz kommt, eine sehr grosse Überraschung bedeutete, wird schon in Nr. 5 unserer Zeitung ‹in die City gesagt›.» *B von MR,* 15.3.1952, II, S. 390f.: «Welch eine Überraschung, für die ich Ihnen zu danken habe und herzlich danke! Drei kleine Säulen, da stehen sie, verschieden an Figur und doch zusammengehörend von Ursprungs wegen, von eigener Windmusik umspielt und zugleich melodische Fetzen eines anderen ‹Letzten› empfangend und weiterspielend. Mich freut es, dass ich dabei war, als die Wortzauberei in Ihnen begann, und ich wünsche, deren Fortgang und Wandlungen mitzuerleben, gewiss, dass Ihnen noch vieles bevorsteht. Ihre ‹Luftfigur› wird sich selber zur Vollständigkeit bringen wollen, und meine Hoffnung mag ihr, soviel ihr gegeben ist, dabei hilfreich sein.» *B an RS,* 29.5.1952, S. 401: «Indes will ich Ihnen zugeben, dass die Verse, die zur Diskussion standen, ziemlich bewusste Montage sind.»

W Max Rychner zugeeignet:
> Max Rychner (1897–1965), Schweizer Literaturkritiker, Journalist und Schriftsteller; seit 1939 Chefredaktor der ‹Tat›, ab 1943 Feuilletonchef. MR war zusammen mit EJ der erste und wichtigste Förderer von AXGs literarischem Schaffen in der Schweiz. Er wählte die meisten Arbeiten von ihm aus, die zwischen 1949 und 1952 in der ‹Tat› veröffentlicht wurden. Übte durch seine Essaysbände und besonders durch die darin enthaltenen Aufsätze über Paul Valéry einen wichtigen Einfluss auf die schriftstellerische Entwicklung AXGs aus.

T1:	udTit.	Drei Gedichte und ein Epilog
	W	[Max Rychner zugeeignet]
	Ip.	
T2:	Ip. = T1	
T3:	W	[Max Rychner zugeeignet]
	Ip.	
NLW:	I: II,3	Worte[,]die kamen und gingen[,]
	III: II,3/4	Besteckaufnahme: (man kann das)[:] / Direkt unterm

S. 104	**The big bell**
Ü:	T, 1 S., hs. korr. (T1 + T2)
	T, 1 S. (T2 = TE)
ZE:	⟨Anfang–Mitte Januar 1952⟩
D:	T2, uv.
AH:	T2 in TLüD (1. + 2. F). Der Text war ursprünglich als letztes Gedicht in TLüD (1. F) vorgesehen. Da in TLüD (2. F) weitere Texte dazukamen, wird «Epilog» üdTit. in T2 weggelassen.

T1:	III,4	Und Rauch aus

S. 105	**Die Laterne war's nur …**
Ü:	T, 1 S., hs. korr. (T1 + T2)
	T, 1 S. (T3 = TE)
ZE:	⟨Anfang Februar 1952⟩
E = EB:	Wä, S. 48 (= T3)
D:	T3
AH:	T3 in TLüD (2. F).

T1:	Tit.	Eine Lampe war's nur ...
	Ip.	
	I,1	Und wieder ist Tag und der Schnee
	II,1	Nun einmal noch lieben 4 als lächelnde Trauer
	IV,1	einer blitzenden Spur 3 ach, eine Lampe war's nur
T2:	Ip.	
	II,1	Nun einmal noch lieben

S. 106	**Intime Ausstellung**
Ü:	T, 2 S., hs. korr.; im Besitz von SLAEJ (T1 + T2)
	T, 2 S., hs. korr. (T1 + T4)
	T, 2 S. (T3a)
	T, ? S. (T3b)
	T, 2 S. (T5 = TE)
ZE:	⟨Dezember 1951/Mitte Februar 1952–Anfang Juni 1952⟩
E = EB:	LüD, S. 24–26
D:	T5
AH:	Anm. von AXG auf T1 + T2 und T1 + T4: «Aus: RAUSCH, städtische Dithyramben». T3a in *B an RS*, 2.3.1952 (uv.). T5 in TLüD (2. F). Eine weitere F (= Teile III + IV) als selbständiges Gedicht mit dem Tit. «Zauber» als Beilage (nicht abgedruckt) in *B an EMD*, 31.12.1951, II, S. 380ff. Teil III (mit Zb. von T3b) in *B an KFE*, ⟨13.3.1952⟩, S. 389f.
	Ursprünglich war der Text als Bestandteil des Gedichtzyklus «Städtische Dithyramben» oder «Rausch. Städtische Dithyramben» vorgesehen. Siehe AH zu «Auftakt zum Tag», S. 315, und zu «Ein Abend, ein Mittag und eine Strasse in der City», S. 316f.
	B an EJ, 21.2.1952, II, S. 385: «in der Beilage möchte ich Ihnen ein, nach meinen Begriffen und sonstigen, gutes Stück aus den ‹städtischen Dithyramben›, an welchen ich vorerst noch kein Ende absehe, vorlegen. Immer noch messe ich sehr viel Gewicht der ‹Neuen Schweizer Rundschau› zu und denke nun, dass die ‹Intime Ausstellung› doch einigen Staat machen könnte darin. Wenn Sie ähnlicher Ansicht darüber zu sein vermögen, so bäte ich Sie, im Namen der freien Rhythmen, das schwere Wort für diese und mich beim Schriftleiter einzulegen.»

III: II,2 Nash: Amerikanische Automarke.

T1:	W		Für F.R. ⟨Friedel ⟨?⟩⟩
	Zb. und Ip.		
	I:	I,1	Oh, du Geisterseher! Die Züge
	III:	II,3/4	schlürft / Abraxas 6/7 vor sich – / Die Götter fielen.
T2:	W = T1		
	Zb. = T1; Ip.		
	Wortlaut = T1, ausser III: II,3/4, und:		
	III:	II,7	Die Götter fallen
T3a:	Zb. und Ip.		
	I:	I,1	Oh, du Geisterseher! Die Züge
T3b:	Zb. und Ip.		
	I:	I,1	Oh, du Geisterseher! Die Züge
	II:	I,1	So kreuzen
		II,1	So sind
T4:	W		Für F.R.
	Zb. = T1; Ip.		
LüD:	I:	I,1	verbannter 2 Mauern –[,]
		II,1	vorgestern –[,]
	II:	III,1	Liebenden –[,] 3 Lust –[,]
	III:	I,2	rieseln –[,] 3 Genick,
	IV:	I,1	Hirn –[,] 2 vertont –[,] 6 Gewölbearm
	V:	I,3	küssten[–],
		II,1	Fluchten –[,] 3 verwehend,

S. 109   Nachthirsch

Ü:	T, 1 S., hs. korr. (T1 + T6)
	T, 1 S., dat. 21.2.1952; im Besitz von SLAEJ (T2)
	T, 1 S., dat. 7.3.1952; im Besitz von DLAKK (T3)
	T, 1 S., hs. korr. (T4 + T5)
	T, 1 S. (T7 = TE)
ZE:	⟨Mitte⟩ Februar⟨–Anfang Juni 1952⟩
E = EB:	LüD, S. 27
D:	T7
AH:	T7 in TLüD (2. F.).

T1:	Tit.	Der Nachthirsch
	Sb., Zb. und Ip.	
	Z. 1	Oh, mit den Flügeln 2 da rieselt

	5 beim Trab 8/9 Luren, / dem Löss
	13 «serpente charmeuse» 14 Herzens Flur
T2:	Tit. = T1
	Sb. und Zb. = T1; Ip.
	Wortlaut = T1, ausser Z. 5 und 13
T3:	Tit. = T1
	Sb. und Zb. = T1; Ip.
	Z. 1 Oh, mit den Flügeln 8/9 Luren, / dem Löss
T4:	Tit. = T1
	Sb. = T1; Zb. und Ip.
	Z. 5 beim Trab 8/9 Luren, / dem Löss
T5:	Tit. = T1
	Sb. und Zb. = T4; Ip.
	Wortlaut = T4, ausser Z. 5
T6:	Sb. und Zb. = T1; Ip. = T2
	Z. 8/9 Luren, / dem Löss
LüD:	Z. 3 Küsse,

S. 110	**Berceuse**
Ü:	T, 1 S. (T1a)
	T, 1/2 S.; im Besitz von SLAEJ (T1b)
	T, 1 S. (T2)
	T, 1 S. (T3 = TE)
ZE:	⟨Frühling–Anfang September 1952⟩
D:	T3, uv.
AH:	T1a in TLüD (2. F). T1b und «Après», I, S. 97, auf gleichem Bl.
	Siehe dazu Anm., S. 220. T2 in TStNSR. T3 in TStA.

T1a:	Ip.
T1b:	Ip.
T2:	Ip.

S. 111	**Chanson**
Ü:	T, 1 S., hs. korr. (T1 + T2)
	T, 1 S. (T3 = TE)
ZE:	⟨Frühling–Anfang Juni 1952⟩
E:	Po, 6. Jg., 1978, Heft 1, S. 9
EB:	GgM, S. 35
D:	T3
AH:	T3 in TLüD (2. F).

T1:	Tit.	Miniatur
	Ip.	
	IV,1	Volle des Mittags 2 Musik im Bistro
	V,2	als [so] dein 3 Mitternacht noch brannte
T2:	Ip. = T1	
	IV,2	Musik im Bistro
Po = GgM:	I,3	Brüste,

S. 112   **Blick in die Nacht**
Ü: T, 1 S., hs. korr. (T1 + T2 + T3 + T4 + T5a)
   T, 1/2 S.; im Besitz von SLAEJ (T5b)
   T, 1 S. (T6 = TE)
ZE: ⟨Frühling–Anfang Juni 1952⟩
E = EB: Wä, S. 47 (= T6)
D: T6
AH: T5b und «Frage nicht», I, S. 348, auf gleichem Bl. Siehe dazu Anm., S. 322. T6 in TLüD (2. F).

T1:	Ip.	
	III,3/4	da wächst dir von ferne der Schreimohn / mit wächserner Glut in die Hand
T2:	Ip. = T1	
	III,3/4	da gibt sich die Blüte des Schreimohns / die zierlich von weit in die Hand ⟨unten am Bl.⟩
T3:	Ip. = T1	
	III,3/4	da schmiegt sich die Blüte des Schreimohns ⟨unter III,3/4, von T2⟩ / die zierlich von weit in die Hand ⟨andere Lesart: mit wächserner Glut in die Hand⟩
T4:	Ip.	
	III,3/4	da wächst dir die Blüte vom Schreimohn ⟨üdZ.⟩ / der Blick in die Nacht, in die Hand ⟨udZ.⟩
T5a:	Ip. = T4	
	III,3	Blüte vom Schreimohn
T5b:	Ip.	
	Wortlaut = T5a	

S. 113   **Lied**
Ü: T, 1 S. (T1a)
   T, 1/2 S.; im Besitz von SLAEJ (T1b)

	T, 1 S., hs. korr. (T2 + T3)
	T, 1 S. (T4 = TE)
ZE:	⟨Frühling–Anfang August 1952⟩
E = EB:	Dä, S. 22
D:	T4
AH:	T1a in TLüD (2. F). T1b und «Perle», I, S. 116, auf gleichem Bl. Siehe dazu Anm., S. 230. T4 in TStNSR; identische Abschrift von T4 in TStA.

T1a:	Tit.	Ein Schauer, der dem Grund entquillt
	Ip.	
	I,4	du hörst nun andre
	III,4	du schläfst an
T1b:	Tit. = T1a	
	Ip.	
	Wortlaut = T1a	
T2:	Ip.	
	Wortlaut = T1a, ausser:	
	II,2	und ⟨ev. Verschrieb⟩ Düfte tunken
T3:	Ip. = T2	
	Wortlaut = T1a	
Dä:	I,1	Lebwohl –[,]

S. 114 **Möwe**

Ü:	T, 3 S., hs. korr. (T1 + T2a)
	T, 1 S.; im Besitz von SLAEJ (T2b)
	T, 2 S. (T3 = TE)
ZE:	⟨Frühling–Anfang Juni 1952⟩
D:	T3, uv.
AH:	T3 in TLüD (2. F). T2b ev. V von T3. Teil III unter dem Tit. «Möwe», ohne Verweis auf die beiden anderen Teile, als E in: *Zürich zum Beispiel. Signatur einer Stadt in lyrischen Texten von heute*. Mit vier Original-Lithographien von Max Truninger. Auswahl der Texte Hans Rudolf Hilty und Herbert Ernst Stüssi. – St. Gallen 1959 (= Die Quadrat-Bücher 3), S. 6. Vgl. auch den Prosatext «Zum Möwenflug», II, S. 88–91.

T1:	Sb. und Ip.		
	I:	III,1/2	Ich glaube dir! Doch ohne / Verhängnis
	II:	II,5	Spur gezeigt.

T2a:	Sb. = T1; Ip.
	Wortlaut = T1
T2b:	Sb. = T1; Ip.
	I: II,1/2 Vielleicht, in Kurvenschnellen / treibt Uferwelle
	III,1/2 Was glaub ich dir! Doch ohne / Verhängnis
	II: II,5 Spur gezeigt.

S. 116 Perle

Ü:	T, 1 S., hs. korr. (T1 + T4 + T5)
	T, 1 S. (T2)
	T, 1/2 S.; im Besitz von SLAEJ (T3)
	T, 1 S. (T6 = TE)
ZE:	⟨**Frühling**–Anfang Juni 1952⟩
D:	T6, uv.
AH:	T2 und T6 in TLüD (2. F); identische Abschrift von T6 auch in TStA. T3 und «Ein Schauer, der dem Grund entquillt» (= T1b von «Lied»), I, S. 113, auf gleichem Bl. Siehe dazu Anm., S. 228f. T4 ev. = T5.

T1:	Ip.	
	I,3	Wen die Muscheln 4 sucht [sich] in
	II,4	man liebt sie weniger
	III,1	träumt Hibiskus 4 und den Flötenton im Ohr
T2:	Ip.	
	Wortlaut = T1, ausser II,4, und:	
	IV,4	Blancas, schwelgt und schweigt
T3:	Ip. = T2	
	I,4	sucht [sich] in
	III,1	träumt Hibiskus 4 und den Flötenton im Ohr
	IV,4	Blancas, schwelgt und schweigt.
T4:	Ip. = T2	
	Wortlaut = T3, ausser I,4	
T5:	Ip. = T2	
	Wortlaut = T3, ausser I,4, und III,4	

Strom. Gedichte und Die roten Lieder aus der brandschwarzen Stadt (1951/1952)

Überlieferung

St ist in drei Versionen bzw. Slg. überliefert sowie in drei Teilslg., die einen engen Bezug zu St haben:

Strom. Gedichte und Die roten Lieder aus der brandschwarzen Stadt an ‹Neue Schweizer Rundschau› (TStNSR)

Strom. Gedichte (ms.) und Die roten Lieder aus der brandschwarzen Stadt (hs.). T, lose Bl., hs. korr., 23 Gedichte, unpag., ohne Inhaltsverzeichnis, undat. (Oktober 1951–Anfang August 1952).

Die Slg. enthält folgende Gedichte:

	Slg.
– Prolog	TRLa + b, TStF
– Ebenbild	TRVF, TStA, TStF
– Verse für Rheila	TStA
– Lied (= Ein Schauer, der dem Grund entquillt)	TLüD (2. F), TStA
– Einklang	TRVF, TStA
– Sommerkraut	TStA
– Dämmerklee	TLüD (2. F), TStA
– Rondo	TRVF, TStA
– Weinstern	TRVF, TStA, TStF
– Der Zigeuner	TRVF, TStA, TStF
– Spindellied	TRVF, TStA, TStF
– Damals (= Vergang)	TLüD (2. F), TStA, TStF
– Berceuse	TLüD (2. F), TStA
– Dörfliche Motive	TStA, TStF
– Der Schläfer	HAG, TLüD (2. F), TStA
– Heisse Madonna (uv.)	TStA
– Conca d'or	TStA
– Frage nicht	TStA
– Kindliches Rendezvous	HAG, TLüD (2. F)
– September-Bucht	TStA
– Aurora in Zürich	

- Tempeltanz   TStA
- November   TLüD (2. F)

Da die Slg. nicht gebunden ist und die Bl. nicht pag. sind, könnte die von AXG allenfalls bestimmte Reihenfolge der Gedichte auch anders gewesen sein.

Anzahl Gedichte in anderen Slg.: zwei in HAG; sieben in TLüD (2. F); sechs in TRVF; eines in TRLa + b; 19 in TStA; sieben in TStF.

Reigoldswiler Verse (TRVF)

Reigoldswiler Verse. T, gebunden, 12 Gedichte, unpag., ohne Inhaltsverzeichnis, dat. 12. August–Ende August 1952. Im Besitz von DF.

Folgende W (hs.) auf der letzten S.: «Herr und Frau Dr. Dürrenberger mit herzlichem Dank für alles Gute und Schöne zurückgelassen, A.X. Gwerder.»

Die Slg. enthält folgende Gedichte:

	Slg.
- Rondo	TStNSR, TStA
- Ein Parzenlied	TStA, TStF
- Debussys Clair de lune	TStA, TStF
- Mittag	TStA
- Ryfenstein	TStA, TStF
- Weinstern	TStNSR, TStA, TStF
- Was die Wölfe frassen	TStA, TStF
- Ebenbild	TStNSR, TStA, TStF
- Einklang	TStNSR, TStA
- Spindellied	TStNSR, TStA, TStF
- Das Wort	TStA, TStF
- Der Zigeuner	TStNSR, TStA, TStF

Anzahl Gedichte in anderen Slg.: sechs in TStNSR; zwölf = alle in TStA; neun in TStF.

Strom. Gedichte und Die roten Lieder aus der brandschwarzen Stadt bei AXG in Arles (TStA)

Strom. Gedichte (ms.) und Die roten Lieder aus der brandschwarzen Stadt (hs.). T, lose Bl., hs. korr., 35 Gedichte, unpag., ohne Inhaltsverzeichnis, undat. (Oktober 1951–ca. Anfang September 1952).

Die Slg. enthält folgende Gedichte:

	Slg.
– Astern	TLüD (2. F)
– Debussys Clair de lune	TRVF, TStF
– Der Dunkle	TStF
– Ebenbild	TStNSR, TRVF, TStF
– Strom	TStF
– Das Wort	TRVF, TStF
– Der Schläfer	HAG, TLüD (2. F), TStNSR
– Winter	TLüD (2. F), TStF
– Rondo	TStNSR, TRVF
– Was die Wölfe frassen	TRVF, TStF
– Ein Parzenlied	TRVF, TStF
– Spindellied	TStNSR, TRVF, TStF
– Einklang	TStNSR, TRVF
– Der Zigeuner	TStNSR, TRVF, TStF
– Regenbrandung	TStF
– Ryfenstein	TRVF, TStF
– Sommerkraut	TStNSR
– Mittag	TRVF
– Dämmerklee	TLüD (2. F), TStNSR
– Pappel	
– Dörfliche Motive	TStNSR, TStF
– Weinstern	TStNSR, TRVF
– Damals (= Vergang)	TLüD (2. F), TStNSR, TStF
– Herbstliche Terzinen	
– Frage nicht	TStNSR
– Perle	TLüD (2. F)
– Tempeltanz	TStNSR
– Tee	HAG, TLüD (2. F), TStF
– Berceuse	TLüD (2. F), TStNSR
– Verse für Rheila	TStNSR
– Heisse Madonna (uv.)	TStNSR

– September-Bucht	TStNSR
– Frei, ewig frei –	TStF
– Lied (= Ein Schauer, der dem Grund entquillt)	TLüD (2. F), TStNSR
– Conca d'or	TStNSR

Betreffend die Reihenfolge der Gedichte siehe Bemerkung zu TStNSR.

Anzahl Gedichte in anderen Slg.: zwei in HAG; neun in TLüD (2. F); 19 in TStNSR; zwölf in TRVF; 16 in TStF.

Die roten Lieder aus der brandschwarzen Stadt, Variante a (TRLa)

Die roten Lieder aus der brandschwarzen Stadt. T, lose Bl., hs. korr., 14 Gedichte, unpag., ohne Inhaltsverzeichnis, undat. (Juli–ca. 10. September 1952).

Auf dem Tit.bl. folgendes Motto: «Statt wie einst Troubadouren / jeder Frau nur schwuren / bei ihrer Lieb und Treue, // Leg ich dies Bändchen neue / – ich fand's in Russ und Schnee – / Verse dir zu Füssen, / Salomé.»

Die Slg. enthält folgende Gedichte:

	Slg.
– Prolog	TStNSR, TRLb, TStF
– Zigeunerisch	TRLb, TStF
– Unter uns gesagt	TRLb, TStF
– Mona Lisa	TRLb, TStF
– An einen Clochard	TRLb, TStF
– Memento I	TRLb, TStF
– Memento II	TRLb, TStF
– Mondlied	TRLb, TStF
– Besteckaufnahme	TRLb, TStF
– Hitze	TRLb, TStF
– Zöllner	TRLb, TStF
– Erde und Himmel	TRLb, TStF
– Ohne Worte (= Die letzte Stunde)	TRLb, TStF
– Nach Mitternacht	TRLb, TStF

Anzahl Gedichte in anderen Slg.: eines in TStNSR; 14 je in TRLb und TStF.

Die roten Lieder aus der brandschwarzen Stadt, Variante b (TRLb)

Die roten Lieder aus der brandschwarzen Stadt. T, lose Bl., hs. korr., 19 Gedichte, unpag., ohne Inhaltsverzeichnis, undat. (Juli–ca. 10. September 1952).

Auf dem Tit.bl. folgendes Motto: Wortlaut siehe TRLa.

Die Slg. enthält folgende Gedichte:

	Slg.
Texte 1–14 siehe Reihenfolge in TRLa.	
– Wenn es nicht Morgen würde	TStF
– Kam je ein Strom einmal zurück	TStF
– Träumerei	TStF
– Zwielicht	TStF
– Ich geh unter lauter Schatten	TStF

Betreffend die Reihenfolge der Gedichte siehe Bemerkung zu TStNSR.

Anzahl Gedichte in anderen Slg.: eines in TStNSR; 14 in TRLa; 19 = alle in TStF.

Strom. Gedichte und Die roten Lieder aus der brandschwarzen Stadt (TStF = D)

Strom. Gedichte und Die roten Lieder aus der brandschwarzen Stadt. T, lose Bl., 38 Gedichte, unpag., ohne Inhaltsverzeichnis, undat. (November 1951–ca. 12. September 1952). Im Besitz von DF.

Auf der zweiten S. von fremder Hand (vermutlich von HWS): «In erster Wahl ausgesonderte Gedichte.»

Die Slg. enthält folgende Gedichte:

	Slg.	*EB*
– Was die Wölfe frassen*	TRVF, TStA	Aa
– Prolog	TRLa + b, TStNSR	GgM
– Mona Lisa	TRLa + b	GW
– An einen Clochard	TRLa + b	GgM
– Memento I	TRLa + b	GgM

– Memento II	TRLa + b	GgM
– Mondlied	TRLa + b	GW
– Besteckaufnahme	TRLa + b	GgM
– Hitze	TRLa + b	GgM
– Zöllner	TRLa + b	GgM
– Du schwiegest fein		Dä
– Kam je ein Strom einmal zurück	TRLb	Dä
– Ohne Worte*	TRLa + b	Dä
– Das Wort	TRVF, TStA	GW
– Ein Parzenlied	TRVF, TStA	Dä
– Der Zigeuner	TStNSR, TRVF, TStA	Dä
– Regenbrandung	TStA	GW
– Weinstern	TStNSR, TRVF, TStA	Dä
– Damals (= Vergang)	TLüD (2. F), TStNSR, TStA	Dä
– Zwielicht	TRLb	Dä
– Unter uns gesagt	TRLa + b	GgM
– Tee*	TLüD (2. F), TStA	Dä
– Wenn es nicht Morgen würde*	TRLb	Dä
– Dörfliche Motive	TStNSR, TStA	Dä
– Ryfenstein*	TRVF, TStA	GW
– Spindellied*	TStNSR, TRVF, TStA	Dä
– Ebenbild*	TStNSR, TRVF, TStA	Dä
– Dich –		Dä
– Winter*	TLüD (2. F), TStA	Wä
– Nach Mitternacht	TRLa + b	GgM
– Zigeunerisch	TRLa + b	GgM
– Strom*	TStA	Dä
– Träumerei*	TRLb	Dä
– Ich geh unter lauter Schatten*	TRLb	Dä
– Erde und Himmel*	TRLa + b	Dä
– Der Dunkle*	TStA	Dä
– Debussys Clair de lune*	TRVF, TStA	Aa
– Frei, ewig frei –*	TStA	GW

(*Vermutlich von HWS angekreuzt im Sinne «erster Wahl ausgesonderte Gedichte» = 15 Texte.)

Anzahl Gedichte in anderen Slg.: drei in TLüD (2. F); sieben in TStNSR; neun in TRVF; 16 in TStA; 14 in TRLa; 19 in TRLb.
Anzahl Gedichte als EB in folgenden Publikationen: 19 in Dä; zwei in Aa; zehn in GgM; eines in Wä. Sechs Texte sind uv. bzw. als EB in GW.

Zwei weitere Gedichte – «Lass nur», I, S. 300, und «Morgennebel», S. 301 – waren ebenfalls in diese Slg. eingefügt. Aus den in der AH zu «Morgennebel», S. 303, erwähnten Gründen wurden sie daraus entfernt und den «Ungesammelten Gedichten» (1951) zugeordnet.

Ob die obige Reihenfolge der Gedichte, da die Slg. nicht gebunden ist und die Bl. nicht pag. sind, von AXG selbst stammt, ist unsicher. Eine gegenüber der OriginalF veränderte Abfolge ist jedenfalls gut möglich, auch weil die Slg. den Besitzer gewechselt hat, von HWS zum jetzigen Inhaber: DF. In der überlieferten Form wird kein Unterschied zwischen «Gedichten» und den RL gemacht, zumal sich das Tit.bl. der RL auf der zweiten S. befindet. Die Tit.bl. von TRLa + b suggerieren jedoch einen Unterschied, der im Tit.bl. von TStF mit der hervorgehobenen Schreibung von «Strom» (Sperrung, Grossbuchstaben) und der RL (Grossbuchstaben) im Gegensatz zur nicht hervorgehobenen Schreibung von «Gedichte» bekräftigt wird (auch wenn TStNSR und TStA zusammen nur ein RL enthalten, heisst das nicht, dass *alle* Texte dieser beiden Slg. «Gedichte» *und* RL sein sollen. Der spätere hs. Zusatz RL in den Tit.bl. der beiden Slg. ist eher im Sinne einer formalen Angleichung an den Tit. von TStF oder einer Vorwegnahme desselben zu verstehen, ohne dass dies auch im Inhalt bzw. in der Auswahl der Texte konsequent nachvollzogen wird).

Deshalb und weil in TStF alle 19 RL aus TRLb vertreten sind, werden die RL in TStF als eine Einheit betrachtet und – gesondert von den «Gedichten» – nach dem entsprechenden Tit.bl. aufgeführt. Die Reihenfolge der RL in TRLb wird in TStF teilweise übernommen; die restlichen 19 «Gedichte» wurden jedoch neu geordnet.

Die unter dem – irreführenden – Tit. *Dämmerklee* 1955 publizierte erste Nachlassslg. mit 34 Gedichten hat die späten Gedichte aus dem Umkreis von TStF ebenfalls in zwei Abteilungen präsentiert, wenn auch in einem Fall mit einem nicht ganz korrekten Tit. versehen: «Strom» (22 Gedichte) und «Der Dunkle im Abend (Die roten Lieder aus der brandschwarzen Stadt)» (zwölf Gedichte). Da der H, HRH, die Slg. TStF nicht kannte, hat er die Texte vor allem aus TStA (20 Gedichte, wovon fünf bereits schon in TLüD (2. F) enthalten) und TRLb (sieben Gedichte), aber auch aus der zweiten F von TLüD (fünf Gedichte) ausgewählt sowie zwei Texte genommen, die auf losen Bl. vorhanden waren und ebenfalls in TStF stehen. So sind denn in beiden Abteilungen Gedichte vertreten, die im Prinzip nicht unter den erwähnten Tit. vereinigt werden dürfen (die fast alle schon 1951 entstandenen Texte aus TLüD (2. F) sind zum Beispiel in «Strom» mit späteren Gedichten aus TStA vermischt). Und von den total 38 Gedichten von TStF enthält Dä nur die Hälfte.

Sicherlich verstand sich Dä als Auswahl und wollte und konnte – mangels Vorlage – keine Wiedergabe der OriginalF TStF sein. Weil HRH im bio-bibliographischen Anhang erwähnt, dass er und TF sich bei der Auswahl und Zusammenstellung «an die Anordnung des Manuskriptes» (= TStA) hielten, erwecken die fehlenden Quellenangaben zu den einzelnen Texten jedoch die – falsche – Vorstellung, dass fast alle Gedichte aus *einer* nachgelassenen Slg. = TStA stammen würden. Und die Bemerkung von HRH, dass alle Gedichte von Dä «in den letzten Wochen und Monaten von Gwerders Leben» entstanden seien, verleiht Dä auch zeitlich eine Geschlossenheit, die nicht der Wirklichkeit entspricht.

Entstehung

Den ersten Hinweis auf die letzte Gedichtslg. zu Lebzeiten AXGs finden wir in einem B der ‹Neuen Schweizer Rundschau› an ihn vom 16.9.1952, der auf Gedichte Bezug nimmt, die ihr AXG am 3.8.1952 geschickt hat. Leider ist dieser B verloren, aber gemäss Auskunft von TF handelt es sich bei diesen Gedichten um jene, welche als erste F von TStF: TStNSR bezeichnet werden können. TStNSR enthält, abgesehen von einigen «älteren» Texten aus TLüD (2. F), vor allem Gedichte, die von ca. Frühling bis Anfang August 1952 entstanden sind. Nur sieben Texte aus dieser ersten F wurden jedoch in die definitive Auswahl von TStF übernommen.
Die nächste Teilslg., TRVF, vereinigt, trotz des Tit., nicht nur Texte, die in Reigoldswil vom 12. bis Ende August 1952 entstanden sind. Sechs Gedichte müssen bereits früher geschrieben worden sein, da sie schon in TStNSR vertreten sind. Immerhin schon neun, also Dreiviertel aller Gedichte von TRVF, werden später in TStF aufgenommen.
Die zweite F von TStF, TStA, übernimmt 19 Gedichte aus der 1. F: TStNSR. Trotz des hs. Tit.zusatzes «RL» enthält sie kein einziges dieser RL, dafür noch mehr Texte aus TLüD (2. F) als TStNSR und sämtliche aus TRVF. Abgesehen von letzten hs. Korrekturen, vielleicht sogar noch in Arles, wurde sie vermutlich Ende August/Anfang September abgeschlossen. Auch wenn 16 Texte, also fast die Hälfte von TStF, in diese aufgenommen werden, ist TStA, die, gemäss HRH in Dä, «der Dichter in den letzten Tagen seines Lebens bei sich trug», nicht die definitive, letzte F von St.

Denn von ca. Ende August bis spätestens 10. September 1952 entstanden fast alle (18 von 19) RL, die in zwei Slg. erhalten sind. Möglich ist, dass in den einen Slg. = TRLa zwei Seiten mit den – gegenüber der anderen = TRLb – fehlenden fünf RL verlorengegangen sind. Der Vergleich der hs. Korrekturen in den beiden Slg. zeigt, dass sie meistens identisch sind, wenn auch nicht immer

in der Art und Weise, wie sie angebracht wurden. Auffallend ist allerdings, dass die Änderung des Tit. von «Die letzte Stunde» zu «Ohne Worte» nur in der kürzeren F = TRLa, in der längeren F = TRLb aber nicht vorgenommen wurde. Obwohl AXG im *B an RS* vom ⟨10.9.1952⟩ von «20 neuen ‹Roten Liedern aus der brandschwarzen Stadt›» spricht, die ungefähr den 19 RL in der längeren Slg. = TRLb entsprechen, kann diese aufgrund der fehlenden erwähnten Korrektur nicht eindeutig als spätere F bezeichnet werden. Die beiden Slg. werden deshalb als V (= a + b) erfasst.
Erst TStF enthält in der Mehrzahl (35 von 38) jene späten Gedichte, die AXG von ca. Juli bis spätestens 12. September 1952 geschrieben hat. Nur dort sind die 19 bzw. 18 RL aus TRLb enthalten, die, mit Ausnahme von ein oder zwei anderen Texten, als letzte Gedichte von AXG bezeichnet werden können. Im Vergleich zu TStNSR und TStA vermerkt einzig das Tit.bl. von TStF die RL ms., während dieser Zusatz auf den Tit.bl. der beiden anderen – früheren – Slg. nachträglich hs. hinzugefügt wurde (siehe oben).
Gemäss Auskunft von TF lag das T von StF, nach der «Flucht» AXGs nach Arles am 12.9.1952, auf seinem Schreibtisch, versehen mit der Notiz, es an HWS zu senden. Wahrscheinlich habe sie das T und den Begleitbrief vom ⟨ca. 12.9.1952⟩ an HWS jedoch erst anfangs 1953 persönlich ausgehändigt (gemäss ihrem *B an KFE*, 4.5.1953 (uv.); Fotokopie im Besitz von DF, stimmt dies zumindest im Falle der Übergabe des Briefes).

Vermutlich hätte AXG vor der allfälligen Drucklegung von TStF die Auswahl der Gedichte noch geändert und vor allem die Ip. einiger Texte überarbeitet, wie er es vor der definitiven Fertigstellung von BE (siehe dazu Kommentar, S. 174) getan hat. Seine Aufforderung an HWS im B vom ⟨ca. 12.9.1952⟩, «bestehen zu lassen, was wert ist bestehen zu bleiben», erhärtet obige Annahme und zeigt, dass sich AXG der unterschiedlichen Qualität der Gedichte in TStF bewusst war.

B an RS, ⟨10.9.1952 (Poststempel)⟩, II, S. 422: «Habe 20 neue ‹Rote Lieder aus der brandschwarzen Stadt› – lege ‹Moonlight› ⟨‹Mondlied›⟩ bei.» *B an HWS*, ⟨ca. 12.9.1952⟩, II, S. 423: «Hier haben sie das wenige, das ich hinterlassen kann. (...) Ich schicke das Ihnen, weil Sie ein gleichaltriger Dichter sind, dem ich vertraue –; Sie werden bestehen lassen, was wert ist bestehen zu bleiben.» *B von NSR*, 16.9.1952 (uv.): «entschuldigen Sie, dass ich Ihnen erst heute auf Ihren freundlichen Brief vom 3. August antworte und Ihnen für Ihre Gedichte danke. Ich habe sie mit Vergnügen gelesen und einige davon finde ich wirklich gut. (...) Damit indessen Ihr Manuskript ⟨TStNSR⟩ in meiner Schublade nicht in Vergessenheit gerät unter den vielen angenommenen Gedichten, schicke ich es Ihnen zurück.»

S. 119	**Was die Wölfe frassen**
Ü:	T, 1/2 S., hs. korr. (T1 + T2)
	T, 1 S. (T2)
	T, 1 S., hs. korr. (T2 + T3)
	T, 1 S. (T4 = TE)
ZE:	⟨12. **August/Ende August**–Anfang September 1952⟩
E = EB:	Aa, S. 72
D:	T4
AH:	T1 + T2 und «Das Wort», I, S. 126, auf gleichem Bl. Siehe dazu Anm., S. 243. T2 in TRVF. T2 + T3 in TStA. T4 in TStF. E = EB von T4 in Wä, S. 78.

W Für Rudolf Scharpf, meinen letzten Freund!:
Siehe AH zu «Reigen», S. 187f.

T1:	Tit.	Was die Wölfe fressen
	W	[Für Rudolf Scharpf, meinen letzten Freund!]
	I,3	sagt der Dichter
T2:	W	[Für Rudolf Scharpf, meinen letzten Freund!]
T3:	W	Rudolf Scharpf, meinem letzten Freund!
Aa:	Tit. und W = T1	
	I,3	sagte der Dichter

S. 120	**Der Dunkle**
Ü:	T, 1 S. (T1)
	T, 1 S. (T2 = TE)
ZE:	⟨**Mitte August**–Anfang September 1952⟩
E:	Ho, 3. Jg., Dezember 1953, 4. Heft, S. 108
EB:	Dä, S. 32
D:	T2
AH:	T2 in TStF; identische Abschrift von T2 in TStA.

W Für Salomé:

Salome Dürrenberger, geb. 1932. AXG lernte die Tochter seiner Brieffreundin EMD in deren Haus in Reigoldswil kennen, wo er sich vom 12. bis Ende August 1952 von seiner Gelbsucht erholte. Reiste mit Salome D. am 12.9. nach Arles. Am 14.9. scheiterte der Versuch eines Doppelselbstmordes. Die Slg. «Die Roten Lieder aus der brandschwarzen Stadt» ist ihr gewidmet. Mehrere von AXGs letzten Gedichten kreisen um seine Beziehung zu ihr oder thematisieren sie wie der Prosatext «Ein Tag in Basel», II, S. 102–109. Siehe dazu AH, S. 354f.

T1:	W	[Für Salomé]
	Ip.	
Ho:	Tit.	[Der Dunkle]
	W	[Für Salomé]
	II,4	nichts mehr ⟨Druckfehler⟩ verschwieg
	IV,2	entlang, 4 verhüllen,
	V,3	der[,] ruhelos trabend[,]
Dä:	Wortlaut und Ip. = Ho, ausser:	
	V,4	muss.[..]

S. 121 **Der Zigeuner**
Ü: T, 1/2 S., hs. korr. (T1 + T2)
   T, 1 S. (T2 = TE)
ZE: ⟨Juli–Anfang August 1952⟩
E: Ho, 4. Jg., Juni 1954, 2. Heft, S. 33
EB: Dä, S. 24
D: T2
AH: T1 + T2 und «Mittag», I, S. 363, auf gleichem Bl. Siehe dazu Anm., S. 327. T2 inTStF; identische Abschriften von T2 in TStNSR, TRVF und TStA.

T1:	Ip.	
Ho:	Tit.	[Der Zigeuner]
	I,1	Wald[,]
	II,1	zerbricht –[,]
Dä:	Ip. = Ho	

S. 122 **Weinstern**
Ü: T, 1 S. (TE)
ZE: ⟨Juli–Anfang August 1952⟩
E = EB: Dä, S. 25
D: T
AH: T in TStF; identische Abschriften von T in TStNSR, TRVF und TStA. Eine weitere Abschrift von T und «Debussys Clair de lune», I, S. 136, auf gleichem Bl. Siehe dazu Anm., S. 248f.

| Dä: | I,1 | du –[,] |

S. 123	**Ebenbild**	
Ü:	T, 1 S. (T1)	
	T, 1 S. (T2 = TE)	
ZE:	⟨**Juli**–Ende August 1952⟩	
E = EB:	Dä, S. 34 (= T2)	
D:	T2	
AH:	T1 in TStNSR; identische Abschrift von T1 in TStA. T2 in TStF; identische Abschrift von T2 in TRVF. Eine weitere Abschrift von T2 und «Feuerzauber», I, S. 362, auf gleichem Bl. Siehe dazu Anm., S. 327.	
T1:	Ip.	
S. 124	**Strom**	
Ü:	T, 1/2 S. (T1)	
	T, 1 S., hs. korr. (T2 + T3)	
	T, 1 S. (T3 = TE)	
ZE:	⟨Mitte August–Anfang September 1952⟩	
E:	Ho, 4. Jg., Juni 1954, 2. Heft, S. 33	
EB:	Dä, S. 23	
D:	T3	
AH:	T1 und «Dörfliche Motive», I, S. 129, auf gleichem Bl. Siehe dazu Anm., S. 244f. T2 + T3 in TStA. T3 in TStF.	

W Dr. W. Humm, Basel, herzlich:
  Werner Humm-Jezler (1912–1996), Gymnasiallehrer in Basel. AXG lernte Humm, der mit EMD befreundet war, kennen, als er sich vom 12. bis Ende August 1952 in deren Haus in Reigoldswil von seiner Gelbsucht erholte.

T1:	Tit.	Der Strom
	W	[Dr. W. Humm, Basel, herzlich]
	Ip.	
T2:	W = T1	
Ho:	Tit.	[Strom]
	W	[Dr. W. Humm, Basel, herzlich]
	I,2	dort, 3 tagte,
	II,4	Tags
	III,1	Strom? 4 mit –[,]
Dä:	I,2	dort, 3 tagte,

	II,4	Tags,
	III,1	Strom? Was stemmt 4 mit –[,]

S. 125	**Ein Parzenlied**
Ü:	T, 1/2 S., hs. korr. (T1 + T2)
	T, 1 S. (T2 = TE)
ZE:	⟨12. August–Ende August 1952⟩
E = EB:	Dä, S. 28
D:	T2
AH:	T1 + T2 und «Rondo», I, S. 354, auf gleichem Bl. Siehe dazu Anm., S. 325. T2 in TStF; identische Abschriften von T2 in TRVF und TStA.

T1:	Ip.
Dä:	I,2/3 sind – / nicht

S. 126	**Das Wort**
Ü:	T, 1/2 S. (T1)
	T, 1 S. (T2)
	T, 1 S. (T3 = TE)
ZE:	⟨12. August/Ende August–Anfang September 1952⟩
D:	T3, uv.
AH:	T1 und «Was die Wölfe frassen», I, S. 119, auf gleichem Bl. Siehe dazu Anm., S. 240. T2 in TRVF. T3 in TStF; identische Abschrift von T3 in TStA.

W Für E.M. Dürrenberger:
    Erica Maria Dürrenberger (1908–1986), Schweizer Lyrikerin, verheiratet mit einem Landarzt. AXG schrieb EMD im Juli 1951 auf ein in der ‹Tat› veröffentlichtes Gedicht von ihr. Daraus entstand eine Brieffreundschaft, die EMD im Januar 1952 abbrach, weil sie sich den immer kritischeren und sarkastischeren Bemerkungen AXGs nicht mehr gewachsen fühlte. Nachdem sie im Mai 1952 den Briefkontakt mit ihm wieder aufgenommen hatte, erholte er sich von seiner Gelbsucht vom 12. bis Ende August jenes Jahres in ihrem Haus in Reigoldswil. Er lernte dort ihre Tochter Salome kennen, mit der er am 14. September 1952 in Arles gemeinsam Selbstmord begehen wollte.

T1:	W [Für E.M. Dürrenberger]	
	Ip.	
T2:	Ip. = T1	

S. 127	**Regenbrandung**
Ü:	T, 1/2 S. (T1)
	T, 1 S. (T2 = TE)
ZE:	⟨August–Anfang September 1952⟩
D:	T2, uv.
AH:	T1 und «Spindellied», I, S. 130, auf gleichem Bl. Siehe dazu Anm., S. 245. T2 in TStF; identische Abschrift von T2 in TStA.

T1:	Tit.	Die Regenbrandung
	Ip.	

S. 128	**Ryfenstein**
Ü:	T, 1/2 S., hs. korr. (T1 + T3)
	T, 1 S. (T2)
	T, 1 S. (T4 = TE)
ZE:	⟨12. August/Ende August–Anfang September 1952⟩
D:	T4, uv.
AH:	T1 + T3 und «Einklang», I, S. 366, auf gleichem Bl. Siehe dazu Anm., S. 328. T2 in TRVF. T4 in TStF; identische Abschrift von T4 in TStA.

Tit. Ryfenstein:

> Die aus dem 12. Jh. stammende Burgruine Reifenstein – markanter Bergfried und Wirtschaftsgebäude – befindet sich auf einem Felskopf östlich des Dorfes Reigoldswil. AXG besuchte die Ruine während seines Erholungsaufenthaltes vom 12. bis Ende August 1952 in EMDs Haus in Reigoldswil.

T1:	Ip.
	Die Ruine II,3 hohe Stimme des Geiers
T2:	Ip.
	Wortlaut = T1
T3:	Ip. = T2

S. 129	**Dörfliche Motive**
Ü:	T, 1 S. (TE)
ZE:	⟨Juli–Anfang August 1952⟩

E = EB:	Dä, S. 17
D:	T
AH:	T in TStF; identische Abschriften von T in TStNSR und TStA. Eine weitere Abschrift und «Strom», I, S. 124, auf gleichem Bl. Siehe dazu Anm., S. 242f.
Dä:	III,3 blendet,

S. 130   Spindellied

Ü:	T, 1/2 S., hs. korr. (T1 + T2)
	T, 1 S. (T3 = TE)
ZE:	⟨Juli–Anfang August 1952⟩
E = EB:	Dä, S. 9
D:	T3
AH:	T1 + T2 und «Regenbrandung», I, S. 127, auf gleichem Bl. Siehe dazu Anm., S. 244. T3 in TStF.; identische Abschriften von T3 in TStNSR, TRVF und TStA.
T1:	Ip.
	IV,3/4 nicht, / will selber Gold sein.
	V,3/4 Was \ Es ⟨ndZ.⟩ tritt hervor: / Wir können hoffen!
T2:	Ip.
Dä:	II,2 ich –[,]
	III,3 Land[,]

S. 131   Damals

Ü:	T, 1 S., hs. korr. (T1 + T2 + T3a)
	T, 1 S. (T3a)
	T, 1 S., hs. korr.; im Besitz von SLAEJ (T3a + T4)
	T, 1 S. (T3b)
	T, 1 S. (T5 = TE)
ZE:	⟨**November 1951**–Anfang August 1952⟩
E = EB:	Dä, S. 15
D:	T5
AH:	T3a in TLüD (1. + 2. F). Siehe «Vergang» (= T3a), I, S. 98, und dazu Anm., S. 220. T5 in TStF; identische Abschriften von T5 in TStNSR und TStA.
T1:	Tit. [Damals]
	Ip.

	II,1	roch nach Rauch und Larven 4 roch nach Laub und Larven
	III,1	Entlang der langen Mauer
	V,1	Vergang wird uns noch 2 Vergang ist
T2:	Tit.	Vergang
	Ip. und Wortlaut = T1, ausser:	
	II,1	roch nach Lehm
T3a:	Tit. und Ip. = T2	
	Wortlaut = T1, ausser II,1, 4	
T3b:	Tit. = T2	
	Ip.	
	Wortlaut = T3a	
T4:	Tit.	Entblättern ⟨gestrichen⟩
	Ip. und Wortlaut = T3a	
Dä:	I,3	Thriller[,] 4 – die Blätter fielen stiller –[,]
	II,2	dich: 3/4 bewarfen? / Es 5 Hals.
	III,2	Neubau – 3 Gassenhauer –[,] 4 Mauer,
	IV,2	die selbe Nacht. 4/5 Sieh, / ich

S. 132	**Winter**
Ü:	T, 1 S, hs. korr. (T1 + T2)
	T, 1 S. (T2)
	T, 1 S. (T3 = TE)
ZE:	⟨**Dezember 1951/Mitte Januar 1952**–Anfang September 1952⟩
E:	Po, 6. Jg., 1978, Heft 1, S. 8 (= T2)
EB:	Wä, S. 46 (= T3)
D:	T3
AH:	T2 in TLüD (1. + 2. F). Siehe «Winter» (= T2), I, S. 94, und dazu Anm., S. 219. T3 in TStF; identische Abschrift von T3 in TStA.

T1:	Ip.	
	I,3	waren es [nun] Trümmer
	IV,3	Dein Atem wird jetzt Blume
T2 = Po:	I,3	waren es [nun] Trümmer
	IV,3	Blume –

S. 133	**Tee**
Ü:	M, 2 S. (Wortlaut = T4)
	T, 1 S. (T1)

	T, 1 S. (T2)
	T, 1 S. (T3)
	T, 1 S. (T4 = TE)
ZE:	⟨Dezember 1951–Anfang September 1952⟩
E:	NLW, 3. Jg., 10.10.1952, Nr. 19, S. 3 (= T2)
EB:	Dä, S. 19
D:	T4
AH:	M in HAG. T2 in TLüD (1. F), T3 in TLüD (2. F). Siehe «Tee» (= T3), I, S. 83, und dazu Anm., S. 212. T4 in TStF; identische Abschrift von T4 in TStA.

Tit. Tee und W Für K. F. Ertel:
Siehe AH zu «Tee» in TLüD, S. 212.

T1:	W	[Für K. F. Ertel]
	Zb. und Ip.	
T2:	Zb. und Ip. = T1	
T3:	Zb. = T1; Ip.	
NLW:	I,1–3	Leben, [/] an jene Spirale aus (/) Anmut [/] der Karyatide Rodins
	II,7	weisst –: das
Dä:	I,1	Leben, 5 Wälder[–], –
	II,1	Häfen, 3 fiel[–], – 5 Finger, 7 weisst[–]:

S. 134	**Du schwiegest fein**
Ü:	T, 1 S. (TE)
ZE:	⟨Mitte August–Anfang September 1952⟩
E = EB:	Dä, S. 36
D:	T
AH:	T in TStF; identische Abschrift von T und «Dich –», I, S. 135, auf gleichem Bl. Siehe dazu Anm., S. 247f.

Dä:	I,4	und das auch

S. 135	**Dich –**
Ü:	T, 1/2 S., hs. korr. (T1 + T2 + T3)
	T, 1 S. (T3 = TE)
ZE:	⟨Mitte August–Anfang September 1952⟩
E:	Ho, 3. Jg., Dezember 1953, 4. Heft, S. 110
EB:	Dä, S. 35 (= T2)
D:	T3

AH:			T1 + T2 + T3 und «Du schwiegest fein», I, S. 134, auf gleichem Bl. Siehe dazu Anm., S. 247. T3 in TStF. EB von T3 in Wä, S. 72.

T1:   Tit.   Bleib –
       (I,1–4)   Es ist nicht leicht, zu sagen, / was in die Rosen sank – / Und was wir retten und tragen / davon ist schwächlicher Dank.
       (II,1–4)   War es nicht heut das Täglichste, / dass ich beschwor dein Gesicht? / Und diese Worte das Kläglichste, / für dich genügen sie nicht.

T2:   Tit.   Für dich –
    Wortlaut = T1, ausser (I,1–4). (II,1–4) = (I).

Ho: Tit.   [Dich –]
      II,2   auch nicht mit
      III,3   nehmen

Dä: Tit.   Für dich [–]
    Wortlaut = T2, ausser:
    II,2 = (III,2)   auch nicht mit
    III,3 = (IV,3)   nehmen

S. 136   **Debussys Clair de lune**
Ü: T, 1/2 S., hs. korr. (T1 + T2)
     T, 1 S. (T3)
     T, 1 S. (T4 = TE)
ZE: ⟨12. August/Ende August–Anfang September 1952⟩
E = EB: Aa, S. 60 (Sb., Zb. und Wortlaut = T1)
D: T4
AH: T1 + T2 und «Weinstern», I, S. 122, auf gleichem Bl. Siehe dazu Anm., S. 241. T3 in TRVF. T4 in TStF; identische Abschrift von T4 in TStA. E = EB von T4 in Wä, S. 90.

Tit. Debussys Clair de lune:
    EMD spielte AXG dieses Stück vermutlich am Klavier vor in ihrem Haus in Reigoldswil, wo er zur Erholung vom 12. bis Ende August 1952 weilte.

T1:   Sb. und Zb.
     IV,1/2   sein? Kühle [/] Wanderschaft
T2:   Sb., Zb. und Ip.
T3:   Sb. und Zb. = T2

| Aa: | I,4/II,1/2 | Traum ... [//] Wo soll ich nur hingehen? (/) Gross [/] schreiten |
| | III,4/IV,1/2 | legen – [//] Und später, wo möchte ich sein ... (/) Kühle [/] Wanderschaft |

S. 137	**Frei, ewig frei –**
Ü:	T, 1 S., dat. 13.9.1952 (TE)
ZE:	13. September 1952 ⟨?⟩
D:	T, uv.
AH:	Ms. Anm. von AXG auf T in TStF: «Meine letzten Verse!» (hs. dieser Kommentar sowie die gleiche Datierung auch auf einer identischen Abschrift von T in TStA). III und IV als E in «Der Mythos Alexander Xaver Gwerder» von DF. In: ‹Reformatio›, 1966, Nr. 10, S. 597.
	Die ZE «13.9.1952» ist rätselhaft. AXG reiste am 12.9.1952 nach Arles und hat, gemäss Auskunft von TF, TStF bzw. dieses Gedicht *vor* der Abreise fertiggestellt und zum Versand mit *B an H. W. Sabais*, ⟨ca. 12.9.1952⟩, II, S. 423, bereitgelegt. Die Datierung «13. Sept. 1952» ist also entweder ein Verschrieb, oder AXG hat den Text aus einem gewissen Grund vordatiert (die Datierung auf der Abschrift in TStA könnte er hs. in Arles gemacht haben).

S. 141	**Prolog**
Ü:	T, 1/2 S., hs. korr. (T1 + T2)
	T, 1 S. (T2 = TE)
ZE:	⟨Juli–Anfang August 1952⟩
E:	Po, 6. Jg., 1978, Heft 1, S. 4 (= T2)
EB:	GgM, S. 43
D:	T2
AH:	T1 + T2 und «Zigeunerisch», I, S. 142, auf gleichem Bl. in TRLa + b. Siehe dazu Anm., S. 250. T2 in TStF; identische Abschrift von T2 in TStNSR.

I,2 brandschwarzen Stadt:
  Anspielung auf die Industriestadt Ludwigshafen in der Pfalz, in deren Nähe AXGs Freund RS lebte.

| T1: | II,3 | wenn ⟨ev. Verschrieb⟩ das Stehkragenfühlen |
| GgM: | III,4 | Schiller[,] |

S. 142		**Zigeunerisch**
Ü:		T, 1 S. (TE)
ZE:		⟨Ende August–ca. 10. September 1952⟩
E:		Po, 6. Jg., 1978, Heft 1, S. 5
EB:		GgM, S. 46
D:		T
AH:		T in TStF; identische Abschrift von T und «Prolog», I, S. 141, auf gleichem Bl. in TRLa + b. Siehe dazu Anm., S. 249.

Po:	II,1	Baum[,] 5 Druckermist,
GgM:	II,1	Baum[,]

S. 143		**Unter uns gesagt**
Ü:		T, 1/2 S. (Ta)
		T, 1 S. (Tb)
ZE:		⟨Ende August–ca. 10. September 1952⟩
E:		Po, 6. Jg., 1978, Heft 1, S. 6 (= Ta)
EB:		GgM, S. 47 (= Ta)
D:		Tb
AH:		Ta und «Mona Lisa», I, S. 144, auf gleichem Bl. in TRLa + b. Siehe dazu Anm., S. 250. Tb in TStF. E = EB von Tb in Wä, S. 75.
Ta = Po = GgM:	III,4	wär[e] denn

S. 144		**Mona Lisa**
Ü:		T, 1/2 S., hs. korr. (T1 + T2)
		T, 1 S. (T2 = TE)
ZE:		⟨Ende August–ca. 10. September 1952⟩
D:		T2, uv.
AH:		T1 + T2 und «Unter uns gesagt», I, S. 143, auf gleichem Bl. in TRLa + b. Siehe dazu Anm., S. 250. T2 in TStF.

Tit. Mona Lisa: Vgl. betreffend Leonardo da Vincis Bild «Mona Lisa» *B an RS*, ⟨Anfang Mai 1951⟩, II, S. 275f, und *B an EMD*, 6.1.1952 (uv.): «Das Lächeln der Mona Lisa zieht selbst die nächsten fünf Jahrtausende über uns hinaus in Zweifel. Ihr Rätsel ist was sie wusste! (Sie wissen doch, dass ich sie im Zimmer aufgehängt habe? ⟨Sie + Er⟩-Umschlag.)»

T1:	II,4	so anzubeissen. Indes

S. 145	**An einen Clochard**
Ü:	T, 1 S. (TE)
ZE:	⟨Ende August–ca. 10. September 1952⟩
E:	Po, 6. Jg., 1978, Heft 1, S. 5
EB:	GgM, S. 44
D:	T
AH:	T in TStF; identische Abschrift von T und «Memento I», I, S. 146, sowie «Memento II», S. 147, auf gleichem Bl. in TRLa + b. Siehe dazu Anm., S. 251.

Po:	II,1	Lass:	2/3 darüber / Hast ⟨Druckfehler⟩ du
GgM:	II,1	Lass:	2/3 darüber / Hast ⟨Druckfehler⟩ du
			4 Geschehn.

S. 146	**Memento I**
Ü:	T, 1 S. (TE)
ZE:	⟨Ende August–ca. 10. September 1952⟩
E = EB:	GgM, S. 48 (= T)
D:	T
AH:	T in TStF; identische Abschrift von T und «An einen Clochard», I, S. 145, sowie «Memento II», S. 147, auf gleichem Bl. in TRLa + b. Siehe dazu Anm., S. 251.

S. 147	**Memento II**
Ü:	T, 1 S. (TE)
ZE:	⟨Ende August–ca. 10. September 1952⟩
E:	Po, 6. Jg., 1978, Heft 1, S. 6 (= T)
EB:	GgM, S. 48 (= T)
D:	T
AH:	T in TStF; identische Abschrift von T und «An einen Clochard», I, S. 145, sowie «Memento I», S. 146, auf gleichem Bl. in TRLa + b. Siehe dazu Anm., S. 251.

S. 148	**Mondlied**
Ü:	T, 1/4 S., hs. korr. (T1 + T2)
	T, 1 S. (T2 = TE)
ZE:	⟨Ende August–ca. 10. September 1952⟩
D:	T2, uv.
AH:	T1 + T2 und «Besteckaufnahme», I, S. 149, «Hitze», S. 150, sowie «Zöllner», S. 151, auf gleichem Bl. in TRLa + b. Siehe dazu Anm., S. 252. T2 in TStF.

T1:	I,3	man noch weiss ⟨vermutlich Verschrieb⟩,

S. 149 **Besteckaufnahme**
Ü: T, 1/4 S., hs. korr. (T1a + T2)
 T, 1/4 S., hs. korr. (T1b + T3)
 T, 1 S. (T3 = TE)
ZE: ⟨Ende August–ca. 10. September 1952⟩
E = EB: GgM, S. 49 (= T3)
D: T3
AH: T1a + T2 in TRLb und T1b + T3 in TRLa. Mit «Mondlied», I, S. 148, «Hitze», S. 150, sowie «Zöllner», S. 151, auf gleichem Bl. Siehe dazu Anm., S. 251; 252. T3 in TStF.

T1a:	Tit.	Sandkorn
	Ip.	
T1b:	Tit.	Sandkorn
T2:	Ip. = T1a	

S. 150 **Hitze**
Ü: T, 1 S. (TE)
ZE: ⟨Ende August–ca. 10. September 1952⟩
E = EB: GgM, S. 49 (= T)
D: T
AH: T in TStF; identische Abschrift von T und «Mondlied», I, S. 148, «Besteckaufnahme», S. 149, sowie «Zöllner», S. 151, auf gleichem Bl. in TRLa + b. Siehe dazu Anm., S. 251; 252.

S. 151 **Zöllner**
Ü: T, 1/4 S., hs. korr. (T1 + T3)
 T, 1/4 S., hs. korr. (T1 + T2)
 T, 1 S. (T3 = TE)
ZE: ⟨Ende August–ca. 10. September 1952⟩
E = EB: GgM, S. 49 (= T3)
D: T3
AH: T1 + T3 in TRLa und T1 + T2 in TRLb. Mit «Mondlied», I, S. 148, «Besteckaufnahme», S. 149, und «Hitze», S. 150, auf gleichem Bl. Siehe dazu Anm., S. 251; 252. T3 in TStF.

T1:	Z. 2	streut wohl meinen Augen Sand …
T2:	Ip.	

S. 152	**Nach Mitternacht**	
Ü:	T, 1/3 S., hs. korr. (T1 + T2)	
	T, 1 S. (T2 = TE)	
Ze:	⟨Ende August–ca. 10. September 1952⟩	
E:	Po, 6. Jg., 1978, Heft 1, S. 8	
EB:	GgM, S. 38	
D:	T2	
AH:	T1 + T2 und «Erde und Himmel», I, S. 158, sowie «Ohne Worte», S. 159, auf gleichem Bl. in TRLa + b. Siehe dazu Anm., S. 255. T2 in TStF.	

T1:	I,2	Aber wir hören sie nur blindlings
Po = GgM:	II,2	zuhause 3 wieder,
	III,1/2	dabei, / Das ⟨Druckfehler⟩ Leben

S. 153	**Wenn es nicht Morgen würde**	
Ü:	T, 1 S. (TE)	
ZE:	⟨Ende August–ca. 10. September 1952⟩	
E = EB:	Dä, S. 37	
D:	T	
AH:	T in TStF; identische Abschrift von T und «Kam je ein Strom einmal zurück», I, S. 157, sowie «Träumerei», S. 156, auf gleichem Bl. in TRLb. Siehe dazu Anm., S. 254f.	

Dä:	III,4	weintest,

S. 154	**Ich geh unter lauter Schatten**	
Ü:	T, 1 S. (TE)	
ZE:	⟨Ende August–ca. 10. September 1952⟩	
E:	Ko, Januar 1953, Heft 4, S. 7	
EB:	Dä, S. 41	
D:	T	
AH:	T in TStF; identische Abschrift von T und «Zwielicht», I, S. 155, in TRLb auf gleichem Bl. Siehe dazu Anm., S. 254.	

Ko:	I,5	ob du [er]frierst
	II,3	Netze gespannt von mir zu dir, 4 hier –,
	III,4	voll [von] Seligkeit
	IV,2/3	Seh die Sterne (...) verliess; / Kenn ⟨Druckfehler⟩ den Weg (...) gesegnet[,]

	V,3/4	Traumgetier / Und ⟨Druckfehler⟩ ich darunter[,] 5 Ich gäbe
Dä:	I,1	Zeit –?
	II,1/2	Traumgetier. / Ich geh
	III,1	schreit – 3 zweit;
	V,3	Traumgetier, 4 darunter[,]

S. 155 Zwielicht
Ü: T, 1/2 S., hs. korr. (T1 + T2)
T, 1 S. (T2 = TE)
ZE: ⟨Ende August–ca. 10. September 1952⟩
E = EB: Dä, S. 40 (= T2)
D: T2
AH: T1 + T2 und «Ich geh unter lauter Schatten», I, S. 154, auf gleichem Bl. in TRLb. Siehe dazu Anm., S. 253f. T2 in TStF.

T1:	I,2	jüngst dir rief
	V,2	jüngst dir rief

S. 156 Träumerei
Ü: T, 1 S. (TE)
ZE: ⟨Ende August–ca. 10. September 1952⟩
E: Ho, 3. Jg., Dezember 1953, 4. Heft, S. 111
EB: Dä, S. 39
D: T
AH: T in TStF; identische Abschrift von T und «Wenn es nicht Morgen würde», I, S. 153, sowie «Kam je ein Strom einmal zurück», S. 157, auf gleichem Bl. in TRLb. Siehe dazu Anm., S. 253ff.

Ho:	Tit.	[Träumerei]
	III,1	es nicht,

Dä = Ho, ausser Tit.

S. 157 Kam je ein Strom einmal zurück
Ü: T, 1 S. (TE)
ZE: ⟨Ende August–ca. 10. September 1952⟩
E: Ho, 3. Jg., Dezember 1953, 4. Heft, S. 110
EB: Dä, S. 38
D: T
AH: T in TStF; identische Abschrift von T und «Wenn es nicht

Morgen würde», I, S. 153, sowie «Träumerei», S. 156, auf gleichem Bl. in TRLb. Siehe dazu Anm., S. 253f.

Ho:	Tit.	[Kam je ein Strom einmal zurück]
	I,5	Aber[,]
	II,3	Allen 5 Glück ...

Dä = Ho, ausser Tit.

S. 158 **Erde und Himmel**
Ü: T, 1 S. (TE)
ZE: ⟨Ende August–ca. 10. September 1952⟩
E: Ko, Januar 1953, Heft 4, S. 6
EB: Dä, S. 42 (= T)
D: T
AH: T in TStF; identische Abschrift von T und «Ohne Worte», I, S. 159, sowie «Nach Mitternacht», S. 152, auf gleichem Bl. in TRLa + b. Siehe dazu Anm., S. 253; 255.

Ko:	VII,1/2	treibe, / Ich ⟨Druckfehler⟩

S. 159 **Ohne Worte**
Ü: T, 1/3 S. (T1)
 T, 1/3 S., hs. korr. (T1 + T2)
 T, 1 S. (T2 = TE)
ZE: ⟨Ende August–ca. 10. September 1952⟩
E = EB: Dä, S. 43 (Tit. = T1)
D: T2
AH: T1 in TRLb und T1 + T2 in TRLa. Mit «Erde und Himmel», I, S. 158, sowie «Nach Mitternacht», S. 152, auf gleichem Bl. Siehe dazu Anm., S. 255; 253. T2 in TStF.

T1:	Tit.	Die letzte Stunde
Dä:	Tit.	Die letzte Stunde
	I,2/3	erzählen, wie es ist. / Mir fehlen
	II,3	Worte [–] ? –

Ungesammelte Gedichte

Veröffentlichte Gedichte zu Lebzeiten (1949–1952)

S. 163	Dem Städter
Ü:	T, 1 S., hs. korr. (T1 + T2)
ZE:	⟨Frühling 1949⟩
E:	Tat, 16.7.1949, Nr. 193
D:	Tat
AH:	TE fehlt.

B von EJ, 12.7.1949, II, S. 209: «Ich habe Ihre Gedichte ⟨auch ‹Lied› = ‹Kleines Lied›, I, S. 164, ‹Der letzte Aufbruch›, S. 165, ‹Aufblick›, S. 166, u.a.⟩ (...) gelesen und mich darüber gefreut. Sie sind in jedem Sinne verheissungsvoll und schon die Stufe, die sie erreicht haben, erfreulich. Gehen Sie den Weg weiter. Verzichten Sie auf alle Rilke-Anklänge. Ihre Gedanken haben diese Art Sprachkleid nicht nötig.» B an EJ, 16.7.1949 (uv.): «Für die Bemerkung der Rilke-Anklänge und das, ‹Ihre Gedanken haben diese Art Sprachkleid nicht nötig›, bin ich besonders dankbar. Zusammen mit den Worten H.H. Schaeders in der ‹Tat› 1 dieses Jahres: ‹Für den jüngeren deutschen Dichter, der an seiner eigenen Sprache arbeitet, gibt es keinen Weg um ihn herum. Aber es gibt einen Weg, der Rilke nicht umgeht, und der doch ins Freie führt›, wirds weiter weisen.»

T1:	Tit.	[Dem Städter]
	Ip.	
T2:	Ip.	

S. 164	Kleines Lied
Ü:	T, 1 S., hs. korr. (T1 + T2)
	T, 1 S., hs. korr. (T1 + T3 = TE)
ZE:	⟨Frühling 1949–April 1951⟩
E:	Tat, 16.7.1949, Nr. 193 (Tit. und Wortlaut = T2)
D:	T3
AH:	Hs. Anm. von AXG auf T1 + T3: A⟨us⟩d⟨em⟩. k⟨ommenden⟩. B⟨än⟩dchen». T2 in der ‹Tat› wurde für die geplante Publikation in einer unbetit. Slg., vermutlich «Atlantis» (Vorform von BE; uv.), überarbeitet. Siehe Kommentar zu BE, S. 171f. B von EJ, 12.7.1949: Wortlaut siehe AH zu «Dem Städter»,

S. 256. *B an EJ*, 16.7.1949: Wortlaut siehe AH zu «Dem Städter», S. 256. (...) «Im ‹Lied› hat sich ein Fehler eingeschlichen, der zwar eher den Eindruck ‹Verbesserung› macht. Ists ein Fehler, gut, das kann passieren. Ists aber das Werk der Korrektur dann möchte ich das Folgende gesagt haben: Im Manus steht ⟨Wortlaut = I,3/4–II,1, in T1 + T2⟩ als Zusammenhang. Die Korrektur hat das auseinandergerissen, indem das ⟨Wortlaut = I,3/4, in Tat⟩ als Zusammenhang, wenn auch tonlich schlecht, abgetrennt wurde vom nun alleinstehenden ⟨Wortlaut = II,1, in Tat⟩ was den Ernst und die klare Heiterkeit des ganzen Gedichts in Frage stellt bis zum Ulk. Ich merkte auch, dass der Satz plötzlich vom Präsens ins Perfekt wechselt. Deutlicher und ohne Anstoss zu erregen wäre es wahrscheinlich gewesen, wenn ich ‹Ich bin in jedem Winde drin / und über deine Weiten hin // was hab' ich *schon* gelacht —› (im Winde) geschrieben hätte, was wiederum die Reinheit wesentlich beeinträchtigte. Ich begreife natürlich gut, dass die Ehrfurcht vor dem geschriebenen Wort, wenn man es in manchmal unverdaulichen Mengen prüfen muss, einem gewissen Automatismus unterliegt der dann kurzerhand alles nach dem einfachsten System der Grammatik erledigt. (Abtut)»

T1:	Tit.	[Kleines Lied]
	Ip.	
T2:	Tit.	[Kleines] Lied
	II,4	ausgedacht[,]
	III,1	Nacht[,]
	IV,1	Haar[,] 2 unberechenbar[,]
Tat:	Tit.	[Kleines] Lied
	Ip. = T2, ausser:	
	I,4/II,1	hin. // Was
	II,3	Strahlhergebracht,

S. 165	**Der letzte Aufbruch**
Ü:	T, 1 S. (T1)
	T, 1 S., hs. korr. (T1 + T2a)
	T, 1 S. (T2b)
ZE:	⟨**Frühling 1949**–April 1951⟩
E:	Tat, 16.7.1949, Nr. 193 (= T2b)
D:	T1

AH:	Hs. Anm. von AXG auf T1: «A⟨us⟩d⟨em⟩. k⟨ommenden⟩. B⟨än⟩dchen». T2b in der ‹Tat› wurde für die geplante Publikation in einer unbetit. Slg., vermutlich «Atlantis» (Vorform von BE; uv.), überarbeitet bzw. AXG griff auf die frühere F zurück. Siehe Kommentar zu BE, S. 171f. *B von EJ*, 12.7.1949, und *B an EJ*, 16.7.1949: Wortlaut siehe AH zu «Dem Städter», S. 256.

T2a:	Ip. = T2b	
	I,3	Wie ein Traum vom Meer \ Jeder Traum vom Meer ⟨üdZ.⟩ 4 trat er aus deinem Schlaf \ trat für immer aus deinem Schlaf ⟨üdZ.⟩
	III,1	Nur der Sturm \ Und ⟨ndZ.⟩ ⟨nur der Sturm⟩
T2b = Tat:	I,1	kommt,
	IV,1	zusammen, 4 zuhause
	V,1	Nichts,

S. 166	**Aufblick**
Ü:	T, 1 S. (T1)
	T, 1 S. (T2 = TE)
ZE:	⟨1948/Januar 1949–Juni 1949⟩
E:	Tat, 16.7.1949, Nr. 193
D:	Tat
AH:	T1 in TAIL, S. 97. *B von EJ*, 12.7.1949, und *B an EJ*, 16.7.1949: Wortlaut siehe AH zu «Dem Städter», S. 256.
T1:	Ip.

S. 167	**Sonett aus einer kleinen Sitzenden Hermann Hallers**
Ü:	T, 1 S. (T)
ZE:	⟨Frühling–Herbst 1949⟩
E:	Tat, 31.10.1949, Nr. 299
D:	Tat
AH:	T ev. V von D. TE fehlt.

Tit. Sonett aus einer kleinen Sitzenden Hermann Hallers:
   Hermann Haller (1880–1950), Schweizer Plastiker.

T:	Ip.

S. 168	**Nacht**
Ü:	T, 1 S. (T1)
	T, 1 S. (T2)
	T, 1 S. (T3 = TE)
ZE:	‹Januar› 1950
E:	Tat, 25.2.1950, Nr. 54
D:	Tat
AH:	T2 = Teil IV der fünfteiligen Gedichtfolge «Die Nacht» (Teile I–III und V uv.), dat. 1950.

MTb., 29.1.1950 (uv.): «Der Kreis, besser, die Linie, denn man gelangt nicht zurück an den Ausgangspunkt, der acht Gedichte ‹Die Winde einer Nacht› (vermutlich dieser Zyklus T1 der Gedichtfolge ‹Die Nacht›. Von ‹Die Winde einer Nacht› sind ausserdem noch erhalten ‹Präludium› (uv.) und ‹Morgen›, I, S. 246. Siehe dazu AH, S. 287) wird wahrscheinlich abgelehnt. Soweit sie reichen, und zwar eher im Äussersten, Enttäuschung, Auflehnung und am Schluss, ganz am Schluss, das wenig Tröstliche, dass es dennoch – erwacht im Atemtal – Feste sind auch darin, aber leidenschaftliche, die gleich darauf, oder noch im selben Scheitelpunkt vom Abgründigen, wiederum Verzweifelten, in Auf- und Ablehnung enden.» *B an EJ*, 26.2.1950, II, S. 212: «Dass Sie wieder ein Gedicht (‹Nacht›) von mir annahmen deute ich so, dass ich auf dem richtigen Wege bin. Besten Dank für die Korrektur im dritten Vers ‹in T2 = unbetit. Teil IV der Gedichtfolge ‹Die Nacht› heisst es in III,2: ‹Sind im rauschen[d]reifen Fest.› Vielleicht dieser Tippfehler auch in einem weiteren, der ‹Tat› zugeschickten Textzeugen?›! Manchmal schreibt mein 2-Finger-System zu flink.»

J.E. Buchanan übersetzte nach dem E in der ‹Tat› das Gedicht ins Englische und sandte es der Redaktion zu. Die Übersetzung bewirkte, dass AXG kurz danach das Gedicht «Windy Nights» von Robert Louis Stevenson ins Deutsche übertrug (siehe «In Sturmnächten», I, S. 169, und dazu AH, S. 260ff.). *B an MR*, 12.3.1950 (uv.): «Besten Dank für die Zusendung der Übersetzung J.E. Buchanans (…) Also: Vor allem freut mich der Beweis, dass es noch Zeitungsleser gibt, die im Stande sind, Gedichte auf ihre Art zu lesen und damit einen Anspruch des Dichters an seine Leser erfüllen: Nicht Sensationen in den Worten zu suchen, sondern mit Hilfe der Worte die eigenen Sensationen aufzuspüren. Und um ein fremdsprachiges Gedicht sogar zu übersetzen, braucht es ehrliche Begeisterung, ein Hinreissen im Intimsten. Dass mir das gelungen ist, freut mich noch einmal! (...) Das hat Sie, Herr Dr. Rychner, sicher auch gefreut, dass ausgerechnet jenes Gedicht, das so wenig Aussicht auf Anklang machte, dieses Echo fand. Ein Urteil zur Übersetzung möchte ich mir nicht erlauben, da meine Englischkenntnisse es nicht berechtigten.»

Die Übersetzung von Buchanan lautet: «Night. / Close in the flowering field / primeval strain and stress. / Grapes in warm darkness yield / to the insistant press. // Whirlwind – recoil – project: / Time is transcended. / Words and a name / with a wild song is blended. // Palm, tent, the dream, the throne / to swift celebration. / Thy love – my crown / by morning forsaken. // Around us the heavens – the world / in ever-changing tides. / Through all eternity / this cosmic law abides.»

T1:	I,1–4	Verschwiegen im blumigen Feld / allen Anfangs Müh und Ton / Trauben in warmer Dunkelheit / der drängenden Kelter gewährt.
	II,1–4	Wirbelwind – zurück und vor / unübertroffene Zeit / Gespräch und ein Name / mit wildem Lied vermischt.
	III,1–4	Palme, Zelt, der Traum, der Thron / in der eiligen Feier / deine Liebe – meine Kron / beim Morgenauseinandergehn.
	IV,1–4	Um uns Himmel – die Welt / wie je – wechselnde Gezeiten / durch alle Ewigkeiten / geborgen im Allgesetz.
T2:	Tit.	[Nacht] ⟨Die Nacht. Tit. der Gedichtfolge⟩
	Ip.	

S. 169 **In Sturmnächten**
von Robert Louis Stevenson
Ü: T, 1 S., hs. korr. (T1 + T2 + T3 + T4)
ZE: ⟨**Anfang März**–Mitte März 1950⟩
E: Tat, 15.4.1950, Nr. 101
D: Tat
AH: T enthält auch hs. Korrekturen von MR (siehe seinen B vom 14.3.1950). II,1, und II,3, von T2 ev. in T3. TE fehlt. Siehe auch AH zu «Nacht», S. 259f.
B an MR, 12.3.1950 (uv.): «Um ein Bild zu bekommen, in wel-

chem Verhältnis die beiden Sprachen ⟨die deutsche und englische Sprache⟩ zueinander stehen, versuchte ich mich gleich an einem Gedicht R.L. Stevensons, wobei ich Gewicht legte auf rhythmische Annäherung. (...) Ich glaube nämlich, die Freiheit der sinngemässen Übertragung sollte durch rhythmische Parallelität berechtigt sein, d.h. zum mindesten die selbe seelische Konstellation wie das Original lautmagisch hervorrufen.» *B von MR*, 14.3.1950 (uv.): «Ich habe mir erlaubt, für Ihre mir gefallende Übersetzung des Stevenson-Gedichtes die letzte Zeile ⟨II,6, in T1⟩ in anderer Fassung, oder wenigstens in einer Skizze dazu vorzuschlagen. Vielleicht kommen Sie noch einmal darauf zurück: mir scheint wichtig, dass das Motiv der *Rückkehr* des Reiters deutlich herauskommt.» *B an EJ*, 18.4.1950, II, S. 218: «Sehr hübsch nahm sich der Stevenson aus auf der letzten Literaturseite. Ich komme noch in den Geruch eines gewiegten Englischkenners und bin dabei nur eine Niete.»

Originaltext «*Windy nights*»:
«Whenever the moon and stars are set, / whenever the wind is high, / all night long in the dark and wet, / a man goes riding by. / Late in the night when the fires are out, / why does he gallop and gallop about? // Whenever the trees are crying aloud, / and ships are tossed at sea, / by, on the highway, low and loud, / by at the gallop goes he. / By at the gallop he goes, and then / by he comes back at the gallop again.»
(Aus: Robert Louis Stevenson: *Collected Poems*. – London: Rupert Hart-Davis 1950, S. 366.)

T1:	Ip.	
	II,5	jagt vorüber – verklingt – und weit 6 und fern verklungen beginnt er erneut. \ Verklungener Galopp kehrt wieder und naht erneut ⟨Korrektur von MR udZ.⟩
T2:	Ip. = T1	
	II,1	im Winde schreien \ weinen ⟨ndZ.⟩
		3 Pappelreihen \ Meilensteinen ⟨ndZ.⟩
		5 rast ⟨üdZ.⟩ vorüber – 6 und fern verklungen naht er erneut.
T3:	Ip. = T1	
	II,6	rast der Galopp von neuem heran ⟨unter der Korrektur von MR⟩

T4:	Ip. = T1
	II,6 jagt ⟨über «rast»⟩ \ braust ⟨unter «rast»⟩ der Galopp von neuem heran

S. 170	**Der Schrei**
Ü:	T, 1 S. (TE)
ZE:	⟨März 1950⟩
E:	Tat, 27.5.1950, Nr. 142
EB:	GgM, S. 39
D:	Tat
AH:	Text in einer unbetit. Slg., vermutlich «Atlantis» (Vorform von BE; uv.). Siehe Kommentar zu BE, S. 171f.
	B an EJ, 18.4.1950, II, S. 218: «Ich bin gespannt auf *mein* nächstes Gedicht; es wird alles andere, als ein ‹Schlaflied› sein. Nach meiner Schätzung braucht es Mut, den ‹Schrei› zu veröffentlichen. Sie haben ihn und ich bin froh darüber. Welche gibts, die machen bei der zweiten Strophe schon Pst!» *B an EJ*, 29.5.1950 (uv.): «Der ‹Schrei› war gut placiert, auch schön gedruckt vom graphischen Standpunkt aus, aber, sagen Sie, verstiess er bereits gegen den guten Ton der Literaturseite? (...) Der Schrei tönte wirklich grausig.» *B an EMD*, ⟨Anfang August 1951⟩, S. 307: «Ein krasses, durchwegs der Negation entsprungenes Gedicht von mir: ‹Der Schrei› druckte er ⟨MR⟩ wohl deshalb, weil der Guss des Gefühls ihm als selten gelungen erschienen sein mochte – aber zur Vorsicht auf der Magazinseite – es vertrug sich wahrscheinlich schlecht mit Literatur.»

GgM:	III,4	Ängsten,

S. 171	**Die Stimme**
Ü:	T, 1 S. (T1)
	T, 1 S. (T2 = TE)
ZE:	⟨Sommer 1950⟩
E:	Tat, 10.2.1951, Nr. 39
D:	Tat
AH:	T1 ev. V von T2. Text in einer unbetit. Slg., vermutlich «Atlantis» (Vorform von BE; uv.). Siehe Kommentar zu BE, S. 171f.

T1:	Sb. und Ip.

S. 172	**Mandarinen-Mittag**
Ü:	T, 1 S., hs. korr. (T1 + T2)
ZE:	⟨Sommer 1950⟩
E:	Tat, 10.2.1951, Nr. 39
D:	Tat
AH:	TE fehlt.

T1:	Ip.	
T2:	Tit.	Märchen ⟨gestrichen⟩
	Ip. = T1	

S. 173	**Verse für Rheila**
Ü:	T, 2 S., hs. korr. (T1 + T2)
	T, 2 S., hs. korr. (T3 + T4)
Ü:	T, 2 S., hs. korr. (T5 + T6 = TE)
ZE:	⟨**Anfang Mai**–Anfang Juni 1952⟩
E:	DL, 15.6.1952, Nr. 7, S. 6
EB:	Dä, S. 20/21
D:	DL
AH:	T5 + T6 in TStNSR; identische Abschrift von T5 + T6 in TStA. *B von KK*, 26.6.1952 (uv.): «Es (⟨Ihr Debut⟩, d.h. ⟨Verse für Rheila⟩ und ⟨Hauptmann Sack⟩, in DL, 15.6.1952) steht jenseits der auch bei uns üblichen Windstille, es ist legitime Dichtung, d.h. Aufdeckung unserer Wirklichkeit, ohne Umschweife, ohne Polituren, ohne Konvention.»

Tit. Verse für Rheila:

Das Gedicht ist einer Frau mit dem Namen «Friedel», später mit dem Decknamen «Rheila» gewidmet, mit der AXG im Frühling 1952 eine kurze Beziehung hatte.
B an EMD, ⟨Mitte Juli 1952⟩, II, S. 406: «⟨Die Verse für Rheila⟩ – ja – die sind ein Kapitel für sich. Rheila ist übrigens fingiert, nachträglich, und mit Recht –. Es war eine Arztgehilfin, nebenbei bemerkt – blendend im Bett, aber total utilitaristisch. Schade –: hat mich viel gekostet – ich Idiot, ich sentimentaler Einfaltspinsel.» Siehe zu diesem Thema auch «Ein Abend, eine Strasse und ein Mittag in der City», I, S. 336; «Möglich, dass es gewittern wird ...», II, S. 97–101; «Ein Tag in Basel», S. 102, 104.

T1:	Tit.	[Verse für Rheila]

	Sb., Zb. und Ip.		
	I:	I,1	nachts? Ich fliege nächtlich 3/4 [ich]. Lande / im Duft einer Oase
	III:	II,2/3	noch vor der nächsten Nacht [noch,] / die Asche
T2:	Tit.		[Verse für Rheila]
	Sb., Zb. und Ip. = T3		
	Wortlaut = T3		
T3:	Tit.		Verse für Friedel
	Sb., Zb. und Ip.		
	I:	I,1	nachts? Ich fliege nächtlich 3/4 [ich]. Lande / im Duft einer Oase
	III:	II,2/3	vor der nächsten Nacht noch, / die Asche
T4:	Tit.		Verse für Friedel
	Sb., Zb. und Ip. = T3		
	Wortlaut = T3, ausser:		
	I:	I,1	nachts? Nur ⟨üdZ.⟩ Ich fliege nächtlich
T5:	Tit.		Verse für –
DL:	II:	I,2/3	Vergessens! (//) Spürst du 4 wimper[n]umsäumt
		II,2	siebenjährige ⟨Druckfehler⟩ Sonne
Dä:	I:	I,4	Oase[–],– weiss nicht,
	II:	I,5	Ufer,

Nachgelassene Gedichte

Gedichte (1943–1949)

«Frühe Gedichte» (TMFG)

Überlieferung

T + M, unbetit., lose Bl., hs. korr., 95 Gedichte, unpag., ohne Inhaltsverzeichnis, undat. (Herbst 1943–1.7.1947).

Mehr als die Hälfte der Gedichte sind dat.

Anzahl Gedichte, oft in einer späteren F oder mit einem anderen Tit., in TAIL: 62; in GW: neun.

Entstehung

TMFG enthält die frühesten erhaltenen Gedichte AXGs. Die «ersten, schauerlichen Verse» von 1935 und die «kitschigen Liebesgedichte» von 1940 hat er vernichtet. So stammen denn die frühesten Texte aus dem Jahr 1943 und bestätigen AXGs Aussage, dass er «ab 1943 bewusst gearbeitet» habe. Etwa zwei Drittel der Gedichte dieser Slg., zu denen er im Januar 1949 noch stehen konnte, übernahm er in TAIL.

Aus der Innung des engen Lebens (TAIL)

Überlieferung

Aus der Innung des engen Lebens. Gedichte. T, gebunden, hs. korr., 122 Gedichte, pag., 130 S., Inhaltsverzeichnis auf S. 127/128, undat. (Herbst 1943–Januar 1949).

Die Slg. ist in folgende sechs Abteilungen gegliedert:

– Ein Frühling (acht Gedichte)
– Ich im Jahr (34 Gedichte)
– Geschautes und Gefundenes (26 Gedichte)
– Der Dämmergarten (acht Gedichte)

- Abseits (19 Gedichte)
- Am Rand des Uferlosen (27 Gedichte)

Etwa ein Viertel der Gedichte sind dat.

Anzahl Gedichte in GW: 14.

Entstehung und Wirkung

TAIL ist eine, auch zeitlich, erweiterte und veränderte Version von TMFG und wurde sehr wahrscheinlich im Januar 1949 abgeschlossen. Mit TAIL wagte AXG erstmals den Schritt an die Öffentlichkeit bzw. versuchte mit *B an Verlag der Arche*, 3.2.1949, die Slg. zu veröffentlichen (mit gleichlautendem B wandte sich AXG, nach der Absage des Arche-Verlages vom 21.3.1949, am 28.3.1949 auch an den Ähren-Verlag in Affoltern am Albis, am 5.4.1949 an den Verlag Benno Schwabe in Basel und am 16.5.1949 an den Speer-Verlag in Zürich. Alle drei Verlage lehnten jedoch die Publikation ebenfalls ab.)
AXG schickte TAIL am 4.7.1949 auch an EJ. Dieser wählte aber für die erste Veröffentlichung in der ‹Tat› kein Gedicht aus dieser Slg., sondern später entstandene Texte aus. Etwa zwei Jahre nach der Fertigstellung von TAIL beurteilte AXG die Slg., gemäss *B an OS*, 14./21.1.1951, schon ziemlich kritisch und liess von den 122 Gedichten nur noch ca. «zwanzig passable Verslein» gelten.

B (Kopie) an Verlag der Arche, 3.2.1949 (uv.): «Ich suche für meine Gedichte einen Verleger und bin mir dabei durchaus bewusst, dass es nicht so einfach sein wird. Es wird das erste Bändchen werden und Sie sind auch der erste Verleger, dem ich das Manuskript zeige. Rein zufällig übrigens, denn ich kenne Sie nicht ausser Ihrer Arbeit: Der Auswahl der Arche Bücher.» B vom Verlag der Arche, 21.3.1949 (uv.): «Wir haben Ihre Gedichte mit Interesse gelesen und waren von ihrer Qualität, hauptsächlich auch in formaler Hinsicht, sehr beeindruckt. Gewisse Anlehnungen (Rilke) dürften wohl mit fortschreitender Reife ganz verschwinden. Leider ist es uns jedoch nicht möglich, die Gedichte in unser ohnehin überlastetes Verlagsprogramm aufzunehmen. (…) Das Schweizerische Verlagswesen hat im gegenwärtigen Zeitpunkt um seine Existenz zu kämpfen und kann sich bei der geringen Nachfrage die Herausgabe von neuen Lyrikbänden nur in Ausnahmefällen erlauben.» *B an EJ*, 4.7.1949, II, S. 207: «Unter den 122 zum Büchlein gereihten Gedichten befinden sich welche, die eher landläufig (sprachläufig) sind, und solche, die ihre

Berechtigung nur in sich selber haben. (...) Die innere Richtung, mit der man Recht hat und wahr sagt, ist eben oft für lange Zeit, in der ruinösen Betriebsamkeit unseres Alltags, schwer auffindbar.» *B von EJ,* 12.7.1949, S. 209: «Ich habe Ihre Gedichte, so gut mir dies meine Zeit zuliess, gelesen und mich darüber gefreut. Sie sind in jedem Sinne verheissungsvoll und schon die Stufe, die sie erreicht haben, erfreulich. Gehen Sie den Weg weiter. Verzichten Sie auf alle Rilke-Anklänge. Ihre Gedanken haben diese Art Sprachkleid nicht nötig. Ich habe Ihre Sammlung auch unserem Feuilletonredaktor, Herrn Dr. Max Rychner, der Ihnen bestimmt bekannt ist, übergeben; auch er hat die besten Eindrücke von Ihren Möglichkeiten.» *B an EJ,* 16.7.1949 (uv.): «Ich danke Ihnen für Ihre Zuschrift vom 12.7.1949, mit der Sie mir ordentlich Freude und Mut machten. Für die Bemerkung der Rilke-Anklänge und das, ‹Ihre Gedanken haben diese Art Sprachkleid nicht nötig›, bin ich besonders dankbar. Zusammen mit den Worten H.H. Schaeders in der ‹Tat› 1 dieses Jahres: ‹Für den jüngeren deutschen Dichter, der an seiner eigenen Sprache arbeitet, gibt es keinen Weg um ihn herum. Aber es gibt einen Weg, der Rilke nicht umgeht, und der doch ins Freie führt› wirds weiter weisen.» *B vom Speer-Verlag,* 25.1.1950 (uv.): «Ihre Gedichte sind zwar recht schön und gefallen uns gut, leider kann ich es mir aber zur Zeit nicht gestatten für einen Gedichtband irgendwelche Risiken auf mich zu nehmen, da mich die Erfahrung gelehrt hat, dass sich auch an sich gute Gedichte nur in äusserst kleiner Zahl verkaufen lassen. (...) Ich bedaure es um so mehr, im Augenblick nicht in der Lage zu sein, in finanzieller Hinsicht das Risiko für Ihre Gedichte übernehmen zu können, als diese qualitativ bei weitem andere übertreffen, die ich mich aus andern als aus literarischen Gründen aufzunehmen veranlasst sah!» *B an OS,* 14./21.1.1951, S. 258: «Was ich ausserdem früher schrieb ist alles viel zu sentimental, zu künstlich, Papierblumen von A bis Z. (...) Mit den Gedichten ist's dasselbe. Ich bin herrgottenfroh, dass niemand die Einfalt besass, mein erstes Bändchen zu drucken. (Von 122 Gedichten vielleicht zwanzig passable Verslein.)»

Zwei Gesänge gegen die Masse (TZGgM)

Überlieferung

Zwei Gesänge gegen die Masse. T, gebunden, unpag., ohne Inhaltsverzeichnis, undat. (Frühling 1949).

Entstehung und Wirkung

B an EJ, 4.7.1949, II, S. 207: «Mein Arbeitskamerad, Hans Hilfiker, der Ihnen unbedingt die ‹Zwei Gesänge gegen die Masse› zeigen wollte, sagte mir von der Zustimmung, die diese bei Ihnen gefunden haben.» *MTb.*, 29.1.1950 (uv.): «Immerhin die Neugierde, was mir wohl der Frühling bringen wird, erhält mich in angenehmer Spannung, besonders zwischen und nach der Berufsarbeit. Das letzte Jahr waren's die ‹Zwei Gesänge gegen die Masse›, die jedoch schon seit Jahren in mir gärten und in kurzen Stücken, die ich noch nicht zu deuten vermochte, hie und da ausbrachen.» *B vom Speer-Verlag*, 25.1.1950; uv. (AXG hatte ihm auch TZGgM geschickt): Wortlaut siehe Kommentar zu TAIL, S. 267. *B (Kopie) an Verlag der Arche*, 29.3.1950 (uv.): «Wenn ich Ihnen nun ein weiteres Manuskript zeige, in der Hoffnung, es könnte veröffentlicht werden, so geschieht das mit der Überlegung, dass die *Zwei Gesänge gegen die Masse* aktueller sein dürften als ein üblicher Gedichtband, mit kleineren Druckkosten auskämen, aber in gewissem Sinne schwerer wögen.» *B vom Verlag der Arche*, 30.3.1950 (uv.): «Wir haben Ihr Manuskript ‹Zwei Gesänge gegen die Masse› mit Interesse gelesen. Leider lässt sich das Werk nicht in den Rahmen unseres Verlagsprogramms einfügen, womit jedoch keine Kritik an Ihrer Arbeit geübt werden soll.» *B an OS*, 14.1./21.1.1951, II, S. 258: «Was ich ausserdem früher schrieb ist alles viel zu sentimental, zu künstlich, Papierblumen von A bis Z. (...) Mit den Gedichten ist's dasselbe. (...) Die ‹Zwei Gesänge gegen die Masse› halten sich noch am besten. (Jaeckle hätte sie in der ‹Tat› abgedruckt, wenn sie nicht zu lange wären.)»

Kleine Verklärung (TKV)

Überlieferung

Kleine Verklärung. 27 Sonette. T, gebunden, hs. korr., unpag., ohne Inhaltsverzeichnis, undat. (Herbst 1949).

Anzahl Gedichte in GW: drei.

Entstehung und Wirkung

B vom Speer-Verlag, 25.1.1950; uv. (AXG hatte ihm auch TKV geschickt): Wortlaut siehe Kommentar zu TAIL, S. 267. *MTb.*, 29.1.1950 (uv.): «Im Herbst darauf beging ich die 27 Sonette der ‹Kleinen Verklärung›, die wohl nur wenigen ihren Sinn preisgeben. Ich war dienend dabei und bekam vor lauter Demut Hemmungen, sobald ich unter die Leute geriet. Und ein weniges davon ist mir bis heute nachgegangen. Nun, ich hoffe, der Preis ist bezahlt. Aber es waren wundervolle Abende, Nächte und selbst Tagesstunden, in denen meine Feder und ich dieselbe Schwingung eines Höheren aufwiesen.» B an OS, 14./21.1.1951, II, S. 258: «Was ich ausserdem früher schrieb ist alles viel zu sentimental, zu künstlich, Papierblumen von A bis Z. (...) Mit den Gedichten ist's dasselbe. (...) die ‹Kleine Verklärung›, 27 Sonette, nun: so so la la.»

S. 177	**In der gläsernen Stille**		
Ü:	T, 1 S., dat. Herbst 1943 (T1)		
	T, 1 S., dat. Herbst 1943 (T2a)		
	T, 1 S. (T2b)		
ZE:	**Herbst 1943**⟨–1947⟩		
E = EB:	Wä, S. 8 (= T2b)		
D:	T2b		
AH:	T1 ev. V von T2a und T2b. T2a in TMFG.		
T1:	Tit.	Lucendrosee	
	Ip.		
	I,4	an den Stein	
	II,3	stiller spitzer Schöne	
	III,2	kommt mir der Mut	4 gläsernen Flut
T2a:	Tit.	Lucendro-See	

S. 178	**Nachtschnellzug**
Ü:	T, 1 S. (T1)
	T, 1 S., dat. 1943 (T2 = TE)
ZE:	**1943**⟨–Januar 1949⟩
E = EB:	GgM, S. 7 (= T2)
D:	T2
AH:	T1 in TMFG. T2 in TAIL, S. 59.
T1:	Ip.

S. 179	**Südliches Bergtal**
Ü:	T, 1 S., dat. Mai 1944 (T1a)
	T, 1 S. (T1b)
	T, 1 S. (T2a)
	T, 1 S. (T2b)

ZE:	Mai 1944⟨–1949⟩	
D:	T2b, uv.	
AH:	T1a in TMFG. T2a in TAIL, S. 26. T1b ev. V von T2a und T2b.	

T1a:	Tit.	Lumneins
	Sb. und Ip.	
	I,3	aufgelöst vom warmen
	II,5	in der Sonne
	III,1	[Und] An diesen Hängen
T1b:	Tit.	[Südliches Bergtal]
	Sb. = T1a; Ip.	
	Wortlaut = T1a	
T2a:	Tit.	Lumneins
	I,3	aufgelöst vom warmen
	I,5/II,1	kreisen – [//] Und grosse Vögel
	II,5/III,1	in der Sonne brennen – [//] [Und] An diesen Hängen
	III,5/IV,1	berühre – [//] Und wechselweis 3 Dunkel –
	V,3/VI,1	müde – [//] Vielleicht
	VII,4/VIII,1	Rüde – [//] Dann 2 Stern – 4 allein –

S. 181	**Chinesischer Garten**	
Ü:	T, 1 S., dat. 1.12.1944 (T1)	
	T, 1 S., dat. 1.12.1944 (T2a)	
	T, 1 S. (T2b)	
	T, 1 S.; im Besitz von SLAEJ (T2c)	
ZE:	**1. Dezember 1944⟨–1947⟩**	
E:	NZZ, 14.9.1962, Nr. 3483	
D:	T2c	
AH:	T2a in TMFG.	

T1:	Sb. und Ip.	
	III,3	Und sein Schatten weicht doch langsam 4 vor ⟨ev. Verschrieb⟩ seiner
T2a:	I,4/II,1	hinüberweisen [//] Dann geh
	III,2	Stein.
	IV,2	hörst.
	V,5	störst, 6 erwacht – 7 Schein –
T2b:	III,2	Stein.
	IV,4	Flötenholz,
	V,5	störst, 6 erwacht –
NZZ:	V,2/3	dort. / und ⟨Druckfehler⟩ auch

S. 182	**Verträumte Tage**
Ü:	T, 1 S., dat. 6.2.1945 (T1)
	T, 1 S., dat. 6.2.1945 (T2 = TE)
ZE:	**6. Februar 1945**⟨–Januar 1949⟩
D:	T2, uv.
AH:	T1 in TMFG. T2 in TAIL, S. 45.
T1:	Ip.

S. 183	**Im Regen**
Ü:	T, 1 S. (T1)
	T, 1 S. (T2 = TE)
ZE:	⟨1945–1947⟩
D:	T2, uv.
AH:	T1 in TMFG. Ms. Anm. von AXG auf T2: «ein Fragment».
T1:	Sb. und Ip.
(Z. 21–25)	Sie müssen stark sein, diese Grossen, / dass sie an allen Abenden / wenn Wasser fällt sich zeigen / dürfen, ohne zu verstossen / gegen die vergängliche Gestalt.

S. 184	**Nächtliche Wandlung**
Ü:	M, 1 S., dat. Juli 1946; Adelweiher (M1)
	T, 1 S. (T2 = TE)
ZE:	**Juli 1946**⟨–Januar 1949⟩
D:	T2, uv.
AH:	M1 in TMFG. T2 in TAIL, S. 91.
M1:	Sb. und Ip.
(I–II)	Wie eine Fabel / tönts aus der Gruft – / siehe deine Wendung: // Du bist das Wort. / Du bist die Sendung, / die Stimme, die ruft: / Kain, wo ist Abel? –
(III–VI) = I–IV	

S. 185	**Der Wolken rote Dämmerherde**
Ü:	M, 1 S., korr., dat. 13.⟨?⟩1.1947 (M1 + M2)
	T, 1 S. (T2 = TE)
ZE:	13. Januar 1947
E = EB:	Wä, S. 9 (= T2)

D:	T2
AH:	M1 + M2 in TMFG. T2 in TAIL, S. 72.

M1:	II,2	schlafender Gebärde

S. 186 **Der Dichter singt I**
Ü: T, 1 S. (TE)
ZE: ⟨1947–Januar 1949⟩
D: T, uv.
AH: T in TAIL, S. 83.

S. 188 **Der Dichter singt II**
Ü: M, 1 S., dat. 16.4.1947 (M1)
T, 1 S. (T2 = TE)
ZE: **16. April 1947**⟨–Januar 1949⟩
D: T2, uv.
AH: M1 in TMFG. T2 in TAIL, S. 84.

M1:	Tit.	Der Dichter singt:
	1p.	

S. 189 **Wir Heimatlosen irren immer**
Ü: T, 1 S. (TE)
ZE: ⟨1948–Januar 1949⟩
D: T, uv.
AH: T in TAIL, S. 98.

S. 190 **Waldherbst**
Ü: T, 1 S., dat. Oktober 1948 (TE)
ZE: Oktober 1948
E = EB: GgM, S. 8 (= T)
D: T
AH: T in TAIL, S. 35.

S. 191 **Ich im Jahr**
Ü: T, 1 S. (TE)
ZE: ⟨1948–Januar 1949⟩
D: T, uv.
AH: T in TAIL, S. 11.

S. 192	**Diese Bäume, so ganz Kontur**
Ü:	T, 1 S. (TE)
ZE:	⟨1948–Januar 1949⟩
D:	T, uv.
AH:	T in TAIL, S. 110.

S. 193	**Doch du selber, du selber fehlst**
Ü:	T, 1 S. (TE)
ZE:	⟨1948–Januar 1949⟩
D:	T, uv.
AH:	T in TAIL, S. 103.

S. 194	**Januar**
Ü:	T, 1 S., hs. korr. (T1 + T2 = TE)
ZE:	⟨Anfang 1949⟩
E = EB:	Wä, S. 10 (= T2)
D:	T2
AH:	ZE ev. Anfang 1950.

T1:	Tit.	[Januar]

S. 195	**Plötzlich ergreift dich ein grosser Glanz**
Ü:	T, 1 S. (TE)
ZE:	⟨Frühling 1949⟩
D:	T, uv.

S. 196	**Wenn dich aus dunklen Tiefen**
Ü:	T, 1 S. (TE)
ZE:	⟨Frühling 1949⟩
D:	T, uv.

S. 197	**Aber immer wirst du wieder stürzen**
Ü:	T, 1 S. (TE)
ZE:	⟨Frühling 1949⟩
D:	T, uv.

S. 198	**Apfelzweig**
Ü:	T, 1 S., dat. 7.1.1949; im Besitz von Kurt Baer, Horgen (T1)
	T, 1 S., dat. Januar ⟨1949⟩ (T2 = TE)
ZE:	7. Januar 1949
D:	T2, uv.

AH:	Ms. Anm. von AXG auf T1: «Geschrieben im Januar, beim Bilde ‹Apfelzweig›, von Max Baer.» Das 1947 entstandene Bild «Apfelzweig» (im Besitz von TF) enthält auf der Rückseite folgenden «Spruch» des Malers und Freundes von AXG, Max Baer (1910–1993): «Jedes Jahr trägt seine Frucht, s'kommt nur drauf an aus welcher Zucht.» T2 in TAIL, S. 32.
T1:	IV,4 ins Dämmer

S. 199	**Meine Nächte**
Ü:	T, 1 S. (TE)
ZE:	⟨Frühling–Sommer 1949⟩
D:	T, uv.

S. 200	**April**
Ü:	T, 1 S. (TE)
ZE:	⟨Frühling 1949⟩
D:	T, uv.
AH:	ZE ev. Frühling 1950.

S. 201	**Sommerregen**
Ü:	T, 1 S. (TE)
ZE:	⟨Sommer 1949⟩
D:	T, uv.
AH:	Identische Abschrift von T in *B an OS*, 2.7.1950, II, S. 233f.

S. 202	**Schon fast vergessene Frau – Fürstin!**
Ü:	T, 1 S. (TE)
ZE:	⟨Herbst 1949⟩
E = EB:	Wä, S. 11 (= T)
D:	T
AH:	T in TKV.

S. 203	**Anders als einsam geht es nicht**
Ü:	T, 1 S. (TE)
ZE:	⟨Herbst 1949⟩
E = EB:	GgM, S. 11 (= T)
D:	T
AH:	T in TKV.

S. 204		Genug zu wissen, dass Schein besteht –
Ü:		T, 1 S. (TE)
ZE:		⟨Herbst 1949⟩
D:		T, uv.
AH:		T in TKV.

S. 205		Zweifel
Ü:		T, 1 S., hs. korr. (T1 + T2 + T3 + T4 = TE)
ZE:		⟨Frühling–Ende 1949⟩
D:		T4, uv.
AH:		T2 ev. T3 oder T3 ev. T2.

T1:	Tit.	[Zweifel]
	I,3	Kräfte die überlegt
T2:	Tit.	[Zweifel] ⟨?⟩
	I,3	Kräfte die aufgeregt ⟨udZ.⟩
T3:	Tit.	[Zweifel] ⟨?⟩
	I,3	Kräfte die unentwegt ⟨ndZ.⟩

S. 206		Zwei Gesänge gegen die Masse
Ü:		T, 15 S. (TE)
ZE:		⟨Frühling 1949⟩
E = EB:		GgM, S. 13–18
D:		T
AH:		Gesang I als E in Po, S. 11–13.

GgM:	I:	II,16	sähet, 17 Blinden,
		III,2/3	Anmassung (//) Mit Herz verlarvt
		IV,9	der Letzte 10 um[,] wenn's 21/22 keine – (//) Denn euch ist
		VI,2	irgend ein heiterer 8/9 lebend! / und ⟨Druckfehler⟩
	II:	III,12	raucht[,]
		IV,15	meinen es Viele
		V,1	Jeder[,] 2 jeder[,] 3 welcher[,]

Gedichte (1950)

«Handgeschriebenes Album» (HAG)

Überlieferung

M, unbetit., gebunden, korr., 41 Gedichte, unpag., Inhaltsverzeichnis am Schluss des nicht vollständig beschriebenen Albums, dat. ⟨Januar⟩ 1950 ⟨–Januar 1952⟩.

Folgendes Motto auf der ersten S.: «Wandlung im Sinne welchen Gottes? / Verneigen kann ich mich! / Und ich neige mich, / denn ich will wachsen –» (Als Faksimile in: GgM, S. 5.)

Die Slg. enthält, gemäss Inhaltsverzeichnis, folgende Gedichte in zeitlicher Reihenfolge:

	ZE	Slg.	EB
– Die Sonnenblume (= Die Sonnenblumen)	Jan./Feb. 1950	Mo	Mo
– Das Gedicht	Jan.–März 1950		uv.
– Pergola	Jan.–März 1950		GW 50
– Der Zwielichtbaum	Jan.–März 1950		uv.
– Sonnuntergang (= Märchen)	Jan.–März 1950		GW 50
– Die Kentaurin	März 1950	DB	DB
– Stadtabend	Frühling 1950		GgM
– Kulturlandschaft	Frühling 1950	Mo	Mo
– Sonnentag	Frühling 1950		uv.
– Die Begegnung	Frühling 1950	DB	DB
– Die Gewitterstille	Frühling 1950		uv.
– Die Gartennacht	11.–20.6.1950		GW 50
– Die Sommernacht	Juni/Juli 1950		GW 50
– Die Mauer	Juli 1950	TLüD	LüD
– Verlöschende Flamme	Juli 1950		GW 50
– Auferstehung	Juli 1950		GgM
– Schicksale	Juli 1950		Wä
– Orpheus	Aug. 1950		GW 50
– Spätsommer-Elegie	Aug./Sept. 1950		GgM
– Betrunkener Matrose	Sept. 1950		Wä
– Herbstgewitter	Sept./Okt. 1950		GW 50
– Zeichen (= Ein Blatt)	Sept./Okt. 1950		GW 50

– Zwischenspiel (= Aus dem Tagebuch eines Soldaten)	Okt. 1950		GW 50
– Requiem	Okt./Nov. 1950		GW 50
– Ergründungen	Nov./Dez. 1950		GgM
– Monolog	Dez. 1950	Mo	Mo
– Die Kathedrale	Dez. 1950		Wä
– Epistel am Ende des Jahres (= Mein Schatten)	Dez. 1950/Jan. 1951	GW 50	
– Der Abgrund (= Abgrund)	Dez. 1950/Jan. 1951		GgM
– Pythia	Jan.–März 1951		GW 51
– Karfreitag	März 1951		GW 51
– Auf! Tagwach! (= Réveille)	März 1951	TLüD	LüD
– Abschied	April/Mai 1951	TLüD	LüD
– Auf einem helvetischen Ziegel aus dem Jahre 1951 (= Auf einem helvetischen Ziegel aus dem Jahre 1952)	Okt. 1951		GW 52
– Kindliches Rendezvous	Okt./Nov. 1951	TLüD/ TStNSR	LüD
– Morgen in Aussersihl	Nov. 1951	TLüD	LüD
– Der Schläfer	Dez. 1951	TLüD/ TStNSR/ TStA	Dä
– Glocken	Dez. 1951	TLüD	LüD
– Tee	Dez. 1951	TLüD/ TStA/ TStF	Dä
– Familienfest (= Nachts am Quai)	Jan. 1952	TLüD	LüD
– Mond	Jan. 1952	TLüD	GW TLüD

18 der 37 in GW aufgenommenen Gedichte sind eigenständige, frühere F oder Abschriften von – verlorenen – früheren ManuskriptF oder TyposkriptF. Sieben Gedichte entsprechen im Wortlaut früheren TyposkriptF. Elf entsprechen im Wortlaut TE oder ME. Ein Gedicht ist selbst eine ME.

29 Gedichte sind 1950 entstanden, zehn 1951 und zwei 1952.

Anzahl Gedichte in anderen Slg.: zwei in DB; drei in Mo; zehn in TLüD; zwei in TStNSR; zwei in TStA; eines in TStF.

Anzahl Gedichte als EB in folgenden Publikationen: zwei in DB; drei in Mo; zwei in Dä; sieben in LüD; fünf in GgM; drei in Wä. 19 Gedichte sind uv. bzw. 15 davon als EB in GW.

Entstehung

Die von AXG als «Band der verrückten Prosagedichte» *(B an OS,* ⟨Anfang August 1950⟩) bezeichnete Slg. ist in bezug vor allem auf die 1950 entstandenen Gedichte wahrscheinlich mit HAG identisch. Sie enthält Texte, die, gemäss Auskunft von TF, auch «Lieblingsgedichte» AXGs – während ihrer Entstehungszeit zumindest – waren und deshalb fein säuberlich von ihm in ein Album eingetragen wurden. Im obenerwähnten *B an OS* schreibt er, dass bereits «ein Drittel» des geplanten Bandes fertig sei. Gemäss obiger Aufstellung waren bis August 1950 19 Gedichte geschrieben, so dass der Band ca. 55–60 Texte total hätte umfassen sollen (in einem *B an KFE,* 17.6.1950, bezifferte AXG den Umfang allerdings mit «etwa achtzig solcher Gedichte»). Mehr als zwei Drittel der Texte von HAG entstanden 1950. Seit dem Beginn von BE anfangs 1951 und später von TLüD trug AXG 1951 und 1952 nur noch zwölf Texte darin ein. Da AXG Gedichte aus HAG in den anderen Slg. DB und Mo publizierte und in TLüD und TStF aufnahm, scheint er die Publikation der Slg. als Ganzes spätestens 1951 nicht mehr in Betracht gezogen zu haben. Zudem hatten viele Gedichte in HAG, besonders nach der Veröffentlichung von DB und Mo im Sommer 1951, für AXG nur noch «historischen Wert».

B an KFE, 17.6.1950, II, S. 227: «‹Die Kentaurin› ist ein Prosagedicht oder ein Gedicht in Prosa aus einem, etwa achtzig solcher Gedichte umfassenden, Bändchen, welches sich für die nächste Zeit noch in Arbeit befindet. Ich weiss nicht, wie diese Art Gedicht anspricht oder aufgenommen werden wird. Es ist mir übrigens auch gleichgültig, aber für den Verleger zählen diese Punkte und da im obigen Fall Zweifel bestehen für eine günstige Aufnahme, will ich Ihnen näher sagen, wieso ich dazu komme so zu schreiben. Erstens entspricht mir zur Zeit die Form, die mich nicht bindet im Sinne von Reim und Rhythmus. Habe ich diese Freiheit, so stellt sich mir, zweitens, kein, wenn auch noch so kleines, Hindernis vor die direkte Verwandlung des Gefühls in Worte. Und endlich wird auch die Phantasie, indem sie nicht auf Reime jagt, unmittelbarer und gültiger für das Thema, während zugleich die poetische Substanz dichter wird und mehr Ausdrucksvermögen erhält durch die freieren und echteren Symbole und Bilder.» *B an OS,* ⟨Anfang August 1950⟩, S. 240: «Der Band der verrückten Prosagedichte wächst langsam; das erste

Drittel ist erreicht. Wenn er je erscheint, bin ich von der Welt der ‹Normalen› verurteilt und verbannt. Gut, dass es bestimmte Bindungen, wie Familie, gibt, sonst zerstöbe man, wie ein Komet.»

S. 217	**Prophetisches**
Ü:	T, 1 S. (TE)
ZE:	⟨Anfang April 1950⟩
D:	T, uv.
AH:	Identische Abschrift von T im Besitz von SLAEJ. Darauf hs. Anm. von AXG: «Allen Pickelhauben und Bürokraten!» *B an EJ*, 11.4.1950, II, S. 215f.: «Uff – was für ein militärgläubiger Redaktor schrieb nur das Nachwort zur ‹Überanstrengten Infanterie›. Wetten wir: Ein Offizier! Psychologische Einteilung: – (minus heisst dieser Strich.) Freizeitbeschäftigung: Scheuklappenträger. Und dann renommiert er noch als alter Füsel im volksdümmlichen Ton. Auf eine Lüge mehr oder weniger scheints nicht anzukommen, wenns ums ‹Vaterland ums teure› geht. Aber der Witz muss sein zum Schluss, sonst könnte es ja tierisch ernst genommen werden. Ich gebe zu, die Zeit ist noch nicht da, die Dummköpfe blicken noch rings in Spiegel, aber, und das ist mir tierisch ernst: Merkt man wirklich noch immer nicht, dass unsere Generation den Anfang der Militärdämmerung bedeutet? Dass unter den Stahlhelmen ein Gesicht front, dass heuchelt, bis es merkt, dass alle andern Gesichter auch heucheln? Der Geist der Résistance wächst im eigenen Lande gegen die Menschenschinderei perverser Provenienz. Und diese Schinderei soll noch mit Witz erledigt und geleistet werden? Sei's von mir aus! Ich weiss es besser. (siehe Beilage) ⟨Gedicht ‹Prophetisches›⟩ Gedanken sind Dinge.»

S. 219	**Ergründungen**
Ü:	M, 3 S. (Wortlaut = Tb)
	T, 1 S. (Ta)
	T, 2 S. (Tb)
ZE:	⟨November–Anfang Dezember 1950⟩
E = EB:	GgM, S. 21/22 (= Ta)
D:	Tb
AH:	M in HAG.

Ta = GgM:	I:	I,1/2	tägliche / tägliche ⟨vermutlich Verschrieb⟩ Blendung
		III,2/3	entzündet; (/) und [/] am Mass des Orion[,]
	II:	III,1	zuhause
	III:	III,4	knirschte[,]

S. 221 **Kreislauf der Quelle**
Ü: T, 1 S., hs. korr. (T1 + T2)
T, 1 S. (T3a)
T, 2 S. (T3b)
ZE: ⟨Januar–Anfang August 1950⟩
D: T3b, uv.
AH: T2 = 3. Teil (= «Kreis») der vermutlich dreiteiligen Gedichtfolge «Die Quelle» mit den beiden anderen Teilen «Bühne» (uv.) und «Spiel» (uv.).

T1: Tit.   Kreislauf
     Sb., Zb. und Ip.

T2: Tit.   Die Quelle
     Utit.   Kreis
     Sb., Zb. und Ip. = T1

T3a: Endlich im Tag, im entzündeten – [/] – lauter Befreiung! (/) Ich bin's (...) Frucht [/] aus Ewigem her. (/) Dunkelt [/] mein Glanz noch (/) kaum quälender Enge [/] entwachsen, (...) Sonne / und (...) Meer. [/] Weiss ich die Stürme (/) doch jetzt [/] (...) Kälte. // War einst (...) Ausgang [/] betäubend wie hier: / Was ging (...) träumte [/] von allem von mir! / Wald (...) spürte [/] die stolze Dehnung, / als ich (...) Himmel [/] entgegenhielt / zuckende Freude silberspringenden [/] Fischs. / (...) Lust aller Riesen, [/] quallene (/) Tiefe: / Muschel (...) lichtlosen [/] Grunde (/) besternte (...) Purpur – / Mein Herz (...) Stille [/] der Strömung! (/) Kreisend [/] (...) bärtigen [/] Buchten. (/) Schluchten (...) belegt [/] drin der Toten Denkschrift, / leuchtende (...) Seligkeit, [/] aufgip, stieg, / mit Flossen (...) fremdsprachig [/] platzend[,] (/) lang trauernden Freunden [/] (...) widerbracht – // (...) Doch von den (...) erfuhr [/] nicht eines mein Glück, (/) Wolke [/] (...) Zeichen [/] der Blitze; (/) aufgelöst [/] windspielger (...) entlang, / unerkannt (...) Stämme, [/] dem Erdreich (/) wie einem Nichts aus [/] Wollust und Weichheit [/] verfallen – (//) ... Sanfte Nacht in Gold [/] (...) Nachricht; (/) eigens [/] (...) Raum ... / Siehe (...) vom [/]

Schulterstern (/) und die erwachten Plejaden [/] (...) litten (...) // (...) So gelang (/) Sonne nun w i e d e r [/] (...) Gesang: (//) Aufbruch [/] im Frührot des Bergs (...) Domstadt [/] des abends (...) Krönung – / Krone dann überall [/] (...) Erfüllung / und der nächtlichen Flutzeit [/] meines Gestirns.

S. 224	**Orpheus**	
Ü:	M, 9 S., korr. ⟨M1 + M2⟩	
	T, 2 S. (T3 = TE)	
ZE:	⟨**August**–September 1950⟩	
D:	T3, uv.	
AH:	M1 + M2 in HAG.	

MTb., 4.8.1950 (uv.): «In den letzten zwei Nächten sind die ersten zwei Teile des ‹Orpheus› gekommen. Aber wie anders, als ich ihn erwartete. Schwerer, ernster und im inneren Sinne konsequenter, als je Verse waren. (Mit Ausnahme der ‹Begegnung›)» *B an KFE,* 30.8.1950 (uv.): «Da Sie mich darum angingen, hat Ihnen meine Frau den ‹Orpheus› abgeschrieben ⟨ M1⟩. Eigentlich verfrüht, denn ich pflege die Manuskripte jeweils zu entsprechender Zeit nochmals vorzunehmen, wobei dann z.B. auch Wiederholungen und Stockungen sofort offensichtlich werden. Demzufolge jetzt zu ändern: ⟨Vier Korrekturen = M2⟩. *B von KFE,* ⟨Anfang September 1950⟩ (uv.): «Den ‹Orpheus› habe ich erhalten: viele Stellen finde ich einfach hinreissend, vielleicht machen sich die einzelnen Wiederholungen (Dingwiederholungen) nicht so gut, wobei ich mir aber anderseits gut denken könnte, dass diese in Art eines Leitmotivs durchaus auch steigernd wirken könnten.»

M1:	I:	I,2	zum Tempel der Blitze 5 zerschlägt meine Hütte.
		V,1/2	einfachen Himmel / deiner Sprachlosigkeit!
			4/5 Stunde der unbekannten Milchstrasse – Deiner grossen / Geliebten
	II:	I,2	stieb ich durch 4 Kristalltempel des Gaurisankars
		II,4	Die Kugel der Vergangenheit taucht
		III,1	Ich aber sehe und balle [die] Gewitter
			3 und meine Träume füllen 5/6 Beweise / der sichtbaren Unzulänglichkeit, Denkmäler der Ohnmacht des Aussen

	IV,1	Noch bin ich im Kerker meiner fünf Sinne
		3 meine Blicke 4–6 am ⟨?⟩ der Auferstehung – Gross schwillt / der Gaurisankar unter den Händen und im Zugriff / zerbricht die kristallene Zeit –
	III: I,7	in der reinen Ruhe der Seele.
	III,9	dein Herz in 10 Folterstunde des Schicksals 14/15 über die Krater des schwarzen Stromes / [Krater]
	IV,1	Die Schreie
M2:	Wortlaut = M1, ausser: I: I,2, V,1/2; II: IV,4, IV,6.	

S. 228	**Das Schiff**
Ü:	T, 1 S., hs. korr. (T1 + T2a)
	T, 1 S., hs. korr. (T2b + T3a)
	T, 1 S. (T3a)
	T, 1 S. (T3b)
ZE:	⟨1950⟩
D:	T3b, uv.
AH:	T3a ehemals im Besitz von RS. Text in einer unbetit. Slg., vermutlich «Atlantis» (Vorform von BE; uv.). Siehe Kommentar zu BE, S. 171f.

Tit. Das Schiff:

    Der Text spielt offen und versteckt auf einige Motive in Rimbauds Gedicht «Le bateau ivre» («Das trunkene Schiff») an. Vgl. Arthur Rimbaud: *Sämtliche Dichtungen. Französisch und Deutsch*, Heidelberg 1978, S. 132–139.

T1:	Ip.	
	I,4	dem Namen nach ein Panther
	IV,3	wo sich sonst
T2a:	Ip.	
	I,4 = T1	
T2b:	Ip. = T3a	
	I,4 = T1	
T3a:	I,1	Unbekannt[,] 2 Gesandter, 3 verwandt[;] 4 Goldschrift[,] vorn[,]
	II,2	Brust,
	III,2	Reize [–]

IV,3	versengt[,]	
V,2	Morgenröte,	3 Wolken[,] (...) sind[,]
VI,2	Stimme,	

S. 229 **Betrunkener Matrose**
Ü: M, 4 S. (Wortlaut = T)
       T, 1 S. (TE)
ZE: ⟨Anfang–Mitte September 1950⟩
E = EB: Wä, S. 19 (= T)
D: T
AH: M in HAG.
       B an KFE, 13.9.1950 (uv.): «Ein ‹Betrunkener Matrose› liegt bei. (Nur unter uns) Er verfällt eigentlich der Rubrik ‹Ungewohntes›.»

Z. 22 der König: Das Schloss im Gebirg –:
       Vermutlich Anspielung auf König Ludwig II. (1845–1886) und seine Schlossbauten wie Neuschwanstein. War ein Verehrer und Förderer Richard Wagners.

Z. 31/32 Ich hol den / Holländer!:
       Vermutlich Anspielung auf den holländischen Schiffskapitän in Richard Wagners Oper *Der fliegende Holländer* (1841).

S. 231 **Auferstehung**
Ü: M, 2 S. (Wortlaut = T2)
       T, 1 S., hs. korr. (T1 + T2 + T3 = TE)
ZE: ⟨Juli 1950⟩
E = EB: GgM, S. 41 (= T3)
D: T3
AH: M in HAG.

T1:   II,3/4   und fügte mich / aus Pyramiden, tönenden Grüften, / (5–9) Marmorbäumen und Sternstädten golden / zusammen – Kristall! / Nun sing ich die Wolken aufs Land / und blitze mit beiden Augen / Blüten hervor ...

T2:   Wortlaut = T1, ausser:
       II,(9)   Blüten empor

S. 232		**Pergola**
Ü:		M, 2 S. (M1)
		T, 1 S. (T2 = TE)
ZE:		⟨Januar–März 1950⟩
D:		T2, uv.
AH:		M1 in HAG. M1 ev. V von T2. Text in einer unbetit. Slg., vermutlich «Atlantis» (Vorform von BE; uv.). Siehe Kommentar zu BE, S. 171f.

M1:	I,6	im Wind ihrer Stille.

S. 233		**Aus dem Tagebuch eines Soldaten**
Ü:		M, 2 S., korr. (M1 + M2)
		T, 1 S., hs. korr. (T2 + T3 + T4 = TE)
ZE:		⟨**Mitte Oktober**–Dezember 1950⟩
D:		T4, uv.
AH:		M1 + M2 in HAG.
		B (Kopie) an KK, 3.12.1950, II, S. 250: «Das ‹Zwischenspiel› entstand mitten in der Militärzeit auf dem Klosterplatz in Einsiedeln.»

M1:	Tit.	Zwischenspiel
	I,7	das rauhe Gefüge ⟨ev. Verschrieb⟩ des Schicksals
	II,7	Wolken von Freunden der Vorzeit bewohnt; / (8/9) und lachend erfüllen die Söhne / der Zukunft das Ganze!
	III,3/4	rieselt[e] / mein Leben
M2 = T2:	Tit. + Wortlaut = M1, ausser I,7	
T3:	Tit.	Zwischenspiel
	Utit.	im Militär
	Wortlaut = M2 = T2 oder = T4?	

S. 234		**Verlöschende Flamme**
Ü:		M, 3 S. (M1)
		T, 1 S., hs. korr. (T2 + T3 = TE)
ZE:		⟨Juli 1950⟩
D:		T3, uv.
AH:		M1 in HAG.

M1:	I,10	im eisigen Rauch umfassender Flammen

	II	O Tod!
T2:	I,10	im eisigen Wall

S. 236 **Märchen**
Ü: M, 2 S. (M1)
T, 1 S. (T2 = TE)
ZE: ⟨Januar–März 1950⟩
D: T2, uv.
AH: M1 in HAG. T2 in einer unbetit. Slg., vermutlich «Atlantis» (Vorform von BE; uv.). Siehe Kommentar zu BE, S. 171f.

| M1: | Tit. | Sonn⟨en⟩untergang |

S. 237 **Die Gartennacht**
Ü: M, 3 S. (Wortlaut = T1)
T, 1 S., hs. korr. (T1 + T2 = TE)
ZE: ⟨11.–20. Juni 1950⟩
D: T2, uv.
AH: M in HAG.
MTb., 20.6.1950 (uv.): «Die ‹Gartennacht› geschrieben und den eigenen Ton dabei entdeckt.»

| T1: | Z. 21/22 | Blocksberg / des Dunghaufens, um dessen |

S. 238 **Die Sommernacht**
Ü: M, 3 S. (Wortlaut = T2)
T, 1 S., hs. korr. (T1 + T3 = TE)
T, 1 S. (T2)
ZE: ⟨Mitte Juni–Anfang Juli 1950⟩
D: T3, uv.
AH: M in HAG.

T1:	I,⟨19/20⟩	Sie einfach vergisst und vielleicht froh ist / dass es den Tag gibt.
	II,1	Aber jetzt geht 5/6 Flug / beliebigen Falters.
T2:	Zb. und Ip.	
	Wortlaut = T1, ausser II,5/6	

S. 239 **Ein Blatt**
Ü: M, 1 S. (M1)
T, 1/2 S. (T2 = TE)

ZE:	⟨Mitte September/Oktober–Anfang Dezember 1950⟩
E = EB:	Über Erwarten. Der 100. drehpunkt. Ein Lesebuch aus der Schweiz. Hg. von Rudolf Bussmann und Martin Zingg. – Basel: Lenos 1998, S. 146 (= T2)
D:	T2
AH:	M1 in HAG. T2 und «Kristall» (uv.) auf gleichem Bl.
M1:	Tit. Zeichen

S. 240   Sternbild Paul Valéry

Ü:	T, 1 S. (Ta)
	T, 1 S. (Tb)
ZE:	⟨Anfang–Mitte November 1950⟩
D:	Tb, uv.
AH:	Ta in einer unbetit. Slg., vermutlich «Atlantis» (Vorform von BE; uv.). Siehe Kommentar zu BE, S. 171f.
	B an MR, 19.11.1950 (uv.): «Darf ich Ihnen das beigelegte Gedicht ‹Sternbild› zueignen, als sichtbares Zeichen meiner Dankbarkeit für Ihre Valéry-Übertragungen?»

Tit. Sternbild Paul Valéry:
> Paul Valérys ins Deutsche übersetzten Bücher wie die *Gedichte, Herr Teste, Eupalinos oder über die Architektur* und *Erinnerungen an Degas* hatten, neben dem Werk von Rilke und Benn, den grössten Einfluss auf AXGs schriftstellerische Entwicklung. Spuren der intensiven Beschäftigung mit Valérys Denken und Schreiben finden sich nicht nur im «Sternbild Paul Valéry», sondern auch in der Übersetzung «Vom Nackten», II, S. 199ff., oder im Motto von Valéry zu BE, I, S. 26. Siehe auch «Biographie», S. 41, 49.

W Für Max Rychner:
> Siehe AH zu «Von letzten Dichtern» in TLüD, S. 224.

Ta:	Tit.	Sternbild [Paul Valéry]
	Utit.	Paul Valéry
	W	Max Rychner in Verehrung
	II,2	Ton; 7 Wind –

S. 242		**Blendung**
Ü:		T, 1 S. (TE)
ZE:		⟨1950⟩
D:		T, uv.
AH:		Text in einer unbetit. Slg., vermutlich «Atlantis» (Vorform von BE; uv.). Siehe Kommentar zu BE, S. 171f.

S. 244		**Stadtmorgen**
Ü:		T, 1 S.; im Besitz von SLAEJ (T1 von Teil II)
		T, 2 S., hs. korr. (T2 + T3 = TE)
ZE:		⟨1950⟩
D:		T3, uv.
AH:		T1 von Teil II ev. V von T3. I + II ursprünglich Teile II und III der dreiteiligen Gedichtfolge «Stadtmorgen», wobei Teil I vermutlich das gleichnamige Gedicht in Mo, I, S. 23, war. Siehe auch Anm. zu «Stadtmorgen», S. 169f.

T1 von Teil II:			
	Tit.		Morgen
	Utit.		Industriequartier
	II:	III,1/2	Schienenstrang / und bestürzt mit allen Lichtern
		IV,1/2	Welche, fragend innen, laufen / irgendeinem End entgegen – 3/4 Trümmerhaufen / auf die sie die Hände legen –
T2:	II:	IV,1	Welche, fragend innen

S. 246		**Morgen**
Ü:		T, 1 S. (T1)
		T, 1 S., hs. korr. (T2 + T3 = TE)
ZE:		⟨Januar 1950⟩
D:		T3, uv.
AH:		Der Text ist wahrscheinlich der Schluss der acht Gedichte umfassenden, jedoch unvollständig erhaltenen Gedichtfolge «Die Winde einer Nacht» (vermutlich T1 der Gedichtfolge «Die Nacht»); siehe auch «Nacht», I, S. 168, und dazu AH, S. 259f. *MTb.*, 29.1.1950 (uv.): «Soweit sie ⟨die acht Gedichte ‹Die Winde einer Nacht›⟩ reichen, und zwar eher im Äussersten, Enttäuschung, Auflehnung und am Schluss, ganz am Schluss, das wenig Tröstliche, dass es dennoch – erwacht im Atemtal – ⟨letzte Z. = IV,4, von ‹Morgen›⟩»

T1:   Tit.   Der Morgen
            Ip.
T2:   Tit. = T1

S. 247   **Stadtabend**
Ü: M, 2 S. (Wortlaut = T2)
            T, 1 S., hs. korr. (T1 + T2 = TE)
ZE: ⟨Frühling 1950⟩
E = EB: GgM, S. 36
D: T2
AH: M in HAG. Faksimile von M in GgM, S. 37.

T1:   I,11   Sinne ungeregelt und
            II   alles mir gleichgültig
            III,13   der sich sonst nie
GgM: I,8   irgend einer
            III,5   Mass[s]täben

S. 249   **Vollmond**
Ü: T, 1 S. (TE)
ZE: ⟨1950⟩
E = EB: Über Erwarten. Der 100. drehpunkt. Ein Lesebuch aus der Schweiz. Hg. von Rudolf Bussmann und Martin Zingg. – Basel: Lenos 1998, S. 144 (= T)
D: T

S. 250   **Orkanische Musik**
Ü: T, 1 S.; im Besitz von Martina Ertel, Giessen (T1a)
            T, 1 S. (T1b)
            T, 1 S. (T2 = TE)
ZE: ⟨Ende August–Anfang September 1950⟩
E: DL, 15.10.1952, Nr. 15, S. 5
D: T2
AH: T1a in *B an KFE*, 30.8.1950 (uv.). T1b in *B an KK*, 2.9.1950, II, S. 245. Hs. Anm. von AXG auf T2: «Aus d⟨em⟩ k⟨ommenden⟩ B⟨änd⟩chen». Text in einer unbetit. Slg., vermutlich «Atlantis» (Vorform von BE; uv.). Siehe Kommentar zu BE, S. 171f. D für E ev. unbekannte V von T2. E zusammen mit dem Text «Wir haben einen Freund verloren. Alexander Xaver Gwerder †» von Wolfgang Bächler.
            B (Kopie) an KK, 2.9.1950, S. 245: «Das nachstehende Gedicht

kam während des letzten grossen Sturmes, der vor ein paar Tagen wütete; was sag' ich: spielte auf der mächtigen Orgel der Kontinente. (Ich lag im Bett ohne einschlafen zu können. Nicht im geringsten dachte ich ans Schreiben. Und doch schriebs.) (...) Nehmen Sie's gnädig auf – ich bin ein Anfänger und war ausserdem sehr erkältet als ich's schrieb.»

T1a:	Ip.	
T1b:	Ip.	
DL:	II,1	Schweigen[,] 2 Strömung,
	IV,3	Holz ...

S. 251 **Abendland**
Ü: T, 1 S. (TE)
ZE: ⟨1950⟩
D: T, uv.
AH: ZE ev. Anfang 1951. Text in einer unbetit. Slg., vermutlich «Atlantis» (Vorform von BE; uv.). Siehe Kommentar zu BE, S. 171f.

S. 252 **Fabrikmorgen**
Ü: T, 1 S. (TE)
ZE: ⟨1950⟩
E = EB: GgM, S. 34 (= T)
D: T
AH: ZE ev. 1949.

S. 253 **Albisstrasse 153**
Sonntagnachmittag in der Mietskaserne
Ü: T, 1 S., hs. korr. (T1 + T2 + T3 = TE)
ZE: ⟨Frühling–Ende September 1950⟩
E = EB: Wä, S. 20 (= T3)
D: T3
AH: T3 ev. T2.

Tit. Albisstrasse 153:
AXG lebte an dieser Strasse in Zürich-Wollishofen vom Frühling 1946 bis Ende September 1950. *MTb.*, 30.5.1950 (uv.): «Irgendwoher klappert Geschirr, jemand trampelt durch das Treppenhaus herab, ein Auto fährt vorbei, wieder eins. Ja, so fahren sie vorbei, den ganzen Tag, die ganze Nacht. Überland-

strasse, nennen sie das. Ich habe die Gegend satt. Dass man durch den Broterwerb an die Städte gebunden ist! (...) Mein Gott, diese Umgebung. Die armselige Miniaturwiese zwischen viereckige Geschmacksmonstren geklemmt und dennoch von kleinen, strahlendweissen Müllerblümchen über und über bestickt. Eine Uhr schlägt zwischen dem Anstürmen eines Motorrades. Im Radio wäre Symphoniekonzert heute. Jetzt fangen sie auch noch an, den Garten zu begiessen. Die übergeschäftigen Spiessertrottel. Die Intriganten des Wohnlebens. Jauche über sie!»

T1:	Tit.	Bürgerlicher Sonntagnachmittag
	Utit.	[Sonntagnachmittag in der Mietskaserne]
	II,2	der Schlangen
	III,3	Während ein Radio, triefend
	4/⟨5⟩ / 5 = (6)	Schwindsucht, / reife Furunkeln ins Zimmer / spuckt
	IV,3	dem, wenn auch falschen,
T2:	Tit.	Sonntagnachmittag in der Mietskaserne ⟨?⟩

S. 254 **Sternlos die Welt unter Tieren**
Ü: T, 1 S. (TE)
ZE: ⟨1950⟩
D: T, uv.

S. 255 **Vorbei**
Ü: T, 1 S., hs. korr. (T1 + T2a + T2b)
ZE: ⟨1950⟩
D: T2b, uv.

T1:	I,3	was an mir geblieben
	III,2	misslingt in mir
T2a:	III,2	misslingt ⟨nicht gestrichen; «gerinnt» üdZ.⟩ in mir

S. 256 **Verse zur Zeit**
Ü: T, 1 S. (TE)
ZE: ⟨1950⟩
D: T, uv.

S. 258	**Terzinen der Dauer**
Ü:	T, 1 S. (TE)
ZE:	⟨1950⟩
D:	T, uv.
AH:	ZE ev. 1951.

III,3 im gelben Haus von Arles:
: Das sogenannte «gelbe Haus» im südfranzösischen Arles, wo der von AXG bewunderte Maler Vincent van Gogh vom Mai 1888 bis April 1889 lebte.

S. 259	**Schicksale**
Ü:	M, 2 S. (Wortlaut = T1)
	T, 1 S., hs. korr. (T1 + T2)
	M, 1 S. (M3 = ME)
ZE:	⟨**Juli 1950**–März 1951⟩
E = EB:	Wä, S. 16 (= M3)
D:	M3
AH:	M in HAG. M3 ist eine Abschrift bzw. Reinschrift der verlorenen T3 oder eine neue F. Sie war, gemäss *B von RS/Günther Rohn*, 4.3.1951 (uv.), als Faksimile vorgesehen für eine bibliophile «Mappe», mit Texten, Originalgraphik und einer «Äusserung seiner Auffassung ‹von Kunst u. Leben›» von jedem Künstler, welche RS und Rohn in Mannheim herausgeben wollten. Die Mappe kam nicht zustande, war aber Auslöser für den Privatdruck Mo (siehe auch AH zu «Kunst und Leben», S. 349f., und Kommentar zu Mo, S. 165). M3 als Beilage in *B an RS*, 7.3.1951 (uv.).
	B von RS, 13.3.1951 (uv.): «Darin ist ein grosser wallender Klang, der bei Georg Heym zum ersten Mal für mich auftauchte, fortgesetzt …»
T1:	Zb. und Ip.
(III,1–7)	Aber ich bin nicht hier. Ich werde, / ein Fisch, durch finstere Röhren / gepresst und am Ende speit mich / schwarz der Vulkan in verrusste Himmel – / Niederstürzend begrab ich / mein eigenes / Pompej –
T2:	Zb. und Ip. = T1

S. 260	**Fanal**	
Ü:	T, 1 S., hs. korr. (T1 + T2 + T3 = TE)	
ZE:	⟨1950⟩	
D:	T3, uv.	
AH:	ZE ev. 1951. V,1–4, von T3 in *B an EMD*, 14.10.1951, II, S. 346.	

T1:	Tit.	[Fanal]
	VI,2	Oh lache das All zusammen –
T2:	Tit.	[Fanal] ⟨?⟩
	VI,2	Verlache das alles ⟨udZ.⟩ –

S. 261	**Elegie**	
Ü:	T, 1 S. (T1)	
	T, 1 S. (T2 = TE)	
ZE:	⟨1950⟩	
D:	T2, uv.	
AH:	T2 in einer unbetit. Slg, vermutlich «Atlantis» (Vorform von BE; uv.). Siehe Kommentar zu BE, S. 171f.	

T1:	Tit.	Untergang
	Ip.	
	I,1	stirbt, das unbefruchtet 2 in Mauern fängt was du erlangst – 3 jählings vor die Blicke wuchtet 4 Pfahl aus Angst –
	VI,2	ein Schwarzes ist dein hellster Klang, 3 du, erst beruhigt seit

S. 262	**Ostersturm**	
Ü:	T, 1 S. (TE)	
ZE:	⟨Frühling 1950⟩	
D:	T, uv.	

S. 264	**Gelber Himmel**	
Ü:	T, 1 S. (TE)	
ZE:	⟨11.–13. Juli 1950⟩	
D:	T, uv.	
AH:	*B an KFE,* 13.7.1950 (uv.): «Der ‹Gelbe Himmel› heisst deshalb so, weil der gelbe Himmel von vorgestern abend, mit den ungeheuer plastischen Wolken, Träger dieser Vision war.»	

S. 266	**Berge des Vergessens**
Ü:	T, 1 S., hs. korr. (T1 + T2a)
	T, 1 S. (T2b)
ZE:	⟨1950⟩
D:	T2b, uv.
AH:	Text in einer unbetit. Slg., vermutlich «Atlantis» (Vorform von BE; uv.). Siehe Kommentar zu BE, S. 171f.

T1:	Ip. = T2a	
T2a:	W	Willy Hug
	I,1	Erinnern.
	III,1	umflogene[,] ⟨?⟩
	V,2	Opal; 3 Schritte, umfunkelt,
	VI,2	Sprung,

S. 267	**Abendspiel**
Ü:	T, 1 S., hs. korr. (T1 + T2 = TE)
ZE:	⟨**Anfang Juli**–Ende 1950⟩
D:	T2, uv.

T1:	Tit.	Abendandacht

S. 268	**Nacht**
Ü:	T, 1 S. (TE)
ZE:	⟨1950⟩
D:	T, uv.

S. 269	**Das letzte Lied**
Ü:	T, 1 S.; im Besitz von Martina Ertel, Giessen (T1)
	T, 1 S. (T2 = TE)
ZE:	⟨August 1950⟩
E = EB:	GgM, S. 40 (= T2)
D:	T2
AH:	T1 ev. V von T2. T1 in *B an KFE*, 16.8.1950 (uv.).

T1:	Zb. und Ip.	
	I,2	Tag! (/) – Verhängte Zwiegestalt – (/) Unendliche Welle

S. 270	**Spätsommer-Elegie**	
Ü:	M, 3 S. (M1)	
	T, 1 S., hs. korr. (T2a + T3a)	
	T, 1 S., hs. korr. (T2b + T3b)	
ZE:	⟨Ende August–Mitte September 1950⟩	
E = EB:	GgM, S. 29 (= T3b)	
D:	T3b	
AH:	M1 in HAG.	
M1:	I,11	der tödlichen Stille
	II,4	und mich irgendwo
T2a:	Zb. und Ip. = T3a	
	II,4	und mich irgendwo
T2b:	II,4	und mich irgendwo
T3a:	I,5	sezieren. 7/8 Schneewolke [/] duftet (/) schräg
	15	Hochlanden,

S. 271	**Herbstgewitter**	
Ü:	T, 1 S. (T1a)	
	T, 1 S., hs. korr. (T1b + T2)	
	M, 3 S. (M3 = ME)	
ZE:	⟨Mitte September–Anfang Oktober 1950⟩	
D:	M3, uv.	
AH:	M3 in HAG.	
T1a:	Zb. und Ip.	
	II,7	rasselnden Regenvulkan
T1b:	Sb., Zb. und Ip.	
	Wortlaut = T1a	
T2:	Sb. und Zb. = T1b; Ip.	

S. 272	**Herbstgesang**	
Ü:	T, 1 S., hs. korr. (T1a + T2)	
	T, 1 S.; im Besitz von Martina Ertel, Giessen (T1b)	
	T, 1 S. (T3 = TE)	
ZE:	⟨Anfang September 1950⟩	
E = EB:	GgM, S. 30 (= T2)	
D:	T3	
AH:	T1b in *B an KFE,* 13.9.1950 (uv.).	
T1a:	Ip.	

	III,4	dorren im Staube uralt.
T1b:	Sb. und Ip.	
	Wortlaut = T1a	
T2:	Ip. = T1a	
GgM:	I,3	Blicke und Wmlorte ⟨Druckfehler⟩
	II,1	verbraucht.
	IV,1	von den ⟨vermutlich Druckfehler⟩ drohenden

S. 273 **Herbsttag**
Ü: T, 1 S., hs. korr. (T1 + T2 = TE)
ZE: ⟨4.–21. Oktober 1950⟩
D: T2, uv.
AH: Obwohl der Tit. von T1 nicht gestrichen ist, kann angenommen werden, dass AXG ihn durch den allgemeineren und weniger an einen konkreten Ort erinnernden von T2 (hs. üdTit.) ersetzen wollte. Der Text ist während des Wiederholungskurses entstanden.

T1: Tit.   Studen

S. 274 **Herbstnacht**
Ü: M, 1 S.; im Besitz von SLAEJ (M1a)
M, 1 S.; im Besitz von Martina Ertel, Giessen (M1b)
T, 1 S., hs. korr. (T1c + T2 = TE)
ZE: ⟨4.–21. Oktober 1950⟩
D: T2, uv.
AH: M1a in *B an MR*, 8.10.1950, II, S. 247. M1b in *B an KFE*, 15.10.1950 (uv.). Betreffend Änderung des Tit. von T1c siehe AH zu «Herbsttag», S. 295. Der Text ist während des Wiederholungskurses entstanden.

M1a: Tit.   Muotha-Tal
      Ip.
M1b: Tit. = M1a
      Ip.
T1c: Tit. = M1a

S. 275 **Herbstnacht**
Ü: T, 1 S. (T1)
T, 1 S. (T2a)
T, 1/2 S. (T2b)

ZE:	⟨Oktober 1950⟩
D:	T2b, uv.
AH:	Hs. Anm. von AXG auf T1: «Das erste Gedicht in der neuen Wohnung» ⟨an der Brauerstrasse 110 ab 1. Oktober 1950⟩. T2b und «Das tote Licht» (uv.) auf gleichem Bl.

T1:	Utit.	Zürich
	Ip.	
	I,1	aus Mond und ⟨ev. Verschrieb⟩ Stadt
T2a:	I,1	Stadt,
	II,3	Glücks;
	III,3	fliehe.

S. 276	**Dämmerstunde**
Ü:	T, 1 S. (TE)
ZE:	⟨1950⟩
E = EB:	Wä, S. 22 (= T)
D:	T
AH:	ZE ev. 1951.

S. 277	**November**
Ü:	T, 1 S. (TE)
ZE:	⟨Herbst–Winter 1950⟩
D:	T, uv.

S. 278	**Sonatine**
Ü:	T, 1/3 S., dat. 1950 (TE)
ZE:	⟨November–Dezember⟩ 1950
D:	T, uv.
AH:	T und «Monolog», I, S. 21, sowie «Verdämmern», S. 51, auf gleichem Bl. Siehe Anm. zu «Monolog», S. 168f., und «Verdämmern», S. 190f.

S. 279	**Winterabend**
Ü:	T, 1 S. (TE)
ZE:	⟨Winter 1950⟩
E = EB:	Über Erwarten. Der 100. drehpunkt. Ein Lesebuch aus der Schweiz. Hg. von Rudolf Bussmann und Martin Zingg. – Basel: Lenos, S. 145
D:	T

Üb. Erwarten: III,1   Die Schritte, (/) – eben nah

S. 280		Geschichtlicher Tanz
Ü:		T, 1 S. (T1a)
		T, 1 S., hs. korr. (T1b + T2)
		T, 1/2 S. (T3 = TE)
ZE:		⟨Sommer 1950⟩
D:		T3, uv.
AH:		T3 und «Kleine Lichtelegie» (uv.) auf gleichem Bl.

T1a:	Ip.	
	I,2	Weiss es die Welt im Wüstensand?
T1b:	Ip.	
	I,2	Weiss es die Welt voll Wüstensand?
T2:	Ip. = T1b	

S. 281		Die Sekunde des Bösen
Ü:		T, 1 S., hs. korr. (T1 + T2 = TE)
ZE:		⟨1950–Januar 1951⟩
D:		T2, uv.

T1:	II,2	erstarrt in der dunkleren Schicht 4 Und jetzt fehlt alles zum Licht.

S. 282		Requiem
Ü:		M, 1 S. (Wortlaut = Tb)
		T, 1/2 S. (Ta)
		T, 1 S. (Tb)
ZE:		⟨Oktober–November 1950⟩
D:		Tb, uv.
AH:		M in HAG. Ta und «Monolog», I, S. 21, auf gleichem Bl. Siehe dazu Anm., S. 168f.

Ta:	I,2–IV,3	Leid-Uhr[,] / als ich auf dem Berg stand [/] und (/) die Parade der Städte / verlachte. [//] Die blaue Arche träumte [/] über (/) der Hölle Schlafender; [/] und wie (/) die Flüsse der Ewigkeit [/] schwollen (/) im Chor, / schritten (...) Fuss (/) in der Zeit, [,] gegen die Stirne (/) mir. [//] Land (/) sah ich da! [//] Und schlug [/] mit heissen (/) Takten gelber Monsune / an die Brust Orions.

S. 283		**Die Kathedrale**
Ü:		M, 1 S. (M1)
		T, 1 S. (T2a)
		T, 1 S., hs. korr. (T2b + T2c + T2d)
		T, 1/2 S. (T3 = TE)
ZE:		⟨Dezember 1950–Anfang 1951⟩
E = EB:		Wä, S. 21 (= T3)
D:		T3
AH:		M1 in HAG. M1 ev. V von T2a, T2b und T2c. Diese ev. V von T3. T3 und «Réveille», I, S. 89, auf gleichem Bl. Siehe dazu Anm., S. 216.
M1:	I,4	Schwärze flammender Wälder
	II,4	die dürren Weiden
	III,1/2	Aufglanz / über dem Abgrund
T2a:	Zb. und Ip.	
	III,1/2	Aufglanz / über dem Abgrund
T2b:	Zb. und Ip.	
	III,1/2	Aufglanz / über dem Abgrund
T2c:	Zb. = T2b; Ip.	
	II,4	Und Ängste \ Angst ⟨udZ.⟩, tausendfach; ⟨?⟩ [die] ⟨die letzte Korrektur gehört ev. zu T2d⟩ dürre Weide
	III,1/2	Aufglanz / über dem Abgrund
T2d:	Zb. und Ip. = T2b	
	II,4	Und die Angst ⟨gestrichen; üdZ.⟩, tausendfach; ⟨?⟩ die ⟨?⟩
	III,1/2	Aufglanz / über dem Abgrund
S. 284		**Abgrund**
Ü:		M, 7 S. (M1)
		T, 2 S. (T2 = TE)
ZE:		⟨Dezember 1950–Januar 1951⟩
E = EB:		GgM, S. 24–26 (= M1)
D:		T2
AH:		M1 in HAG. T2 könnte auch *Prosa*V von M1 sein, wird aber, aufgrund einiger Korrekturen bzw. Verdichtungen im Wortlaut, als spätere F angesehen. Da M1 als *Gedicht* in HAG, wird T2 = TE als Prosa*gedicht* erfasst, mit dem Zb. genau nach T2. Weil M1 als D für den E verwendet wurde, werden aber die Unterschiede in Sb., Zb. und Ip. bei GgM nicht detailliert aufgeführt. Siehe auch AH zu «Mein Schatten», S. 299.

M1:	Tit.	Der Abgrund
	I,11	Wanderflügen der Märtyrer 16/17 oh schau / dich nicht um – 18 motorischer ⟨ev. Verschrieb⟩ Gleichgültigkeit 19/20 den / heissen Windungen des Kleinhirns 45 Ich wurde verschlungen. 47/48 Augen, die verstaubten, die, eingefangen von roten und grünen Befehlen, in rein / vegetative Distanzen reichten –
GgM:	Tit.	Der Abgrund
	Sb., Zb. und Ip.	
	Wortlaut = M1, ausser:	
	I,20	des Kleinhirn[s] ⟨Druckfehler⟩ 24 zuhause
	III,3	von Fusel 5 So gestatte[t]

S. 286   **Mein Schatten**
Epistel am Ende des Jahres

Ü: T, 1 S., hs. korr. (T1 + T2)
M, 6 S. (M3)
T, 2 S, hs. korr. (T4 + T5 = TE)
ZE: ⟨Ende Dezember 1950–Januar 1951⟩
D: T5, uv.
AH: T2 ev. V von M3. M3 in HAG. Da M3 als *Gedicht* in HAG, wird T5 = TE nicht als *Prosa*V von M3, sondern, aufgrund einiger Korrekturen, als spätere F = Prosa*gedicht* erfasst, mit dem Zb. genau nach T5. Siehe auch AH zu «Abgrund», S. 298.

T1:	Tit.	Epistel am Ende des Jahres
	Sb., Zb. und Ip.	
	I,1	durch schwarzes Gestöhn
	II,8/9	Beterin [mühlos] / zermalmte 24/25 Kaserne[n]. Und wir hören sie! / Dies ist 31/32 Der [grosse] / Gesalbte 33/34 Er spielt / mit seinem Jüngsten!
T2:	Tit.	Epistel am Ende des Jahres
	Sb., Zb. und Ip. = T1	
	Wortlaut = T1, ausser II,8/9, und:	
	II,24/25	Kaserne[n]. Und wir hören sie! Hören! ... / Dies ist
M3:	Tit.	Epistel am Ende des Jahres
	Wortlaut = T2. II,8/9 = T1	
T4:	Tit.	Epistel am Ende des Jahres

	I,1	durch schwarzes Gestöhn
T5:	I,2	das ⟨Korrektur von «lautlos» unleserlich⟩ niederflockt

Gedichte 1951

S. 291	Pythia
Ü:	M, 3 S. (Wortlaut = T1)
	T, 1 S., hs. korr. (T1 + T2a)
	T, 2 S. (T2b)
ZE:	⟨Januar–März 1951⟩
D:	T2b, uv.
AH:	M in HAG. I,1–15, II,1–7, I,20–22, und I,15–17, bilden in dieser Reihenfolge und mit leicht verändertem Wortlaut «Monsun» in TLüD, I, S. 90. Siehe dazu AH, S. 216f.

T1:	Zb. und Ip. = T2a	
	I,15/16	Erloschen die grauen Horizonte / des Hirns
	II,2/3	Schlaf / des Weibes 12 «Elohim» und da, gleich lorbeerumfunkelt, 17 oben, zwischen schlanken Säulen,
T2a:	I,8	Sturmflut [–]
	I,14–21	entgleist! (/) Der Tiefe [/] scherbende Bilder – (/) erloschen die grauen Horizonte [/] des Hirns, (/) und von oben: [/] Zerfressen die Leber / und schwarz: [/] vieler Flügel Flucht – / Zu / kracht das Gewölk (/) und
	II,1–4	Mann (/) und dort, [/] hinterm Hag, (/) lauert der Schlaf [/] des Weibes ... Es schneit ... (/) Es duftet [/] nach Mokka ... Sanfte algerische Flocken –
		8–13 «Vergessen» und [/] «Strahl»? / Da / stehn sie geschrieben, (/) welche aus Eis: [/] «Abendblatt», «Elohim» (/) und da, gleich lorbeerumfunkelt, [/] das Türschild: (/) «Dummer August
		15–17 Schade: Es schmilzt zusammen. (/) Und während [/] vier dreckige Tropfen (/) im Rinnstein versickern, / bin oben ich wieder, schlank zwischen Säulen,

S. 293	Hol über …
Ü:	T, 1 S., hs. korr. (T1 + T2a)
	T, 1 S. (T2b)
ZE:	⟨März 1951⟩
D:	T2a, uv.
AH:	Text in einer unbetit. Slg., vermutlich «Atlantis» (Vorform von BE; uv.). Siehe Kommentar zu BE, S. 171f.
	B an RS, 23.5.1951 (uv.): «Das ‹Hol über› übrigens, das ich Ihnen zuschrieb, ward das erste einer, von mir aus gesehen, gänzlich neuen aber sicheren Stufe – Es freut mich deshalb doppelt, dass es Ihren Namen trägt.»

Tit. Hol über …:
    Zuruf an den Fährmann, mit dem der Rufer vom jenseitigen Ufer aus darum bittet, übergesetzt zu werden.
W Für Rudolf Scharpf:
    Siehe Kommentar zu «Reigen», S. 187f.

T1:	Ip.	
T2b:	III,1	wanken; 3 Höhenlage [,] 4 Peitschenschlage[,]
	IV,1	Grausen;
	V,4	entsenden[,]
	VI,3	beides[,] 4 Leides[,]

S. 295	Panische Stille
Ü:	T, 1 S., hs. korr. (T1 + T2)
	T, 1 S. (T3 = TE)
ZE:	⟨Mai–August 1951⟩
D:	T3, uv.

I,1 La Crau: Anspielung auf van Goghs Zeichnung «La Crau, vue prise à Mont major», Arles 1888. Sie hing, gemäss *B an EMD,* 14.10.1951, II, S. 349, als Reproduktion «über meinem Schreibtisch». Siehe auch zur Bedeutung van Goghs bei AXG «Biographie», S. 45f., 48, 66, und AH zu «Die Sonnenblumen», S. 169. *MTb.,* 15.6.1951 (uv.): «Eine Sekunde nur liess Vincent van Gogh den tanzenden Stern aus den Augen …»; *B an KFE,* 26.2.1952 (uv.): «Es freut mich übrigens, dass Sie sich so intensiv mit van Gogh beschäftigen –, ich glaube, man könnte ihn wie einen Nietzsche für unser jetziges Jahrhundert ausdeuten.»

T1:	Ip.	
	III,6	der Bilder Rotation
T2:	Ip. = T1	

S. 297	**Lorelei**
Ü:	T, 1 S. (TE)
ZE:	⟨1951⟩
D:	T, uv.

III,7/8 Die Kämme sind zerschlissen / kahlköpfig Lorelei –:
    Vgl. Heinrich Heines Gedicht (= III,1–4/IV,1) aus dem Zyklus «Die Heimkehr» im *Buch der Lieder*: «Die schönste Jungfrau ⟨‹Lorelei›⟩ sitzet / dort oben wunderbar, / ihr goldnes Geschmeide blitzet, / sie kämmt ihr goldenes Haar. // Sie kämmt mit goldenem Kamme.» In Heine: *Gedichte*, Zürich o.J. (= Werke in drei Bänden, Bd. I), S. 129.

III,9/10 Solang der grosse Heine / aus Grenadieren schauert:
    Anspielung auf das Gedicht «Die Grenadiere» im *Buch der Lieder*. In Heine: *Gedichte*, a.a.O., S. 78/79.

S. 299	**Karfreitag**
Ü:	M, 2 S. (Wortlaut = Tb)
	T, 1 S. (Ta)
	T, 1 S. (Tb)
ZE:	⟨Ende März 1951⟩
D:	Tb, uv.
AH:	M in HAG.

I,1/2 Xavier Gugat:
    Xavier Gugat (1900–1990), spanischer Musiker. Galt als «Rumba-König» in den dreissiger und vierziger Jahren.

I,4 Venom: In der Schweizer Armee verwendetes Jagd- und Erdkampfflugzeug.

| Ta: | I,1–6 | Golgatha – (/) Xavier [/] Cugat, Samba (/) und [/] geiles Gezuck – Vater, / vergib ihnen den Venom, / die zweite Stufe [/] vom Vampire! |

S. 300	**Lass nur –**
Ü:	T, 1 S. hs. korr. (T1 + T2)
	T, 1 S.; im Besitz von DF (T3 = TE)
ZE:	⟨**März/April**–Herbst 1951⟩

D: T3, uv.
AH: T3 in TStF? Siehe AH zu «Morgennebel», S. 303.

T1:   Ip.
            I,3   tropfend mit langsamem Gift
            II,2   herzhart mit Silben   3 kann rosa erröten
                        4 Land, das die Anmut erzwingt.
T2:   Ip. = T1

S. 301   **Morgennebel**
Ü: T, 1 S. (T1)
            T, 1 S., hs. korr. (T1 + T2)
            T, 1 S., hs. korr. (T3 + T4)
            T, 1 S.; im Besitz von DF (T5 = TE)
ZE: ⟨**März/April**–Herbst 1951⟩
D: T5, uv.
AH: T1 in einer unbetit. Slg., vermutlich «Atlantis» (Vorform von
            BE; uv.). Siehe Kommentar zu BE, S. 171f. T4 ev. V von T5. T5
            in TStF?
            Dieses Gedicht und das ebenfalls in TStF enthaltene «Lass nur
            –», I, S. 300, unterscheiden sich stilistisch und thematisch stark
            von den übrigen Gedichten dieser Slg. Da die beiden Texte auf
            einem dunkleren Papier als die anderen Gedichte getippt sind
            und die beiden TE als einzige ein bzw. drei Kreuzchen nach
            dem Schluss der Texte sowie einen Falz in der Blattmitte ent-
            halten, ist ihre Zugehörigkeit zu TStF eher unwahrscheinlich.
            Ihre ZE muss deshalb eine andere bzw. frühere sein, was durch
            das Vorkommen von T1 dieses Textes in der obenerwähnten
            unbetit. Slg. (= «Atlantis») von spätestens April 1951 bewiesen
            wird. Zudem fehlen sie in den dem TStF verwandten TStNSR
            und TStA. Vermutlich hat sie HWS früher als das TStF im Jahr
            1953 erhalten (siehe B an ihn, ⟨ca.12.9.1952⟩, II, S. 423, und
            dazu Anm. 1, S. 423) und sie ev. in das ungebundene und
            unpag. TStF eingefügt. Aus diesen Gründen werden die bei-
            den Gedichte nicht in TStF aufgeführt. Siehe auch Kommen-
            tar zu TStF, S. 237.

T1:   Tit.   Nebel
            Ip.
            III,2/3   der Bergkristall die harten Stimmen /
                        in die Stille einritzt, wo die Brüste

	IV,1	Qualmend bricht aus Nahem letzter Nacht 2–4 Blume – welk geballt. / Und der Schlaf, der schwelend neu erwacht / wölbt den Dom drin meine Frage hallt.
T2:	Ip. = T1	
	Wortlaut = T1	
T3:	Ip.	
	III,2/3	der Bergkristall die harten Stimmen / einritzt in die Stille, wo die Brüste
	IV,3/4	Doch der Tag fällt dröhnend durch den Schacht / den die Sonne stach – und blüht wie Blut.
T4:	Ip. = T3	
	Wortlaut = T3, ausser:	
	IV,3/4	Doch der Tag fällt dröhnend ein im Schacht / den die Sonne grub – und blüht wie Blut.

S. 302	**Traumwelle**
Ü:	T, 1 S. (T1a)
	T, 1 S., hs. korr. (T1b + T2)
	T, 1/2 S. (T3 = TE)
ZE:	⟨**Anfang**–Mitte Februar 1951⟩
E = EB:	Wä, S. 25 (= T3)
D:	T3
AH:	T1a in B (Kopie) an KK, 10.2.1951 (uv.). T3 und «Nihil-Idyll» (uv.) auf gleichem Bl.
	B an KK, 10.2.1951: «Ich bin, es sei offen gestanden, viel eher zuhause, d.h. es dünkt eben mich edler im Abstand zu allem übrigen, wenn das oder die Gefühle nicht allzu behauen zum Bau verwendet werden, wenn da und dort die Absolutheit *eines* Menschen eckig vorstösst – denn dies braucht nicht (und ist Aufgabe der Substanz, um es so zu sagen) weniger schön zu sein, als was durch das Denken präzisiert wird. (...) Ein Gedicht ⟨‹Traumwelle›⟩ aus einem, im Entstehen begriffenen, Zusammenhang ‹Atlantis› ⟨Text nicht in gleichnamiger Slg. enthalten. Siehe Kommentar zu BE, S. 171f.⟩ dient Ihnen vielleicht, als Gegensatz zu ‹Verdämmern›, im obigen Sinn zur Verdeutlichung dessen, was ich meine.» Siehe auch «Verdämmern» in BE, I, S. 51, und dazu AH, S. 190f.

T1a:	Ip.	
	III,1	Lichter schwelen, blasen

T1b:	IV,1	Zurück in den Tag
	Ip.	
	Wortlaut = T1a	
T2:	Ip. = T1b	

S. 303 **Archaisches Sonett**
Ü: T, 1 S., hs. korr. (T1a)
T, 1 S., hs. korr. (T1b + T2 = TE)
ZE: ⟨Januar–September 1951⟩
D: T2, uv.

T1a: Ip.
II,2   jener Küste   3 beglückender \ bestürmender ⟨?⟩ ⟨üdZ.⟩ Laut
III,1   der Schellen Getön
IV,1   olivengrau[,] Silber im Föhn ...
T1b: Wortlaut = T1a, ausser II,3, und III,1

S. 304 **Rote Strophen I**
Ü: T, 1 S. (Ta)
ZE: ⟨Januar–Anfang März 1951⟩
D: Ta, uv.
AH: «I» im Tit. vom H.
Gemäss *B an RS,* 11.3.1951 (uv.): «Die ‹Roten Strophen› fand ich in einer neueren Fassung und bitte Sie deshalb, die bereits übersandten wegzuwerfen» muss dieses Gedicht entweder eine frühere F oder TE von «Roten Strophen II», I, S. 305, sein. Da sich aufgrund des Vergleichs der beiden Textzeugen keine TE eindeutig feststellen lässt, werden die Zeugen als V aufgefasst und beide abgedruckt.

S. 305 **Rote Strophen II**
Ü: T, 1 S., hs. korr. (T1 + T2 = Tb)
ZE: ⟨Januar–Anfang März 1951⟩
D: Tb, uv.
AH: «II» im Tit. vom H.
Siehe «Rote Strophen I», I, S. 304, und dazu AH, S. 305.

T1:   I,4   Gewaltig [nun] Erde, erfüllt nun das All

S. 306	**Schwere Strophen**
Ü:	T, 1 S., hs. korr. (T1 + T2)
	T, 1 S. (T3 = TE)
ZE:	⟨Anfang Juni 1951⟩
D:	T3, uv.
AH:	T3 ehemals im Besitz von RS.
	B an RS, 9.6.1951 (uv.): «haben Sie Dank für (…) den absolut und in keiner Weise zu widerlegenden ⟨Holzschnitt⟩ ‹Märtyrer› –: Der Späte, der Letzte – Finales – sacraterra – Staatsurlaub – Leviathan! Die erste der vier ‹schweren Strophen› sprang mir aus diesem, einem Ihrer packendsten, Schnitte zu (…) Ich lege Ihnen das streng + massvoll gebaute Gedicht bei –»
T1:	Ip.
T2:	Ip.
S. 307	**Fata Morgana**
Ü:	T, 1 S., hs. korr. (T1 + T2)
	T, 1 S.; im Besitz von DF (T3 = TE)
ZE:	⟨**April/Anfang Mai**–Herbst 1951⟩
E = EB:	Wä, S. 24 (= T3)
D:	T3
AH:	T3 in *B an EMD*, 14.11.1951 (uv.). Darauf hs. Anm. von AXG: «Aus dem Manuskript des Bändchens ⟨BE⟩ entfernt, weils mir zu viel öffentlichen Zeitbezug enthält.»
T1:	Ip.
T2:	Ip.
Wä:	III,6 Fata morgana
S. 308	**Miniatur nach Mitternacht**
Ü:	T, 1 S., hs. korr. (T1 + T2 + T3)
	T, 1 S., hs. korr. (T4 + T5)
	T, 1 S. (T6)
	T, 1 S., hs. korr. (T7 + T8)
	T, 1 S. (T8 = TE)
ZE:	⟨1951⟩
D:	T8, uv.
AH:	T4 + T5 ev. frühere F als T1 + T2 + T3.

T1:	Tit.	Miniatur
	Ip.	
	IV,3	dein Lidschlag 4 das weisse Zeichen
T2:	Tit.	Halbschlaf ⟨udTit.⟩
	Ip. = T1	
	Wortlaut = T1	
T3:	Tit.	Schlaflos – ⟨üdTit.⟩
	Ip. = T1	
	Wortlaut = T1	
T4:	Ip.	
	Wortlaut = T1	
T5:	Tit.	Miniatur
	Ip. = T4	
	Wortlaut = T1	
T6:	Tit.	Miniatur
	Ip.	
	IV,4	das weisse Zeichen
T7:	IV,4	das weisse Zeichen

S. 309 **Wieder dunkel**
Ü: T, 1 S. (T1a)
    T, 1 S. (T1b)
    T, 1 S. (T2a)
    T, 1 S. (T2b)
ZE: ⟨22. Juni 1951⟩
D: T2b, uv.
AH: T1a in *B an OS,* 23.6.1951, II, S. 287. T1b in B (Kopie) an KK, ⟨Ende Juni 1951⟩ (uv.). T2b ist in einer unbekannten DruckF vorhanden, mit veränderter Sb. und Ip.

T1a:	Tit.	Nach Mitternacht
	Ip.	
T1b:	Tit.	Nach Mitternacht
	Ip.	
T2a:	Tit.	Nach Mitternacht

S. 310 **Ständchen**
Ü: T, 1 S., hs. korr. (T1 + T2)
    T, 1/2 S. (T3)
    T, 1 S., hs. korr. (T4 + T5)
    T, 1 S. (T5 = TE)

ZE:	⟨Februar–Sommer 1951⟩	
D:	T5, uv.	
AH:	T2, T3 oder T4 in einer unbetit. Slg., vermutlich «Atlantis» (Vorform von BE; uv.). Siehe Kommentar zu BE, S. 171f. T3 und «Verdämmern», I, S. 51, auf gleichem Bl. Siehe dazu Anm., S. 190f.	
T1:	Tit.	Kleine Nachtmusik
	Ip.	
	Z. 11	Das ⟨ev. Verschrieb⟩ spiegelt
T2:	Tit.	Nachtmusik
	Ip.	
T3:	Tit.	Nachtmusik
	Ip.	
T4:	Tit.	Nachtmusik

S. 311 **Atlantis**

Ü:	T, 1 S. (T1)	
	T, 1 S. (T2a)	
	T, 1 S. (T2b)	
ZE:	⟨März–Mai 1951⟩	
D:	T2b, uv.	
AH:	T1 oder T2a in einer unbetit. Slg., vermutlich «Atlantis» (Vorform von BE; uv.). Siehe Kommentar zu BE, S. 171f.	
T1:	Tit.	Präludium
	Zb. und Ip.	
	II,5/6	Gottheit. / Und sinnend
T2a:	Tit.	Präludium
	I,1–9	Die Tiefe der Wasser [/] ist Spiel und Schlaf nur / dem träumenden Geiste – [/] Unten, [/] jenseits (/) der nebel[/]flockenden Ferne: [/] matt schimmern und sanft / die Ovale vergessener [/] Madonnen –
	II,1–8	Am Mondstein schlugen [/] die Kreise der Himmlischen / ehmals Figuren – und [/] ebbten zurück [/] in die (/) unerklärliche Gottheit. [/] Doch sinnend versammelt / die Zukunft [/] unter den Zeichen sich,
	III,1–7	Erstarrte Rätsel! [/] Verwellte Erinnrung / an sprechende Muscheln, [/] an Riffe von körni-

gem / Schweigen und drüber: / Der grosse Gesalbte [/] im Perlbaum –

S. 312	**In Versen**
Ü:	T, 1 S., hs. korr. (T1 + T2a)
	T, 1/2 S. (T2b)
ZE:	⟨Januar–März 1951⟩
E = EB:	Wä, S. 23
D:	T2b
AH:	T2b und «Unter Büffeln der Stille I», I, S. 87, auf gleichem Bl. Siehe dazu Anm., S. 214f.
T1:	Ip. = T2a
	IV,1/2 Ich scher mich nicht um Kröten, / schau niemand ins Gesicht.
T2a:	I,2 Tüll;
	IV,1/2 Ich liebe Schilf und Kröten, / schau niemand \ jedem ⟨üdZ.⟩ ins Gesicht. 4 Gedicht.
Wä:	I,3 Thermophylen
S. 313	**Südmeerüber …**
Ü:	T, 1/2 S. (TE)
ZE:	⟨April–Anfang Mai 1951⟩
D:	T, uv.
AH:	T und «Abschied», I, S. 101, auf gleichem Bl. Siehe dazu Anm., S. 222f.

Tit. Südmeerüber …:
Vgl. EJs Gedicht «Die Insel» (= IV,3/4) in: *Die Kelter des Herzens*, Zürich 1943, S. 9: «Und atme Duft in der entrückten Klause / der südmeerüber von Ragusa loht.»

S. 314	**Oktober**
Ü:	T, 1 S., hs. korr. (T1 + T2a)
	T, 1/2 S. (T2b)
	T, 1/2 S. (T2c)
ZE:	⟨August–Oktober 1951⟩
D:	T2c, uv.
AH:	T2b ev. V von T1. T2b und T2c je mit «Valse triste», I, S. 32, auf gleichem Bl. Siehe dazu Anm., S. 183.

T1:	Tit.	September
	Ip. = T2a	
	IV,2	Nur Lockung war's! 4 ging fehl, ach –,
T2a:	Tit.	September
	I,3	Niederbruch,
	III,1	Vergehn,
	IV,2	Nur Lockung war's! 4 fehlt, ach –,
T2b:	Tit.	Silberschiff
	I,1	Schon wird im Garten Widerspruch –;
	II,1	Fallenden. 5 Gebell –
	III,1	südlich –[,] jetzt Vergehn, 2 flammen –, 3 Wolken, strömend drehn[,] 4 stehn, 5 mit Schiffen Silberfurchen ziehn.»
	IV,2	nur Lockung war's! 4 ging fehl, ach –,

S. 315	**Spiegelung**
Ü:	M, 1 S.; im Besitz von DF (M1)
	T, 1 S., hs. korr. (T2 + T3)
	T, 1 S., hs. korr. (T4 + T5)
	T, 1 S. (T5 = TE)
ZE:	⟨Ende Oktober–Ende 1951⟩
E:	Ho, 8. Jg., Oktober 1958, 5. Heft, S. 133
EB:	LüD, S. 38
D:	T5
AH:	M1 in *B an EMD*, Oktober 1951, II, S. 355. Der Text ist während des Wiederholungskurses entstanden.
	B an EMD, Oktober 1951, S. 355: «Das war so ein Blick über Wasser – gestern.»

M1:	Ip.	
	I,1/2	Rot / meiner Augen 3 Wanderungen
	II,1	ein Gekreuzigter
	III,3	senkt neues Gewölk
	IV,1	Oh, landlos 3 rief ich längstens
	V,1–3	und schmale / Fluchten des Todes / spalten die Sekunde der Entscheidung.
T2:	Ip. = M1	
	Wortlaut = M1, ausser I,3, II,1, und:	
	V,2	Gärten des Todes
T3:	Ip. = M1	
	Wortlaut = M1, ausser I,3, und II,1	

T4:	I,1/2	Rot / meiner Augen
Ho:	I,3	Wanderung –[,]
	V,1	Echos,
LüD:	Ip. = Ho	
	IV,3	in der ⟨Druckfehler⟩ Abgrund

S. 316	**Stilleben**
Ü:	T, 1 S., hs. korr. (T1 + T2 = TE)
ZE:	⟨Herbst–Ende 1951⟩
D:	T2, uv.

| T1: | I,3/4 | zweigt / in eine andre Weise – |
| | III,4 | grüsst, zerstiebend Chorgestühl. |

S. 317	**Linie**
Ü:	T, 1 S., hs. korr. (T1 + T2 = TE)
ZE:	⟨Herbst 1951⟩
D:	T2, uv.

| T1: | II,7 | zum Munde |

S. 318	**Herbstsonne**
Ü:	T, 1 S., hs. korr. (T1 + T2a)
	T, 1 S. (T2b)
ZE:	⟨Anfang Oktober 1951⟩
E = EB:	Wä, S. 41 (= T2a)
D:	T2a
AH:	V,5/6 (7/8), von T2b in *B von RS,* 18.10.1951 (uv.). T2b ehemals im Besitz von RS.

T1:	Ip.	
	V,5/6	– dann dieses Handeln / still verwandeln …
T2b:	I,5	Tortentraum: 6 braun –
	II,3–6	Bruch, das Licht, / der Geigenschöne – / So tönt die Liebe. / Herbst, zerstiebe!
	III,1	doch –, am Ende 3 erfände[,] 4 traf,
	V,1	[«]Verklärungsrausch 2 gut [–]: 4 Blut –[«]
		5/6 Und solches Handeln, / Bittermandeln, (7/8) eins zu zehn, / überstehn –.

S. 320	Die Wolke ist verflogen	
Ü:	T, 1 S., hs. korr. (T1 + T2 + T3 = TE)	
ZE:	⟨Herbst 1951⟩	
E = EB:	Wä, S. 42 (= T3)	
D:	T3	
T1:	II,5	So hört der 6 die Blätter falln wie Gift
	III,7	Zwischen des Tages 8 versinkt die
T2:	II,5	So spürt der
S. 321	Morgenröten	
Ü:	T, 1 S. (TE)	
ZE:	⟨Ende Juli–Anfang August 1951⟩	
E = EB:	Wä, S. 43 (= T)	
D:	T	
S. 322	Tief wird es blauer ...	
Ü:	T, 1 S., hs. korr. (T1 + T2a)	
	T, 1 S. (T2b)	
ZE:	⟨Anfang November 1951⟩	
E = EB:	Wä, S. 40 (= T2b)	
D:	T2b	
AH:	T2b in *B an RS,* 10.11.1951, II, S. 360f.	
T1:	Ip.	
T2a:	IV,2	Pracht ...
	V,2	aus: 5 hinaus –
S. 323	Cézanne 1877/78	
Ü:	T, 1 S. (TE)	
ZE:	⟨Herbst–Ende 1951⟩	
D:	T, uv.	
AH:	Auslöser dieses Gedichts war AXGs Lektüre des Bandes – Paul Cézanne: *Briefe,* Erlenbach 1939 –, den er am 8.9.1951 erworben hatte.	
	B an RS, 8.9.1951, II, S. 321: «Die Cézanne-Briefe, ein seltener Fang, gingen mir heute ins Garn; mit Photos besser Daguerrotypien des Meisters –. Ich schätze ihn sehr – nicht nur der Bilder wegen, sondern um seiner, ich möchte sagen: Gesetzmässigkeit willen, die ihm galt und keinem nach ihm – und vor ihm nicht war.»	

Gedichte (1952)

S. 327	Auf einem helvetischen Ziegel aus dem Jahre 1952
Ü:	M, 1 S., korr., dat. 1.10.1951 (M1 + M2)
	T, 1 S., hs. korr. (T3 + T4b + T5 + T6)
	M, 3 S. (M4a)
	T, 1 S. (T7 = TE)
ZE:	1. Oktober 1951⟨–Anfang 1952⟩
E = EB:	Wä, S. 77 (= T7)
D:	T7
AH:	M1 + M2 in *MTb.*, 1.10.1951 (uv.). M4a in HAG. M4a ev. V von T3. Gemäss ZE von M1 + M2 sind die früheren F, trotz des Tit. von T7, 1951 entstanden. Da M1 + M2 in *Prosa*F, werden die Unterschiede in Sb., Zb. und Ip. nicht erfasst.

II,6 Gestern die Schwerter zu halten:
Vgl. das Gedicht «Dennoch die Schwerter halten» und die gleichlautende Z. (VI,3) darin. In: Gottfried Benn: *Gedichte in der Fassung der Erstdrucke*, Frankfurt am Main 1982, S. 245.

M1:	Tit.	[Auf einem helvetischen Ziegel aus dem Jahre 1952]
	I,(1/2) =	
	II,15/16	Und wem da noch Hoffnung blieb, dem / sei die Enttäuschung verziehen.
	I,2	ihr da eingeht 3 des Militärs 5/6 und [der Geschütztürme] tödliche Wolken / rollen [übungshalber] 7 Namenlos bellen 9 ein neues Gefängnis 12/13 die Ideen einer anderen / Welt. [jenseits des militanten Zerfalls.]
	II,2	schon sich [zu] bewegen 4 Takte schlagen [müssen] im Pfiff 6/7 die Schwerter [zu] halten / war noch verzeihlich – 8–11 denken / heisst untergehn –: [Zu Flaggen] gespalten, / zerrissen, / zersetzt – 12/13 Noch eine Sünde gibt's: die Geburt – noch / eine Hoffnung 14 hier, heute mitten in Europa 15/16 Doch wem da noch ... [Hoffnung, dem / sei die Enttäuschung verziehn.]
M2:	Tit. = M1	

	Wortlaut = M1, ausser I,5, und:
	II,9–11 Von Flaggen gespalten, / von Winden zersetzt und mit eisernen / Kreuzen zerrissen.
	14 heute inmitten Europas
T3:	Tit. Auf einem [helvetischen] Ziegel aus dem Jahre 1951
	Sb., Zb. und Ip.
	I,3 des Militärs 6 rollen [übungshalber] 9 ein neues Gefängnis 13 Welt, [jenseits militanten Zerfalls.]
	II,2 schon sich [zu] bewegen 4 Takte schlagen [müssen] zum Pfiff 6/7 die Schwerter [zu] halten / war noch verzeihlich 9–11 heisst untergehn – Von Flaggen gespalten, / von gelben Winden zersetzt und mit eisernen / Kreuzen zerrissen. 12/13 noch / eine Hoffnung 14 heute, mitten in Europa … 15 Hoffnung blieb, dem
M4a:	Tit. Auf einem helvetischen Ziegel aus dem Jahre 1951
	Utit. in sogenannter lateinischer Schrift
	Wortlaut = T3, ausser II,14, und:
	I,1 Hoffnungen 12 die Ideen
	II,9–11 Von Flaggen gespalten, / von gelben Gasen genährt und mit eisernen / Kreuzen beglaubigt. 13 Hoffnung doch: den Tod
T4b:	Tit. und Utit. = M4a
	Sb., Zb. und Ip. = T3
	I,3 des Militärs 6 rollen [übungshalber] 13 Welt, [jenseits militanten Zerfalls.]
	II,2 schon sich [zu] bewegen 6/7 die Schwerter zu halten / war noch erklärlich 10 von gelben Winden ernährt ⟨üdZ.⟩ 11 Kreuzen beglaubigt. ⟨ndZ.⟩
T5:	Tit. und Utit. = M4a
	Sb., Zb. und Ip. = T3
	Wortlaut = T4b, ausser II,10, und:
	II,11 Kreuzen gefoltert. ⟨neben «beglaubigt»⟩
T6:	Tit. und Utit. = M4a
	Sb., Zb. und Ip. = T3
	Wortlaut = T5, ausser II,11

S. 328		Von letzten Dichtern
Ü:		T, 1 S., hs. korr. (T1 + T2)
ZE:		⟨Januar 1952⟩
D:		T2, uv.
AH:		T2 ist vermutlich der in T1 von «Von letzten Dichtern» in TLüD, I, S. 102, erwähnte «Epilog». Siehe dazu Anm., S. 223f.
T1:	Tit.	Die letzten Dichter
	Ip.	
	I,1	Ein Licht \ Wort ⟨üdZ.⟩ zum Beispiel
	III,1	Denn ihr Wort 3 es wob sich 4 nur wir sehn 5 am Strom

S. 329	Auftakt zum Tag
Ü:	T, 2 S. (T)
ZE:	⟨Anfang Februar 1952⟩
D:	T, uv.
AH:	Hs. Anm. von AXG auf T: «‹Städtische Dithyramben› mit Entwurf der Einleitung. ⟨üdTit.⟩ Aber nur unter uns! Wahrscheinlich wird man dafür sehr ausgepfiffen!» T als Beilage in verlorenem B an RS, ⟨Anfang Februar 1952⟩. Als Einleitung für den Gedichtzyklus «Städtische Dithyramben» oder «Rausch. Städtische Dithyramben» vorgesehen. T ist eine frühere F von «Präludium» in «Ein Abend, eine Strasse und ein Mittag in der City», I, S. 332f. Siehe dazu AH, S. 316f. B an EJ, 1.2.1952, II, S. 384: «Bin unterwegs – *Land über Dächer* beendet – das nächste, ganz unvermittelt, über dessen Art Sie zu mir sprachen: ‹Städtische Dithyramben›. Rechne Ihnen bald eine Probe vorlegen zu können. Inzwischen abendliche Gänge, um das ‹Milieu› einwirken zu lassen.» B von RS, 13.2.1952 (uv.): «Ihr Entwurf zu ‹Städtischen Dithyramben› hatte für mich etwas Schönbergisches in der Musikalität; hors d'œuvre bürgerlicher Konzeption anti-bourgeoisienne, auch fiel mir Werfel ein mit ‹will denn der Zug, der Zug nicht endlich fahren? Gott! – eine Zigarette! Der Mensch ist stumm ...›» B an RS, 2.3.1952 (uv): «Die ‹städtischen Dithyramben› sind natürlich in ihrer anfänglichen Konzeption bereits verworfen; nehmen nun keinen durchgehenden Verlauf mehr –, sind jetzt kürzere und längere Stücke, die sich aber umso mehr ‹verdichten›.»

S. 331	**Zauber**
Ü:	T, 1 S., hs. korr. (T1 + T2)
ZE:	⟨Februar 1952⟩
D:	T2, uv.
AH:	T2 ist eine frühere F oder V des Teils I von «Ein Abend, eine Strasse und ein Mittag in der City», I, S. 333–336. Siehe dazu AH, S. 316f.

T1:	Ip.	
	I,2	Kristallen, schlief
	IV,2	ins letzte Gebirge

S. 332	**Ein Abend, eine Strasse und ein Mittag in der City**
Ü:	T, 10 S., hs. korr., dat. Frühjahr 1952 (T1 + T2)
	T, 10 S., hs. korr.; im Besitz von DLAKK (T1 + T3)
	T, 2 S. (T4a von Teil I)
	T, 7 S., hs. korr. (T4b + T4c)
	T, 7 S. (T4b)
ZE:	⟨**Februar**⟩–Frühling 1952
E:	Ein Abend, eine Strasse und ein Mittag in der City. Dem Schweizer Lyriker Alexander Xaver Gwerder – zum 30. Geburtstag am 11. März 1953. Mit einem Holzschnitt von Rudolf Scharpf und Beiträgen von R. Scharpf, K. F. Ertel und Wolfgang Bächler. – Heidelberg: 1953 (= Profile. Bühne der jungen Dichtung. Hg. von Rudolf Wittkopf, III)
EB:	LüD, S. 14–23
D:	T4b
AH:	Hs. Anm. von AXG auf T1 + T2, ehemals im Besitz von RS: «Für Rudolf Scharpf». Hs. Anm. von AXG auf T1 + T3: «Ein Versuch, der schon einige Zeit herumliegt; fertig etwa seit März. Der Zeilenumbruch ist noch verändert worden. Was meinen Sie dazu?» Da T4a von Teil I als *Prosa*F in TMa, II, 171,12–173,7 (siehe dazu AH, S. 366f.), enthalten ist, wird sie ausnahmsweise auch erfasst.
	Ursprünglich war unter dem Tit. «Städtische Dithyramben» oder «Rausch. Städtische Dithyramben» ein Gedichtzyklus mit «durchgehendem Verlauf» geplant, mit einer früheren F von «Präludium» in T4b, «Auftakt zum Tag», als Einleitung. Der Zyklus sollte als Teilstück u.a. «Intime Ausstellung» enthalten. Dieses wurde später zu einem selbständigen mehrteiligen Stadtgedicht, während der vorliegende Text die Idee der

«Städtischen Dithyramben» als längerer Gedichtzyklus zum Thema Stadt unter anderem Tit. umsetzte. Siehe «Intime Ausstellung» in TLüD, I, S. 106ff., und dazu AH, S. 225; «Auftakt zum Tag», I, S. 329f., und dazu AH, S. 315; «Zauber», I, S. 331, und dazu AH, S. 316.
B an RS, ⟨12.4.⟩1952, II, S. 397: «Eine verrückte Folge von Verrücktheiten soll mich bei Ihnen (beigelegt) ⟨T1 + T2⟩ ersetzen über die Zeit Ihrer Ausstellung. Aber behalten Sies bei Ihnen. Es war zu schlimm, als dass ich mir selber traute dabei.» *B von RS*, 16.4.1952 (uv.): «Ihre aussergewöhnlichen Verse drängen zu alsbaldiger Erwiderung ... Ihre Worte und Bildungen, diese Bilder der Grossstadt, der Welt unseres Da-Seins, prägen sich am Ende jenes idiotischen «Zéro millimètre» ⟨in: III: III,9/10⟩ wie mit glühendem Eisen ein, als wären alle die Kaskaden zuvor, die glanzvollen Erfindungen und tiefe-triefenden Funde, nur erschaffen als Bett und Begleitung jenes sterotypen Ausspruchs, alle Düfte und Gedichte Europas am Ende nur Mündung in dieses? O, Zéro millimètre, widerlicher Nachhall! In Wahrheit aber bist du ein Flug zwischen den Zähnen des Räderwerkes dieser Gegenwart, vielleicht das Sandkorn, durch welches die ganze jämmerliche Maschinerie zum Stokken kommen könnte – Keine Stimme hinter dem Vorhang, am hellichten Nachmittag wirst du uns mit der zynischen Gelassenheit, von Berufs wegen, uniformiert und gesalbt, wie ein elftes Gebot vorgebetet. – Wohin kam jener Hauch einer Locke im Wind, die leichte Sohle des Hintritts am Schotter der Geleise entlang? ⟨Vgl. II: VIII,8–11: ‹schon war man drüben, kniend / auf dem Schotter, sprang Schwellen entlang, geräuschlos / in Turnschuhn – dann rechts in die Büsche, wo die Geleise / so seltsam im Monde durchschimmerten ...›⟩ Eine lichte Gestalt verweht, nebelhaft, das Gebot des Kahlgeschorenseins aber besteht, in einer starren Wolke aus eisernem Atem.»

I: II,2 Sidi-Bel-Abbès:
   Vor 1960 Hauptgarnison der franz. Fremdenlegion in Algerien.
I: II,7 «Fleurs du Mal»:
   Siehe AH zu «Unter Brücken», S. 221.

I: III,12 «Hôtel du Nord»:
   Siehe AH zu TMa, S. 367.

II: I,4 Rheila, Rinetta, Raulur:
: Siehe «Verse für Rheila», I, S. 173f., und dazu AH, S. 263.
II: II,5 Sing-Sing:
: Volkstümlicher Name des Staatsgefängnisses von New York in der Stadt Ossining, die früher Sing Sing hiess.
III: II,6 Sand: Georges Sand (1804–1876), franz. Schriftstellerin. Freundin von Chopin. Verbrachte mit ihm den Winter 1838/39 auf Mallorca. Chopin, einer der «Lieblingskomponisten» AXGs, schrieb dort die meisten «Préludes», auf deren «Stimmung» einzelne Z. im Teil III versteckt anspielen.
III: II,8 Butterfly:
: *Madame Butterfly* (1904), Oper von Giacomo Puccini (1858–1924).
III: II,10 Kein Wäldertraum spülte ihm Licht:
: Vgl. das Gedicht «Wäldertraum», I, S. 364f., und dazu AH, S. 327.
III: VI,2/3 die Brücken von San Luis Rey:
: Anspielung auf *Die Brücke von San Luis Rey* (1927), Roman des amerik. Schriftstellers Thornton Wilder (1897–1975).

T1:	Sb. und Zb. = T2; Ip.	
	Prälud. VI,9	kennt des Alltags
I:	III,3	Dschungel[n]
	IV,9	mit Stola
	VIII,7	in Trümmern brechende Halme
II:	I,1	Während der bleiche Tagmond
	II,5	ging die Drehorgel los, die Wirbel der Niggerband, Röhren
	IX,4	klirrte die eherne Schlange
T2:	Sb. und Zb. = T1; Ip.	
	Wortlaut = T1	
T3:	Sb. und Zb. = T1; Ip.	
T4a von I:	Tit.	Ein Abend in der City
Sb., Zb. und Ip.		
I:	I,10	an ihre Fahne
	VII,4	der Illusion.
	VIII,5/6	kippende Dochte paarweis (/) in den Wind getrieben 7/8 Dann drinnen trümmerbrechende Halme, das Knirschen der Gehäuse / und [drinnen noch] weiches Fleisch

T4c:	Tit.	[Ein Abend, eine Strasse und ein Mittag in der City] ⟨?⟩
	Tit. Prälud.	Ouvertüre
Profile:	Prälud. I,1	zuhause
	6/II,1	Stirn ... [//] Dieser lächelt: [«]Hallo chérie![«]
	II,2	[«]Gott, bist du's?[«]
I:	I,7	Vergeltung, 10 Fahnen
	II,2	Siddi-bel-abbes 7 «Fleurs du mal»
	III,12	«Hotel du nord»
	IV,8	behängt[en] sich
	VI,5	indess
	VII,1	[«] Nimm 2 Wahnsinn[«] 3 [«] heut Ausverkauf[«] ...
	VIII,3/4	Morgen (...) Flut, / Der ⟨Druckfehler⟩ Ball
II:	II,5	Singsing 14 frem[d]ländischer ⟨Druckfehler⟩ 16 Schiefer[–]
	V,7/8	riss (//) Das geheime Elend
	VI,10	mehr,
	VII,3	Pfarrers, 5 andres,
	VIII,3	Abgründe[,] 17 ward.»
	VIII,21/ IX,1	Folterfeuer.[«] [//] Vergeblich ...
III:	I,1	ein[e] ⟨Druckfehler⟩ Sonne
	I,8/II,1	Linnen ... [//] Vor und zurück
	II,11	irgend[–] 12 eigener[,] 13 Rot[,]
	III,5	«ewiger Werte» 7 hier, 8 «ins Auge uns fassten» 10/11 beliebte, / So ⟨Druckfehler⟩
	V,3/VI,1	weiter – [//] Seine Hand
	VI,3	Louis Rey
LüD:	Prälud. I,1	zuhause 2 sammelt –[,]
	I,6/II,1	Stirn ... [//] Dieser lächelt
	II,3	Fähre –[,] 4 Paris –[,]
	III,2	Stamm –[,]
	VI,9	Hand[–],
I:	I,7	Vergeltung,
	II,7	«Fleurs du mal»
	III,10	Papier –[,] 11 Verse –[,]
	VI,5	indess 6 dazu,
	VII,5	glaubte, 6 haben,
	VIII,2	Hof –[,] 4 Leiche –[,] 6 Alltags –[,]

II:	I,6	sägte[–],
	I,10/	
	II,1	Trauer [//] Irrsinniger Schlaf (...) Flügeltür –[,]
	II,3/4	oben, [/] von der stiebenden Tenne
		5 Singsing –[,] 14 Spiele: –
	II,21/III,1	bringen. [//] Opiumball
	III,5	Buddhen –[,] 6 Felgenriss –[,]
	V,7	verlegen
	VII,3	Pfarrers,
	VIII,7	kannte –[,] 8 sehr –[,]
	IX,3	Treppe,
III:	I,4	erwachte[–],
	I,8/II,1	Linnen ... [//] Vor und zurück
	II,7	mediterran –[,] (...) auch[,] 11 irgend[–]
		12 eigener[,] (...) helfen: 13 Rot[,]
		14 Geström,
	III,3	Lebens –[,] 7 hier, 11 so[,] 14 schicken –[,]
	V,3/VI,1	weiter – [//] Seine Hand
	VI,2	Blindheit[–], 3 Louis Rey reissen[–],

S. 343	**Aurora in Zürich**
Ü:	T, 1 S. (TE)
ZE:	⟨Januar–Frühling 1952⟩
E = EB:	LüD, S. 9
D:	T
AH:	T in TStNSR.

LüD:	I,2/II,1	Rosenelement! [//] Das frühste Tram
		2 Ornament –
	II,3	[–] Durch 4 Duchten,
	III,5/IV,1	Karawanen – [//] Tauben fallen

S. 344	**Frühlicht**
Ü:	T, 1 S., hs. korr. (T1 + T2 + T3 = TE)
ZE:	⟨Frühling 1952⟩
E = EB:	Wä, S. 49 (= T3)
D:	T3

T1:	Ip.	
	I,3/4	den Gittern von Terrassen / rat ich den Schattensinn ...

	II,3	da frischer Stein
	IV,2	Warf wer den Speer zu weit?
	V,4	grinst Tag vom fünften \ sechsten ⟨udZ.⟩
T2:	I,4	entlock ich Rätselsinn ⟨udZ.⟩

S. 345 **Verliebter Morgen**
Ü: T, 1 S., hs. korr. (T1 + T2)
 T, 1 S. (T3 = TE)
ZE: ⟨Frühling 1952⟩
D: T3, uv.
AH: T3, im Wortlaut leicht verändert, als *Prosa*F in TMa, II, **181**, 1–15. Siehe auch dazu AH, S. 366f.

T1:	Tit.	Andere Welt
	Sb., Zb. und Ip.	
T2:	Sb., Zb. und Ip. = T1	

S. 347 **Flieder**
Ü: T, 1 S. (Ta)
 T, 1 S. (Tb)
ZE: ⟨Ende April–Anfang Mai 1952⟩
E: NZZ, Literatur und Kunst, Silvesterausgabe, 31.12.1967, Nr. 5598
EB: Wä, S. 67 (= Tb)
D: Tb
AH: D für E ev. eine weitere, verlorene F? I,2–5, im Wortlaut verändert und in anderer Reihenfolge, als *Prosa*F, in TMa, II, **161**,27ff. Siehe auch dazu AH, S. 366f.

Ta:	I,1	Doldenmoor –[,] 2–6 Segel (/) und [/] ein blauer Pulp [/] (du schauerst) (/) spürt kühlen Blickes [(du schauerst)] [/] so Düfte, (/) Pläne von Nie-mehr-zu-Bauendem / auf –[,] (/) … was wirst du
	II,1	Vergessen –[;] 2 Echo[,] 3 an[,] 5 anderen – früher –[,]
	III	So weit warst du nie!
	IV,1	sich. Schlaf[,] 2/3 weiss (/) was dir morgen [/] blüht.
NZZ:	I,3	ein blauer Pulp 5 –bauendem
	II,1	Vergessen. Höhnisch 3 an[,]

	II,5/III	doch ... [//] ... so weit gingst
	IV,1	Schlaf –, 3 blüht.

S. 348	**Frage nicht**
Ü:	T, 1 S., hs. korr. (T1 + T2a)
	T, 1/2 S.; im Besitz von SLAEJ (T2b)
	T, 1/2 S. (T3)
	T, 1 S. (T4)
	T, 1 S. (T5 = TE)
ZE:	⟨**Ende April**–Anfang September 1952⟩
E = EB:	Wä, S. 66
D:	T5
AH:	T2b und «Blick in die Nacht», I, S. 112, auf gleichem Bl. Siehe dazu Anm., S. 228. T3 und «September-Bucht», I, S. 367, auf gleichem Bl. Siehe dazu Anm., S. 328f. T4 in TStNSR. T5 in TStA.

T1:	Ip.	
	I,4	nimm du
	II,4	wird dürres Blatt
T2a:	Ip.	
	I,4	nimm du
T2b:	Ip.	
	Wortlaut = T2a	
T3:	Ip.	
T4:	Tit.	Frage nicht –
	Ip.	
Wä:	II,4	Hingelegtes

S. 349	**Conca d'or**
Ü:	T, 1/2 S.; im Besitz von SLAEJ (T1)
	T, 1 S., hs. korr. (T1 + T2)
	T, 1 S., hs. korr. (T3 + T4)
	T, 1 S. (T5 = TE)
ZE:	⟨**Frühling**-Anfang September 1952⟩
D:	T5, uv.
AH:	T1 und «Tempeltanz», I, S. 350, auf gleichem Bl. Siehe dazu Anm., S. 323. T3 + T4 in TStNSR. T5 in TStA.

Tit. Conca d'or:

  Vgl. «Die Dänin» (= II,1–4) in Gottfried Benn: *Gedichte in der*

Fassung der Erstdrucke, Frankfurt am Main 1982, S. 168: «meerisch lagernde Stunde, / Bläue, mythischer Flor, / eine Muschel am Munde, / goldene Conca d'or –».

T1:	Ip.	
	IV,3	der Stunde Trost für den
T2:	Ip.	
	Wortlaut = T1	
T3:	Ip.	
	Wortlaut = T1	
T4:	Wortlaut = T1	

S. 350	**Tempeltanz**
Ü:	T, 1 S., hs. korr. (T1a + T2a)
	T, 1/2 S., hs. korr.; im Besitz von SLAEJ (T1b + T2b)
	T, 1 S.; im Besitz von DLAKK (T2c)
	T, 1 S. (T3)
	T, 1 S. (T4 = TE)
ZE:	⟨**Juni**–Anfang September 1952⟩
E = EB:	Dä, S. 27
D:	T4
AH:	T1b + T2b und «Conca d'or», I, S. 349, auf gleichem Bl. Siehe dazu Anm., S. 322f. Hs. Anm. von AXG auf T2c: «Mit Dank für Ihre liebe letzte Postkarte! Welch ein Dahindämmern sonst, auf einen Sommer zu, von dem man auch nichts rechtes erwartet.» T3 in TStNSR. T4 in TStA.

T1a:	Tit.	Tempeltänzerin
	Ip.	
	II,1	ein Grauen glitte
T1b:	Tit. = T1a	
	Ip.	
	Wortlaut = T1a	
T2a:	Tit. = T1a	
	Ip. = T1a	
T2b:	Tit. = T1a	
	Ip. = T1b	
T2c:	Tit. = T1a	
	Ip.	
T3:	Ip.	
Dä:	II,2	Unerfülltes, (...) verlor –[,]

S. 351		Versteinerung
Ü:		T, 1 S., hs. korr. (T1 + T2 + T3 + T4 = TE)
ZE:		⟨Frühling–Sommer 1952⟩
E = EB:		Wä, S. 50 (= T4)
D:		T4
AH:		Tit. von T2 ev. von T3 oder Tit. von T3 ev. von T2.
T1:	Tit.	Steingänger
	Ip.	
	I,1–3	Tauben, / letzte Kinder, Ball im Spiel – / Wir
	II,3	Aus Tempelfluten
	III,4	Keller, Tod des Tiers?
	V,1	Zum Rätsel zwischen Stein und Stunde
		2 ward der Schritt von dir zu mir –
		3 Wunde[n]
T2:	Tit.	Auf einem Steinfries ⟨üdTit.⟩
	V,1	das Rätsel jeder Stunde ⟨üdZ.⟩
T3:	Tit.	Aus einem Fries ⟨udTit. Ev. Utit. von T1?⟩
	V,1	das Rätsel jener Stunde ⟨über «jeder»⟩

S. 352		Sommerkraut
Ü:		T, 1 S. (TE)
ZE:		⟨Juli 1952⟩
E = EB:		Dä, S. 7 (= T)
D:		T
AH:		T in TStNSR; identische Abschrift von T in TStA.

S. 353		Pappel
Ü:		M, 1 S.; im Besitz von DF (M1)
		T, 1 S. (T2 = TE)
ZE:		⟨Anfang August 1952⟩
D:		T2, uv.
AH:		M1 in verlorenem *B an EMD*, 5.8.1952. T2 in TStA.
		B von EMD, 6.8.1952, II, S. 419: «Das Gedicht ist schön und ganz anders als alle!» *B an EMD*, 10.8.1952, S. 420: «Dass die ‹Pappel› Ihnen gefiele, mochte ich freilich nicht vorauszusehen, es war mir nachher nicht ganz wohl dabei und sie hat tatsächlich noch Änderungen erfahren.»
M1:	III,1	Durch die Woge

S. 354	**Rondo**
Ü:	T, 1 S. (Ta)
	T, 1 S. (Tb)
ZE:	⟨Ende Juli–Ende August 1952⟩
E:	NLW, 4. Jg., 10.6.1953, Nr. 11, S. 5
EB:	Dä, S. 33 (= Tb)
D:	Tb
AH:	Ta in TRVF. Identische Abschrift von Ta und «Ein Parzenlied», I, S. 125, auf gleichem Bl. Siehe dazu Anm., S. 243. Tb in TStNSR; identische Abschrift von Tb in TStA.

Ta:	I,2	Geh! Es hat keinen Zweck –
NLW:	I,1	gestorben[.]
	III,3/4	Fähre, / Im ⟨Druckfehler⟩ Wind

S. 355	**Man wird es sehen, es hat nicht gereicht**
Ü:	T, 2 S., hs. korr. (T1 + T2 = TE)
ZE:	⟨Frühling–Sommer 1952⟩
E = EB:	Wä, S. 81 (= T2)
D:	T2

T1:	I:	II,3	von Kronen

S. 357	**Homo Helveticus**
Ü:	T, 2 S., hs. korr. (T1 + T2)
	T, 2 S. (T2 = TE)
ZE:	⟨Ende Juli–Mitte August 1952⟩
E:	Die WochenZeitung, 2.2.1990, Nr. 5
EB:	Wä, S. 79/80 (= T2)
D:	T2
AH:	E mit Kommentar vom H. Der Text ist vermutlich nach der Ablehnung u.a. von «Hauptmann Sack» durch die ⟨Tat⟩ am 25.7.1952 und ev. der Parodie des Gedichtes «Morgen in Aussersihl» in der ⟨Zürcher Woche⟩ vom 1.8.1952 entstanden. Siehe auch AH zu «Hauptmann Sack», S. 338ff., und zu «Vom Geiste Zürichs», S. 364ff.

T1:	V,4/5–(6)	Rücken (Hosianna!) der Bundessklaven / der Nationalsträflinge in beissenden Futteralen (/) des Vaterlandes [Hosianna!] tanzen zu lassen

WOZ:	I,6	W.K.,
	V,2	Griff[,]
	VII,3	Neuro-rustical-gemisch

S. 359 **Auszug, Besinnung und Heimkehr**
Ü: T, 3 S., hs. korr. (T1 + T2)
T, 1 S., masch. korr. (T3 = TE)
ZE: ⟨Anfang August 1952⟩
D: T3, uv.
AH: Auf T3, ehemals im Besitz von RS, hs. Anm. von AXG: «denen gewidmet, die *ohne mich* sagen und tun! Vielleicht habt Ihr diese Verse schon erhalten. Was tuts. Ich will sicher sein, dass Ihr sie habt! (Noch in Zürich geschrieben vor der Abreise nach Reigoldswil.)»

T1: Ip.
II: II,4 Trümmern, fruchtlos
III,2 und die Wüste fegt er
T2: Ip. = T1

S. 361 **Herbstliche Terzinen**
Ü: T, 1 S. (T1)
M, 1 S., dat. 13.8.1952; im Besitz von DF (M2)
T, 1 S. (T3 = TE)
ZE: **13. August**⟨–Anfang September 1952⟩
D: T3, uv.
AH: M2 ist in Reigoldswil entstanden und gehört zum Umkreis von TRVF. T3 in TStA.

Motto/I,1 «Eh es schneit, ist auch / dies Lied vergessen.»:
Letzte Z. (= IV,3) aus EMDs Gedicht «An die Parzen» (In: EMD: *Der Silberbecher*, Liestal 1957, S. 14). Vgl. vor allem die erste Str. dieses Textes: «Wenn ihr mir noch diesen Sommer liesset, / diesen letzten, grossen, um zu träumen / unter den vertrauten Lindenbäumen, / noch bevor mein Ohr sich ganz verschliesset» (Zit. nach T im Besitz von DF).

T1: Motto [«Eh es schneit, ist auch / dies Lied vergessen.» Erica Maria Dürrenberger]
Ip.
M2: Ip.

S. 362	**Feuerzauber**
Ü:	T, 1/2 S. (TE)
ZE:	⟨Mitte August–Anfang September 1952⟩
E = EB:	Wä, S. 73 (= T)
D:	T
AH:	T und «Ebenbild», I, S. 123, auf gleichem Bl. Siehe dazu Anm., S. 242.

S. 363	**Mittag**
Ü:	T, 1/2 S., hs. korr. (T1 + T2)
	T, 1 S. (T2 = TE)
ZE:	⟨12. August–Ende August 1952⟩
E = EB:	Wä, S. 89 (= T2)
D:	T2
AH:	T1 + T2 und «Der Zigeuner», I, S. 121, auf gleichem Bl. Siehe dazu Anm., S. 241. T2 in TRVF; identische Abschrift von T2 in TStA und eine weitere mit «Mond», I, S. 86, auf gleichem Bl. Siehe dazu Anm., S. 213f.

T1:	Ip.

S. 364	**Wäldertraum**
Ü:	T, 1 S. (T1)
	T, 1 S., hs. korr. (T1 + T2 + T3 = TE)
ZE:	⟨August–Anfang September 1952⟩
E = EB:	Wä, S. 7 (= T3)
D:	T3

Tit. Wäldertraum:
Vgl. das Gedicht «Gesänge» (= II: II,1): «Die weiche Bucht. Die dunklen Wälderträume.» In: Gottfried Benn: *Gedichte in der Fassung der Erstdrucke*, Frankfurt am Main 1982, S. 47. Siehe auch «Ein Abend, eine Strasse und ein Mittag in der City» (= III: II,10), I, S. 340: «Kein Wäldertraum spülte ihm Licht». *B an RS,* ⟨12.4.⟩1952, II, S. 397: «Als ob ein Urwald, ein Wäldertraum durchbräche, was ist man doch, nichts vegetatives, auch das Denken ist Spiegelung an einer Tränke, wo die Schlangen flitzen. Kondore kreisen vielleicht: zu hoch auch die. Was bleibt ist ein starkes Gefühl, das Dasein an der Cigarette bestätigt, und zum Schluss das Namenlose vor dem Fenster. Nein, die Kulissen ärgern mich –, und

doch: man sieht nackt ohne sie und das ist schwerer zu überstehen.»

T1:	Ip.
	I,3 Zu lang schon
	II,5 blieb wohl:
T2:	Ip. = T1
	I,3 Zu lang doch ⟨ndZ.⟩

S. 366	**Einklang**
Ü:	T, 1/2 S., hs. korr. (T1 + T2b)
	T, 1 S. (T2a)
	T, 1 S. (T2b)
ZE:	⟨**Ende Juli**–Ende August 1952⟩
E:	Heidelberger Tageblatt, 11.3.1953, Nr. 59, S. 6
EB:	Dä, S. 26
D:	T2b
AH:	T1 + T2b und «Ryfenstein», I, S. 128, auf gleichem Bl. Siehe dazu Anm., S. 244. T2a in TRVF. T2b in TStNSR; identische Abschrift von T2b in TStA. E unter dem Tit. «Alexander Xaver Gwerder zum 30. Geburtstag», mit Kommentar von Rudolf Wittkopf.

T1:	Ip.	
T2a:	III,3	allein[,]
Heidelberger		
Tageblatt:	I,2	Stamme [–]
	II,2	Tram.
	III,2	lauert. 4 vereint, so lang das
Dä:	I,1/2	erneuert. / Der 3/4 durchgescheuert. / Ein
	III,4	vereint, so lang das

S. 367	**September-Bucht**
Ü:	T, 1 S. (T1)
	T, 1/2 S. (T2)
	T, 1 S., hs. korr. (T3 + T4)
	T, 1 S., hs. korr. (T3 + T4 + T5 = TE)
ZE:	⟨**Ende April**–Mitte September 1952⟩
E = EB:	Dä, S. 29
D:	T5
AH:	T1 in TStNSR. T2 und «Frage nicht», I, S. 348, auf gleichem

Bl. Siehe dazu Anm., S. 322. T2 ev. frühere F oder V von T1.
T3 + T4 + T5 in TStA.

Tit. September-Bucht:
    Vgl. das Gedicht «Deine Wimpern, die langen ...» (= X,1–4): «Einmal am Ende zu stehen, / wo Meer in gelblichen Flecken / leise schwimmt schon herein / zu der September Bucht.» In: Georg Heym: *Lyrik*, Hamburg/München 1964 (= Dichtungen und Schriften. Gesamtausgabe, Bd. I), S. 316.

I,1 Wir werden immer miteinander sein:
    Vgl. das Gedicht «Der Tod der Liebenden» (= V,1–4): «Wir werden immer beieinander bleiben / im schattenhaften Walde auf dem Grunde. / Die gleiche Woge wird uns dunkel treiben, / und gleiche Träume trinkt der Kuss vom Munde.» In: G. Heym: *Lyrik*, a.a.O., S. 153.

I,2 + III,2 der Tod ist sanft:
    Vgl. «Der Tod der Liebenden» (= VI,1–4): «Der Tod ist sanft. Und die uns niemand gab, / er gibt uns Heimat. Und er trägt uns weich / in seinem Mantel in das dunkle Grab, / wo viele schlafen schon im stillen Reich.» In: G. Heym: *Lyrik*, a.a.O., S. 153.
    Tit. der 1. F dieses Gedichtes: «Der Tod der Liebenden im Meer»!

T1:	Ip.	
	I,2	der Herbst ist sanft
	III,2	der Herbst ist sanft 4 niemand, nicht mehr mein, nicht dein.
T2:	Ip.	
	III,4	niemand –, nicht mehr mein, nicht dein.
T3:	III,4	Es wird stiller sein.
T4:	III,4	Es wird stille sein.
Dä:	I,1/2	sein –[,] / Der
	III,1/2	trinken –[,] / Der

S. 368   **Requiem**
Ü: T, 1 S. (TE)
ZE: ⟨Anfang–ca. 12. September 1952⟩
E = EB: Wä, S. 98 (= T)
D: T

Nachgelassene Übersetzungen

S. 371	Mondsilberfluh – von Paul Verlaine
Ü:	T, 1 S. (TE)
ZE:	⟨14. März 1950⟩
E = EB:	Helvetische Steckbriefe. 47 Schriftsteller aus der deutschen Schweiz seit 1800. Bearbeitet vom Zürcher Seminar für Literaturkritik mit Werner Weber. – Zürich und München: Artemis 1981, S. 83 (T als Faksimile)
D:	T
AH:	III + IV in *B an MR*, 12.3.1950 (uv.).

B an MR, 12.3.1950: «Ich glaube nämlich, die Freiheit der sinngemässen Übertragung sollte durch rhythmische Parallelität berechtigt sein, d.h. zum mindesten die selbe seelische Konstellation wie das Original lautmagisch hervorrufen. ‹La lune blanche› von Verlaine, als Beispiel, das wohl beweist, wie weit unsere Zeit vom geringsten Gefühl für lautmagische Einwirkungen entfernt ist, indem die wörtliche beinahe banale Übersetzung von Hedwig Kehrlis Radio-Vortrag ‹Vom Dauernden in der Zeit› Triumphe feiert: Verlaine: L'étang reflète, / profond miroir, / la silhouette / du saule noir / où le vent pleure // Rêvons: c'est l'heure. Kehrli: ⟨Wortlaut von III + IV siehe unten.⟩ Viel besser Richard Dehmel: ⟨Wortlaut von III + IV siehe unten.⟩ Aber, wo ist die ‹saule noir› und ‹Rêvons: c'est l'heure› –? Unübersetzbar? Warum nicht? Die Sprache allerdings lässt sich übersetzen und damit, meint man, sei alles getan. In Bezug auf Gedichte solcher Art ist jedoch gar nichts erreicht. Das Wesentliche daran ist schliesslich die Stellung des Dichters, des Menschen der das Gedicht tat, indem er sozusagen seine geographische Lage im Reich der Seele bestimmte und welche sich vom Leser nur lautmagisch erfühlen lässt.» *B von MR*, 14.3.1950 (uv.): «Dank auch für die Verlaine-Übersetzungen: die Ihre gefällt mir am besten.» *MTb.*, 15.3.1950 (uv.): «Gestern übertrug ich ‹La lune blanche› Verlaines in sehr gültige deutsche Form. Dieses Gedicht ergriff mich immer wieder, aber wenn ich's in deutscher Fassung zu lesen kriegte, war's jedesmal ein Greuel. Dehmels Variante erschien mir noch als die beste. Daneben übertrugen noch diverse Leute, aber immer ohne Schwingung, ohne seelischen Ort, rein wörtlich und nicht einmal das genau. Sogar mit nachdichterischen

Einfällen verunziert und mit banalen Anläufen zur gewissen Laienrhythmik. (Hedwig Kehrlis ‹Vom Dauernden in der Zeit›)» *B (Kopie) an KK,* 11.8.1950, II, S. 241: «Mein Französisch ist leider, neben der ehemaligen Volksschulausbildung, gänzlich ungenügend. Immer muss ich mit dem Dictionnaire herumlaborieren. Trotzdem regte ich mich einmal furchtbar auf über die, im Classen-Verlag ‹Vom Dauernden in der Zeit› herausgekommenen, Baudelaire-, Verlaine-, Rimbaud-Übersetzungen Hedwig Kehrlis. Beigelegt ist die Reaktion: Ich wollte Verlaines ‹La lune blanche› besser machen. Die Rimbaud-Übersetzungen Walter Küchlers im Lambert Schneider-Verlag, Heidelberg, gefallen mir sehr.» *B von KK,* 14.8.1950, S. 242: «Ein besonderes Lob für die für meinen Geschmack ganz makellose Übersetzung des Verlaine-Gedichtes! Da haben Sie etwas *sehr* Schönes erreicht: denn Verlaine ist besonders schwer ins Deutsche zu bringen. Vielleicht hat das unter den Zeitgenossen am besten Georg v. d. Vring gekonnt, wenigstens was die Übertragung des liedhaften Verlaine angeht.»

Originaltext «La lune blanche ...»:
«La lune blanche / luit dans les bois; / de chaque branche / part une voix / sous la ramée ... // O bien-aimée ... // L'étang reflète, / profond miroir, / la silhouette / du saule noir / où le vent pleure ... // Rêvons: c'est l'heure. // Un vaste et tendre / apaisement / semble descendre / du firmament / que l'astre irise ... // C'est l'heure exquise.»
E in Paul Verlaine: *La Bonne Chanson.* – Paris: Alphonse Lemerre 1870. Aus: *Baudelaire, Verlaine, Rimbaud. Die grossen Dichter der Franzosen.* Hg., übertragen und mit einem biographischen Anhang versehen von Hedwig Kehrli. – Zürich: Classen Verlag 1946 (= Vom Dauernden in der Zeit. Eine Sammlung tröstlicher Dichtung XVII), S. 46.

Vgl. die Übersetzung von Hedwig Kehrli:
«Das weisse Mondlicht / glänzt im Wald; / von jedem Ast / im Laube fällt / ein leiser Laut ... // O Liebste ... // Des Teiches Spiegel / widerstrahlt / das dunkle Bild / der Weide, drin / der Wind wehklagt. // Jetzt ist die Stunde, träumen wir! // Ein weiter sanfter / Friede scheint / herabzuwehn / vom Himmel, den / der Mond verklärt ... // Es ist die Zeit der Seligkeit.»
Aus: *Baudelaire, Verlaine, Rimbaud,* a.a.O., S. 47.

Vgl. die Übersetzung «Helle Nacht» von Richard Dehmel: «Weich küsst die Zweige / der weisse Mond. / Ein Flüstern wohnt / im Laube, als neige, / als schweige sich der Hain zur Ruh: / Geliebte du. // Der Weiher ruht, und / die Weide schimmert / Ihr Schatten flimmert / in seiner Flut, und / der Wind weint in den Bäumen: / wir träumen – träumen – // Die Weiten leuchten / Beruhigung. / Die Niederung / hebt bleich den feuchten / Schleier hin zum Himmelssaum: / o hin – o Traum –»
Aus: Paul Verlaine: *Gesammelte Gedichte*. Hg. von Stefan Zweig. – Leipzig: Insel 1922 (= Werke in zwei Bänden, Bd. I), S. 76.

S. 372	**Ophelia**
	von Arthur Rimbaud
Ü:	T, 1 S., hs. korr. (T1 + T2 = TE)
ZE:	⟨September 1950⟩
D:	T2, uv.
AH:	*B (Kopie) an KK*, 11.8.1950: Wortlaut siehe AH zu «Mondsilberfluh –», S. 331. *B (Kopie) an KK*, 3.12.1950, S. 249f.: «Zeigen möchte ich Ihnen zwei Übersetzungen: ‹Ophelia› und ein Sonett Alfred de Mussets. Die Verse Rimbauds ‹Ophelia› – nun, an Küchlers Übertragungen reichen sie bei weitem nicht was deren Genauigkeit der Bedeutungen und ihre Folgerichtigkeit anlangt. Meine Vornahme ging aber auch nicht dahin, ihn zu übertreffen. Ich wollte die innere Konstellation Rimbauds, seine Abstände zwischen Traum und Rechnung, zwischen Gefühl und Geschehen erforschen, indem ich mich mit allen Werkzeugen der Innerlichkeit in die Situation seiner ‹Ophelia› einliess. Wenn nun auch meine deutsche Wiedergabe nur ein Versuch ist, jene Messungen, jene so schwierig zu sagenden Resultate ins Wort zu bringen, so darf ich mich doch rühmen, als fähiger Leser, der sein Möglichstes tat, zu gelten. Abgesehen davon, dass ich jetzt überzeugt bin, keine wörtliche (im strengen Sinn) Übertragung genüge, um wirklich Rimbaud zu verdeutschen. So dass ich mich ferner wundern darf, was eigentlich die Leute mit den landläufigen Übersetzungen anfangen. – Die Voraussetzungen, um solche Arbeiten überhaupt zu tun, sind zum grössten Teil intuitiver Art; und etwa souveräne Sprachkenntnisse, verbunden mit umfassenden Studien im Sprachgebiet selber, fehlen mir gänzlich. Wie weit nun

solche Wagnisse Gültigkeit haben weiss ich nicht, aber warum auch nicht: Das lehrreiche Spiel für unfruchtbare Tage! Deshalb stammen auch die beiden Arbeiten noch aus der Zeit vor dem Umzug, wo auch die Nationalstrafe dräuend vor der Zukunft hing, und durchaus nichts eigenes aufsteigen mochte.»

Originaltext «Ophélie»:
«Sur l'onde calme et noire où dorment les étoiles, / la blanche Ophélia flotte comme un grand lys, / flotte très lentement, couchée en ses longs voiles. / On entend dans les bois lointains des hallalis. // Voici plus de mille ans que la triste Ophélie / passe, fantôme blanc, sur le long fleuve noir; / voici plus de mille ans que sa douce folie / murmure sa romance à la brise du soir. // Le vent baise ses seins et déploie en corolle / ses grands voiles bercés mollement par les eaux. / Les saules frissonnants pleurent sur son épaule. / Sur son grand front rêveur s'inclinent les roseaux. // Les nénuphars froissés soupirent autour d'elle. / Elle éveille parfois, dans un aune qui dort, / quelque nid d'où s'échappe un petit frisson d'aile. / Un chant mystérieux tombe des astres d'or. /// O pâle Ophélia, belle comme la neige, / oui, tu mourus, enfant, par un fleuve emporté! / C'est que les vents tombant des grands monts de Norwège / t'avaient parlé tout bas de l'âpre liberté. // C'est qu'un souffle, tordant ta grande chevelure, / à ton esprit rêveur portait d'étranges bruits; / que ton cœur écoutait le chant de la Nature / dans les plaintes de l'arbre et les soupirs des nuits. // C'est que la voix des mers folles, immense râle, / brisait ton sein d'enfant trop humain et trop doux; / c'est qu'un matin d'avril un beau cavalier pâle, / un pauvre fou, s'assit muet à tes genoux. // Ciel, Amour, Liberté: quel rêve, ô pauvre Folle! / Tu te fondais à lui comme une neige au feu. / Tes grandes visions étranglaient ta parole. / – Et l'Infini terrible effara ton œil bleu. /// Et le Poète dit qu'aux rayons des étoiles / tu viens chercher, la nuit, les fleurs que tu cueillis, / et qu'il a vu sur l'eau, couchée en ses longs voiles, / la blanche Ophélia flotter, comme un grand lys!»
Aus: Arthur Rimbaud: *Sämtliche Dichtungen. Französisch und Deutsch*. Hg. und übertragen von Walther Küchler. – Heidelberg: Lambert Schneider 1978, S. 24, 26.

Vgl. die Übersetzung «Ophelia» von Walther Küchler:
«Auf stiller, schwarzer Flut, im Schlaf der Sternenfeier, / treibt, einer grossen Lilie gleich, Ophelia, / die bleiche, langsam hin in ihrem langen Schleier. / Man hört im fernen Wald der Jäger Hallala. // So, weisses Traumbild, länger schon als tausend Jahre, / Ophelia auf dem schwarzen Wasser traurig zieht; / ihr sanft verstörter Geist, schon mehr als tausend Jahre, / singt leis im Abendhauche sein romantisch Lied. // Der Wind küsst ihre Brust und bauscht des Schleiers Seide / wie eine Dolde auf, vom Wasser sanft gewiegt, / auf ihre Schulter, leis erschauernd, weint die Weide, / auf ihrer grossen Stirne Traum das Schilfblatt liegt. // Die Wasserrose seufzt, berührt von ihrem Schweben, / zuweilen, aus dem Schlaf in einem Erlenbaum, / weckt sie ein Vogelnest, draus bang sich Flügel heben. / Geheimnisvoll fällt Sang aus goldner Sterne Raum. /// O du, so schön wie Schnee, Ophelia, du bleiche, / du starbest, von einem Strome fortgerissen, Kind! / Denn, leisen Lautes, von der herben Freiheit Reiche / sang in Norwegens hohen Bergen dir der Wind. // Ein unbekannter Hauch hat seltsam arge Kunde, / dein Haar durchwühlend, deinem Träumergeist gebracht; / dein Herz, es fühlte sich mit der Natur im Bunde, / hört' klagen es den Baum im Seufzerlied der Nacht. // Des Meeres toller Ruf, ein Stöhnen, gross und bitter / zerbrach dein Kinderherz, zu menschlich und zu weich; / und eines Morgens im April, ein schöner Ritter / sass stumm an deinen Knien, so verstört und bleich. // Von Himmel, Liebe, Freiheit hat dein Traum gesprochen, / dran, Törin, du zergingst, wie Schnee, von Glut verzehrt. / Erstickt von tiefer Schau ist dir dein Wort zerbrochen. / – Des Alls Entsetzen hat dein blaues Aug' verstört. /// Der Dichter sagt, dass in der Nächte Sternenfeier / du die gepflückten Blumen suchst, dass er gewahrt, / hintreibend in der Flut, auf ihrem langen Schleier, / Ophelia, grosse, weisse Lilie, gebahrt!»
Aus: Arthur Rimbaud: *Sämtliche Dichtungen*, a.a.O., S. 25, 27.

T1:	I:	IV,2/3 Bisweilen entlockt sie irgendeinem Nest / im Schlaf der Erlen leises Flügelflittern
	III:	Z. 4 auf schwarzer Tiefe dich, Lilie, treiben sah ...

S. 374	**Sonett** von Alfred de Musset
Ü:	T, 1 S. (= TE)
ZE:	⟨September 1950⟩
D:	T, uv.
AH:	*B (Kopie) an KK,* 3.12.1950: Wortlaut siehe AH zu «Ophelia», S. 332f.

Originaltext «Tristesse»:
«J'ai perdu ma force et ma vie, / et mes amis et ma gaieté; / j'ai perdu jusqu'à la fierté / qui faisait croire à mon génie. // Quand j'ai connu la Vérité, / j'ai cru que c'était une amie; / quand je l'ai comprise et sentie, / j'en étais déjà dégoûté. // Et pourtant elle est éternelle, / et ceux qui se sont passés d'elle / ici-bas ont tout ignoré. // Dieu parle, il faut qu'on lui réponde. / Le seul bien qui me reste au monde / est d'avoir quelquefois pleuré.»
E in *Poésies nouvelles* (1850). Aus: Alfred de Musset: *Dichtungen. Poésies nouvelles.* Französisch mit deutscher Übertragung von Friedrich Schäfer. – Heidelberg: Lambert Schneider 1960, S. 194.

Kommentare und Anmerkungen zur Prosa (Band II)

Veröffentlichte Prosa zu Lebzeiten (1951/1952)

S. 9   Die Rolf Müller-Mappe
Ü: T, 1 S. (TE)
ZE: ⟨Dezember 1950–Januar 1951⟩
E: Generalanzeiger und Pfälzer Abendzeitung, 29.3.1951, Nr. 73
D: Generalanzeiger und Pfälzer Abendzeitung
AH: *B an KFE,* 7.12.1950 (uv.): «In den nächsten ruhigen Stunden will ich mir die Rolf Müller Wunder und ihr Präludium oder ihre Begleitmusik K. F. Ertels einverleiben, und dann seh ich auch, ob eine Besprechung meinerseits genügen kann. (...) ‹Die alte Musik›, wie ich nach dem ersten Eindruck feststelle, ist geradezu unwahrscheinlich schön. Genau das ist die Art von Malerei, die mir entspricht.»

Tit. Die Rolf Müller-Mappe:
    Rolf Müller-Landau (1903–1956), deutscher Maler und Graphiker: *Lebendige Kunst des Südwestens.* Mit einem Text von K. F. Ertel. – Kaiserslautern: Rohr 1950.

Gen.anzeiger: 9,14   die einem absoluten Anspruch reif sind
                    10,5   einzelner und Masse. Masse. ⟨Druckfehler⟩
                    10,9   dieser [aus] ⟨Druckfehler⟩ Wahrheit

S. 11   **Malerisches Traktat**
Ü: T, 2 S., pag., hs. korr. (T1 + T2 + T3 + T4)
      T, 2 S., pag., dat. Oktober 1951 (T5 = TE)
ZE: Oktober 1951
E: Tat, 3.12.1951, Nr. 5
D: Tat
AH: *B an EJ,* ⟨Anfang Dezember 1951⟩, II, S. 366: «am Sonntagabend sass ich in einem Café der Altstadt; an etwas erhöhtem Platz, so dass ich ohne Anstrengung dem Gespräch, besser, der Debatte von fünf jungen und jüngeren, anscheinend Malern, folgen konnte. Ihr Thema kam mir dabei immer bekannter vor. Es gab zwei, die sich betroffen fühlten und verletzt, indem ein dritter ihnen ihre Bewusstlosigkeit ihrer blossen Inspiration vorhielt. Im Augenblick dachte ich daran, dass ich mich

eigentlich mit ziemlich billigen Gemeinplätzen beschäftige da ja das kürzlich geschriebene ‹Malerische Traktat› gerade davon handle. Aber es kam doch schöner: der obgenannte Dritte zitierte meine eigenen Sätze, was mich alsbald bewog, genauer hinzusehen. Und siehe da, die Überraschung war in der *Tat* gelungen! Ein neues erregendes Gefühl dabei, sich selber im sichersten Inkognito kommentiert und angewandt zu hören. Die Zeit ist natürlich diesem Thema günstig; die Helmhaus-Ausstellung bewirkt, dass sich zum mindesten die Ausgestellten auf jeden Satz in den Zeitungen stürzen, der mit Mal ... beginnt. A propos: Sogar den Schluss, ‹ob Apfel oder Birne›, deuteten sie ganz richtig so, dass es nichts ausmache, welchem ... ismus und welcher Technik ein Kunstwerk entstamme.» *B an RS*, 20.12.1951 (uv.): «Ich verschmähe keineswegs das Gefühl. Was ich im ‹Traktat› sagte, richtete sich als möglichst objektive ‹Subjektivität› gegen hierzulande fast alle Künstler umfassende, billige Überzeugung, das dunkle Biergefühlsel in Pinselschwung zu übersetzen, sei Kunst. Ich kenne den Weg durch diese hoffungsvollen und wohl auch eingebildeten Kulissenwälder des jugendlichen ‹Genialismus›, und deshalb trat ich auch dagegen auf. Sie hätten mich besser verstehen können, hätten Sie einmal unsere fürchterlichen Kunst-Ausstellungen, die Produkte bürgerlichen Alters und die jugendlichen Hingeschmissenheiten ‹bewundert›. Es war vielleicht falsch das ‹Traktat› Ihnen zu zeigen, ohne die Erklärung obiger Kunstzustände beizufügen. Diesen versuchte ich schonend gerecht zu werden.»

T1:	Tit.	[Malerisches Traktat]
	11,1	Gedankengänge über das, was die Maler ohne sich ihrerseits deswegen den Kopf zu zerbrechen, in Wirkung glauben wenn sie ihrem Können obliegen, nachzuziehen, aber, da es
	11,7	Oberfläche anzunehmen
	11,16	zusammengesetzt, und ständig neu aufgeführt
	11,27	Geste bleiben, Ornament einer Leere.
	12,8	Dabei hat die Fähigkeit des Organisierens einen grossen Einfluss. Zwar ist es
	12,15	Übertragung von Gefühl Empfindung in Sichtbarkeit
	12,17	Fähigkeit zu organisieren steht.

	12,24	der Kopf sein, die Hand, um die Wahl vorzunehmen und die Reihenfolgen zu bestimmen.
	12,29	dessen niemand froh sein mag.
	13,1	zurück an ihren Ursprung, oder voraus in ihre möglichen Folgerichtigkeiten zu denken.
	13,7	zwischen chaotischen und organisierten [Kunst]Werken
	13,10	Frucht schmeckt, oder faule Stellen und hinterhältige Wurmgänge aufweist, das mögen wir
	13,13	bleibt sich gleich: es sind doch alles nur jüngere oder ältere Namen.
T2:	11,27	Geste bleiben, Ornament einer Leere.
	12,15	Übertragung von Empfindung[en] in Sichtbarkeit
	12,17	Fähigkeit zu organisieren steht.
	12,24	der Kopf stehen, die Hand, um die Wahl vorzunehmen und die Reihenfolgen zu bestimmen.
	12,29	und jedes wird zum starren Rätsel
	13,1	in ihre möglichen Folgerichtigkeiten zu schweifen
	13,7	zwischen chaotischen und organisierten [Kunst]Werken
	13,13	bleibt sich gleich: es sind doch alles nur jüngere oder ältere Namen für wachsende ⟨?⟩ Schönheiten.
T3:		Wortlaut = T2, ausser 12,29, und:
	13,13	bleibt sich gleich: es sind doch alles nur jüngere oder ältere Namen für schöpferischen Ausdruck.
T4:		Wortlaut = T3, ausser 12,29, und 13,13.
Tat:	12,2	Heraufgeholte und Zurechtgeschmiedete

S. 14 **Hauptmann Sack**
Ü: T, 4 S., pag. (TE)
ZE: ⟨April 1951⟩
E: DL, 15.6.1952, Nr. 7, S. 6
D: DL
AH: B an OS, 5.5.1951, II, S. 278: «Sie schrieben mir einmal von Benn! Nun endlich, vor ca. 14 Tagen, fast durch Zufall, erreichte mich sein Werk! Tatsächlich: Der grösste Lebende – man kann ihn gar nicht hoch genug einschätzen. Und mehr:

Was verachtet und für verrückt gehalten lag (wie besagter ‹Hauptmann Sack›, den ich jetzt ungescheut ans Licht zerren darf) wird durch ihn legitimiert und die brachen Explosionen dürfen sich in offensichtlichen Bildern zur rücksichtslos eigenen Welt entfalten.» *B von EMD,* ⟨Mitte November 1951⟩ (uv.): «Ihr ‹Hauptmann Sack› ist hervorragend! Welche Einfälle und Kombinationen. Doch kommt eine arme Seele sich vor wie in einem riesigen Bahnhof im Morgengrauen allein zwischen rätselhaften Schienensträngen.» *B an EMD,* ⟨Mitte November 1951⟩ (uv.): « Der ‹Hptm. Sack› ist ein Produkt reinster Inspiration. Von 11 – 1 h nachts geschrieben mit fliegender Feder. Dazwischen Kaffee, Cigaretten, Balkon, – ein Blick in den Mond – und weiter. Freilich, angesammelt hat sich vieles im Laufe der teuflischen Trübungen während und nach dem Kriege, aber vielleicht ist er dennoch nur das Ergebnis, das Geschenk jenes Mondes.» *B an EMD,* 11.6.1952 (uv.): «Ich freue mich, dass der ‹Hptm. Sack› den Spiessern in den Traum platzen wird.» *B von KK,* 26.6.1952 (uv.): «Es ⟨Ihr Debut› mit ‹Hauptmann Sack› und ‹Verse für Rheila› in DL, 15.6.1952⟩ steht jenseits der auch bei uns üblichen Windstille, es ist legitime Dichtung d.h. Aufdeckung *unserer* Wirklichkeit, ohne Umschweife, ohne Polituren, ohne Konvention.» *B von EJ,* 25.7.1952, S. 411f.: «Sie haben Benn das Übelste abgeguckt, die Assoziitis. Das ist Dichtkunst der Zwanzigerjahre und ganz und gar überlebt. Die Originalität um jeden Preis liefert für die Dauer keine Werte. Ich bin darüber traurig, dass Sie sich derartigen bengalischen Feuerwerken verschreiben. Der Erfolg soll Sie nicht bestätigen. Sie sind nicht am Ufer angekommen. Der Weg ist nicht abzusehen.» *B an EMD* ⟨Ende Juli 1952⟩, S. 414: «Immerhin habe ich gewusst, dass ich in Helvetien abgesägt würde nach dem ‹Hptm. Sack›. Dieses Prosastück ging noch jedem Militaristen – oder auch Lehrer, oder Hölderlinabschreiber grässlich an die Nieren. (…) Aber zum Glück entscheiden ja nicht die Schweizer Essayisten und nicht die sonstigen Vertuscher und Retoucheure, die ‹beruflichen Dammrissflicker noch vor der Geburt›, wie sie Benn nennt, was Dichtung und was Anpassung ist.» *B an RS,* ⟨1.8.1952 (Poststempel)⟩, S. 418: «man hat mich in der ‹Tat› abgesägt, umgehauen, ausgerissen wie das Auge der Kloepatria ⟨sic!⟩ nach der Lektüre des ‹Hptm. Sack› + Asche. Ohne zu fragen ein persönlich nach Weihnachten gezeigtes Gedicht ⟨‹Morgen

in Aussersihl›) abgedruckt, tiefer gehängt (...) als je eines – ich nat. Hörner gesenkt, Angriff – auf den sie ja warteten um den ‹Hptm. Sack› zu diffamieren.»
Siehe auch AH zu «Morgen in Aussersihl», S. 208.

16,25 La Crau:
Siehe AH zu «Panische Stille», S. 301.

DL: Tit. Ein Tag des Soldaten

S. 18   **Kay Hoff meinte**
Ü: T, 2 S. (TE)
ZE: ⟨Anfang–Mitte Juni 1952⟩
E: DL, 1.7.1952, Nr. 8, S. 8
D: DL

Tit. Kay Hoff meinte:
Kay Hoff (geb. 1924), deutscher Journalist und Schriftsteller.

Nachgelassene Prosa (1946–1952)

S. 23   Stadtgesicht
Ü: T, 6 S., pag. (TE)
ZE: ⟨27. Oktober 1946⟩
E: Po, 6. Jg., 1978, Heft 1, S. 18–20
D: T
AH: Aus Prosaslg. «Mosaik aus Sehnsucht» (= S. 5–10). T, gebunden, pag., 31 S.; die anderen vier Texte sind uv. ZE = Datierung dieser Slg.
B an OS, 14./21.1.1951, II, S. 258: «Was ich ausserdem früher schrieb ist alles viel zu sentimental, zu künstlich, Papierblumen von A bis Z. (‹Mosaik aus Sehnsucht› mit dem Inhalt: ‹Der Nachbar› (idiotisch), ‹Stadtgesicht› (welches noch anginge), ‹Stromboli› (sizilianisch), ‹Der Fremde› (holländisch), ‹Zwei Orchideen› (Tahiti, ein Sohn Gauguins).»

Po: 23,29   seine Blindheit mit nichts vertauschen würde
     24,19   hin-hin ⟨Druckfehler⟩ und her drängend
     24,22   Folge leisten[d].
     25,27   ist [da] ein verhaltenes Glänzen

S. 27   Ohne Titel
Ü: T, 24 S., pag., hs. + masch. korr. (T1 + T2 = TE)
ZE: ⟨Frühling–Ende 1949/1950⟩
D: T2, uv.
AH: Tit. vom H. Vermutlich handelt es sich bei diesem fragmentarischen Text um die im *B an EJ*, 4.7.1949, II, S. 207, erwähnte «Prosaarbeit». Vgl.: «Von der, im vergangenen Frühling begonnenen, Prosaarbeit, die, wie ich glaube, ein Buch aus Innen ergeben wird, lege ich die ersten zehn Seiten dazu. Sie werden darin gleich erkennen, dass ich versuche, eben diesen ruinösen Alltag als Rohmaterial zu verwenden.»

41,6 das Lied von den zwei Grenadieren:
Siehe AH zu «Lorelei», S. 302.

T1:   27,5   abgeändert wird
         27,21   durchaus zu haben ist
         28,22   nachspüre, mit welchem Tun mir von Fall zu Fall die eigenen Irrungen klarer und offensichtlicher erscheinen [lässt]
         28,34   das Gewissen im Laufe der Zeit zur Nachlässigkeit.
         29,3   trotz der leicht schlampigen
         29,15   übrigens auch ohne staatliche Einmischung
         29,17   wo wird ein wahrhaft Menschliches getan ohne Gefühl [als Rückhalt und Hintergrund?]
         29,26   Wo wir selbstlos sein sollten, sind wir unselbständig
         29,28   lächerlicher Neid
         29,31   der zufälligerweise an der heiklen
         30,5   und die [sich ständig vergrössernde] Autoschlange
         30,14   und die sich krampfhaft vorbereiteten Insassen lösten enttäuscht
         30,16   Da schlug sich der Führer an den Kopf, rannte
         30,17   löste die Bremsen, die er vorher vorschriftsmässig angezogen hatte.
         30,21   überqueren zu können oder zu dürfen. Die Strassenbahn rollte schon in
         30,23   die Autoschlange wollte und wollte nicht aufhören.

30,32	Mann wieder ins Gesicht
31,1	die noch nie im Wasser gelegen hatten.
31,2	die Hände des Mannes zitterten, und dann
31,6	Und dann war das Gesicht
31,21	Und die Wahrheit in diesem Falle hätte nur
31,23	eine weitere Lächerlichkeit zu Lasten
31,30	als auf etwas Bleibendes, Unwiderrufliches, ja Ewiges
32,2	als deren Vorrecht beurteilt, das aber abzulegen der Jugend Bestreben
32,21	sie überhaupt wissen, nach was du sie fragst.
32,24	treten; vielleicht aus der vollkommensten Sachlichkeit, [vielleicht als ein Ding jenseits von Tun und Lassen.]
32,29	anwenden bezw. nichts tun, vor sich
33,6	billigster, [greifbarster] Logik der Sachlichkeit entstammen
33,20	sich bei mir als den zur Geltung
33,21	Erwägen, mir voraus ist. Nun, ich gewinne dabei den Teil Glauben zurück, den ich von jetzt an nicht mehr ausgeben muss; aber er verliert dabei sich selbst
33,29	ausschliessliche [bleibende] Produkt
33,33	verleugnet sein wird, will dieser
34,20	für die Blätter und Zweige, für die Blumen
34,29	Beginn einer neuen Seligkeit.
34,33	wie nötig es war
35,27	sicher [so] wertvoller deutbar werden
35,30	über jedem Geschehensablauf zu haben. Ob nicht
35,31	erreicht werden könnte, was
35,32	Dämmerung weit und breit.
36,12	genau [im voraus], wie
36,13	nicht [auch] Ahnungen
36,20	Ich denke dabei \ jedoch ⟨üdZ.⟩ an die
36,23	Gewittern er geladen sein kann.
36,25	Idee heimgesucht wurde
36,32	Daher rührt auch unsere zeitweilige
38,24	Solltest du jedoch fragen, für was
38,33	seine, [oft verschiedenwertige], Meinung, die er (…) in sein Bewusstsein nahm.

	39,3	Er hat nur, was er halten kann, und
	40,26	Möglichste und Erfolgreichste zu sein.
	42,22	von Späteren [ganz] begriffen.
	43,17	als [dessen] Neid.

S. 45　　Seelische Landschaft
Ü:　　T/M, 4 S., pag., hs. + masch. korr. (T1/M1 + T2/M2 = TE/ME)
ZE:　　⟨1949⟩
D:　　T2/M2, uv.
AH:　　Vermutlich handelt es sich bei diesem Text um den im *B an OS*, 14./21.1.1951, II, S. 258, als «längerer, merkwürdiger Traum (leider echt)» bezeichneten.

48,6 Spanien der Seele:
B an Max Baer, 28.8.1949 (uv.): «wäre es nicht besser, wir hätten ein Versteck, ein unbelauertes Stück Leben, von Ländern, die Menschen nicht ertragen, umgeben? (…) Weit in uns, hinter der wechselnden Innung unseres Ichs, beginnt jenes Reich, das ich, Spanien der Seele, nenne und unser ist von Ewigkeit zu Ewigkeit.» Siehe auch «Biographie», S. 41.

T1/M1:	45,8	denn zurück, das fühle ich, kann ich nicht mehr schauen.
	45,17	Rauch. [Rauch in wabernden Windungen.]
	45,19	nicht [mehr] geläufig
	45,22	[Doch] hinaus will ich allerdings nicht
	45,24	Schliesslich sollte man doch meinen, zu einem Schloss
	45,28	Reisen sollte ich, überfällt es mich; und sicher
	45,29	die Fürstin müsste mich
	45,30	Mit mir zusammen –.
	45,31	[Ein riesiger Knoten aus Rauch zuckt (…) vom Schloss keine Spur mehr.]
	47,17	denke ich, muss ich daheim sein.
T2/M2:	46,29	zahllos ⟨?⟩ ⟨hs. Zusatz unleserlich⟩. Eine Strasse
	47,6	Wie ⟨?⟩ ⟨hs. Einschub unleserlich⟩ mit Zäunen

S. 49　　Die Lumpen der Wahrheit
Ü:　　T, 4 S., pag., dat. 28.11.1949 (TE)
ZE:　　28.11.1949
D:　　T, uv.

S. 54		**Brief an eine Namenlose**
Ü:		T, 2 S., pag. (TE)
ZE:		⟨Winter 1949/1950⟩
E = EB:		GgM, S. 55/56
D:		T
AH:		Sehr wahrscheinlich handelt sich bei diesem Text um den im *B an OS,* 14.1./21.1.1951, II, S. 258, bezeichneten «Brief an eine Geliebte».
GgM:	56,2	als sei der Tod
S. 57		**Bitterer Ausschnitt**
Ü:		T, 3 S., pag., hs. korr., dat. 5.1.1950; im Besitz von Hans Hilfiker, Zürich (T1 + T2)
		T, 3 S., pag., hs. korr. (T1 + T3 + T4)
		T, 3 S., pag. (T4 = TE)
ZE:		5. ⟨Februar⟩ 1950
E:		Ho, 5. Jg., Juni 1955, 2. Heft, S. 45–48
EB:		Mög, S. 7–11
D:		T4
AH:		Das Datum von T1 + T2, 5.1.1950, ist vermutlich ein Verschrieb.
		MTb., 8.2.1950 (uv): «Am letzten Sonntag, es war prächtig, hinauszusehen, hielt ich mich vier Seiten lang am Schreibtisch, so müde ich eigentlich war, und schrieb den ‹Ausschnitt›. Ein Spätnachmittag in der Stadt, gesehen von einem einzelnen in jeder Hinsicht. Das Ganze drängt sich um den Ausschnitt im Fernrohr: das typisch Satte, Geordnete der Spiesser. Not, Verzweiflung, doch nur angedeutet vom tiefen Gefühl, umkreisen diesen Ausschnitt.»

T1:	Tit.	[Bitterer] Ausschnitt
	57,18	Es genügt, als visueller Eindruck, als optische
T2:	Tit. = T1	
T3:	57,18	Es genügt, als bewegliches Bild, als geformte Oberfläche die Strasse
Ho = Mög:	57,14	und wenn schon, [geht's mich wirklich an], wird's wohl
	57,21	die Mäntel trägt man am Arm
	58,14	Und wiederhole: «Verstehst du
	58,21	auch das mit dem Fisch

	59,14	das Marionette[nhafte] der spazierenden
	59,23	mir früher eingebläut

S. 61   **November am Fenster**
Ü: T, 3 S., pag., hs. korr., dat. November 1950 (T1 + T2)
        T, 3 S., pag., dat. November 1950 (T3 = TE)
ZE: November 1950
E: Ho, 4. Jg., September 1954, 3. Heft, S. 81–83
EB: Mög, S. 12–15
D: T3
AH: B von MR, 13.11.1950 (uv.): «Der Anfang ist durchaus ein poème en prose. Sehr gut, nach meinem Dafürhalten. Die geschaffene Atmosphäre ist aber sehr empfindlich gegen prosaische Einsprengsel: ich habe am Rande Striche gemacht, wo ich die Höhe nicht durchgehalten finde. Mich stört dann der Übergang in eine Kindheitserinnerung, wo eine berichtende Prosa herrscht, d.h. ein ganz anderes Element als zu Beginn. Man fällt eine Treppe in rasender Fahrt hinunter. Ich glaube, die Erinnerung hätte stärker verwandelt und umgesetzt werden sollen, damit der anfängliche Ton sauber durchgehalten wäre.»

T1:	Tit.	[November] Am Fenster
	61,9	schwingt in ihrem Tonfall [mit] und lässt
	61,11	Verkünder des Nichts, [das nirgends hinzielt], das offensichtliche Plätteeisen des Geistes
	61,14	mit [auf]gespaltener Flamme
	61,18	Ich kann mir vorstellen
	61,20	auffahren, weil ich ihnen sage, wo
	62,30	Mit beiden Händen halte ich einen dicken Pfahl gerade, indes mein Onkel, der Bauer, sich eben anschickt, mit dem riesigen Holzhammer auszuholen, um ihn, gestreckten Armes über sich hinausschwingend, zu wuchtigem Schlag fallen zu lassen.
	63,13	Da kommt gerade jetzt noch ein
	63,19	es ergibt sich dabei der genaue Geruch \ jenes Tun ⟨udZ.⟩ ⟨ergibt dabei den genauen Geruch⟩
T2:	61,12	das unerbittliche Plätteeisen des Geistes
Ho:	61,30	hoch, wechselnd unter
	62,2	an die Scheiben

	62,22	um ihn mit wuchtigem Schlag
	63,3	nach dräuendem Flug
	63,13	Da kommt gerade jetzt wieder ein
	63,18	wusch ich mit Zeigefinger und nassem Schwämmchen über die falschen Ergebnisse auf der Schiefertafel ... Und siehe da, jenes Tun ergab den genauen Geruch
Mög:		Wortlaut = Ho, ausser **61,30**.

S. 64	**Tag und Traum**
Ü:	T, 6 S., pag., hs. korr., dat. 1951 (T1 + T2)
	T, 6 S., pag., dat. 1951 (T3 = TE)
ZE:	⟨Januar⟩ 1951
E:	Ho, 5. Jg., Dezember 1955, 4. Heft, S. 123–128
EB:	Mög, S. 46–53
D:	T3

66,3 es war der Gaurisankar. (Ich weiss, für gewöhnlich heisst er Mount Everest: AXG irrt sich. Der Gaurisankar ist ein 7144 m hoher Gipfel. Er wurde lange Zeit mit dem Mount Everest verwechselt.

T1:	64,28	unter falschem Vorzeichen
	69,2	als geistige Grundanlage im Menschen
T2:	64,28	unter verkehrtem Vorzeichen
	69,2	als geistige Grundanlage im Menschen
Ho:	64,11	von meinen nicht auf die Dauer [nicht] zu verschweigenden Auflehnungen
	67,2	statt sie, ihren Fund zu heben, aufsparten.
	67,21	kippte ein Lastwagen voller Kies dieses aus
	68,13	anderen zu Sinnen zu Bringenden anlangte.
Mög:		Wortlaut = Ho, ausser:
	69,2	Welt, so wissen wir

S. 71	**Von der Nacht**
Ü:	T, 2 S., pag., hs. korr. (T1 + T2 + T3)
	T, 2 S., pag. (T3 = TE)
ZE:	⟨Februar–März 1951⟩
E:	Ho, 6. Jg., Juni 1956, 2. Heft, S. 38/39
EB:	Mög, S. 43–45
D:	T3
AH:	*B an OS*, 26.3.1951 (uv.): «Eine Handvoll Gedichte gabs neu

und zwei Essays, die genau dort beginnen, wo ‹Tag und Traum› aufhört: ‹Über eine Art Rauch› und ‹Von der Nacht›. Ich glaube, dass es mir damit endlich gelungen ist, die tiefgründige Präzision, die mir seit langem vorschwebt, für den Anfang erreicht zu haben.»
Siehe auch AH zu «Über eine Art Rauch», S. 347f.

T1:	71,8	in sichtbar tätige Wirksamkeit versetzt; unsere [eigene] Unschuld
	71,20	Gebete, die erkaltet
	71,23	wie wir versinken, wir wir eindringen in die gläserne Transparenz
	71,25	vergessener Heimat, und wir finden
	71,27	ihren Untergang. [wieder.]
	71,28	nicht diese helle Nachhaltigkeit
	72,7	indem sich unser Gefühl an [ihren] grundlosen Entfernungen, an unklaren Befreiungen [auch] in der Verbannung bestätigt.
	72,10	in ihr [eher] den Glanz
	72,13	als eine Trauer, von der wir nicht sagen können wonach; da die
	72,23	ihre Träume und ihre Klarheiten lediglich
T2:	72,24	lediglich als sagenhafte Erscheinungen gelten
Ho = Mög:	73,2	uns an jene Erfindungen befreiend

S. 74	**Über eine Art Rauch**
Ü:	T, 2 S., pag., hs. korr., dat. März 1951 (T1 + T2)
	T, 2 S., hs. + masch. korr. (T2 + T3 = TE)
ZE:	⟨9.⟩ März 1951
E = EB:	Mög, S. 41/42
D:	T3
AH:	*B an OS*, 26.3.1951 (uv.): Wortlaut siehe AH zu «Von der Nacht», S. 346f. B (Kopie) an KK, 2.9.1951, II, S. 311: «Es sind Versuche ⟨gemeint sind ‹Über eine Art Rauch› und vermutlich ‹Von der Nacht›⟩, mit der Absicht, dem Gedanken hart auf den Fersen zu folgen, ohne einen Schritt auszulassen.» *B von KK*, 5.9.1951, S. 318f.: «Von den beiden Betrachtungen gefällt mir ‹Über eine Art Rauch› besser. Gründe wüsste ich dafür nicht zu nennen: eine reiche, behutsame Gedankenschritte setzende, an Valéry schön geschulte Sprache auf alle Fälle. (…) Sie sollten ihre Begabung für solche Betrachtungen ruhig noch mehr

kultivieren als Sie bisher taten, d.h. *mehr* – wenn's geht – davon versuchen. Sie haben dafür gleichfalls eine offenbare Begabung: die Diktion ist sogleich einprägsam. Im Vergleich zu früherer Prosa fiel mir die gewonnene grössere Klarheit, die intellektuelle wie bildliche, auf.»

T1:	74,14	und die zurückzunehmen über die Grenzen jener Sekunde, in der sie von weitem sich zeigt
	75,13	rhythmische Kraftäusserungen des Unendlichen, denen vielleicht auch wir unterstehen
	75,16	uns bis anhin verschwiegen hätte. Indessen
	75,22	Ist es aber nicht vielmehr
	75,24	eines Bruchstückes [nur] von Verwandlung?
T2:	74,14	und die zurückzunehmen über die Grenzen jener Sekunde, in der sie solchermassen sich zeigt
Mög:	75,2	gelten lassen. [–, indem damit mindestens diese den Anschein von Berechtigung erhält.]

S. 76	**Balance im Unwägbaren ...**
Ü:	T, 2 S., pag. (TE)
ZE:	⟨April–Mitte Mai 1951⟩
E:	Tat, 6.7.1968, Nr. 157
EB:	GgM, S. 60/61
D:	T
AH:	Teile des Textes in *B (Kopie) an KK*, 6.5.1951 (uv.), und *MTb.*, 8.5.1951 (uv.).

Tat:	Tit.	Balance im Unwägbaren [...]
	76,2	verstuften Helligkeiten
	76,14	in nie ⟨Druckfehler⟩ abseitige Überhöhung
	76,23	Perspektive, [und] jene
	77,30	als welcher sich die Technik an der Erde bemächtigte
GgM:	Tit.	Balance im Unwagbaren ... ⟨gemäss T. Tit. dort vermutlich Verschrieb⟩
	Wortlaut = Tat, ausser **76,14**.	

S. 78	**Über Konvention**
Ü:	T, 2 S., pag. (TE)
ZE:	⟨1951⟩

E: NZZ, Literatur und Kunst, Silvesterausgabe, 31.12.1967, Nr. 5598 (= T)
D: T
NZZ: 79,2   weil kein Anschluss mehr verlangt wird wie bei der Kreislinie den an ihren Beginn

S. 81 Kunst und Leben
Ü: T, 3 S., hs. korr. (T1 + T5)
         T, 3 S., hs. korr.; im Besitz von SLAEJ (T2 + T3)
         T, 4 S., hs. korr. (T4 + T5 = TE)
ZE: ⟨März–Anfang Juni 1951⟩
D: T5, uv.
AH: Teil I war, gemäss *B von RS/Günther Rohn,* 4.3.1951 (uv.), vorgesehen für eine bibliophile «Mappe» mit Texten und Originalgraphik, welche die Künstler RS und Günther Rohn in Mannheim herausgeben wollten. In dieser «Mappe» sollten von jedem Künstler auch eine «Äusserung seiner Auffassung ‹von Kunst und Leben›» enthalten sein. Die beiden deutschen Initianten und Mitbeteiligten luden neben AXG vier deutsche Künstler mit «etwa drei Arbeiten» zur Mitarbeit ein. Der «Querschnitt durch das Schaffen einiger junger Künstler» in einer Auflage von 100 Ex. kam nicht zustande, war aber Auslöser für den Privatdruck Mo mit Gedichten von AXG und Originalgraphik von RS.
         Der Text ist fast vollständig und im Wortlaut leicht verändert, wenn auch mit einer unterschiedlichen Abfolge der Abschnitte, in TMa, II, enthalten: 81,1–9/17–82,8, auf 179,20–180,10; 82,9–83,4, auf 178,21–179,15; 83,5–23, auf 178,1–19; 83,24–84,7, auf 177,14–29; 84,13–16, auf 179,16–19. Siehe auch AH zu TMa, S. 366f., sowie «Dreizehn Meter über der Strasse», I, S. 85ff., und dazu AH, S. 350f.
         B von RS, 26.5.1951 (uv.): «Ihre ‹Kunst und Leben›-Seite ⟨Teil I⟩ ist so aus dem Herzen gesprochen, dass sie gedruckt werden muss, dass sie in die Winde flattern muss, auf die Tische der satten Kunst-Betriebler, der Kultur-Manager.» *B von RS,* 26.6.1951 (uv.): «Ihre zwei Seiten mehr ‹Kunst und Leben› ⟨Teil II⟩ weiten die Äusserungen zum triftigen Essay und es sei, dass auch dieses gedruckt werden müsste, zu fliegenden Blättern, die man dem Winde anvertraut ... und zwei drei Gedichte dazu und einige Bilder, Herbstblätter, hinausverweht in den Regen ... ich bin bei einer Folge grösserer Schnitte, dazu liesse

es sich denken ...» *B von EMD*, 5.10.1951 (uv.): «Mir wirbelt noch der Kopf von ‹Kunst und Leben› das so voll eigenartiger Wortprägungen steckt und so schwierig zu verstehen ist. Mir will manchmal scheinen als suchten Sie überall das Schwierige auch da wo Sie's anders haben könnten.» *B an EMD*, 14.10.1951, II, S. 346: «‹Kunst + Leben› ist nicht so kompliziert, wie es auf den ersten Blick scheint. Die Empfindungen sind ohne grosse Organisation, möglichst direkt in die z. Zt. entsprechenden Sätze gelegt worden (daher viel einfacher als ein gut gebautes Gedicht) und die Schwierigkeiten ergeben sich nur aus dem weltanschaulichen Abstand des Lesers. Der zweite Teil ergab sich spontan nach Zürichs Jahrhundertfeier.»

84,1 Nur keinen Halt an Jahrhundertfeiern:
600-Jahrfeier der Stadt Zürich – 600 Jahre Zugehörigkeit zur Eidgenossenschaft – vom 1.–3.6.1951.

T1:	**81,23**	schliesslich [Träume], Benns Ausdruckswelt
	81,30	durch welche das Leben treibt
	82,6	Asphalt, die Stimme als Wolke und die Antwort wird Figur
	83,31	Erinnern aus der Esse
	84,23	Himbeer-Eis auf Flügel loslassen und danach
T2:	Wortlaut = T1, ausser **81,23**.	
T3:	Wortlaut = T1, ausser **81,23**, und **83,31**.	
T4:	**81,30**	durch welche das Leben treibt

S. 85 **Dreizehn Meter über der Strasse**
Ü: T, 3 S., pag., dat. Juli 1951 (TE)
ZE: Juli 1951
E = EB: Mög, S. 57–60 (= T)
D: T
AH: In *B an EJ*, 21.7.1951 (uv.), als «3. Teil» von «Kunst und Leben», I, S. 81–84, bezeichnet. Siehe dazu AH, S. 349f. Ein Teil des Textes ist, im Wortlaut leicht verändert, in TMa, II, enthalten: **86,9–34**, auf **174,5–18**; **87,22f.**, auf **174,20ff.** Siehe dazu AH, S. 366f.
B von EJ, 30.7.1951 (uv.): «Nur ein Stichwort, das für Ihre Prosa, aber auch für die Gedichte gilt: Weniger wie ein Heupferd denken, Assoziation an Assoziation reihen. Denken heisst eben Folgeketten bilden, und daher ist mir der Weg der

Schnecken lieber.» *B von RS,* 29.8.1951 (uv.): «‹13 Meter über der Strasse› ist die geschlossenste Prosa, das triftigste Gedicht, das ich von Ihnen lesen durfte.»

S. 88	**Zum Möwenflug**
Ü:	T, 3 S., pag. (TE)
ZE:	⟨Ende Dezember 1951–Januar 1952⟩
E:	Ho, 4. Jg., März 1954, 1. Heft, S. 29–32
EB:	Mög, S. 37–40
D:	T
AH:	Teile einer früheren F, 88,6–89,3, in *MGuG,* Heft II, 1.12.1951–⟨1.⟩1.1952 (uv.).
	B von KK, 13.3.1952 (uv.): «Aber doch – Zeilen reiner Zustimmung und Freude, vorzüglich an dem *besten* Stück Prosa, das Sie mir bis jetzt schickten und das ich an Qualität neben die besten Ihrer Gedichte stellen möchte. Ich meine den ‹Möwenflug›.»

Ho:	88,3	sommers so versprechliche Falten
	88,21	seiner unerklärlichen Berührungen
	89,1	wo wir selber im ruhigsten Genusse unserer selbst zu sein vermöchten
	89,28	sie versuchend rekonstruieren
Mög:	Tit.	Vom Möwenflug
	Wortlaut = Ho	

S. 92	**Brief aus dem Packeis**
Ü:	T, 2 S., hs. korr. (T1 + T2)
	T, 2 S., pag. (T3 = TE)
ZE:	⟨Anfang–Mitte Februar 1952⟩
E = EB:	Mög, S. 16–18
D:	T3

T1:	92,1	und der Sturm treibt Schiffe
	92,12	welches lesbare Bücher entstehen lässt, Tempel erbaut und Götzen
	92,13	Statt dessen bin ich hoch im Norden –; Packeis, das nur dreizehn Meter
	92,16	das Herz wird schwerer; man verstummt rasch, da die Worte erfrieren, bevor
	92,18	Wer vermöchte [zum Beispiel] in solcher Lage

	92,24	um damit die Wüsten der Zukunft [damit] zu bewässern. Aber uns soll er in Ruhe lassen –, vor allem mich –; bin ich
	92,27	schau ich mich vergeblich
	93,2	ich habe heute nämlich keine Lust
	93,4	wie man denkt, an einem Februarabend im Herzen
	93,14	verbeugen [und], der Kunde
	93,18	Soldaten werden glauben, sie selbst seien Bührle und Konsortium (sie dürfen ihren Beitrag zur Rüstungsfinanzierung leisten!); – streifende Hunde sollen polizeilich eingefangen und [auf Staatskosten] verköstigt werden, bis sich
	93,22	sich entzweien werden, das einzige damit zerstörend, das für Augenblicke
	93,27	die Erde wird sich [hoffentlich] wieder
	93,28	die Zukunft nicht anziehender [anticken] als jede alltagsgrau verhängte Sekunde anticken
T2:	Wortlaut = T1, ausser 92,1, 92,27, und 93,22.	
Mög:	92,1	und der Sturm
	93,2	keine Lust zu Gespenstern.

S. 94	**Vorstadt-Legende**
Ü:	T, 3 S. (TE)
ZE:	⟨Frühling 1952⟩
E:	Po, 6. Jg., 1978, Heft 1, S. 16/17
EB:	GgM, S. 57–59
D:	T
AH:	ZE ev. 1951.

94,19 das Hohelied:
Vermutlich Anspielung auf das «Lied der Lieder» (Buch des «Alten Testamentes») und ev. auf das Gedicht «Das Hohe Lied». In: Heinrich Heine: *Gedichte*, Zürich o.J. (= Werke in drei Bänden, Bd. I), S. 824/825.

Po:	94,19	das hohe Lied
	95,22	mit dem Zichorie einkaufen
	96,11	schläft den Nonsens der Gerechten
GgM:	94,19	das hohe Lied

94,20 dass ⟨= Verschrieb in T⟩ bedurfte es
96,11 schläft den Nonsens der Gerechten

S. 97 Möglich, dass es gewittern wird ...
Ü: T, 4 S., pag., hs. + masch. korr. (T1 + T2 = TE)
ZE: ⟨Mitte Juni–Mitte Juli 1952⟩
E: Ho, 3. Jg., März 1953, 1. Heft, S. 28–32
EB: Mög, S. 19–24
D: T2
AH: Der Text spielt an auf die kurze Beziehung AXGs mit einer Frau mit dem Decknamen «Rheila» im Frühling 1952. Vgl. zu diesem Thema auch «Verse für Rheila», I, S. 173ff., und dazu AH, S. 263; «Ein Abend, eine Strasse und ein Mittag in der City», S. 336; «Ein Tag in Basel», II, S. 102, 104. Auch wenn AXG die Kritik an seiner Prosa im B von EJ, 25.7.1952 (Wortlaut siehe AH zu «Hauptmann Sack», S. 339), ausschliesslich auf «Hauptmann Sack» bezog, muss EJ damit auch den Text «Möglich ...» gemeint haben, den er mit B vom 24.7.1952, II, S. 409ff.; ebenfalls erhalten hat. HRH bemerkt am Schluss des E in Ho: «Er ⟨AXG⟩ trug das Manuskript bei sich, als er seinem Leben freiwillig ein Ende setzte.»
B an EMD, ⟨Mitte Juli 1952⟩, II, S. 407: «Habe ein neues Prosastück (ca. 150 Zeilen) ‹Möglich, dass es gewittern wird›. Eine Abrechnung. Still. – Ich habe jetzt viel mehr Sicherheit in Bezug auf Prosa. Auch da muss es *neu* sein – missverstehen Sie mich aber nicht – *eigen* – und keineswegs nur thematisch, sondern *stilistisch vor allem*.»

98,13 Das Stück hatte gleichwohl *Der Widerspenstigen Zähmung* geheissen: Um 1593 entstandenes Theaterstück von Shakespeare.
100,1 Paolo und Francesca:
Francesca da Rimini, um 1284 gestorbene italien. Adelige. War aus politischen Gründen mit Gianciotto Malatesta, Stadtherr von Rimini, vermählt. Als dieser den Ehebruch Francescas mit seinem jüngeren Bruder Paolo entdeckte, ermordete er beide. Der Stoff fand zahlreiche bildnerische, musikalische und literarische Gestaltungen, u.a. in Dantes *Divina Commedia*.

T1: 100,26 seit man sich selber vordrängte zum Glacéstand? – [Nichts] – Nichts zu schürfen
100,29 Brandfleck. [Vage Hypothesen.]

	100,32	in müder Fraktur: ... Hallwilersee zogen sie die Leiche eines 18jährigen Knaben und eines 16jährigen Mädchens. Sie waren zusammengebunden mit einem Heuseil. Es liegt offenbar Selbstmord mit ... Heuseil zur Sicherung des Glücks
Ho = Mög:	Tit.	Möglich, dass es gewittern wird[...]
	98,24	Er biegt sich hinaus
	98,33	als er lehnte

S. 102	**Ein Tag in Basel**
Ü:	T, 5 S., pag., hs. + masch. korr. (T1 + T2 = TE)
ZE:	⟨Ende August–Mitte September 1952⟩
E:	Ho, 7. Jg., Februar 1957, 1. Heft, S. 18–23
EB:	Mög, S. 25–33
D:	T2
AH:	AXG änderte den Tit. «Selba» hs. zu «Basel», nahm aber diese Korrektur bei den nochmaligen Erwähnungen von «Selba» nicht vor. Dies wurde nachgeholt; die anderen verschlüsselten Namen wurden aber belassen, um die starke Spannung zwischen Wirklichkeit und Fiktion in diesem Text nicht aufzuheben. Der hs. zugefügte letzte Satz nennt diesen Widerspruch und versucht ihn zu lösen.
	Der Text thematisiert die Beziehung AXGs zu Salome Dürrenberger, der Tochter seiner Brieffreundin EMD. Siehe auch «Der Dunkle», I, S. 120, und dazu AH, S. 240f.

102,1 Genau so wie Rheila sah sie aus:
Siehe «Verse für Rheila», I, S. 173ff., und dazu AH, S. 263.
102,27 Malan, dem Dorfe, wo Kreon zur Erholung weilt:
Reigoldswil im Kanton Basel-Land, der Wohnort EMDs. Siehe auch AH.
104,4 «Du musst Dein Leben ändern!»:
Aus dem Gedicht «Archäischer Torso Apollos» (= IV,3) in *Der Neuen Gedichte anderer Teil*, Leipzig 1908. In: Rainer Maria Rilke: *Gedicht-Zyklen*, Frankfurt am Main 1980 (= Werke, Bd. I/2), S. 313.
104,16 Er hatte ihr viele Verse geschrieben:
Siehe AH zu «Verse für Rheila».
107,3 die heissen Gebete vor den überirdischen Sonnen aus Arles:
Anspielung auf einige Bilder mit überdimensionierten Son-

nen, die AXGs «Lieblingsmaler» van Gogh 1888/1889 im südfranzösischen Arles schuf.

T1:	Tit.	Ein Tag in Selba
	102,3	Stadt käme, dachte Kreon
	102,7	Und es waren doch schon gut zehn Minuten
	103,8	Sie willigte ein und guckte danach aus dem Fenster, als ob
	103,17	Und danach? Sie schwiegen weiter, so wie
	109,8	[Wie das weitergeht, kann ich nicht mehr aufschreiben; es wird getan.]
Ho = Mög:	Tit.	Ein Tag in Selba
	103,29	vor Selba (so hiess die Stadt) mit viel Gekicher
	104,22	verbrannte danach. [Eine Dame will aussteigen. Es gibt Abschied, Lachen und ein gequältes Gequetsche, Tür zu, Riegel vor, weiter.] Der Zug war um sieben in Selba eingefahren.
	106,22	Nicht[s]! ⟨vermutlich Verschrieb in T1 + T2⟩
	106,25	Die Sonne hatte [geradezu] geschrien
	107,4	das war da ⟨vermutlich Verschrieb in T1 + T2⟩ Leben gewesen. Heute die Fragmente, welche bleiben gemocht, die Versuche
	107,23	Am Grund flimmernder Gassen [sich] schleppend
	109,8	[Wie das weitergeht, kann ich nicht mehr aufschreiben; es wird getan.]

Nachgelassene kritische Prosa

Zur Politik (1949–1951)

S. 113	**Vom Absolutismus des einzelnen**
Ü:	T, 3 S., pag., dat. 1949 (TE)
ZE:	⟨Herbst⟩ 1949
D:	T, uv.
AH:	*B von EJ*, 13.10.1949 (uv.): «Ich danke Ihnen für Ihren Artikel; ich habe mich durchgekämpft, ihn nicht zu veröffentlichen, so gerne ich dies getan hätte. Er ist nämlich gut! Für eine Tageszeitung aber zu theoretisch. Wollen Sie nicht mit den Augen denken?»

S. 116	**Reflexionen der andern Seite**
Ü:	T, 2 S., pag. (TE)
ZE:	⟨Herbst 1949⟩
D:	T, uv.
AH:	*B an EJ*, 15.11.1949 (uv.): «Für den beiliegenden Artikel benützte ich Ihren Rat: Ernsthaft und für den Inlandteil. Ich halte die freie Entscheidung des Einzelnen in diesem Punkte für so wesentlich, dass sich das Leben ins Bessere umgestalten liesse, hätten wir sie.» *B von EJ*, 16.11.1949 (uv.): «Ihr Artikel ist ressentimentgeladen. Ich kann ihn so nicht verwenden, weil er verschiedene Dinge ineinanderbringt und miteinander verkettet, die so nicht zu sagen sind. Es geht nicht an, auf der einen Seite zu wünschen, dass die Mängel der Armee behoben würden und auf der andern Seite den Grundsatz der Wehrpflicht überhaupt anzufechten. Die Arbeit enthält eine Problematik, die so, wie sie aufgeworfen wird, mit oder ohne Willen zersetzend wirkt. Denken Sie den Beitrag zu Ende, und es wird Ihnen die ganze Eidgenossenschaft fragwürdig.»

S. 118	**Zur Theorie und Praktik politischer Ideale**
Ü:	T, 2 S. pag. (TE)
ZE:	⟨Mai–Juli 1950⟩
D:	T, uv.
AH:	*B an KFE*, 13.7.1950 (uv): «Gegenwärtig mag ich an einem Artikel ‹Zur Praktik politischer Ideale› gar nicht ins Reine kommen. Es fällt mir manchmal schwer, Begriffe und Ideen zu

bereinigen, zu klären, die dessen ungeachtet so lange sich toll gebärden, (mit Auswüchsen und allem Komfort) bis sie geformt und eindeutig niedergeschrieben sind.» *B an EJ*, 1.8.1950, II, S. 236: «Der beigelegte Artikel ist zu geschraubt, zu unwichtig und vor allem zu wenig klar. Dessen werd' ich mir vollkommen bewusst, beim Betrachten des schön-wahren Wolkenzugs am jenseitigen Ufer. Ich hoffe wohl mit der Zeit ganz vom Politischen abzukommen. Und der alljährliche Artikel, zum ablehnen, ist vielleicht zusammen mit dem Tagebuch, nur eine Art Weg dazu.»

S. 122	Träumerische Worte …
Ü:	T, 3 S., pag., dat. Januar 1951 (TE)
ZE:	Januar 1951
E:	einspruch, 4. Jg., Februar 1990, Nr. 19, S. 6/7
D:	T
AH:	*B an EJ*, 18.1.1951, II, S. 262: «Der alljährliche Artikel (zum ablehnen) ist heuer früh drangekommen. Und zwar als Reaktion auf das denkbar ungeistige, seelenlose Husarenstück dieses A. v. M. (Muralt nehme ich an). Die Schweizerische Zentralstelle für Friedensarbeit auf falschen Geleisen. Muralts Schienen wären jedenfalls sehr rostig und vor allem ausgefahren. Wie kann man nur das tausendmal wiedergekaute immer wieder servieren. Da es doch zu nichts führt letztlich und der steifste Kragen einmal nicht mehr zu gebrauchen sein wird. – – – Aber jetzt wird mir bitter ernst: Was hat der Herr v. Muralt im Rücken als Wahrheit? Nichts als die Tatsachen eines kaum halben Jahrhunderts? Mir genügt diese Kleinigkeit nicht. Und Ihnen?» *B von EJ*, 20.1.1951, S. 263: «Ich bin in einiger Verlegenheit. Ihre Ausführungen stimmen natürlich grundsätzlich. Und dennoch sind sie in dieser Form nicht verwendbar. Haben Sie nur in diesem Falle und an diesem Gegenstande eine Diskrepanz des Lebens bemerkt? Macht vielleicht nicht diese Diskrepanz das Leben selbst aus? Und glauben Sie, es gehe darum, Götter zu schaffen und die Tiere umzubringen? Ich will mir aber eine theologische Abhandlung ersparen.»
	Siehe auch Anm. 2 zu *B an EJ*, 18.1.1951, S. 262f.

einspruch:	Tit.	Träumerische Worte […]
	123,23	zu Christusworten neigt.

	124,15	unempfindlich, unzugänglich [gegenüber] physiognomischer Aussage
	125,3	laue Mitläufer aus Prestigegründen sind (was für ein Prestige übrigens) [sind]

S. 126   Ein souveränes und geprelltes Volk
Ü: T, 2 S., pag. (TE)
ZE: ⟨Frühling 1951⟩
E: Po, 6. Jg., 1978, Heft 1, S. 14/15
D: T

Po: 127,22   als der Urheber «mans», wiederum «man» war
         128,11   Zweifel unterhalten

Zur Literatur und Kunst (1951/52)

S. 131   Die Echtheit im Gedicht
Ü: T, 2 S., pag. (TE)
ZE: ⟨Juni 1951⟩
E = EB: Mög, S. 63–65
D: T
AH: Tit. von verlorener früherer F, gemäss *B an OS*, 23.6.1951, II, S. 286: «Für das Gedicht».
         B von MR, 28.6.1951 (uv.): «Nach der Lektüre habe ich kein Kriterium zur Hand, um echt von unecht zu unterscheiden. Ich frage mich sogar, ob echt und unecht überhaupt eine Unterscheidung ist, die mit Poesie etwas zu tun hat. Gibt es schöne Gedichte, die unecht sind? Gibt es echte Gedichte, die formale Mängel haben? Allgemein: Kann Poesie unecht sein, Unpoesie echt? Das werden Sie sicher nicht sagen wollen. Was ist ‹vertrocknete Dynamik›? Was ist ‹kristallisiertes Leben›? (Kristall ist das Gegenteil von dem, was unter Leben begriffen wird, todlos in der Dauer.) Sie wollen der Echtheit beikommen – im letzten Satz springen Sie von Ihrem Weg ab und sagen: es ist eben doch ganz irrational und nicht einzufangen. Das aber wusste man schon immer. Ich glaube nicht, dass die Frage der Echtheit eine ‹echte› Frage ist. Vielleicht machen Sie den Versuch: jede Aussage mit Beispielen zu versehen, am Material zu zeigen, was Sie meinen. Das ist die Methode, die den Leser einen Schritt weiterbrächte.» *B an MR*, 1.7.1951 (uv.):

«Sie lieferten mir ja ein ganzes Lebensprogramm mit dem Satze ‹jede Aussage mit Beispielen zu versehen, am Material zu zeigen, was ich meine›. Davon bin ich, wie ich einsehen muss, ziemlich weit entfernt. Das Aufsätzchen umzuarbeiten in diesem Sinne scheint mir heute noch unmöglich, da die Beispiele die ich anführen könnte, sich auch nur wieder höchst subjektiv ergäben. Ferner ahne ich, dass die ‹Echtheit› wohl eher vom Psychologischen her zu fassen wäre und daher keineswegs an anderen, als an sich selber zu entdecken – was wiederum nicht von Interesse für einen Leser –.»

Mög:	132,12	die [sich] aber an thematischer Unrichtigkeit dahinschleppen

S. 134	**Ohne Titel**
Ü:	T, 1 S., hs. korr. (T1 + T2 = TE)
ZE:	⟨Frühling–Anfang Juli 1951⟩
E:	NZZ, Literatur und Kunst, 1.8.1954, Nr. 1879
EB:	Mög, S. 61/62
D:	T2
AH:	Tit. vom H.

Aufgrund des Wortlauts des Anfangs könnte der Text eine frühere F des 1. Teils von «Kunst und Leben», II, S. 81–84, sein (siehe dazu AH, S. 349f). Oder er ist vielleicht eine der beiden – verworfenen – Versionen des geplanten Vorwortes zur Gedichtslg. «Tula, die Gegenwart» (Vorform von BE). Vgl. die andere Version «Zueignung an den Leser» im Kommentar zu BE, S. 172f.

T1:	134,19	billigen Gemeinsamkeit
	134,21	sondern [damit] in sich selber
	134,28	dieses Mass ist ihm vom ersten Anstoss an
NZZ:	Tit.	[Ohne Titel]
	134,2	auch so sehr beides
Mög:	Tit.	Kunst und Leben
	Wortlaut = NZZ	

S. 136	**Vor den Blättern Rudolf Scharpfs**
Ü:	T, 3 S., pag. (TE)
ZE:	⟨Anfang–Mitte Januar 1952⟩
E = EB:	Mög, S. 71–74

D:	T
AH:	**136**,15–**137**,25, als TeilE im Ausstellungskatalog von RS: «Bilder/Graphik der Jahre 1950/51». – Ostflügel der Pfälz. Landesgewerbeanstalt Kaiserslautern: 5.4.–5.5.1952, und **136**,15–**138**,16/28–34, als TeilE in ‹Pfalz und Pfälzer›, April 1952, Heft 4.
B an RS, 17.1.1952, II, S. 383: «Da ich von Ihrer Person eigentlich nicht soweit ‹unterrichtet› bin, als dass ich irgendwie den ‹Werdegang› berücksichtigen konnte, (ich denke aber, dass das noch viele andere genau besorgen) hielt ich mich eben an das, was mich persönlich beeindruckte –, und wurde dementsprechend schwierig.» *B von RS*, 28.1.1952 (uv.): «Schön, was Sie über den Holzstock als Wand gesagt haben! Aber eine chinesische Mauer ist oft schon ein Blättchen Papier, auf das die gezückte Feder attackiert … Ihre Betrachtung ist tief und so gründlich wie ich nicht erwarten konnte, nachdem Sie nur das immerhin mehr Zufällige kennen, welches bis dato von hier zu Ihnen fand …»

Tit. Vor den Blättern Rudolf Scharpfs:
Siehe AH zu «Reigen» in BE, S. 187f.

Mög:	**136**,31	als arbeite er an seinen Holztafeln als an Wänden

S. 139 **Sprache heute**
Ü:	M, 7 S., korr. (M1 + M2)
	T, 3 S., pag., dat. Januar 1952 (T3 = TE)
ZE:	Januar 1952
E:	NZZ, Literatur und Kunst, Silvesterausgabe, 31.12.1967, Nr. 5598
EB:	GgM, S. 65–67
D:	T3
AH:	M1 + M2 in *MGuG*, Heft II, 1.12.1951–⟨1.⟩1.1952 (uv.).

M1:	Tit.	[Sprache heute]
	139,1	seine Heimat
	139,6	in die Flut des Daseins –, stumm
	139,9	Anteil. Jenes der Zeitungen, der Kinos
	139,22	von der rapportierenden Journalistik bis zur alle Geheimnisse berücksichtigenden dichterischen Prosa

	140,1	so stossen wir schlussendlich auf
	140,15	Werke der Sprache mit ihrer Wirkung
	140,20	geschickt auszunützen, und vor allem, weil Sprache
	140,29	Verfolgern [auch] tragen dürfen
	140,33	wer ihnen von Demut spricht
	141,2	aber ihre Liebe, ihr Leid schafft ihnen Distanz
	141,4	nennen sie Vollendung. Und das Nietzsche-Wort
	141,11	Gesetz persönlicher Stimmungen, des
	141,20	Meerstern unserer Tiefe[n].
	141,27	Um ihr Leben mit den Träumen der «Wirklichkeit» zu
	141,29	den [aufblühenden] Wundern
M2:		Tit. und Wortlaut = M1, ausser 140,1, und:
	139,20	unseres blossen Denkens zu erfüllen.
NZZ = GgM:	140,8	an dessen vieldeutige und zweifelhafte Oberfläche verhaftet sind
	140,28	jene «Sprechbesessenen» ⟨vermutlich Verschrieb in T3, da in M1 + M2 «Sprachbesessenen»⟩
	140,33	welcher ihnen von Demut spricht

S. 142	**Die Zeichen der Welt** **Karl Krolows neuer Gedichtband**
Ü:	T, 1 S. (TE)
ZE:	⟨Mitte März 1952⟩
D:	T, uv.
AH:	Die Deutsche Verlags-Anstalt in Stuttgart, wo KKs Gedichtband *Die Zeichen der Welt* 1952 herauskam, bat AXG mit B am 11.3.1952 (uv.) um eine Besprechung dieses Buches. Er schickte sie der ‹Tat›, die aber aus prinzipiellen Gründen – «alle bei uns eingehenden Gedichtbände (...) werden durch unsere langjährigen Referenten besprochen» *(B an AXG, 18.3.1952; uv.)* – die Publikation ablehnte.

Utit. Karl Krolows neuer Gedichtband:
    Siehe AH zu «Moment poétique» in BE, S. 187.
142,24 Die sogenannte naturmagische Schule einiger deutscher Dichter:
    Gemeint sind Dichter wie Oskar Loerke, Wilhelm Lehmann und Elisabeth Langgässer, in deren Lyrik, gemäss Loerke, es

mehr um den «Gesang der Dinge» als um die «Stimme» des Dichtenden geht.

S. 144 **Betrifft: Pfahlburg**
Den Landsleuten gewidmet
Ü: T, 3 S., hs. korr. (T1 + T2 + T3)
T, 3 S., hs. + masch. korr. (T4 + T5a)
T, 3 S., hs. + masch. korr., Durchschlag von T4 + T5a (T4 + T5b)
ZE: ⟨Anfang August 1952⟩
E = EB: Mög, S. 66–70
D: T5b
AH: W hs. in T5b.

Woher in Mög, S. 70, Z. 11–13, das Hölderlin-Zitat «Versöhnung ist mitten im Streit, und alles Getrennte findet sich wieder» stammt, ist rätselhaft. In allen drei Textzeugen bzw. sechs vorliegenden F und V fehlt dieser Satz. Da er im Prosawerk *Hyperion* steht – vgl. Friedrich Hölderlin: *Hyperion*, Frankfurt am Main 1969 (= Werke und Briefe I), S. 439 –, ist er, streng genommen, auch kein «Vers». Wenn HRH dieses Zitat selbst hinzugefügt hätte (er konnte sich an ein solches Vorgehen nicht erinnern), wäre der Zusatz also ungenau. Denn im Gegensatz zu AXGs früherer Wertschätzung Hölderlins richtet sich hier seine Kritik gegen dessen Lyrik im allgemeinen und nicht nur gegen einen einzelnen Vers bzw. Satz von ihm.

145,7 Max Frisch in Zürich hatte sich bereits zu kommentieren nach der Uraufführung seines «Graf Öderland»:
Das am 10.2.1951 im Schauspielhaus Zürich uraufgeführte Stück «Graf Öderland» war bei Publikum und Kritik sehr umstritten und wurde bald wieder abgesetzt. In einer öffentlichen Diskussion an der ETH Zürich am 23.2.1951 «rechtfertigte» Max Frisch sein Werk.

147,2 Und wenn 1952 behauptet wird, Benn zum Beispiel mit seiner Assoziitis sei Dichtkunst der Zwanzigerjahre und überholt»:
B von EJ, 25.7.1952, II, S. 411: «Sie haben Benn das Übelste abgeguckt, die Assoziitis. Das ist Dichtkunst der Zwanzigerjahre und ganz und gar überlebt.»

147,19 «Alles, was ist, ist gut»:
Dieser Satz steht auch in «Kunst und Leben», II, S. 82f., und in TMa, S. 178f.

T1:	Tit.	Betrifft Schweiz oder: die ganz verdammte Lüge
	W	[Den Landsleuten gewidmet]
	144,2	für welche das Schicksal
	144,3	Was heutzutage in der Schweiz
	144,4	Einverständnis mit dem Volk, sondern das Gefallen
	144,6	die am Lautsprecher sitzen, und die entscheiden, ob einer, ohne künftige Wahlen oder gar den Lauf des Staatsgetriebes gegen ihren Willen zu beeinflussen, doch sich noch (...) hält. [Und] Dieses halbwegs Neue
	144,22	gegen den dichterischen Ausdruck ohne Mut, gegen die Unaufrichtigkeit
	145,4	verholfen hat. Es scheint also selbstverständlich, dass sich junge Autoren einfach
	145,9	in den seelischen Staub
	145,14	sollte! [Soit] Die literarische
	145,21	bliebe die Kirchweih [ziemlich plötzlich] stehen. Ziemlich plötzlich. T.S. Eliot
	145,27	Es ist nun aber keineswegs unwichtig
	145,29	sogar jenes Buch, welches wir im aufgelockerten Zustand [des Gemütes] lesen
	146,2	die verträumt[es]ten nationalen
	146,18	wenn einerseits mit Veilchen operiert [wird]
	146,25	und was nicht. Jedes Talent muss doch
	146,28	verwandelt sich möglicherweise in eben diese Arroganz; Talent und Arroganz haben
	146,32	soll man sich also einbauen
	146,34	Natürlich gibt es
	147,6	erreicht. [Natürlich hilft] Aus dieser Befangenheit hilft unser Kopfschütteln
	147,10	was fängt nun gar ein derart abgehaltenes Volk
	147,13	sondern für diesen Duft ein Substantiv oder ein Adjektiv fände, welches mit diesem Duft nichts
T2:	Tit.	Aus der Pfahlburg ⟨am Rand, hs.⟩
	W	[Den Landsleuten gewidmet]
	144,2	für welche das Schicksal
	144,3	Was heutzutage in der Schweiz
	144,4	Einverständnis mit dem Volk, sondern das Gefallen

	144,6	die am Lautsprecher sitzen, und die entscheiden, ob einer, ohne künftige Wahlen oder gar den Lauf des Staatsgetriebes gegen ihren Willen zu beeinflussen, doch sich noch (...) hält. [Und] Dieses halbwegs Neue
	144,22	gegen den dichterischen Ausdruck ohne Mut, gegen die Unaufrichtigkeit
	145,4	verholfen hat. Es scheint also selbstverständlich, dass sich junge Autoren einfach
	145,9	in den seelischen Staub
	145,21	bliebe die Kirchweih [ziemlich plötzlich] stehen. Ziemlich plötzlich. T.S. Eliot
	145,29	Buch, welches wir im aufgelockerten Zustand [des Gemütes] lesen
	146,2	die verträumt[es]ten nationalen
	146,34	Natürlich gibt es
	147,6	erreicht. [Natürlich hilft] Aus dieser Befangenheit hilft unser Kopfschütteln
	147,10	was fängt nur gar ein derart abgehaltenes Volk
	147,13	sondern für diesen Duft ein Substantiv oder ein Adjektiv fände, welches mit diesem Duft nichts
T3:	W	[Den Landsleuten gewidmet]
	Wortlaut = T2	
T4:	W	[Den Landsleuten gewidmet]
T5a:	W	Gewidmet den braven Schweizern ⟨hs.⟩
Mög:	146,9	zu den Gutgesinnten [zu] ⟨Verschrieb in T5b⟩ gehören
	147,19	Hölderlin in den Versen «Versöhnung ist mitten im Streit, und alles Getrennte findet sich wieder»: das ist

S. 148   **Vom Geiste Zürichs**
ZE: ⟨Anfang August 1952⟩
E: DL, 15.10.1952, Nr. 15, S. 6
EB: Helvetische Steckbriefe. 47 Schriftsteller aus der deutschen Schweiz seit 1800. Bearbeitet vom Zürcher Seminar für Literaturkritik mit Werner Weber. – Zürich und München: Artemis 1981, S. 82 (DL als Faksimile)
D: DL
AH: M oder T als D für E fehlt.
Am 1.8.1952 hatte «Marquis Prosa» (d.i. Peter Farner) in der

‹Zürcher Woche› eine Kritik und Parodie auf AXGs in der ‹Tat› vom 19.7.1952 veröffentlichtes Gedicht «Morgen in Aussersihl», I, S. 75, (siehe auch dazu AH, S. 208) veröffentlicht. Daraufhin schrieb AXG diese Replik, welche den Text von «Marquis Prosa» vollständig wiedergibt. *B an DL, 4.8.1952 (uv.)*: «beiliegend eine Glosse, bei der es mir aber durchaus ernst ist, geht doch das verwendete Pamphlet gegen ein Gedicht von mir. Deshalb liess ich den Namen aus und unterzeichnete mit: Don Poeta. Es scheint mir diese Art von Verständnis Versen gegenüber, auf das Pfahlbürgertum jeder beliebigen Stadt zuzutreffen.» Ausserdem beschwerte er sich bei der ‹Zürcher Woche› und verlangte ein Honorar für den unberechtigten Nachdruck seines Gedichtes. Die ‹Zürcher Woche› reagierte darauf zuerst brieflich am 15.8.1952 (uv.): «Selbstverständlich haben Sie für den Nachdruck Ihres Gedichtes in unserer Zeitung ein Honorar zugut. Wir gestatten uns, Ihnen mit der nächsten Abrechnung ein kleines Aufmunterungshonorar von Fr. 5.— zu überweisen, und empfehlen Ihnen, damit einen währschaften Goethe'schen Gedichtband zu erwerben.»

Danach äusserte sich «Marquis Prosa» nochmals in einem Artikel, der erst nach AXGs Tod in der ‹Zürcher Woche› vom 19.9.1952 publiziert wurde: «Kürzlich erhaschten meine entzündeten Äuglein ein über alle Massen wunderfeines Dichtwerk, das mein karges Innenleben auf Monde hinaus laben wird. Auf denn, Freunde und Gefährten, leihet mir euer Ohr und haltet euch irgendwo fest, denn Vorbeugen ist bekanntlich besser. Also: ⟨Wortlaut ‹Morgen in Aussersihl›.⟩

‹Da hört doch alles auf›, höre ich schon laut schimpfen, ‹dieses Gedicht ist doch schon einmal in dieser Zeitung gestanden! Warum bringt man die gleiche Verrücktheit nochmals?› Seid vorsichtig, o Freunde, mitnichten bringe ich die ‹gleiche Verrücktheit nochmals›, es ist nicht die gleiche, es sieht nur so aus. Nachdem nämlich, zum Entsetzen aller normalgebauten Köpfe, der ‹Morgen in Aussersihl› in Nr. 31 vom 1. August erschienen war, da währte es nicht lange, bis auf der Redaktion ein harter Brief des Dichters Alexander X. Gwerder eintraf. In dem Schreiben rügte der Mann schärfstens, dass wir sein Gedicht falsch abgedruckt hätten, weil ‹die Gitter vor den Gärten des Himmels› nicht zähneklappernd, sondern zahnklappernd seien. (AXG hatte nicht nur diesen Druckfehler in seiner

Replik berichtigt, sondern zum Beispiel auch die falsche Sb.›
Ich habe das ganze, von allen Fehlern chemisch gereinigte Gedicht nochmals abdrucken lassen, weil es für das Verständnis dieser Quartier-Poesie von grösster Bedeutung ist, dass ‹die Gitter vor den Gärten des Himmels›– des Himmels über dem Kreis 4, wohlverstanden – natürlich nicht anders als zahnklappernd sein können. Und weil wir das nun wissen, ist uns an dem Gedicht gar nichts mehr unklar. Oder habt ihr schon jemals im ⟨sic!⟩ Aussersihl zähneklappernde Gitter gesichtet? Ich nicht.
In dem Brief des Dichtermannes Gwerder steht noch etwas: ‹Ich habe der Schrebergartengesinnung Ihrer Zeitung zur Lyrik nichts entgegenzuhalten.› Das ist aber traurig. Der Antischrebergärtner hat uns nichts entgegenzuhalten. Nichts Besseres. Nichts Gescheiteres. Nichts, was einem Gedicht ähnlich sähe. Nichts. Nichts. Nichts.» (Als Faksimile in: *Helvetische Steckbriefe*, a.a.O, S. 83.)

Maschenriss. Gespräch am Caféhaustisch

S. 151	Maschenriss
	Gespräch am Caféhaustisch
Ü:	T, 30 S., pag., hs. + masch. korr. (T1 + T2 + T3)
	T, 29 S., pag., hs. korr. (T3 = TE)
ZE:	⟨Mai–Juni 1952⟩
E:	Ho, 7. Jg., Juni 1957, 3. Heft, S. 70–96
EB:	Ma
D:	T3
AH:	Folgende Texte AXGs sind ganz oder teilweise in TMa enthalten: Teile von «Flieder», I, S. 347 (im Wortlaut verändert und in anderer Reihenfolge), als *Prosa*F auf **161**,27ff.; *MGuG*, Heft I, Eintrag 27.11.1951; uv. (im Wortlaut leicht verändert), auf **167**,21–**168**,30; *MGuG*, Heft II, 1.12.1951–⟨1.⟩ 1.1952; uv. (im Wortlaut leicht verändert), **169**,4–12/15–**170**,8; Teil I von «Ein Abend, eine Strasse und ein Mittag in der City», I, S. 333–336 (= T4a), als *Prosa*F auf **171**,12–**173**,7; «Dreizehn Meter über der Strasse», II, **86**,9–34/**87**,22f. (im Wortlaut leicht verändert), auf **174**,5–18/20ff.; «Kunst und Leben», II, **81**,1–9/17–**84**,7/13–16 (im Wortlaut leicht verändert und in unterschiedlicher Abfolge der Abschnitte), auf **177**,14–29/**178**,1–19/21–**180**,10;

«Verliebter Morgen», I, S. 345f. (im Wortlaut leicht verändert), als *ProsaF* auf 181,1–15.
B an RS, 29.5.1952, II, S. 400: «Glückauf! eine prächtige Idee, die Sie mir da vermachten. Habe ich bereits in das ‹Gespräch› aufgenommen. (...) man wird noch ganz anders schnöden wenn erst die ‹Fackelbeleuchtung› gedruckt ist. (...) Sie tönt schaurig für die Gleichgewichtigen –, Stabilen –, aber formal werde ich jeden Satz auf die Spitze treiben.» *B an EMD*, 2.6.1952, S. 403: «An dieses ‹Gespräch› muss ich mich vorderhand halten –, es gibt sonst nichts anderes. In einer höchsten Zeit begonnen, muss es das Niveau durchhalten –: man fällt dann weniger tief.»

158,23 Wo beginnt, frei nach Sartre, die Hölle:
Anspielung auf das Theaterstück *Huis clos* (*Bei geschlossenen Türen*, 1945) des franz. Schriftstellers Jean-Paul Sartre (1905–1980).

166,17 Nash:
Siehe AH zu «Intime Ausstellung», S. 225f.

171,23 ‹Fleurs du Mal›:
Siehe AH zu «Unter Brücken», S. 221.

171,32 Hôtel du Nord:
Anspielung auf den gleichnamigen Film (1938) des franz. Regisseurs Marcel Carné (1909–1996). Diesen Film wie auch *Le jour se lève* (siehe unten) hat AXG sehr geschätzt.

175,11 Sing-Sing-Songs:
Siehe AH zu «Ein Abend, eine Strasse und ein Mittag in der City», S. 318.

175,11 Anständiger Film: *Le jour se lève:*
Der Tag bricht an (1939) von Marcel Carné. Vgl. Ulrich Gregor/Enno Patalas: *Geschichte des Films. 1 1895–1939*, Reinbek bei Hamburg 1976, S. 157: Der Film «ist nicht (...) ein Film der Resignation, sondern ebensosehr ein Film des Protests und des Widerstandes. Was sich als Haltung im Bild ⟨Jean⟩ Gabins verkörpert, das ist die Nichtanpassung an die Gesetze der bürgerlichen Welt und ihr Erfolgsstreben; noch in der Unterdrückung und der Niederlage hält Gabin der Menschlichkeit die Treue.»

176,26 Das Leben ist die rätselhafteste aller Figuren des Bewusstseins. Wer sucht denn zu verstehen – und was?:
Teil des Aphorismus «Antwort» in: «26 Sinnfiguren», II, S.

196, und *MGuG,* ⟨Heft III, 6.1.–1. 2.1952⟩, Eintrag ⟨Mitte Januar 1952⟩ (uv.).
177,23 Nur keinen Halt an Jahrhundertfeiern:
siehe AH zu «Kunst und Leben», S. 350.
183,9 Arletty:
Die franz. Schauspielerin Arletty (d.i. Arlette-Léonie Bathiat, 1898–1992) spielte in den beiden obenerwähnten Filmen von Marcel Carné die unerreichbare und zugleich unglücklich liebende Frau.
185,29 «For us, there is only the trying. The rest is not our business.»:
Aus dem 2. Quartett «East Coker» in *Four Quartets.* Siehe T.S. Eliot: *Gesammelte Gedichte 1909–1962,* Frankfurt am Main 1988, S. 302. Dieses Zitat auch Teil eines Mottos als V in TLüD (2. F). Siehe Kommentar dazu, S. 198f.
AXG besass, neben zwei Essaybänden von T.S. Eliot, dessen *Ausgewählte Gedichte,* Frankfurt am Main 1951, die er schätzte und zurzeit der Niederschrift von TMa' las.

T1:	Tit.	Fackelbeleuchtung
	153,29	melonösen [(kommt von der Hutform Melone)]
	154,30	Sinn der Religion[en]
	155,16	alles andere [ist] Badeschwamm
	156,3	dürfen es nicht [weiter] sagen
	156,30	Vernunft![Was anderwärts Bedeutung hat, war noch immer gegen «civilisation soldatesque, négoce et fonctionnalisme».] Gleichheit
	157,4	Nebentisch – [Der allgemeine Zug der Zeit ist offenbar.] Sie glauben
	157,9	Schwarzbrot [dazu] verdienen
	157,22	unverdaulichen [Schweins]Wurst
	160,5	ziemlich häufig. Indessen
	161,14	statt Pflaumenmus ein Findling erratischer Gallerte
	161,20	Ihre Locken [im Mai], auf zéro millimètre
	162,29	durch die Rechenapparate
	165,5	über den Äther der Wissenschaft [hinaus, über] die Ilys des Berosus oder die Trotyle der Chemie hinaus.
	165,21	je phantastischer, je echter, je rätselhafter
	165,32	dem göttlichen Gedanken –, Materie

166,7	schläft, nicht mehr zu erwecken –; die Ordnungen
166,14	Ziegel zertrümmernd aus allen Firsten und mit Flammen auf Glatzen gebrannt
166,20	der Vers. [Alles *ein* Schub, alles *ein* Abhub.] Hauptsache
166,22	schreit seine Bilder aus und: verkauft ist verkauft! Nicht mehr die Frage, wer bringt wen vorwärts –, alles *ein* Schub, alles *ein* Abhub. Hingegen
166,23	hat die Lust und auch den Mut, Bild
166,25	den Immerscharfen, den Aufgebügelten
166,30	Schanghaien zum Beispiel, meinte man doch, käme nur in düstern Häfen vor, – nicht nur – es gibt Staaten mit reinlichen Schwellen und glänzenden Fliesen –; man wird zwanzig, stösst
168,5	Und ich zweifle nicht, dass, wo noch
168,31	Hier kam eine junge Dame
169,4	II [*(ebenfalls ironisch)*] Die Dächer blühen erst im Dezember. Es
169,13	Da pfiff die junge Dame
169,15	II [*(fährt fort, ernster)*]
170,7	dass es [noch nicht] zu Ende sei
170,9	Kaffee. *Die Dame aber lächelte dazu sehr geschmeichelt und machte sich überhaupt in jeder Hinsicht anziehender.* Des Löwen Heimat
170,12	kann ich [ja] wohl gehen
170,15	*drückte allen die Hand*
170,17	III [*(blickt ihm nach)*]
171,11	Propaganda. Hier noch ein Beispiel: «Sie trafen sich
171,24	II [*(fährt fort)*]
172,8	IV [*(fährt fort)*]
172,22	DAME [*(fährt weiter)*]
172,25	I [*(meint)*]
172,28	IV [*(denkt halblaut)*]
173,6	ALLE [*(schliessen)*]
173,18	Zugvogel unserer Zeit ausdrückte
173,30	Im übrigen [fällt mir ein] traf ich den Mann
174,10	ein Jahr Orchideenspezialist, oder
174,23	Rücken Sie die Kritik

	174,27	schmeckt es nicht mehr nach Orangen. *Dahin*
	174,33	Muttermilch. Fanatiker des Verbleibens im Schatten der zehn Gebote und ihrer Übertretungen! DIE DAME
	175,2	Betäubung. [Fanatiker des Verbleibens im Schatten der zehn Gebote und ihrer Übertretungen!] Jedoch
	175,8	Ruhe – und den Senf geschluckt
	175,12	murmelte keineswegs – nicht im entferntesten
	175,27	Tempelfries. [Gelb fliesst die Sihl.] Was besagt
	176,19	Esel, Wasserwerk, im Kreis
	178,29	jenes porphyrene Rasseln
	181,6	mit klirrenden Münzen
	181,23	[Aber] Hiermit, wenn Sie
	182,2	Trancen nieder [die Samenstreue] auf ein
	182,14	Was die Frau idealisiert, sind Ehepaarrenten, Ohrenfauteuils – zeigt sich «als bis in den Tod».
	183,23	nicht mehr zu entziffern, wohin
	184,4	behielte.[Ja, und dann wanderten wir in jenen Morgen, von dem noch niemand klarer berichtete als eine Kondom-Reklame.] Die Formel
	185,7	I Der Geist der Zeit
	185,20	schiefe Licht der hündischen Lüste
	185,21	I Psychophysische Kombihuren
	185,25	Geburt beiwohn[t]en
	185,28	hoch und daran zerbricht man
	186,5	nicht mehr zu erraten!
	186,7	[*Am Ende ist immer*] DIE DAME
	186,8	«Reg dich nicht auf, ich
T2:	Tit.	Walking and Whistling Blues
	170,12	ihr seid ja gewissermassen
	173,6	ALLE *rezitieren*
	174,27	schmeckt es nicht mehr nach Zitronen. *Dahin*
	178,27	Tastatur ist nicht gerade neu, aber wäre es auch
Ho = Ma:	159,30	Wenn Sie radfahren
	163,7	für ihre Demut
	164,1	was *mich* angeht, anspricht ⟨Druckfehler⟩
	165,12	nützen herrlich ⟨Druckfehler⟩ wenig
	169,6	zur Freude in Vergängnis verwandelt
	171,29	vom Zweigen ⟨vermutlich Verschrieb in T3.

	Vgl. «Ein Abend, eine Strasse und ein Mittag in der City», I, I: III, 8/9, S. 334⟩ der Checks
173,17	die Ersten und die Letzten
179,7	Lokaldichter-Bierbauch
179,10	hinter spanische[n] Wände[n]
184,2	Du und Wider ⟨Verschrieb in T3, gemäss T1 + T2 + T3⟩ -Du
184,6	Die Form I ⟨Verschrieb in T3, gemäss T1 + T2 + T3⟩

Aphorismen

S. 189	Sprüche
Ü:	T, 3 S., hs. + masch. korr. (Ta)
	T, 1 S. (Tb)
ZE:	⟨Frühling 1950⟩
D:	Ta, uv.
AH:	S. 1 von Ta unterscheidet sich durch einen anderen Zeilenabstand von den S. 2 und 3. Allerdings gibt es von S. 1 ein unbetit. Doppel mit gleichem Zeilenabstand wie bei den S. 2 und 3. Diese «Sprüche» (= Ta) sind sehr wahrscheinlich die im *B an EJ*, 30.3.1950, II, S. 213, erwähnten «40 Gedanken», obwohl es in Wirklichkeit nur 39 sind. Tb ist vermutlich eine später (1951) vorgenommene, unbetit. Auswahl von 22 «Sprüchen» (Nr. 2–5, 8/9, 11, 19–23, 25–31, 34/35, 38) aus Ta. Sieben «Sprüche» aus Ta wurden in der Ip. für Tb leicht verändert; diese Korrekturen wurden berücksichtigt und sind nachgewiesen.
Ta:	189 (Nr. 5) modern sein; es
	189 (Nr. 8) meditieren, denn
	189 (Nr. 9) Ruhm: Dass spätere Geschlechter sagen «Es gab
	190 (Nr. 19) schreibt, oder
	191 (Nr. 23) das von niemandem gelesen wird, bleibt
	191 (Nr. 29) Dichter, am Ende
	191 (Nr. 30) Dichter, manchmal

S. 193	**Ohne Titel**
Ü:	M, 2 S., korr. (M1 + M2 = ME)
ZE:	⟨1950/1951⟩
D:	M2, uv.
AH:	Tit. vom H. Die D ist eine Auswahl aus M1 + M2.

M1:   193 (Nr.4)   Seit dem [ersten] Tage

S. 194	**26 Sinnfiguren**
Ü:	T, 1 S., hs. korr. (T1 + T5)
	M, 4 S., korr. (M2 + M3 + M4)
	T, 1 S. (T5)
	T, 4 S.; im Besitz von SLAEJ (T6 = TE)
ZE:	⟨Januar 1952⟩
E = EB:	Mög, S. 75/76 (= T5)
D:	T6
AH:	M2 + M3 + M4 in *MGuG,* ⟨Heft III, 6.1.–1.2.1952⟩, Eintrag ⟨Mitte Januar 1952⟩ (uv.). T1 und M2 + M3 (oder nur M2?) enthalten nur 22 «Sinnfiguren», dafür das in M4 (oder schon in M3?) und T5 gestrichene «Frage». M4 besteht wie T5 aus 21 «Sinnfiguren». T5 ev. V von T6.
	«Antwort», leicht gekürzt, auch in TMa, II, **176**,26f.

T1:	Tit.	[26] Sinnfiguren
	Leier	gegen die Spannung und geben dennoch in stärkster Spannung
	Tantalus	wagen. Doch gehört auch der Schlaf zum Leben.
	Dreifuss	um schöner zu sein als
	Frage	Wenn Irrtum Unrecht ist, weshalb sollte Recht recht sein?
	Waage	weniger, als [dass] er doch noch mehr sein könnte. (…) mehr, als dass er nicht [noch] mehr sein könnte.
	Garten	der gute Grund gefunden ist.
M2:	Tit.	[26] Sinnfiguren
	Leier	gegen die Spannung
	Tantalus	wagen. Doch gehört auch der Schlaf zum Leben.
	Dreifuss	um schöner zu sein als
	Frage	Wenn Irrtum Unrecht ist, weshalb sollte Recht recht sein?

	Waage	weniger, als [dass] er doch noch mehr sein könnte.
	Garten	der gute Grund gefunden ist.
M3:	Tit.	[26] Sinnfiguren
	Leier	gegen die Spannung
	Dreifuss	um schöner zu sein als
	Frage	Wenn Irrtum Unrecht ist, warum sollte Recht recht sein?
M4:	Tit.	[26] Sinnfiguren
	Leier	gegen die Spannung
	Dreifuss	um schöner zu sein als
T5 = Mög:	Tit.	[26] Sinnfiguren
	[Begriff, Monolog, Sport, Kristall, Relativ]	

Übersetzung

S. 199	Vom Nackten
	von Paul Valéry
Ü:	T, 3 S., pag., hs. korr. (T1 + T2 + T3)
	T, 3 S., pag., hs. korr., dat. 1951 (T4 + T5 = TE)
ZE:	⟨Dezember 1950–Februar⟩ 1951
D:	T5, uv.
AH:	T1 + T2 + T3 enthalten hs. Korrekturen auch von KK (siehe seinen B vom 13.2.1951 und denjenigen an ihn vom ⟨Februar 1951⟩), die in den untenstehenden vier Fällen von AXG in T2 + T3 bzw. T4 + T5 wortwörtlich übernommen wurden. *B (Kopie) an KK,* 10.2.1951 (uv.): «Die Valéry Übertragung ist nun soweit, dass ich nicht ohne Hilfe weiter kann. Vielleicht mags angehen, vielleicht ist darin grundverkehrtes. Wenn ich Sie nun bitte, die bis jetzt vorliegende Arbeit zu prüfen und nötigenfalls richtig zu stellen, so geschieht das aus dem Gefühl meiner vorläufigen Ohnmacht. Ich gelange nicht mehr weiter. Die Sicherheit, ob recht, ob schlecht, fehlt ganz und gar. Also: Darf ich diesen Anspruch an Sie erheben? Das Manus und das Original sind beigelegt. Das gross geschriebene ‹Regard› der ersten Zeile: Was ist das? Ich übertrug: ‹Beschaulichkeit.› *B von KK,* 13.2.1951 (uv.): «Ihre Valéry-Übersetzung habe ich mir sofort vorgenommen. Ich glaube, dass sie im grossen und ganzen gelungen ist. Das was ich – nach meinem Gefühl – verändert hätte, habe ich mir erlaubt, im Manuskript anzumerken

und bitte um Ihr Verständnis. Den schwierigsten Absatz habe ich selber auch noch einmal übersetzt. Die Übersetzung liegt als Zettel bei. Was ‹regard› betrifft, so habe ich mich bis jetzt zu einer mir gefallenden Übersetzung nicht entschliessen können. Ich weiss nicht, ob ‹Beschaulichkeit› ganz trifft, eher schon ‹Beschauen›. Solche Worte sind ja ungemein vieldeutig und die eigentlichen Klippen für den Übersetzer. Vielleicht durchdenken Sie aus dem Zusammenhang noch einmal das Wort, um es dann so zu formulieren, wie es Ihnen am sinnvollsten erscheint. Sie wie ich wissen ja die ‹Richtung›, in der das Wort verlaufen muss.» *B an KK,* ⟨Februar 1951⟩ (Entwurf): «Es freut mich höchlich, dass Sie sich so umgehend die Mühe nahmen für die Valéry-Betrachtung. Ich erlaube mir, da es ja sicher in Ihrem Sinne liegt, den von Ihnen übertragenen Abschnitt, der ja an clarté nichts mehr zu wünschen übriglässt, an die Stelle meines, etwas verschwommenen, zu setzen.» *B von MR,* 30.5.1951 (uv.): «Vielen Dank nun wieder für Ihren Valéry, dessen Übersetzung mir sehr gelungen erscheint. Ich will versuchen, die Rechte für einen Abdruck zu erhalten, weiss aber nicht, ob ich mit meiner Bitte die hochkomplizierten Nachlassdispositionen durchdringen werde.»

Originaltext «Du nu» von Paul Valéry:
«Ce fut une époque du Monde que ce détestable Regard, prodigieusement transformé par un accroissement soudain d'intelligence, qui fit poindre la première honte dans ÈVE et dans le misérable ADAM. Une fois qu'ayant désobéi, et qu'ils eurent mangé du fruit si puissant du Grand Arbre, l'événement survint tout à coup qu'ils se virent et se comparèrent l'un à l'autre dans leur ressemblance et leurs différences. On ne sait comme ils avaient fait jusque-là pour se connaître en toute simplicité.
Mais voici qu'en pleine lumière, et charnels parmi tant d'animaux entièrement vêtus ou de poil, ou de plume, ou d'écailles, ces deux êtres frappés de clairvoyance s'aperçoivent; et ils ressentent toute la faiblesse de leur état.
Cependant que les yeux de l'Homme se fixaient, et que ceux de la Femme se voilaient, et qu'Elle rougissait de toute sa personne, la Nature perdait sa pureté, et les apparences du désir se corrompaient de mystère et de mensonge.
Adam pâle et saisi; Eve toute vermeille; les libertés naïves de

leurs jeux devenues soudainement incompatibles avec le Soleil; un observateur sinueux qui les siffle et les raille sous la feuille; quel moment d'importance transcendantale, et quel accord d'une sinistre beauté dans cette composition de magnificence extérieure et de sentiments extraordinaires, qu'a imaginée et définie à merveille l'un des plus grands poètes de notre race:
Tum patuisse gemunt oculos, nam culpa rebellis
fulsit, et obscoenos senserunt corpora motus.
N'entrons point aux conséquences métaphysiques de ce fatal instant. Elles sont assez connues, et il ne nous appartient pas de les développer; mais bien d'autres effets n'ont point d'autre origine. Rien de plus remarquable ni de plus digne de réflexion que l'étrange fécondité d'un acte libre.
Nos Lois, nos Mœurs, nos Arts procèdent de la Faute.
Il arriva qu'une sorte de sens nouveau vint s'ajouter à ceux qui produisaient à l'Homme un ‹MODE EXTÉRIEUR›, et lui offrit la sensation d'un danger toujours imminent, toujours aussi proche de lui-même que peut l'être son propre corps. Davantage: l'inculpation de nos expressions les plus instinctives, et donc, les plus pures, et de nos actes les plus naturels, nous divise chacun en deux personnages, dont l'un, le visible, ne doit point laisser voir de soi ce qui trahirait les émotions de l'autre, l'invisible, lequel ne veut livrer que ce qu'il lui convient de laisser paraître.
Voici donc, depuis que l'ÉDEN a vu naître le NU, *cette pensée*, que toute société des hommes se compose de corps presque entièrement recouverts, qui ne manifestent par leurs gestes et leurs paroles que le moins possible de leurs plus fortes affections. Nous ne pouvons même concevoir un ordre public, des institutions respectables, un sacerdoce, une autorité civile ou militaire, un enseignement, des juges ni des docteurs, sans cette dissimulation de la chair, d'autant plus observée que le peuple est plus avancé dans les voies de la spiritualité, ou, du moins, plus soucieux de ses apparences. Il suffit, pour ruiner bien des choses, et rendre quantité de paroles impossibles à prononcer ou à entendre, de faire évanouir le vêtement.
La décence créée, il s'ajouta à ses considérations morales, et presque politiques, qui exigeaient que l'on se couvrît, la rigueur des climats, la jalousie des époux, les intérêts de ceux qui font et vendent les hardes.

Mais le prestige du NU devait nécessairement résulter de cette valeur de secret et de péril prochain que lui donnait sa qualité de révélation néfaste et de moyen mortel de tentation. L'homme cache à l'égal et ce qu'il se sent de plus faible, et ce qu'il a de plus précieux; il se fait assez souvent une confusion très facile entre ces deux choses différentes identiquement dissimulées: chacun dérobe aux yeux sa plaie et son trésor. Ainsi ce qui fut caché par vergogne devint puissant dans l'ombre. Or l'Art songeait toujours de la beauté des corps.
L'instinct de qui dessine ou qui presse l'argile se prononce toujours vers le galbe du NU; et la main qui palpe et caresse se sait aussi bien faite pour créer comme elle s'adapte. Le potier, las de tourner les panses et les gorges trop symétriques de ses ouvrages ustensiles, veut enfin façonner la terre humide et docile à la ressemblance de ces beaux vases de vie dont les formes, douces conductrices des actes du regard, appellent à elles-mêmes la mouvante enveloppe du geste.»
Aus: ‹Verve. Revue artistique et littéraire›, Paris 1938, Nr. 2.

T1:	199,1	da die abscheuliche Beschaulichkeit, wunderbar
	199,11	Tag, schutzlos und verletzlich nackt inmitten
	200,8	als die fruchtbare Seltsamkeit ⟨Korrektur von KK⟩ einer
	200,10	eine Art von neuer Sinnlichkeit sich hinzufügte, die dem Menschen
	200,15	Und mehr noch: Das Beschuldigende unseres instinktivsten Ausdrückens, und folglich des reinsten, und unserer natürlichsten Handlungen, teilen wir in zwei Auftritte, wovon der eine, der sichtbare, gar kein Schuldigsein an sich einsehen lässt welches die Aufregung des anderen, unsichtbaren, verriete, der nicht preisgeben will, dass er mit ihm übereinkam es zuzulassen. ⟨Korrektur von KK. Siehe Anm. in T2⟩ Seit nun
	201,8	Und der Zauber des Nackten musste sich notwendigerweise ergeben
	201,14	oft genug macht er sich leicht eine Verwirrung ⟨Korrektur von KK⟩ zwischen
	201,19	die Kunst sann immer über

	201,27	Formen, süsse Leiterinnen wahrzunehmender Blicke ⟨Korrektur von KK⟩, an sich
T2:	199,1	da das abscheuliche Beschauen, wunderbar
	199,11	Tag, schutzlos und verletzlich nackt inmitten
	200,10	Schuld her. Es erfolgte, dass
	200,15	Und mehr noch: Das Beschuldigende unserer instinktivsten Äusserungen und folglich der reinsten, und unserer natürlichsten Handlungen, *zweiteilt uns in zwei Persönlichkeiten, wovon die eine, die sichtbare* ⟨Wortlaut = Korrektur (1. F) von KK⟩, gar kein Schuldigsein an sich einsehen lässt welches die Aufregung ⟨der⟩ anderen, unsichtbaren, verriete, ⟨die⟩ die nicht preisgeben will, dass er mit ⟨ihr⟩ übereinkam es zuzulassen. Seit nun
	201,8	Und der Zauber des Nackten musste sich notwendigerweise ergeben
T3:	199,1	da der stumpfere Blick, wunderbar
	199,11	Tag, schutzlos und verletzlich nackt inmitten
	200,10	Schuld her. Es erfolgte, dass
	201,8	Und der Zauber des Nackten musste sich notwendigerweise ergeben
T4:	199,1	da das abscheuliche Beschauen, wunderbar

Bibliographie

Verzeichnet werden alle selbständigen Publikationen, sofern sie Erstveröffentlichungen enthalten. Über die Erstdrucke der unselbständigen Veröffentlichungen orientieren die Anmerkungen zu den Texten im vorliegenden Band, S. 155–377. Von den Rezensionen, Artikeln und Aufsätzen wird eine grössere Auswahl der wichtigsten Arbeiten präsentiert. Von den Radiosendungen, Übersetzungen, Vertonungen und Filmen wurde hingegen alles, was auffindbar und zugänglich war, aufgenommen.

Primärliteratur

Gwerder, Alexander Xaver: Die Begegnung. Mit fünf Holz- und Linolschnitten von Rudolf Scharpf. Hg. von K. F. Ertel. – Landau/Rheinpfalz: K. F. Ertel ⟨1951⟩ (= signaturen. blätter für grafik und dichtung, 2. Jg., 4. Folge).
–: Monologe. Vier Gedichte nach der Handschrift. Mit vier Holzschnitten von Rudolf Scharpf. – ⟨ Zürich/Altleiningen: Privatdruck 1951⟩.
–: Blauer Eisenhut. Gedichte. – Zürich: Magnus-Verlag 1951.
–: Ein Abend, eine Strasse und ein Mittag in der City. Dem Schweizer Lyriker Alexander Xaver Gwerder zum 30. Geburtstag am 11. März 1953. Mit einem Holzschnitt von Rudolf Scharpf und Beiträgen von R. Scharpf, K. F. Ertel und Wolfgang Bächler. – Heidelberg: 1953. (= Profile. Bühne der jungen Dichtung. Hg. von Rudolf Wittkopf, III).
–: Dämmerklee. Nachgelassene Gedichte. Hg. von Trudy Federli-Gwerder und Hans Rudolf Hilty. – Zürich: Verlag der Arche 1955 (= Die kleinen Bücher der Arche, 196/197).
–: Möglich, dass es gewittern wird. Nachgelassene Prosa. Mit vier Holzschnitten von Rudolf Scharpf. In Verbindung mit Trudy Federli-Gwerder aus dem Nachlass ausgewählt und hg. von Hans Rudolf Hilty. – Zürich: Verlag der Arche 1957 (= Die kleinen Bücher der Arche 238/239).
–: Land über Dächer. Nachgelassene Gedichte. Mit einem Beitrag von Karl Krolow. In Verbindung mit Trudy Federli-Gwerder aus dem Nachlass ausgewählt und hg. von Hans Rudolf Hilty. – Zürich: Verlag der Arche 1959 (= Die kleinen Bücher der Arche 278/279).
–: Maschenriss. Gespräch am Kaffeehaustisch. – Zürich: Verlag der Arche 1969 (= Edition «Arche Nova»).
–: Wenn ich nur wüsste, wer immer so schreit. Gesänge gegen die Masse. Aus-

wahl und Nachwort von Georges Ammann. – Zürich: orte-verlag 1978 (= Die blaue Reihe 5).
–: Wäldertraum. Ausgewählte Gedichte. Hg. und mit einem Nachwort versehen von Roger Perret. – Zürich: Limmat Verlag 1991.

Sekundärliteratur

a) Monographien
Fringeli, Dieter: Die Optik der Trauer. Alexander Xaver Gwerder. Wesen und Wirken. – Bern: Kandelaber Verlag 1970.
Bucheli, Roman: Alexander Xaver Gwerder. Untersuchungen zur Lyrik. – Zürich: Zentralstelle der Studentenschaft 1994 (= Abhandlung zur Erlangung der Doktorwürde der Philosophischen Fakultät I der Universität Zürich).

b) Rezensionen, Artikel und Aufsätze
Krolow, Karl: Ein junger Schweizer Lyriker. Zu Alexander Xaver Gwerder: Blauer Eisenhut. Gedichte. In: Die Tat, 29.12.1951, Nr. 352.
Bächler, Wolfgang: Blätter für Graphik und Dichtung. Alexander Xaver Gwerder und Rudolf Scharpf: Die Begegnung ⟨Sammelbesprechung⟩. In: Neue Literarische Welt, 10.2.1952, Nr. 3.
Schwedhelm, Karl: Steigendes Interesse an der Lyrik ⟨Sammelbesprechung mit Rezension «Blauer Eisenhut»⟩. In: Deutsche Zeitung, 10.5. 1952.
Ertel, K.F.: Junge Lyrik ⟨Besprechung von «Blauer Eisenhut»⟩. In: Neue Literarische Welt, 25.5.1952, Nr. 10.
Prosa, Marquis ⟨d.i. Peter Farner⟩: Pssst ... Zürcher Wochengeflüster ⟨Glosse zum Gedicht «Morgen in Aussersihl»⟩. In: Die Zürcher Woche, 1.8.1952, Nr. 31.
C. P.: Par désespoir d'amour. Un couple de ressortissants suisses vient se tuer à Arles. In: Le Méridional, 16.9.1952, Nr. 2491.
Prosa, Marquis ⟨d.i. Peter Farner⟩: Pssst ... Zürcher Wochengeflüster ⟨Nachtrag zur Glosse zu «Morgen in Aussersihl»⟩. In: Die Zürcher Woche, 19.9.1952.
Bazal, Jean: «Edith, je veux vivre» cria le désespéré. In: Ici Paris, 29.9.–5.10.1952.
Bächler, Wolfgang: Wir haben einen Freund verloren. Alexander Xaver Gwerder +. In: Die Literatur, 15.10.1952, Nr. 15.
Ertel, K.F.: Wer kümmert sich um den Nachlass? ⟨Mit Nachdruck der Gedichte «Die Sonnenblumen» und «Kulturlandschaft». In: Neue Literarische Welt, 25.11.1952, Nr. 22.

⟨?⟩: «Profile» ⟨Sammelbesprechung mit Rezension von «Ein Abend, eine Strasse und ein Mittag in der City»⟩. In: Die Tat, 28.3.1953, Nr. 86.

Pfister, Max: «Gestade am Ende des Worts». Zu Gedichten Alexander Xaver Gwerders. In: Der Bund, 4.12.1953.

Weber, Werner: Alexander Xaver Gwerder ⟨Besprechung von «Dämmerklee»⟩. In: Neue Zürcher Zeitung, 25.6.1955, Nr. 1696.

Hilty, Hans Rudolf: Zur Lyrik von Alexander Xaver Gwerder. In: St. Galler Tagblatt, 5.7.1955.

Gross, Walter: Ein lyrisches Vermächtnis ⟨Besprechung von «Dämmerklee»⟩. In: Basler Nachrichten, 29.7.1955.

Krolow, Karl: Die letzten Gedichte A.X. Gwerders ⟨Besprechung von «Dämmerklee»⟩. In: Die Tat, 30.7.1955, Nr. 206.

Humm, R.J.: Alexander Xaver Gwerders letzte Gedichte ⟨Besprechung von «Dämmerklee»⟩. In: Die Weltwoche, 2.9.1955, Nr. 1138.

Stüssi, Herbert Ernst: Auch moderne Lyrik hat Lebensrecht! In: Schweizer Bücher-Zeitung 13, 1955, S. 144f.

Jaeckle, Erwin: Alexander Xaver Gwerder ⟨Ansprache anlässlich der Gedenkfeier für A.X. Gwerder im Theater am Neumarkt in Zürich, 22.10.1955. Typoskript, undat., im Nachlass Erwin Jaeckle, Schweizerisches Literaturarchiv, Bern⟩.

M. N.: Städtisches Podium ⟨Gedenkfeier für A.X. Gwerder⟩. In: Neue Zürcher Zeitung, 26.10.1955, Nr. 2861.

C. S.: Gedenkfeier für einen jungen Lyriker. In: Tages-Anzeiger für Stadt und Kanton Zürich, 26.10.1955, Nr. 251.

P. Sd.: Sein Herz zerbrach. Die Erinnerungsfeier für A.X. Gwerder im Podium. In: Die Tat, 29.10.1955, Nr. 296.

–pfp.: Gedenkfeier für A.X. Gwerder. In: Neue Zürcher Nachrichten, 11.11.1955, Nr. 262.

Stüssi, Herbert Ernst: Notizen über den Nachwuchs im schweizerischen Schrifttum. In: Schweizer Bücher-Zeitung 14, 1956, S. 130ff.

Hohoff, Curt: Wirklichkeit und Traum im deutschen Gedicht. In: Merkur 10, 1956, S. 811ff.

Hilty, Hans Rudolf: Möglich, dass es gewittern wird ... Zum dichterischen Vermächtnis von Alexander Xaver Gwerder. In: Domino, Juni 1957.

Weder, Heinz: Aufenthalt ohne Raum. Zur Dichtung von Alexander Xaver Gwerder. In: Schweizer Bücher-Zeitung 15, September 1957, S. 106f.

Weber, Werner: Alexander Xaver Gwerder. Bemerkungen zum Prosaband «Möglich, dass es gewittern wird». In: Neue Zürcher Zeitung, 14.9.1957, Nr. 2597.

Erni, Franz Xaver: In memoriam Alexander Xaver Gwerders. In: Tages-Anzeiger für Stadt und Kanton Zürich, 7.2.1959, Nr. 32.

Erni, Franz Xaver: Der Lyriker Alexander Xaver Gwerder 1923-1952. Notizen zu seinem Leben. In: Basler Nachrichten, 15.2.1959, Nr. 7.
Weber, Werner: Über Gwerder ‹Besprechung von «Land über Dächer»›. In: Neue Zürcher Zeitung, 8.8.1959, Nr. 2395 (Überarbeitete Fassung in: W.W.: Tagebuch eines Lesers. Bemerkungen und Aufsätze zur Literatur. – Olten: Walter-Verlag 1965, S. 99–102).
Erni, Franz Xaver: «Land über Dächer». In: Tages-Anzeiger für Stadt und Kanton Zürich, 4.12.1959.
Senft, Fritz: Das grosse Zuviel. Hinweise auf Alexander Gwerder. In: Schaffhauser Nachrichten, 12.12.1959.
Weder, Heinz: Zur Dichtung von Alexander Xaver Gwerder. In: Die Tat, 20.2.1960, Nr. 50.
Horst, Eberhard: Weg ins Ausweglose. In: Neue Deutsche Hefte, Mai 1960, Heft 70, S. 161f.
Jokostra, Peter: Wir werden immer miteinander sein. Zum 10. Todestag von Alexander Xaver Gwerder. In: Deutsche Zeitung, 13.9.1962, Nr. 213.
Jaeckle, Erwin: «... verurteilt zur Oberfläche des äussersten Aussen». Die Wegspur Alexander Xaver Gwerders. In: Die Tat, 9.3.1963, Nr. 67.
Jokostra, Peter: Die Zeit hat keine Ufer. Südfranzösisches Tagebuch. – München/Esslingen: Bechtle 1963, S. 24/25, S. 82ff.
Segaloff, Marie: Hommage à Alexander Xaver Gwerder. In: La voix des poètes 23, printemps 1965, S. 29–33.
Fringeli, Dieter: Der Mythos Alexander Xaver Gwerder. In: Reformatio, 1966, Nr. 10, S. 590–597.
Fringeli, Dieter: Gesänge gegen die Masse. Vor fünfzehn Jahren starb der Dichter Alexander Xaver Gwerder. In: Der kleine Bund, 15.9.1967, Nr. 251.
Gwerder, E.: Alexander Xaver Gwerder 1923–1952. Zum 45. Geburtstag: 11. März. In: Kolping. Verbandszeitschrift Schweizer Kolpingwerk, 29.3.1968, Nr. 3.
Fringeli, Dieter: «Was treiben wir eigentlich?». Zu Alexander Xaver Gwerders «Maschenriss». In: Die Tat, 1.11.1969, Nr. 257.
Krolow, Karl: Leben und Schreiben als vergebliche Anstrengung. Zu Dieter Fringelis Buch über Alexander Xaver Gwerder. In: Die Tat, 11.7.1970, Nr. 161.
Kuhn, Christoph: Nicht vergessen — nie wahrgenommen. Zu «Dieter Fringeli: Die Optik der Trauer. Wesen und Wirken des Dichters Alexander Xaver Gwerder». In: du, Oktober 1970, Nr. 10.
Korner, Mechthild: «Find heim, oder zerbrich!» Alexander Xaver Gwerder 1923–1952. Wissenschaftliche Arbeit zur Erlangung des Sekundarschullehrerdiploms des Kantons Luzern, undatiert ‹um 1970›.

Resühr, J., Zur Lyrik Alexander Xaver Gwerders. In: Studies in Swiss Literature. Hg. von Manfred Jürgensen. – Brisbane: University of Queensland 1971, S. 83–96.

Gsteiger, Manfred: Alexander Xaver Gwerder ⟨Besprechung von «Die Optik der Trauer» von D. Fringeli⟩. In: Neue Zürcher Zeitung, 29.12.1972, Nr. 607.

Kraft, Martin: «Trost aus Trümmern». Zum 50. Geburtstag von Alexander Xaver Gwerder. In: Der Landbote, 2.3.1973, Nr. 9.

Fringeli, Dieter: Der Individualanarchist Alexander Xaver Gwerder. In: D.F.: Dichter im Abseits. Schweizer Autoren von Glauser bis Hohl. – Zürich: Artemis Verlag 1974, S. 155–170.

Pulver, Elsbeth: Alexander Xaver Gwerder. In: Kindlers Literaturgeschichte der Gegenwart. Bd. IV: Die zeitgenössischen Literaturen der Schweiz. Hg. von Manfred Gsteiger. – München: Kindler Verlag 1974, S. 274–277.

Jaeckle, Erwin: Die Zürcher Freitagsrunde. Ein Beitrag zur Literatur geschichte. – Zürich: Verlag Hans Rohr 1975, S. 56f.

Perret, Roger: Über Alexander Xaver Gwerder (11.3.1923–14.9.1952) ⟨Zusammen mit Erstdrucken von Gedichten und Prosa⟩. In: Poesie. Zeitschrift für Literatur. Hg. von Frank Geerk und Tadeus Pfeifer, 1978, Heft 1, S. 1–20.

Hennig, Martin: «Die Wände der Seele» ⟨Besprechung der Gwerder-Nummer der Zeitschrift ‹Poesie›, 1978, Heft 1⟩. In: Basler Zeitung, 22.7.1978, Nr. 29.

Ammann, Georges: Alexander Xaver Gwerder – ein Sänger gegen die Masse. In: orte, Oktober/November 1978, Nr. 21, S. 55.

Böschenstein, Bernhard: Alexander Xaver Gwerder. In: Die deutsche Lyrik 1945–1975. Zwischen Botschaft und Spiel. Hg. von Klaus Weissenberger. – Düsseldorf: Bagel 1981, S. 206–212.

Perret, Roger: Alexander Xaver Gwerder. In: Helvetische Steckbriefe. 47 Schriftsteller aus der deutschen Schweiz seit 1800. Bearbeitet vom Zürcher Seminar für Literaturkritik mit Werner Weber. – Zürich/München: Artemis Verlag 1981, S. 79–84.

Fringeli, Dieter: Der Zweifel an der Schweiz: Vor 30 Jahren starb Alexander Xaver Gwerder. In: Basler Zeitung, 14.9.1982, Nr. 214.

Schütz, Hans J.: Der erste deutschschweizerische Autor mit radikalem gesellschaftskritischem Engagement. In: Börsenblatt für den deutschen Buchhandel (Frankfurter Ausgabe), 4.3.1988, Nr. 18, S. 818ff.

von Matt, Peter: Nah am tödlichen Rand. In: Frankfurter Anthologie (Bd. 12). Hg. von Marcel Reich-Ranicki. – Frankfurt a. M.: Insel-Verlag 1989, S. 231–234.

Linsmayer, Charles: Literaturszene Schweiz. 157 Kurzporträts von Rousseau bis Gertrud Leutenegger. – Zürich: Unionsverlag 1989, S. 306f.

Reinacher, Pia: Alexander Xaver Gwerder: «Wäldertraum». Nacht & Wald & Traum & Schatten. In: Basler Zeitung, 20.9.1991, Nr. 219.

Lerch, Fredi: Widergänger, neu entdeckt ⟨Besprechung von «Wäldertraum»⟩. In: Die WochenZeitung, 4.10.1991, Nr. 40.

Schneider, Hansjörg: Die Wälder voll von Traumgetier. Alexander Xaver Gwerders Gedichte «Wäldertraum»: Poesie aus Fleisch und Blut. In: Die Weltwoche, 10.10.1991, Nr. 41.

Geschichte der deutschsprachigen Schweizer Literatur im 20. Jahrhundert. Hg. von einem Autorenkollektiv unter der Leitung von Klaus Pezold. Redaktion Hannelore Prosche. – Berlin: Volk und Wissen Verlag 1991, S. 121f., 300, 326.

Perret, Roger: Alexander Xaver Gwerder. In: Lexikon der Schweizer Literaturen. Hg. von Pierre-Olivier Walzer. – Basel: Lenos Verlag 1991, S. 165f.

Fringeli, Dieter: Vom Leben ausgemustert. Der Lyriker Alexander Xaver Gwerder (1923–1952) ⟨Besprechung von «Wäldertraum»⟩. In: Neue Zürcher Zeitung, 18./19.1.1992, Nr. 14.

Goetschel, Willi: Gegen die Kleinlichkeit ⟨Besprechung von «Wäldertraum»⟩. In: Aufbau, 28.2.1992, Nr. 5.

cb/mz: Alexander Xaver Gwerder. Gedichte, geschrieben gegen das Ersticken ⟨Besprechung von «Wäldertraum»⟩. In: Berner Zeitung, 17. März 1992.

Niederer, Ueli: «... ein überaus verletzlicher Seismograph» ⟨Besprechung von «Wäldertraum»⟩. In: drehpunkt, April 1992, Nr. 82, S. 69ff.

Gansner, Hans Peter: Wir werden an den Quellen wohnen. Zur Neuausgabe der Gedichte von Alexander Xaver Gwerder. In: DAZ, 14.4.1992.

Wanner, Kurt: Alexander Xaver Gwerder. Wäldertraum. In: kulturtip, Oktober 1992, Nr. 96.

Braun, Michael: Im Innern Europas. Eine Entdeckung: Nachgelassene Gedichte Alexander Gwerders. In: Die Zeit, 30.10.1992, Nr. 45.

Linsmayer, Charles: Alexander Xaver Gwerder. In: Schweizer Lexikon in sechs Bänden (Bd. 3). Hg. von Kollektivgesellschaft Mengis + Ziehr. – Luzern: Verlag Schweizer Lexikon Mengis + Ziehr 1992, S. 284.

Kunisch, Hans-Peter: Das mit dem Wald ... Erinnerung an Alexander Xaver Gwerder ⟨Besprechung von «Wäldertraum»⟩. In: Süddeutsche Zeitung, 10.2.1993, Nr. 33.

Kussmann, Matthias: Früh begann die Einsamkeit. Sammelband mit Gedichten Alexander Xaver Gwerders. In: Badische Neueste Nachrichten, 17.3.1993.

Fringeli, Dieter: Alexander Xaver Gwerder (1923–1952). «Wenn ich nur wüsste, wer immer so schreit». In: Grenzfall Literatur. Die Sinnfrage in der modernen Literatur der viersprachigen Schweiz. Hg. von Joseph Bättig und Stephan Leimgruber. – Freiburg: Universitätsverlag/Paulusverlag 1993, S. 343–349.
Jokostra, Peter: Alexander Xaver Gwerder. In: Neues Handbuch der deutschsprachigen Gegenwartsliteratur seit 1945. Begründet von Hermann Kunisch, fortgeführt von Herbert Wiesner und Sibille Cramer. Neu hg. von Dietz-Rüdiger Moser. – München: Deutscher Taschenbuch Verlag 1993, S. 433f.
Lexikon deutschsprachiger Schriftsteller. Von den Anfängen bis zur Gegenwart. Bd. 2: 20. Jahrhundert. Mithg. und Gesamtredaktion von Kurt Böttcher. – Hildesheim/Zürich/New York: Georg Olms Verlag 1993, S. 251.
Reinacher, Pia: Gegenentwurf zum Spiesserleben (= Zeilenfälle). In: Tages-Anzeiger, 27.8.1994.
Bucheli, Roman: Aus der Kindheit eines Gedichts. Alexander Xaver Gwerders Umgang mit Versen. In: Neue Zürcher Zeitung, 1./2.11.1997, Nr. 254.

Radiosendungen

Piontek, Heinz: Alexander Xaver Gwerder. In: Radio Bremen, Junge Lyrik, 15.3.1953.
Bächler, Wolfgang: «Ich geh unter lauter Schatten» von Alexander Xaver Gwerder. In: Südwestfunk, Lyrik der Zeit, 17.9.1953.
Hilty, Hans Rudolf: Alexander Xaver Gwerder: In: Landessender Beromünster, Der Parnass, 22.3.1955.
Hilty, Hans Rudolf: Alexander Xaver Gwerder: Möglich, dass es gewittern wird. In: Landessender Beromünster, Der Parnass, 25.4.1957.
Werf, Fritz: «Ich geh unter lauter Schatten». Der schweizerische Dichter Alexander Gwerder. In: Südwestfunk II, Lyrik der Zeit, 13.11.1960.
Jokostra, Peter: «Ich geh unter lauter Schatten». Zum Gedenken an den Dichter Alexander Xaver Gwerder, der vor zehn Jahren geheimnisvoll umkam. In: Westdeutscher Rundfunk, Abt. Kulturelles Wort, 21.11.1962.
Fringeli, Dieter: Zum 30. Todestag von Alexander Xaver Gwerder. In: Radio DRS 2, Literatur aktuell, 15.9.1982.
Gansner, Hans Peter: Wir werden an den Quellen wohnen. Zum 65. Geburtstag von Alexander Xaver Gwerder. In: Radio DRS 2, Montags-Studio, 14.3.1988.

Ruoss, Hardy: Alexander Xaver Gwerder: Wäldertraum. Gespräch mit Pia Reinacher und Roger Perret. In: Radio DRS 2, 52 beste Bücher, 8.12.1991.

Übersetzungen

Segaloff, Marie: Poèmes d'Alexander Xaver Gwerder ⟨Trèfle crépusculaire (Dämmerklee), Demi-jour (Zwielicht), Herbe d'été (Sommerkraut), Poème d'une nuit (Die Verse einer Nacht; nur Teile I und II), La dernière heure (Die letzte Stunde) sowie Elégie sur la mort d'un jeune poète (Zweite Elegie auf den Tod eines jungen Dichters) von Karl Krolow⟩. In: La voix des poètes 23, printemps 1965, S. 34–39.

Laederach, Monique: Un fleuve revint-il jamais en arrière? ⟨Kam je ein Strom einmal zurück⟩. In: Revue neuchâteloise 9, 1966, Nr. 35, S. 10.

Vertonungen

Holliger, Heinz: Dörfliche Motive. Vier Bagatellen nach einem Text ⟨Texten?⟩ von Alexander Xaver Gwerder für Sopran und Klavier. – Schott Mainz Edition: 1960–1961/1994.

Holliger, Heinz: Erde und Himmel. Kleine Kantate nach Texten ⟨Erde und Himmel, Rondo und Die letzte Stunde⟩ von Alexander Xaver Gwerder für Tenor, Flöte, Violine, Viola, Violoncello und Harfe, 1961. Studien-Partitur (ED 5031). – Schott Mainz Edition: 1963.

Käser, Mischa: Drei Chorstücke nach Texten ⟨Ich geh unter lauter Schatten, Nachtschnellzug und Intérieur⟩ von A.X. Gwerder für gemischten Chor, 1990.

Bardill, Linard: Lied. In: Tanz auf den Feldern (= CD Zyt 4518). – Gümligen: Zytglogge Verlag 1993.

Film

Matthys, Kurt: Alexander Xaver Gwerder. Die Begegnung (Begegnung mit einem Dichter der verlorenen Zeit), 1966, 11,30 Minuten.

Nachwort

«Tänze auf Messers Schneide»[1]

I

Als Alexander Xaver Gwerder am 14. September 1952 im südfranzösischen Arles seinem Leben ein Ende setzte, begann schon die Legende. Zwei Wochen danach erschien in der Zeitung «Ici Paris» ein Artikel[2], der detailliert die Hintergründe und die letzten Stunden vor dem gescheiterten Doppelselbstmord mit seiner Gefährtin Salome Dürrenberger schilderte, wobei allerdings einzelne Punkte romanhaft überzeichnet, ja erfunden wurden. Als Gründe für die Tat werden einzig persönliche Probleme genannt.

Mehr als dreissig Jahre danach berichtet eine andere Legende, dass Gwerder vor seinem Tod einige seiner Kleider dem deutschen Lyriker, Übersetzer und Zeitschriftenherausgeber Rainer Maria Gerhardt vermacht und dieser bis zu seinem frühen Tod im Jahr 1954 – er starb erst 27jährig ebenfalls durch Selbstmord – die Kleider getragen habe.[3] Da sich Gerhardts und Gwerders künstlerische Entwicklung und Biographie in einigen Punkten gleichen[4], ist dem Inhalt der Legende wenigstens eine gewisse Folgerichtigkeit nicht abzusprechen. Und dass der Kleiderempfänger gerade ein deutscher Künstler gewesen sein soll, würde zumindest der Wertschätzung entsprechen, die Gwerders Werk zu dessen Lebzeiten im nördlichen Nachbarland erfahren hat.

Zwischen diesen beiden Legenden spielte sich die Auseinandersetzung mit einem Werk ab, die, neben dem steten Hinweis auf die künstlerische Verwandtschaft mit Gottfried Benn, oft die Vorzüge und Mängel der Texte unter dem Gesichtspunkt des unbegreiflichen, frühen Todes beurteilte. Eine ernsthafte Rezeption dieses Schaffens setzte in der Schweiz – im Gegensatz zu derjenigen in Deutschland – erst *nach* diesem Ereignis ein, obwohl der

Autor hier zwischen 1949 und 1952 ein Buch und mehrere Texte in der Zeitung ‹Die Tat› veröffentlicht hatte. Einen wichtigen Akzent in der (Wieder-)Entdeckung setzte der erste Herausgeber von Werken Gwerders, Hans Rudolf Hilty. Schon zu dessen Lebzeiten hatte Hilty für seine Zeitschrift ‹Hortulus› Gedichte erbeten, aber erst nach dem Tod des Autors einen Text zu veröffentlichen gewagt.[5] Dieser war jedoch schon kurz zuvor in Deutschland publiziert worden, was zeigt, dass man sich dort ebenfalls für die Veröffentlichung des nachgelassenen Werkes interessierte. Der Herausgeber von Gwerders erster Lyriksammlung *Die Begegnung*, Kurt Friedrich Ertel, bemühte sich in der Tat, aber erfolglos für die Edition eines Auswahlbandes in Deutschland.[6] Erst als man in der Schweiz davon erfuhr, kam es zur ersten Nachlasspublikation in Peter Schifferlis Verlag der Arche in Zürich. Obwohl persönlich mit dem Autor bekannt, hatte Schifferli ihm zu Lebzeiten nie eine Veröffentlichung in seinem Verlag angeboten.[7]

Die 1955 unter dem besänftigenden Titel *Dämmerklee* erschienene Auswahl vor allem aus der Sammlung «Strom. Gedichte und Die roten Lieder aus der brandschwarzen Stadt» vereinigt zwar viele der melancholischen Verse, die bis heute einen festen Platz in der Schweizer Lyrik dieses Jahrhunderts einnehmen. Dass der Herausgeber Hans Rudolf Hilty wohl aus ästhetischen Gründen auf diejenigen «roten Lieder» verzichtete, die in einer unverstellten, alltäglichen Sprache geschrieben waren, hatte vielerlei Folgen. Der in diesen «Liedern» von Gwerder formulierte Konflikt zwischen Kunst und Gesellschaft bzw. dem Staat Schweiz wurde ausgeklammert. Damit unterschlug man die (literatur-)politische Ursache für den Freitod des Autors. Zugleich förderten die rudimentären biographischen Hinweise und fehlenden Informationen über die verschiedenen Seiten seines Werkes im Anhang zu *Dämmerklee* den Mythos eines vor allem an sich und der Welt (ver-)zweifelnden, elegischen Lyrikers. Dieser Mythos hatte lange Bestand, auch weil er einem

Bild vom Dichter entsprach, wonach dieser alles in Frage stellen darf, nur nicht die Fundamente der bürgerlichen Gesellschaft.

Zu Recht begründete Hilty das «Zerbrechen» Gwerders mit der «innern Heimatlosigkeit des modernen Menschen» und dem «Mit-Erleiden der geistigen Katastrophen der Gegenwart».[8] Der Hinweis auf den Zusammenhang zwischen persönlicher Katastrophe und äusserer Heimatlosigkeit in einem Staat, der angesichts des Kalten Krieges die Militarisierung der Gesellschaft weiterhin rechtfertigen konnte, fehlt allerdings. Statt diesem Problemfeld rückte man lieber «der Sprache auf den Leib». Der Feuilletonchef der ‹Neuen Zürcher Zeitung›, Werner Weber, dem Autor sonst gewogen, stellte fest, dass «die Tatsache ‹Am 14. September 1952 setzte er zu Arles in der Provence seinem Leben freiwillig ein Ende› das Schlechte in seinen Gedichten nicht besser»[9] mache. Genügt aber die Untersuchung von Reim, Metrum, Wortmaterial und Stil, um einen Mythos zu entzaubern? Und um ein Werk, das nicht nur aus *einer* Sprache besteht, zu beurteilen? Den anderen Sprachen wollte und konnte Webers ziemlich ahistorische Lesart nicht beikommen, obwohl gerade der Band *Land über Dächer* ihm reichhaltiges Anschauungsmaterial zur Überprüfung seiner Methode bot. Sein nicht nur abwertend gemeintes Urteil, dass bei Gwerder «eine Niederlage in der Kunst zu einem Stil gekommen»[10] sei, lässt sich deshalb auch teilweise auf die Form selbst dieser Rezeptionsphase anwenden. Das «einmalige, geheimnisvolle Schicksal»[11] des Autors blieb unter diesen Umständen weiterhin im Dunkeln.

Erst die auszugsweise Publikation von Briefen des Autors an Erwin Jaeckle in einem 1963 veröffentlichten Aufsatz desselben[12] rückte eine bis dahin verschwiegene Seite, die des aggressiven Militär- und Gesellschaftskritikers, in den Mittelpunkt. Als hätten die Aufbruchs- und Befreiungsbewegungen der Jugend in den sechziger Jahren zu dieser Enttabuisierung beigetragen, darf nun auch eine grössere Öffentlichkeit Kenntnis von den «Zwei

Gesängen gegen die Masse» nehmen, die Gwerder einst seinem Förderer Jaeckle zukommen liess.

Dieter Fringelis 1970 vorgelegte Biographie *Die Optik der Trauer* versuchte sodann erstmals eine umfassende Interpretation von Leben und Werk unter Berücksichtigung auch von unveröffentlichten Texten und Briefen. Er stellte Gwerders Scheitern in den Kontext vergleichbarer Schicksale von anderen Schweizer Autoren dieses Jahrhunderts: «Dichter im Abseits». Diese Einordnung und der im gleichen Zusammenhang von Paul Nizon geführte «Diskurs in der Enge» haben unser Bild vom Autor Gwerder bis heute entscheidend mitgeprägt. Bei allen Verdiensten Fringelis gehören die zuweilen verwirrende, weil methodisch mangelhafte Präsentation von Dichtung und Wahrheit und die mehrmals mit dem fragwürdigen Terminus «krankhaft» hantierende Charakterisierung Gwerders zu den Ungereimtheiten in seinem Buch.

Elsbeth Pulvers Aussage: «Man könnte ihn den ersten deutschschweizerischen Autor mit einem radikalen gesellschaftskritischen Engagement nennen»[13], stellt die politische Seite des Werks in den Vordergrund ebenso wie die Formulierung des *Lexikons deutschsprachiger Schriftsteller* in den neunziger Jahren: «Manches liest sich wie der vorweggenommene Zorn und Protest der jungen Generation der endsechziger Jahre».[14] Gwerders Prosastück «Brief aus dem Packeis» aus dem Jahr 1952 ist in dieser Lesart eine frühe Schilderung von Problemen, welche die Zürcher Jugendbewegung erst viel später – 1980 – nachhaltig beschäftigte. Diese Formen der Aktualität führen dazu, dass Gwerder «in der öffentlichen Einschätzung von einem hochpoetischen zu einem hochpolitischen, radikalen Autor»[15] wird. Dass die «hochpoetische» und die «hochpolitische» Seite untrennbar sind für das Verständnis und beide zusammen erst das Unverwechselbare und Herausragende dieses Autors ausmachen, soll nun anhand einiger Themenkreise erläutert werden.

II

«Was habe ausgerechnet ich mit den Wölfen zu heulen, wenn ich den Mut zu einer anderen Stimme besitze!»[16] Diese «andere Stimme» schafft sich erstmals überzeugend Gehör in den 1950 entstandenen Versen und «verrückten Prosagedichten». Darin wird in einer nachexpressionistischen Manier eine Welt evoziert, die buchstäblich «bebt von den Stiefeltritten»[17] und in der die verheerenden Atombombenabwürfe in Japan nachhallen. Der Kampf findet statt auf dem Schlachtfeld nun auf dem Papier statt: Die Texte zeugen von aus der Kontrolle geratenen Elementen, von Gewalt, als würden die Worte und Wortbilder selber manchmal übereinander herfallen. So stark wird das Apokalyptische beschworen, dass die «Schicksale fliegen» und der Autor bei einer Publikation dieser «verrückten» Gedichte fürchtet, selbst «wie ein Komet» zu zerstieben.[18]

Im Zweiten Weltkrieg Aktivdienst leistend, erlebte er wie die meisten Schweizer Soldaten den Terror des Krieges nur in der Zuschauerperspektive. Nun soll es wenigstens im Gedicht das Reduit nicht mehr geben! Gwerder möchte dort den Schweizerinnen und Schweizern eine Lektion in der Art einer Katharsis erteilen: «Allen, die ein Leid vergassen, / bring ich's doppelt wieder her.»[19] Da «der heutige Standort unseres Staates» mehr «dem Kriege als dem Frieden zugeneigt ist»[20], braucht sich der dichtende Bürger dieses Landes für sein gewaltsames Vorgehen nicht zu rechtfertigen.

Dunkle, skeptische, «negative» Gedichte als Reaktion auf die Verdrängung der zerstörerischen Kräfte und den Fortschrittsglauben, die sich in der Schweiz wie in Deutschland schon bald nach Kriegsende ungehemmt manifestierten. Zumindest Gwerders deutschen Künstlerfreunden war es früh bewusst, dass er, ohne «diktatorische Grausamkeit und unvorstellbares Kriegselend am eigenen Leibe oder mindestens als Augenzeuge erlebt» zu haben, «doch tiefer in die schwarzen, unterirdischen Strömungen unserer Zeit getaucht» war «als viele seiner Altersgenossen in Deutschland».[21] Im «Land der Nachkriegsgewinnler» jedoch ist man lieber «neutral, wir wollen nicht sterben u. wir wollen keine Ruinen (...) wenn die Welt so wäre wie wir, es gäbe keinen Krieg (...) wir sind nicht dumm, nur verlogen».[22] Diese 1948 von Max Frisch geschriebenen Sätze könnten ein Widerhall sein von Gwerders Unbehagen in der Schweiz der ersten Nachkriegsjahre. Obwohl beide in der gleichen Stadt lebten und in dieser Sache eine ähnliche Sprache redeten, blieb der jüngere Schriftstellerkollege zu Frisch in wohlwollend-kritischer Distanz.[23]

Es hiesse jedoch zu kurz greifen, würde man die poetische Aufarbeitung der beschriebenen gesellschaftlichen Schattenseiten nur als Akt eines heroischen, aufklärerischen einzelnen interpretieren. Sie ist ebenso eng mit Gwerders widersprüchlicher, ja zerrissener Persönlichkeit verflochten, der als junger Mann selbst eine Zeit lang den Verführungen des «Dritten Reiches» erlegen war. Nietzsches «Wer *sich* nicht schrecklich ist, macht niemand Schrecken»[24] erklärt vielleicht den Furor des nicht nur gesellschaftlich in die Enge Getriebenen. Die immer wieder vorgenommenen «Gänge» dieses schweizerischen «Orpheus» erkunden deshalb ebensosehr die Unterwelt seiner Persönlichkeit. Umgeben von äusseren und inneren Bedrohungen, konnte er sich mit einem gewissen Recht als «Spezialist für / Abgründe»[25] bezeichnen.

Gwerders literarischer Laufbahn war diese Gabe allerdings wenig zuträglich. Obwohl zwei der damals im Bereich der Publizistik und Literaturkritik in der Schweiz massgeblichen Persönlichkeiten – Erwin Jaeckle, Chefredaktor, und Max Rychner, Feuilletonredaktor der ‹Tat› – sofort und mit sicherem Gespür die schriftstellerischen Fähigkeiten des jungen Newcomers erkannt hatten, wurde dessen Förderung je länger je mehr von den unterschiedlichen Meinungen über die Rolle des Dichters in der

Gesellschaft überschattet. Gwerder verstand zwar, dass Jaeckle, im Militär Oberst, seine gegen diese Institution gerichteten Aufsätze nicht publizieren konnte. Jaeckle andererseits erkannte durchaus Gwerders Zwiespalt und riet ihm: «weniger Weltanschauung, mehr dichten!»[26]

Die von Jaeckle geforderte Trennung zwischen Gesellschaftskritik und Lyrik hat Gwerder in dem Masse befolgt, dass er die sogenannten «Antistaatsverse» stets in der Schublade beliess. Er hatte schnell gemerkt, dass er bei Jaeckle und Rychner nur mit einer «Poésie pure» Anerkennung fand. Zudem entsprachen jene kritischen Verse, die «wider Willen» und meistens als spontane Reaktion entstanden, selbst nicht seinen hohen Vorstellungen von Poesie.

Die Entstehung, Zusammensetzung und Rezeption des einzigen Gedichtbandes zu Lebzeiten, *Blauer Eisenhut*, zeugt von diesem Konflikt. Sie zeigt die Annäherung an die Position seiner beiden Förderer von der ‹Tat›, aber auch, dass diese Annäherung durch eine Art Selbstzensur erreicht wurde. Da Gwerder wusste, dass die «Verse, die hierzulande gedruckt bzw. zur Veröffentlichung vorgeschlagen werden, vorwiegend formal oder nur formal, zur Beurteilung gelangen», stellte er die erwähnte Sammlung nach diesen Vorgaben zusammen. Denn: «was sich nicht reimt, ist kein Gedicht! So sind auch im *Blauen Eisenhut* ausschliesslich gereimte Verse.»[27] Das Gedicht «Fata Morgana» zum Beispiel liess er aber nicht nur aufgrund des fehlenden Reimes weg, sondern auch, «weils mir zu viel öffentlichen Zeitbezug enthält».[28] Das Erscheinen des derart konzipierten Bandes brachte ihm in der Tat den erwünschten Beifall vonseiten seiner Förderer ein. Doch literarisch war für ihn diese Sammlung schon kurz danach «passé».

Da er nun seinen Tribut, das Beherrschen des «Handwerklichen», entrichtet hatte, hoffte er, dass «man auch dem Melos und den Stromschnellen seiner ‹Prosagedichte›»[29] trauen würde. Diese vor allem in der Sammlung «Land über Dächer» enthaltenen neuen Formen stiessen aber nur in Deutschland auf ein gewisses Echo. Obwohl sich darunter einige der heute bekanntesten Gedichte Gwerders befinden, scheinen sie der ästhetischen Norm der beiden ‹Tat›-Redaktoren nicht entsprochen zu haben. Einzig das Gedicht «Morgen in Aussersihl»[30] wurde – nach einer mehr als halbjährigen Wartefrist – in dieser Zeitung als einziges neues im Todesjahr 1952 und als letztes überhaupt zu Lebzeiten Gwerders veröffentlicht. Und zwar nicht im Literaturteil, sondern auf der «Magazinseite», in unmittelbarer Nachbarschaft zu einem Artikel über ein römisches Restaurant samt Abdruck eines Kochrezeptes in lateinischer Sprache. Ein wahrhaft sprechender Ausdruck für die Entfremdung des einstigen «Meisterschülers» zu seinen «Gönnern»! Dass die beiden Parteien zu keiner gemeinsamen Sprache mehr fanden, hatte sicher auch mit den letzten, aggressiven Briefen an Jaeckle und der Verunglimpfung Rychners als zukünftiger «Sportredaktor» zu tun. Jaeckle revanchierte sich und warf Gwerder, wenn auch in dessen Prosa, eine zu grosse Nähe zu Gottfried Benn vor, welche «Dichtkunst der Zwanzigerjahre und ganz und gar überlebt»[31] sei. Der derart seiner Aktualität beraubte Angegriffene konterte – nicht zu Unrecht – mit der Feststellung, dass «jene Zwanzigerjahre von solchem Urteil noch gar nicht erreicht»[32] seien.

In der Schweiz nicht verkannt, aber auch nicht in der von Gwerder erwünschten Ganzheit seiner Bestrebungen anerkannt, liess sich die ersehnte Begegnung mit Gleichgesinnten und Gleichaltrigen nur mit deutschen Künstlerinnen und Künstlern realisieren. Diese hatten alle ihre Kriegserfahrungen hinter sich und sahen mit einem gewissen Erstaunen, wie tief die seismographischen Fähigkeiten des Schweizer Kollegen auch ihre Problematik erfassten. Als Dank boten Kurt Friedrich Ertel, Karl Krolow, Oda Schaefer und Rudolf Scharpf ihm ihre verständnisvolle Freundschaft an und vor allem künstlerische und verlegerische Hilfeleistungen. Gwerder revanchierte sich mit der Versendung von handfesten Gaben wie Kondensmilch und Kaffee ins immer noch vom Krieg gebeutelte nördliche Nachbarland. Zudem konnte er das Gespräch mit den Freunden vor allem mittels Briefen führen, die ein perfekter Ausdruck einer seiner Wesenszüge waren: «Meine Sehnsucht galt immer der Abwesenheit eines Ideals, in Entfernungen, die ich nicht kannte und daher meistens überschätzte.»[33] Angesichts dessen erstaunt es nicht, dass die ersten beiden grösseren Publikationen in Deutschland unter den für Gwerders zwiespältige Persönlichkeit bezeichnenden Titeln *Die Begegnung* und *Monologe* erschienen.

Es war aber nicht nur ein brieflicher und – selten – ein persönliches Begegnen mit den deutschen Freunden. Dank ihren Hinweisen, der regelmässigen Lektüre von wichtigen deutschen Literaturzeitschriften und des hochkarätigen Literaturteils der ‹Tat› sowie der Essaybände von Max Rychner kam Gwerder zu wichtigen Begegnungen vor allem mit der internationalen modernen Poesie. Entgegen der Legende, dass dem einzelgängerischen Autodidakten das «‹Museum der modernen Poesie›, bildlich gesprochen, damals nicht zugänglich»[34] gewesen sei, setzte sich dieser mit den neuen Strömungen der Lyrik auseinander wie wohl kein anderer Schweizer Dichter. Seine Liste der gelesenen Werke, die er manchmal buchstäblich mit dem letzten Geld erwarb, umfasst Autoren wie Auden, Eliot, Majakowski, García Lorca, Goll, Brecht und Benn, von den «Klassikern» wie Baudelaire, Rimbaud, Verlaine, Valéry, Trakl, Heym und Rilke gar nicht zu reden. Welchen sichtbaren und unsichtbaren Einfluss einzelne dieser Autoren auf Gwerders lyrisches Werk ausübten[35], wird an dieser Stelle näher nur im Fall von Gottfried Benn ausgeführt werden. Ohne diesen internationalen Kontext hätte er die damalige Lyrik der Schweiz nicht um ungewohnte Elemente bereichern können: eine expressive, raffiniert rhythmisierte Sprache, ein durch seine fremdartigen Bilder provozierendes Vokabular, ein bei aller Beredtheit zum Unsagbaren strebendes lyrisches Ich. Das hochentwickelte Sprachinstru-

mentarium verband sich zudem in einigen Gedichten mit einer
salopp-zynischen Schreibweise.

Zweien der für die Entwicklung seiner dichterischen Persönlichkeit wichtigen Schriftsteller – Gottfried Benn und Ernst Jünger – schrieb Gwerder verehrende Briefe.[36] Von einem dritten, Paul Valéry, hing ein Porträt an der Wand über seinem Schreibtisch. Auch wenn sich die drei Autoren in vielem sehr unterscheiden, ist ihnen etwas gemeinsam: die mehr oder weniger offene Sympathie mit der politischen Rechten. Benns und Jüngers zeitweise Nähe zum «Dritten Reich» ist Gwerder wohl bekannt gewesen und muss ihn an die oben geschilderte eigene Faszination erinnert haben. Die von den beiden mit einer gewissen Heroik erfüllte Rolle des politischen und künstlerischen Aussenseiters hat er selbst am eigenen Leib erfahren. Die Ablehnung der Masse und ein vom Absoluten geprägtes Denken, welches das Kunstwerk und nicht den Menschen in den Mittelpunkt stellt, spielen in seinen Vorstellungen ebenfalls eine wichtige Rolle. Und auch bei ihm führt das Feiern des selbstbezogenen, abgekapselten Ich manchmal zu kristallinen Gebilden, welche Bewegung und Entwicklung verhindern. In anarchistischer Abwehrhaltung zu einem Staat, welcher die Bedürfnisse jedes einzelnen nicht erfüllen kann, muss ihm schon die Bauchbinde von Jüngers Buch *Der Waldgang*, vom Inhalt gar nicht zu reden, einen grossen Eindruck gemacht haben: «Fragen, die den Einzelnen als Einzelnen und zwar jeden Einzelnen angehen.»[37]

Bei Valéry scheinen den «konservativen Revolutionär» Gwerder dessen unerbittliche Denkbewegungen angezogen zu haben, die vor fast nichts Halt machen und den Prozess des Denkens selbst in den Vordergrund stellen. Die von ihm bewunderten, weil mit höchster sprachlicher Raffinesse verfassten Gedichte Valérys sind ohne dessen poetologische Reflexionen undenkbar. Einem Satz wie: «Das Gedicht – dieses verlängerte Zögern zwischen Klang und Sinn»[38] hätte wohl auch Gwerder zugestimmt. Gwerders Reflexionen zur Sprache und Lyrik bleiben allerdings mangels methodischer Durchdringung oft hinter seinen eigenen Dichtungen zurück. Sein Denken manifestiert sich am eindrücklichsten, wenn er dichtet.

Er – zumindest zeitweise – und der französische Autor waren übrigens auch leidenschaftliche Maler und Zeichner. Beide schufen Skizzen ihrer linken Hand[39] und machten diese zum Gegenstand ihrer Reflexionen. Valéry argumentiert phänomenologisch: «Wer seine Hand betrachtet, sieht sich dort existieren und handeln, wo er nicht ist. Wer *denkt* – beobachtet sich in dem, was er nicht ist.»[40] Gwerder kommt zu einem anderen Schluss: «Manchmal ergibt sich das dringende Bedürfnis, einen leicht zugänglichen Teil von sich selber in Linien festzuhalten, sich zu vergewissern, dass man überhaupt vorhanden ist.»[41]

Neben Benn, Jünger und Valéry gehört zum «geistigen Kosmos» Gwerders unbedingt auch der deutsche Schriftsteller und Kritiker Eugen Gottlob Winkler. In ihm erkannte er einen Geistes- und Schicksalsverwandten. So nannte er ihn in einer frühen Fassung eines Gedichts einen «Gehetzten» und schrieb diesen Ausdruck auch sich selber zu.[42] Winkler wurde in der Tat, erst 24jährig, im «Dritten Reich» aus Angst vor einer erneuten Verhaftung in den Selbstmord «gehetzt». Aber die Häscher lauerten bei Winkler und Gwerder auch im Innern. Der «Klang des Nichts»[43] war vielleicht für beide gut hörbar, weil sie hin und wieder ganz in einem kalten, mitleidlosen Blick auf sich und die Umgebung aufzugehen schienen. Enthält dieser überwache Blick auch noch «eine gewaltige Bemühung zur Genauigkeit»[44], werden an sich natürliche Vorgänge wie die Paarung von zwei Heuschrecken[45] bei Winkler oder das Versengen von Nachtfaltern in einer Kerzenflamme[46] bei Gwerder als Schreckensvision und Gleichnis erfahren.

Nur das Schaffen von Gottfried Benn drang jedoch ins Mark von Gwerders künstlerischem Selbstverständnis.[47] Obwohl er dessen Werk lange nur aus Veröffentlichungen in Zeitungen und Zeitschriften gekannt und diesem gegenüber auch Skepsis geäussert hatte, war die Bekanntschaft mit den Büchern Benns im Frühling 1951 der wichtigste Einschnitt in seine dichterische Entwicklung. Seine Reaktion auf die künstlerische und geistige Welt des Älteren zeigt, dass er diese eher als Bestätigung seiner Bestrebungen denn als Vorlage zur Nachahmung auffasste.[48] Trotzdem hinterliess die Auseinandersetzung unübersehbare Spuren der Anverwandlung. Tatsache ist aber auch, dass im Frühling 1951 fast ein Drittel der im Band *Blauer Eisenhut* enthaltenen Gedichte schon geschrieben war, bei denen später die Kritik den Einfluss Benns monierte. Die restlichen Verse dieser Sammlung, obwohl unter dem Eindruck der Entdeckung eines ihm gemässen poetischen Kosmos entstanden, unterscheiden sich jedoch wenig von jenen früher verfassten.

Vielleicht noch mehr als der *Blaue Eisenhut* zeigt die danach entstandene Sammlung «Land über Dächer» die Höhen und Tiefen einer avancierten Schreibweise. Einerseits gelingen dem Autor eigenständige und eindrückliche Gedichte wie «Tee» und «Réveille». Anderseits äussert sich die zeitweilig zu starke Orientierung am Vorbild in der reichlichen Verwendung der sogenannten «Südwörter» Benns («Ballade in Blau»!) und in einer manchmal zu gut geölten lyrischen Rede, die auch vor Manierismen und Sentimentalismen nicht Halt macht. Höhepunkt dieser produktiven Auseinandersetzung ist der im Frühling 1952 entstandene Text *Maschenriss*, ungeachtet seines Untertitels «Gespräch am Caféhaustisch» im Grunde ein vielstimmiger Monolog. Strukturell szenischen Texten des deutschen Dichters wie *Drei alte Männer* und *Die Stimme hinter dem Vorhang* angenähert, verbindet Gwerder darin neu geschriebene Passagen mit längeren «griffigen» Zitaten aus früher entstandenen Gedichten und Prosatexten. Auch dank dieser Collage- und Montagetechnik steigert sich das «Gespräch» in ein fast alles hinwegfegendes Furioso, von dem der Autor am

Schluss selbst betroffen ist: «lebte von nun an: nicht mehr zu entziffern!»[49]

«Trunken assoziert er Mythisches und Exotisches, schöpft sein Bildmaterial aus versunkenen Kulturen, blendet moderne Erscheinungen ein, steigert sein lyrisches Tempo bis zu filmischer Schnelligkeit und Kühnheit» – und: «So torsohaft er seine Syntax bildete, so fragmentarisch und flüchtig nahm er die Dinge auf seiner poetischen Netzhaut wahr. Gedankenstriche, Auslassungspunkte, Fragezeichen liessen seine Welt offen, er vermochte nicht, sie auszugrenzen, gegen den Sog aus dem Nichts zu sichern.»[50] Diese immer noch gültigen Worte Heinz Pionteks über Gwerder fassen ein poetisches Verfahren zusammen, das nicht nur technisch Benn einiges verdankt, aber: «nur genügt eben der Ton nicht – man muss auch bewaltigt haben für diesen, für solchen Ton!»[51] Dieser kommt «so gezielt und treffend aus der menschlichen und dichterischen Existenz Gwerders, dass von Epigonentum schon gar nicht mehr gesprochen werden kann.»[52]

Während Benn stets auch ironische Distanz zu seinem Werk bewahrte, wollte der junge Schweizer den Zwiespalt zwischen Dichtung und Wahrheit nicht einfach hinnehmen: «Wie das weitergeht, kann ich nicht mehr aufschreiben; es wird getan.»[53] Obwohl Gwerder «wie kaum einer unter den jungen deutschen Lyrikern die Traumschrift beherrschte»[54], genügte ihm diese Fähigkeit am Schluss seines Lebens nicht mehr: «Sterne sind mehr als Druckermist / und wir sollten mehr sein als Traum!»[55]

III

Balkon und Wald: Refugium, Kraftzentrum und Sackgasse
«Dreizehn Meter über der Strasse» – dieser Ausdruck beschreibt nicht nur die Lage des Balkons von Gwerders Wohnung an der Brauerstrasse 110 in Zürich-Aussersihl. Er ist auch eine Meta-

pher für seine dichterische Existenz und sein poetisches Verfahren. Auf dem Balkon herrscht ein «seltsames Zwischenreich (...) ein Doppelleben aus bestimmten Distanzen, streifenden Annäherungen und sicherer Geborgenheit.»[56] Als Ort, wo sich das Private und Öffentliche schneiden, ist man dort sichtbar und zugleich – in der Wohnung – unsichtbar für die anderen. Individualität ist dort gestattet, wenn die entsprechende Form die Gesellschaft nicht stört. Man schaut aus der Vogelperspektive auf die anderen *herab*, gehört dazu und doch nicht gänzlich. Der Balkon erlaubt den Blick in die Ferne und in die Nähe. Gleichsam schwebend zwischen Himmel und Erde hat man beide im Angesicht. Dies entspricht der klassischen Stellung des Dichters, der aus beiden Polen seine Eingebungen bezieht. Dafür muss er manchmal «das leise aber bittere Leben eines Nachtschattengewächses führen: Blicke vom nächtlichen Balkon; Halbschlaf vor blauschwarzen Fenstern – Lichtreklamen – der nächtliche Express, – alles weit –, alles tief».[57] Anderseits aber auch der «Blick über die Dächer, über die meine Worte heranjagen».[58] Diese Art des Überwältigtwerdens durch die Sprache gleicht dem «Flug über Abgründe mit imaginären Schwingen».[59]

Das entrückte Dasein auf dem Balkon trägt aber auch bedrohliche Züge. Die von oben unbarmherzig ins Visier genommenen anderen – die Allgemeinheit – schliessen den, der sie «Sklaven» tituliert, aus ihren Reihen aus, indem sie ihm «Individualanarchist» hinaufrufen. Er will handkehrum nicht «so tief sinken», aber braucht er nicht den «Boden», die Mitmenschen für die Verwirklichung seiner Visionen? Er schwebt deshalb nicht nur zwischen Himmel und Erde, sondern auch zwischen Kunst und Leben. Er hat die Kunst «im Griff», aber die Gesellschaft will nichts von ihm – dem Dichter – wissen, allein, fern, fast unsichtbar, auf dem Balkon.

Stand Gwerder auf dem Balkon seiner Wohnung an der Brauerstrasse, konnte er die Wälder des Üetli- und des Zürichbergs sehen. Doch «Wälder gibt es, die versammeln des Nachts / sich um mein Bett.»[60] Diese Form von Wald ist nicht ortsgebunden, kann mitten in der Stadt erschaffen und «begangen» werden. Als sich im Todesjahr 1952 die Konfrontation mit dem Staat und mit sich selbst zuspitzte, musste er immer mehr «Wald erfinden». Dort konnte man Zuflucht – Stille und Imagination – finden, für die Dauer eines Gedichts, einer Zeile. Aber dort spürte der Dichter auch die stärkste Entfremdung, war «Traumgetier» unter «lauter Schatten».

Robert Pogue Harrison beschreibt in seinem Buch[61], wie der Wald als Ursprung der Zivilisation bei deren Entwicklung stets auch als Spiegelbild und Projektionsfläche diente. Der Mensch sucht dort, was er in der Kultur nicht findet: Natur, Erholung, Abgeschiedenheit, Besinnung auf sich selbst. Der Wald als traditioneller Ort der Liebenden und der Begegnung mit dem Ursprünglichen, ja Göttlichen ist überdies ein Ort der Jagd und der Flucht, des Grauens und des Todes. Obwohl wir den Wald, vor allem nachts, auch fürchten, suchen wir ihn auf, weil er das Angst einflössende Unermessliche, das undurchdringliche Dickicht unserer Ängste ist. Deshalb erscheint er in der Literaturgeschichte «schon früh als Schauplatz für das, was später als das ‹Unbewusste› der menschlichen Psyche bezeichnet wird.»[62]

In Gwerders Gedichten, die er in den letzten Monaten vor seinem Tod geschrieben hat, ist der Wald umfassend, mit all diesen Bedeutungsschattierungen, präsent. Auch wenn wir wissen, dass sich der Dichter selbst dort gerne aufhielt und seine Familie ursprünglich aus dem Muotatal, einer der waldreichsten Gegenden der Schweiz, stammt, hilft das in diesem Zusammenhang wenig. Etwas mehr nützt uns die Tatsache, dass der Wald ein Thema schon seit den Anfängen des Dichters war.[63] Um Gwerders «Wäldertraum» in den letzten Lebensmonaten zu verstehen, gilt es aber die «Sprache» der «widerhallenden, bedrohlich-behaglichen Wälder» (Marina Zwetajewa) zu entziffern.

Im Gedicht «Wäldertraum»[64] ist von einem «Spiel» die Rede, das «fast zu Ende» sei. Es wird nicht gesagt, um was für ein Spiel es sich handelt; nur dass es – glückliche? – «Spiele des Sommertags» gibt oder gab. Gleichzeitig ist auch ein «Wäldertraum» zu Ende, «abgeholzt», nur noch «Harz, Nadel, Rauch». Doch früher war einmal ein befruchtendes «Ringen mit den Göttern» gewesen, das vielleicht zum «Spiel» und zum «Wäldertraum» gehörte, es gar voraussetzte.

Wir stutzen über den Schluss des Textes, denn der «Wäldertraum, abgeholzt / knirscht unterm Kiel.» Und schon in der ersten Strophe war von einem «Bug der Wälder» die Rede gewesen. In einem 1950 entstandenen Gedicht lesen wir jedoch: «Ich habe die Erinnerung an einen Wald, / durch den ich mit vollen Segeln kreuzte.»[65] Dass die Schiffe aus dem Holz der Wälder erbaut wurden, wissen wir. Der russische Lyriker Ossip Mandelstam fügte in einem Gedicht Schiff und Wald zur Metapher «Schiffswald» zusammen. Der Kommentar dazu vermerkt, dass seit der «Antike der Topos des ‹Segel-Setzens› für das Dichten»[66] stehe.

Dies hilft uns, auch den «Wäldertraum» zu enträtseln. Das Dichten als umfassendes Spiel ist vermutlich «zu Ende», weil es die Berührung mit den «Wurzeln» – «dem Bug der Wälder» – verlor. Als Bewegung in der Zeit braucht es die Konfrontation mit dem Innehalten und Zeitlosen – dem «Ringen mit den Göttern» im Wald. Dieser ist nicht nur Ort der Inspiration, er war für lange Zeit auch der Ursprung des Papiers, worauf sich das Schreiben ereignet. Und dieses ist selbst eine Art «Wäldertraum»: Es schafft «Träume in den Wäldern»[67] als Utopie, die sich aus dem ursprünglichen Einssein mit der Natur in der Kindheit speist; zugleich ist es aber manchmal der dichteste, schwärzeste Wald selbst, ein (alp-)traumhaftes Gestöber von schwarzen Buchstaben und Metaphern.

Gwerder schrieb das Gedicht vermutlich in den letzten Wochen seines Lebens, als er sich von der Gesellschaft und von seinen eigenen Problemen in die Enge getrieben sah. Es zeugt vom Verlust von Hoffnungen, auch in die Liebe, und, damit verbunden, von der unwiderruflichen «Verhärtung» des Lebens, der Sinne. Ausgespielt und ausgeträumt: Am Rand der Gesellschaft, in deren Windstille, mit schlaffen Segeln, findet der Dichter auch im Wald, seinem ureigensten Ort, die Sprache nicht mehr, den belebenden Worttraum.

«Nichts, Nichts, Nichts»[68]

> «... würde ich das Gedicht mit der ägyptischen Totenbarke vergleichen. In dieser Barke ist alles für das Leben bereitgelegt, nichts wurde vergessen.»[69]
>
> Ossip Mandelstam

Gwerders Wunsch aus einem frühen Gedicht, «dass einmal später meine Lieder / leben und so hin und wieder / *einen* stillen und erschauern –»[70], ist vor allem in seinen letzten, seit dem Sommer 1952 entstandenen Versen in Erfüllung gegangen. Einige dieser mehrheitlich in den drei Versionen der Sammlung «Strom. Gedichte und Die roten Lieder aus der brandschwarzen Stadt» enthaltenen Texte wie «Der Zigeuner», «Ich geh unter lauter Schatten», «Erde und Himmel», «Sommerkraut», «Rondo» oder «September-Bucht»[71] sind heute schon fast moderne Klassiker. Ihre liedhafte, «nachromantische Diktion»[72], das aufs Wesentliche und Einfache reduzierte Vokabular und ihr wehmütig-melancholischer Ton kommen klassischen Vorstellungsmustern von Poesie entgegen. Anders der grössere Teil der «roten Lieder aus der brandschwarzen Stadt»: Diese lange Zeit unveröffentlicht gebliebenen Texte[73] mit ihrer unprätentiösen, fast antipoetischen Sprache erinnern an Versformen, welche sich erst in den sechziger und siebziger Jahren richtig durchsetzten.

Die engagierte *und* meditative lyrische Rede sind jedoch schon immer ein Kennzeichen des Poeten Gwerder gewesen. In beiden Formen reagierte er auf ihn bedrängende Ereignisse in den letzten Lebensmonaten. Die persönliche Krise seit Anfang 1952 spitzte sich zu, als er im August dieses Jahres in Salome Dürrenberger eine Gefährtin fand, die seine Vorstellung vom höchsten Liebesglück als gemeinsames Sterben zu teilen schien. Kurz zuvor hatte Erwin Jaeckle seine dichterische Potenz und etwas später die Polemik der ‹Zürcher Woche› nach der Veröffentlichung seines Gedichtes «Morgen in Aussersihl» in der ‹Tat› seine dichterische Existenz in Frage gestellt. Der Rat der ‹Zürcher Woche›, sich an Goethes Lyrik zu orientieren, die für ihn der Inbegriff der erstarrten Bildungsbürgerkultur war, demontierte endgültig seine Hoffnungen auf künstlerische Perspektiven in diesem Land. Dazu drohte Mitte September 1952 das Aufgebot für den militärischen Wiederholungskurs, dem er auf keinen Fall Folge leisten wollte.

Schon im Frühling dieses Jahres hatte Gwerder die erste Fassung des Gedichtes «September-Bucht»[74] geschrieben, in dem die mittlere von drei Strophen mit einem Todesbild («das im Blut rinnende Spiegelbild») von den beiden anderen mit Metaphern der Unendlichkeit (Meer und Strom) flankiert ist. Auffallend ist, dass er die sich wiederholende Wendung «Der Herbst ist sanft» später zu «Der Tod ist sanft» änderte. Nicht nur im Titel, sondern auch an zwei weiteren Stellen tauchen zitathaft Stellen aus zwei Gedichten des deutschen Expressionisten Georg Heym auf. Fast geisterhaft und unterschwellig dialogisiert Gwerders Text vor allem mit Heyms Gedicht «Der Tod der Liebenden» (Titel der früheren Fassung: «Der Tod der Liebenden im Meer»), ohne den gemeinsamen Tod von zwei sich Liebenden explizit auszusprechen. Ob er wusste, dass der deutsche Dichter, mit dessen Dichtung seine eigene einige Gemeinsamkeiten hat, nur 25jährig ertrunken war?

Dieses Gedicht war Auftakt zu Versen, welche durch den Strom ihrer Rede den Autor zur prophetisch vorweggenommen Selbstauslöschung in der «Bucht» des 14. September 1952 mitreissen. Nun schreibt er Gedichte (vor allem in der Sammlung «Strom ...»), die es weder vorher noch nachher in der Schweizer Literatur gegeben hat. Sie maskieren sich mit einem konventionellen dichterischen Vokabular und klingen wie Musik, obwohl der «schöne Ton» den lautlosen Explosionen der sich selbst gefährdenden Rede Paroli bieten muss. Der zumeist verwendete Reim hält demonstrativ und notdürftig zusammen, was sonst auseinanderdriften würde. Durch Wiederholungen, Parallelismen und rondoartige Strukturen beschattet und dreht sich die Rede selbst im Kreise, ohne Ausweg in einer Welt aus Nacht, Wald, Schatten und Schlaf, so dass das lyrische Ich selbst zum «Dunklen» wird. Der tänzerische Rhythmus mancher dieser Verse hat trotzdem eine Anmut, auch wenn es meistens Tänze über dem Abgrund des eigenen Ich sind. Wegen dieses fürchterlichen Taumels meint der Dichter zu «explodieren»[75] – das Herz spaltet sich denn auch ab, «schwingt leicht sich übers Dach»[76] oder «geht durch den dunklen Flur»[77]. Wenn es «breit auf schwarze Trommeln haut»[78], erinnert die Musik dieser Gedichte an einen todtraurigen Blues.

In diesen Abgesang, auch auf eine bis zum Äussersten ausgeschöpfte traditionelle dichterische Form, mischte sich Hoffnung mit der Niederschrift einiger der oben erwähnten «roten Lieder». Deren eher nüchterner, revoltierender Ton hielt aber nicht gegen das wie ein Damoklesschwert über Gwerders dichterischer Existenz schwebende «Nichts, Nichts, Nichts» und das kapitulierende «In der Schweiz habe ich nichts zu bestellen.»[79] Das Rot des Aufruhrs dieser Lieder weicht dem Rot des Blutes, mit dem gar «einige malen in der Nacht».[80] Diese archaische Geste demonstriert, wie sehr Gwerder mit der Essenz seiner Existenz – dem Schreiben – blutigen Ernst zu machen gewillt war.

In seinen bis zum Stillstand ums Letzte kreisenden Gedichten hatte er durchgespielt, was in einem Hotelzimmer in Arles seinen folgerichtigen Abschluss fand.[81] Doch als sein Leben zu Ende ging, zuletzt, wollte er nur eines: leben.

Zürich, Juli 1998　　　　　　　　　　　　　　　　　　　Roger Perret

Anmerkungen

1　Brief an Erwin Jaeckle, 30.12.1951. In: *Gesammelte Werke und Ausgewählte Briefe* (= GW), Bd. II, S. 379.
2　Jean Bazal: «‹Edith, je veux vivre› cria le désespéré». In: ‹Ici Paris›, 29.9.-5.10.1952.
3　Urheber dieser durch die Herausgeber einer Dokumentation über Rainer Maria Gerhardt verbreiteten Legende ist der amerikanische Dichter Robert Creeley, der mit Gerhardt befreundet war. Creeley hatte jedoch Alexander Xaver Gwerder (= AXG) mit jemand anderem verwechselt: «I don't recall Rainer's ever mentioning Gwerder. I do recall that Rainer got this friend's clothing, at least some – I specifically remember a serviceable coat, etc. (…) this friend committed suicide by walking into a lake (in Switzerland as I remember).» (Brief an Roger Perret, 8.9.1989.)
4　Rainer Maria Gerhardt, der äusserlich AXG ein wenig glich und ebenfalls Vater von zwei Kindern war, reagierte in seinen Gedichten wie dieser auf die neuen Möglichkeiten der internationalen modernen Poesie. Als Herausgeber der Zeitschrift ‹Fragmente› in Karlsruhe publizierte er erstmals mehrheitlich von ihm und seiner Frau ins Deutsche übersetzte Texte von Autoren wie Ezra Pound, William Carlos Williams, Robert Creeley, Saint-John Perse, Henri Michaux und Rafael Alberti. Auch stand er in brieflichem Kontakt mit Gottfried Benn. Er scheiterte an seinen zu hochgesteckten dichterischen und verlegerischen Plänen, die in ein finanzielles Fiasko führten, und am Unverständnis der damaligen Zeit für seine avantgardistischen Unternehmungen. Vgl.: *Leben wir eben ein wenig weiter (We'll live a while, yet). Über das Nachleben des Dichters Rainer Maria Gerhardt.* Hg. von Stefan Hyner & Helmut Salzinger. – Odisheim: Edition Head Farm 1988.
5　Nachdruck von «Tee» in: ‹Hortulus›, Dezember 1952, 4. Heft.
6　K.F. Ertel hatte betreffend Veröffentlichung eines Nachlassbandes Kon-

takt unter anderem mit den Verlagen Rowohlt und Bechtle, mit Rudolf Wittkopf, der immerhin 1953 in der von ihm herausgegebenen Zeitschrift ‹Profile› das lange Gedicht «Ein Abend, eine Strasse und ein Mittag in der City» herausgab, Max Rychner und Heinz Winfried Sabais von der «Deutschen Akademie für Sprache und Dichtung» in Darmstadt.

7   Der Verlag der Arche hatte 1949 die Publikation der Sammlung «Aus der Innung des engen Lebens» und 1950 diejenige der «Zwei Gesänge gegen die Masse» abgelehnt. Siehe GW III, S. 266, 268.
8   Hans Rudolf Hilty: «Zur Lyrik von Alexander Xaver Gwerder». In: ‹St. Galler Tagblatt›, 5.7.1955.
9   Werner Weber: «Über Gwerder». In: ‹Neue Zürcher Zeitung›, 8.8.1959, Nr. 2395.
10 Werner Weber: «Alexander Xaver Gwerder». In: ‹Neue Zürcher Zeitung›, 25.6.1955, Nr. 1696.
11 Rudolf Jakob Humm: «Alexander Xaver Gwerders letzte Gedichte». In: ‹Die Weltwoche›, 2.9.1955, Nr. 1138.
12 Erwin Jaeckle: «‹... verurteilt zur Oberfläche des äussersten Aussen›. Die Wegspur Alexander Xaver Gwerders». In: ‹Die Tat›, 9.3.1963, Nr. 67.
13 Elsbeth Pulver: «Alexander Xaver Gwerder». In: *Kindlers Literaturgeschichte der Gegenwart. Bd. IV: Die zeitgenössischen Literatur der Schweiz.* – München: Kindler Verlag 1974, S. 275.
14 *Lexikon deutschsprachiger Schriftsteller. Von den Anfängen bis zur Gegenwart. Bd. 2: 20. Jahrhundert.* – Hildesheim/Zürich/New York: Georg Olms Verlag 1993, S. 251.
15 Roman Bucheli: *Alexander Xaver Gwerder. Untersuchungen zur Lyrik.* – Zürich: Zentralstelle der Studentenschaft 1994 (= Abhandlung zur Erlangung der Doktorwürde der Philosophischen Fakultät I der Universität Zürich), S. 10.
16 AXG: Manuskript «Tagebuchblätter 1950/1951», Eintrag 16.5.1951 (unveröffentlicht).
17 Aus dem Gedicht «Die Erde bebt noch». Zitiert nach Wolfgang Bächler: *Die Erde bebt noch. Frühe Lyrik.* – Esslingen: Bechtle Verlag 1982, S. 12.
18 Brief an Oda Schaefer ‹Anfang August 1950›, GW II, S. 240.
19 AXG: «Stadtmorgen» (= IV,3/4), GW I, S. 23.
20 AXG: «Ein souveränes und geprelltes Volk», GW II, S. 128.
21 Heinz Piontek: «Alexander Xaver Gwerder». In: Radio Bremen, Junge Lyrik, 15.3.1953. Zitiert nach Fotokopie des Typoskriptes im Besitz des Herausgebers.

22 Max Frisch: *Jetzt ist Sehenszeit. Briefe, Notate, Dokumente 1943–1963*. Hg. von Julian Schütt. – Frankfurt am Main: Suhrkamp Verlag 1998, S. 83.
23 Vgl. Brief an Oda Schaefer, 14./21.1.1951, GW II, S. 253: «Max Frisch kenn ich nicht persönlich, obzwar er mir leicht erreichbar wäre. (Auch seine Werke nicht.). Jedoch muss ich meine Sympathie zu ihm aussprechen, da er offenbar nicht militant gewickelt ist.» Und Brief an Erica Maria Dürrenberger, ⟨Ende Juli 1952⟩, GW II, S. 414: «Max Frisch, der sich ja für den *Graf Öderland* rechtfertigen musste – und es – leider – tat!»
24 Friedrich Nietzsche: *Die fröhliche Wissenschaft*. – Frankfurt am Main/Berlin/Wien: Verlag Ullstein 1981 (= Werke II, Ullstein Materialien, Nr. 35072), S. 298.
25 AXG: «Abgrund» (= II,3/4), GW I, S. 285.
26 Brief von Erwin Jaeckle, 19.4.1950, GW II, S. 219.
27 Brief an Rudolf Scharpf, 6.12.1951, GW II, S. 369.
28 Siehe Gedicht in: GW I, S. 307, und dazu Anm., GW III, S. 306.
29 Siehe Anm. 27.
30 In: GW I, S. 75.
31 Brief von Erwin Jaeckle, 25.7.1952, GW II, S. 411.
32 AXG: «Betrifft: Pfahlburg», GW II, S. 147.
33 Brief an Erica Maria Dürrenberger, 14.11.1951 (unveröffentlicht).
34 Siehe Anm. 13.
35 Zum Beispiel ist die strukturelle Gliederung des Gedichts «Ein Abend, eine Strasse und ein Mittag in der City» (GW I, S. 332–342) mit derjenigen in Wladimir Majakowskis Poem «Wirbelsäulenflöte» vergleichbar, und die «Mehrstimmigkeit als Kompositionsprinzip der Textcollage lässt deutliche Anklänge an T.S. Eliots *The Waste Land* erkennen.» (R. Bucheli: *Alexander Xaver Gwerder*, a.a.O., S. 112). Oder die liedhafte Form des Gedichts «Erde und Himmel» (GW I, S. 158) erinnert mit seinen Parallelismen und raffiniert varierten Wiederholungen an diesbezügliche Versformen von Federico García Lorca.
36 Siehe GW II, S. 273f., und S. 372f.
37 Ernst Jünger: *Der Waldgang*. – Frankfurt am Main: Vittorio Klostermann 1951.
38 Zitiert nach Ralph-Rainer Wuthenow: *Paul Valéry zur Einführung*. – Hamburg: Junius 1997, S. 108.
39 Siehe die Abbildung von AXGs Skizze in: GW III, S. 21. Diejenige von Valérys Zeichnung in: Katalog zur Ausstellung «Paul Valéry, l'intime, l'universel» in Sète, 26.5.–16.9.1995, S. 63.
40 R.-R. Wuthenow: *Paul Valéry zur Einführung*, a.a.O., S. 113.

41 Brief an Erica Maria Dürrenberger, 20.9.(–22.9.1951), GW II, S. 332f.
42 AXG: «Die Weise vom Kriterium eines Heutigen». Siehe die Abbildung der frühen Fassung in: GW III, S. 106f.
43 Eugen Gottlob Winkler: *Briefe 1932–1936*. – Bad Salzig: Karl Rauch Verlag 1949, S. 181.
44 Brief an Karl Krolow, 5.8.1951, GW II, S. 302.
45 Vgl. E.G. Winkler: *Briefe 1932–1936*, a.a.O., S. 240f.: «Oben beobachtete ich, wie zwei riesige Heuschrecken sich paarten. Es sah gespenstisch aus. Heuschrecken machen ja schon an sich den Eindruck von etwas Künstlichem und Mechanischem mit ihrem verpanzerten und scharnierten Körper. Rechne dazu eine senkreche, mittägliche Sonne und eine absolute Stille, so kannst Du verstehen, wie seltsam mich das benahm, indem ich die Insekten anstarrte, wurden sie für mich immer grösser. Das Männchen klammerte seine dünnen, blutleeren Beine an den verschachtelten Rücken des Weibchens. Es schien, als maskierte sich das Leblose mit Leben; als könnte man endlich ‹dahinter› sehen. Das war recht verzweifelt! Ich hatte plötzlich keine Furcht mehr vor dem Dasein, aber auch keine Hoffnung – es lohnte sich anscheinend nicht. Ich kam mir vor, als sei ich schon im voraus gestorben. Ernüchterung und Enttäuschung an mir selbst befiel mich – ach, der Einzelne ist nur etwas im Vergleich! Was aber ist er selbst?»
46 AXG: Manuskript «Tagebuchblätter 1950/1951», Eintrag 7.8.1950 (unveröffentlicht): «Ein Falter flog wieder über die Kerzenflamme, und das Flattern seines Todeskampfes trommelt auf meinem Tisch. Eine halbe Stunde schon schaue ich jetzt dem Treiben um das Licht zu. Unglaublich, mich friert beinahe. Unter dem Tisch trommelt jetzt der Versengte. Ein anderes Insekt, unbeholfen, mückenartig, aber grösser mit seltsam verdicktem, durchsichtigem Hinterleib, kam heran, visierte anscheinend genau, sprang dann los. Sprang aber zu kurz und kletterte kurzerhand die Kerze hinauf, um oben zu verbrennen. Und eben flammte das zweite auf, das, von mir unbemerkt, auf der mir abgewandten Seite der Kerze hinaufgeklettert sein musste. Dieser Trieb nach Licht! Diese unerhörte Wut nach der Flamme! Gott, wie einseitig; aber, Gott, wie konsequent! Zu meinen Füssen trommelt noch immer der Falter. So sehr mich das Schauspiel dieser Leben erschreckt: Ich will trotzdem, trotz der Gänsehaut, warten, bis die Kerze abgebrannt sein wird.»
47 Brief an Gottfried Benn, 23.4.1951, GW II, S. 273: «Sie sind der Sturm, der uns Zweifelnden ins Haar fährt.»
48 Vgl. Brief an Oda Schaefer, 5.5.1951, GW II, S. 278f.: «Was verachtet und für verrückt gehalten abseits lag (...) wird durch ihn legitimiert und

die brachen Explosionen dürfen sich in offensichtlichen Bildern zur rücksichtslos eigenen Welt entfalten.»

49 AXG: «Maschenriss. Gespräch am Caféhaustisch». In: GW II, S. 186. Siehe auch die Abbildung einer früheren Fassung des «Gesprächs» mit dieser Textstelle in: GW III, S. 111.
50 Siehe Anm. 21.
51 Brief an Rudolf Scharpf, 29.5.1952, GW II, S. 400.
52 Eberhard Horst: «Weg ins Ausweglose». In: ‹Neue Deutsche Hefte›, Mai 1960, Heft 70, S. 162.
53 AXG: «Ein Tag in Basel», GW II, S. 109, und dazu Anm., GW III, S. 354f.
54 Siehe Anm. 21.
55 AXG: «Zigeunerisch» (= II,5/6), GW I, S. 142.
56 AXG: «Balance im Unwägbaren ...», GW II, S. 76.
57 Brief an Rudolf Scharpf, 8.9.1951, GW II, S. 320.
58 AXG: «Dreizehn Meter über der Strasse», GW II, S. 86.
59 Siehe Anm. 1.
60 AXG: «Was die Wölfe frassen» (= I,1/2), GW I, S. 119.
61 Robert Pogue Harrison: *Wälder. Ursprung und Spiegel der Kultur.* – München/Wien: Carl Hanser Verlag 1992.
62 R. P. Harrison: *Wälder. Ursprung und Spiegel der Kultur*, a. a. O., S. 112.
63 AXG: «Der Dichter» (1947; unveröffentlicht): «Ich weiss die Weite von Süd und Meer / und weiss den Wald und den Wind». Siehe auch «Waldherbst» (1948) und «Doch du selber, du selber fehlst» (1948/49), GW I, S. 190; 193.
64 In: GW I, S. 364.
65 AXG: «Ergründungen» (= III: II,1/2), GW I, S. 220.
66 Kommentar von Ralph Dutli zum Gedicht «Der Hufeisenfinder» in Ossip Mandelstam: *Tristia. Gedichte 1916–1925.* – Frankfurt am Main: Fischer Taschenbuch Verlag 1996, S. 254.
67 AXG: «Ein Tag in Basel», GW II, S. 107.
68 Marquis Prosa ⟨d.i. Peter Farner⟩: «Pssst ... Zürcher Wochengeflüster». In: ‹Die Zürcher Woche›, 19.9.1952. Diese Polemik im Zusammenhang mit AXGs Gedicht «Morgen in Aussersihl» ist enthalten in der Anm. zu «Vom Geiste Zürichs», GW III, S. 364ff.
69 Ossip Mandelstam: *Tristia*, a.a.O., S. 257.
70 AXG: «Der Dichter singt II» (= III,2-4), GW I, S. 188.
71 Siehe GW I, S. 121; 154; 158; 352; 354; 367, und Kommentar zu «Strom ...», GW III, S. 231–239.
72 Bernhard Böschenstein: «Alexander Xaver Gwerder». In: *Die Deutsche*

Lyrik 1945–1975. Zwischen Botschaft und Spiel. – Düsseldorf: Bagel 1981, S. 210.
73 Erstmals in Buchform in AXG: *Wenn ich nur wüsste, wer immer so schreit. Gesänge gegen die Masse.* – Zürich: orte-verlag 1978 (= Die blaue Reihe 5).
74 Siehe GW I, S. 367, und dazu Anm., GW III, S. 328f.
75 Siehe Brief an Rudolf Scharpf, ⟨10.9.1952⟩, GW II, S. 422.
76 AXG: «Dörfliche Motive» (= IV,2), GW, I, S. 129.
77 AXG: «Mittag» (= I,4), GW I, S. 363.
78 AXG: «Strom» (= II,3), GW I, S. 124.
79 Brief an Heinz Winfried Sabais, ⟨ca. 12.9.1952⟩, GW II, S. 423.
80 AXG: «Memento II» (= I,1), GW I, S. 147.
81 Der Selbstmord wurde von AXG seit dem Frühling 1952 direkt und indirekt nicht nur in den Gedichten thematisiert. Siehe die diesbezüglichen Passagen in «Möglich, dass es gewittern wird ...», GW II, S. 100f., und im Brief an Erica Maria Dürrenberger, 11.6.1952 (unveröffentlicht): «Um einen bestimmten Preis würde ich sogar die Sandalen am Kraterrand lassen wie Empedokles –». Ausserdem spielt er in «Ein Abend, ein Mittag und eine Strasse in der City» (GW I, S. 334) und im «Maschenriss» (GW II, S. 171) auf den Film *Hôtel du Nord* von Marcel Carné an. Darin will ein junges Liebespaar in einem Hotelzimmer gemeinsam aus dem Leben scheiden ...

Dank

Diese Ausgabe hätte ohne die grosszügige Unterstützung von Trudy Federli nicht realisiert werden können. Nicht nur hat sie alle Dokumente von Alexander Xaver Gwerder in ihrem Besitz zur Verfügung gestellt und die teilweise schwierige Transkription der Briefe und Tagebücher übernommen, sondern während der langen Entstehungszeit dieses Werkes auch alle meine Fragen zu beantworten versucht. Dafür möchte ich ihr herzlichst danken, auch für die grosse Geduld! Mein Dank gilt ebenfalls Urban Gwerder, der einige wichtige Ergänzungen zu den Mitteilungen seiner Mutter angebracht hat.

Roman Bucheli, Verfasser einer Dissertation über das lyrische Werk von Alexander Xaver Gwerder, hat meiner editorischen Arbeit durch seine fachliche Beratung und durch sein stetes Interesse wichtige Ratschläge und Impulse gegeben. Herzlichen Dank!

Ich danke nachstehenden Personen und Institutionen für Dokumente, Informationen und Hilfe:

Kurt Baer, Horgen; Max Baer †; Jacqueline Castiglia-Dürrenberger, Reigoldswil; Der Magistrat der Stadt Darmstadt, Kulturamt; Martina Ertel, Giessen; Dieter Fringeli, Nunningen; Max Frisch-Archiv, Zürich; Hans Gwerder, Bussigny-près-Lausanne; Heidi Gwerder Kürsteiner, Zürich; Hans Hilfiker, Zürich; Hans Rudolf Hilty †; Eberhard Horst, Gröbenzell; Hug & Söhne AG, Zürich; Willy Hug, Zürich; Charlotte Humm, Basel; Annebeth Jaeckle, Zürich; Erwin Jaeckle †; Eva Jenny-Dürrenberger, Gelterkinden; Peter Jokostra, Kasbach; Ernst Jünger †; Karl Krolow, Darmstadt; Kurt Matthys, Hirzel; Claudia Mertz-Rychner, Frankfurt am Main; Monacensia, Literaturarchiv und Bibliothek, München; Andrea Polzer-Dürrenberger, Dornach; Radio Bremen, Bremen; Paul Rothenhäusler, Stäfa; Inge Sabais, Darmstadt; Helmut Salzinger, Odisheim; Rudolf Scharpf, Noaillan; Claire Scheuter, Zürich; Schiller-Nationalmuseum/ Deutsches Literaturarchiv, Handschriftenabteilung, Marbach am Neckar; Schweizer Radio DRS, Studio Zürich; Schweizerisches Bundesarchiv, Bern; Schweizerisches Literaturarchiv, Bern; Südwestfunk, Baden-Baden; Zentralbibliothek Zürich.

Ebenfalls danken möchte ich Thomas Dütsch für die kritische Lektüre der Gedichtauswahl und produktiven Gespräche über den Autor, Jacqueline Dougoud für die Durchsicht der Texte, Werner Morlang und Heiner Spiess, der die Realisierung dieser Ausgabe während längerer Zeit verlegerisch betreut hat, für mannigfaltige Unterstützung sowie dem Limmat Verlag und besonders Jürg Zimmerli für sein grosses Engagement. Mein bewegtester Dank gilt aber Susanne Notz, die das langsame und mühsame Wachsen dieses Werkes mit Engelsgeduld und tatkräftiger Liebe begleitete.

Zum Schluss ein Dankeschön an die Stadt und den Kanton Zürich für die finanzielle Unterstützung meiner Arbeit, für die damit verbundene Anerkennung und Ermutigung.

Diese Ausgabe ist dem Andenken an meinen Freund, den Schriftsteller und Übersetzer Konrad Klotz (1951–1997), gewidmet. Er durfte das Erscheinen dieses Werkes, an dessen Entstehung er stark Anteil nahm, nicht mehr erleben.

Roger Perret

Der Herausgeber

Roger Perret, geboren 1950 in Zürich. Studium der Philosophie, Literaturkritik und Komparatistik in Zürich. Studienaufenthalt in Boulder/USA. Lebt in Zürich.

Seit der Studienzeit intensive Beschäftigung mit den «Dichterinnen und Dichtern im Abseits». Edition eines Lesebuches und Briefbandes von Hans Morgenthaler. Herausgeber der Werke von Annemarie Schwarzenbach, Sonja Sekula und Alexander Xaver Gwerder.

Alphabetisches Verzeichnis der Sammlungen und Texte in den Kommentaren und Anmerkungen

Die vom Autor selbst zusammengestellten Sammlungen sind *kursiv* wiedergegeben.

Abend, eine Strasse und ein Mittag in der City, Ein 316
Abendland 289
Abendspiel 293
Aber immer wirst du wieder stürzen 273
Abgrund 298
Abschied 222
Abwärts 188
Albisstrasse 153 289
Am Kamin 193
Am Ufer 182
Anders als einsam geht es nicht 274
An einen Clochard 251
Antike Vase 185
Apfelzweig 273
Après 220
April 274
Archaisches Sonett 305
Astern 204
Atlantis 308
Aufblick 258
Auf einem helvetischen Ziegel aus dem Jahre 1952 313
Auferstehung 283
Auftakt zum Tag 315
Augur 221
Aurora in Zürich 320
Aus dem Tagebuch eines Soldaten 284
Aus der Innung des engen Lebens 265
Auszug, Besinnung und Heimkehr 326

Balance im Unwägbaren ... 348
Ballade in Blau 210
Begegnung, Die 161
Begegnung, Die 155
Berceuse 227
Berge des Vergessens 293
Betrifft: Pfahlburg 362
Besteckaufnahme 252
Betrunkener Matrose 283
big bell, The 224
Bitterer Ausschnitt 344
Blatt, Ein 285
Blauer Eisenhut 189
Blauer Eisenhut 170
Blendung 287
Blick in die Nacht 228
Brief an eine Namenlose 344
Brief aus dem Packeis 351

Cabane au Canada 219
Cézanne 1877/78 312
Chanson 227
Chinesischer Garten 270
Conca d'or 322
Credo 196

Dämmerklee 203
Dämmerstunde 296
Damals 245
Debussys Clair de lune 248
Dem Städter 256
Der Wolken rote Dämmerherde 271
Dich – 247

Dichter singt I, Der 272
Dichter singt II, Der 272
Diese Bäume, so ganz Kontur 273
Doch du selber, du selber fehlst 273
Dörfliche Motive 244
Dreizehn Meter über der Strasse 350
Dunkle, Der 240
Du schwiegest fein 247

Ebenbild 242
Echtheit im Gedicht, Die 358
Einklang 328
Elegie 292
Erde und Himmel 255
Ergründungen 279

Fabrikmorgen 289
Fanal 292
Fata Morgana 306
Feuerzauber 327
Flieder 321
Frage nicht 322
Frei, ewig frei – 249
Fremde Tränen 189
«Frühe Gedichte» 265
Frühlicht 320

Gartennacht, Die 285
Gedichte 190
Gelber Himmel 292
Genug zu wissen, dass Schein besteht – 275
Geschichtlicher Tanz 297
Glocken 211

«Handgeschriebenes Album» 276
Hauptmann Sack 338
Herbstgesang 294
Herbstgewitter 294

Herbstliche Terzinen 326
Herbstnacht («Die bittere Insel aus Mond und Stadt ...») 295
Herbstnacht («Die Sümpfe von sahnigen Nebeln geweitet ...») 295
Herbstsonne 311
Herbsttag 295
Herbstzeitlos 181
Himmel 194
Hitze 252
Hol über ... 301
Homo Helveticus 325

Ich geh unter lauter Schatten 253
Ich im Jahr 272
Im Regen 271
In der gläsernen Stille 269
Indianische Sängerin 186
In Sturmnächten 260
Intérieur 212
Intime Ausstellung 225
In Versen 309

Januar 273

Kam je ein Strom einmal zurück 254
Karfreitag 302
Kathedrale, Die 298
Kay Hoff meinte 340
Kentaurin, Die 162
Kindliches Rendezvous 210
Kleine Verklärung 268
Kleines Lied 256
Klöster der Einsamen, Die 161
Kreislauf der Quelle 280
Kulturlandschaft 170
Kunst und Leben 349

Land über Dächer 198

Lass nur – 302
Laterne war's nur ..., Die 224
letzte Aufbruch, Der 257
letzte Lied, Das 293
Lied 228
Linie 311
Lorelei 302
Lotos 198
Lumpen der Wahrheit, Die 343

Märchen 285
Malerisches Traktat 336
Mandarinen-Mittag 263
Man wird es sehen, es hat nicht gereicht 325
Margueriten 188
Maschenriss 366
Mauer, Die 209
Meine Nächte 274
Mein Schatten 299
Memento I 251
Memento II 251
Miniatur nach Mitternacht 306
Mittag 327
Möglich, dass es gewittern wird ... 353
Möwe 229
Moment poétique 187
Mona Lisa 250
Mond 213
Mondlied 251
Mondsilberfluh – 330
Mondwolke 195
Monolog 168
Monologe 164
Monsun 216
Morgen 287
Morgen in Aussersihl 207
Morgennebel 303
Morgenröten 312

Nach Mitternacht 253
Nacht («Herz in Geissblatt und Ranunkel ...») 259
Nacht («Laute des Tages ...») 293
Nachtbalkone 195
Nachthirsch 226
Nachtmahr 220
Nachts am Quai 213
Nachtschnellzug 269
Nächtliche Wandlung 271
November («Der Herbst, der späte ...») 202
November («Nichts ist mehr zu halten ...») 296
November am Fenster 345
Nu exotique 185
Nur Farben, nur Spiele ... 206

Ohne Titel (*«Kunst und Leben ...»*) 359
Ohne Titel («Sind wir einer andern Staatsform abgeneigt ...») 372
Ohne Titel («Wenn einer ein Buch schreibt ...») 341
Ohne Worte 255
Oktober 309
Ophelia 332
Orkanische Musik 288
Orpheus 281
Ostersturm 292

Panische Stille 301
Pappel 324
Parzenlied, Ein 243
Pergola 284
Perle 230
Plötzlich ergreift dich ein grosser Glanz 273
Prolog 249
Prophetisches 279
Pythia 300

Reflexionen der andern Seite 356
Regenblick 189
Regenbrandung 244
Reigen 187
Reigoldswiler Verse 232
Requiem («Eine Zahl, die es nie geben wird ...») 297
Requiem («Wolken strömen ...») 329
Réveille 216
Rhythmen 185
Rolf Müller-Mappe, Die 336
Rondo 325
Rose um Mitternacht 193
Rote Strophen I 305
Rote Strophen II 305
Roten Lieder aus der brandschwarzen Stadt, Die 234
Ryfenstein 244

Schatten sinken 191
Schicksale 291
Schiff, Das 282
Schläfer, Der 207
Schon fast vergessene Frau – Fürstin! 274
Schrei, Der 262
Schulterstern, Der 194
Schwere Strophen 306
Sechsundzwanzig Sinnfiguren 372
Seelische Landschaft 343
Sekunde des Bösen, Die 297
Sekunde des Schönen 184
September-Bucht 328
Sommerabendsonett 191
Sommerkraut 324
Sommernacht, Die 285
Sommerregen 274
Sonatine 296
Sonnenblumen, Die 169
Sonett 335

Sonett aus einer kleinen Sitzenden Hermann Hallers 258
souveränes und geprelltes Volk, Ein 358
Spätsommer-Elegie 294
Spiegelung 310
Spindellied 245
Sprache heute 360
Sprüche 371
Stadtabend 288
Stadtgesicht 340
Stadtmorgen («Ich wache an dösenden Schwellen ...») 287
Stadtmorgen («Noch ist Platz in meinen Schleiern ...») 169
Ständchen 307
Sternbild Paul Valéry 286
Sternlos die Welt unter Tieren 290
Stilleben 311
Stimme, Die 262
Strömung 181
Strom 242
Strom. Gedichte und Die roten Lieder aus der brandschwarzen Stadt 231
Stundenspiel 184
Sturmvogel 192
Südliches Bergtal 269
Südmeerüber ... 309

Tag 182
Tag in Basel, Ein 354
Tag und Traum 346
Tee (frühe Fassung) 212
Tee (späte Fassung) 246
Tempeltanz 323
Terzinen der Dauer 291
Tief wird es blauer ... 312
Träumerei 254
Träumerische Worte ... 357
Traumwelle 304

Tula, die Gegenwart 183

Über eine Art Rauch 347
Über Konvention 348
Unter Brücken 221
Unter Büffeln der Stille I 214
Unter Büffeln der Stille II 215
Unter uns gesagt 250

Valse triste 183
Verdämmern 190
Vergang 220
Verliebter Morgen 321
Verlöschende Flamme 284
Verse einer Nacht, Die 205
Verse für Rheila 263
Verse zur Zeit 290
Versteinerung 324
Verträumte Tage 271
Vollmond 288
Vom Absolutismus des einzelnen 256
Vom Geiste Zürichs 364
Vom Nackten 373
Von der Nacht 346
Von letzten Dichtern («Ein Licht zum Beispiel ...») 315
Von letzten Dichtern («Von letzten Dichtern die Kunde ...») 223
Vorbei 290
Vor den Blättern Rudolf Scharpfs 359
Vorstadt-Legende 352

Wäldertraum 327
Waldherbst 272
Was die Wölfe frassen 240
Weinstern 241
Weise vom Kriterium eines Heutigen, Die 217
Wenn dich aus dunklen Tiefen 273

Wenn es nicht Morgen würde 253
Wieder dunkel 307
Winter (frühe Fassung) 219
Winter (späte Fassung) 246
Winterabend 296
Wir Heimatlosen irren immer 272
Wolke ist verflogen, Die 312
Wort, Das 243

Zauber 316
Zeichen der Welt, Die 361
Zigeuner, Der 241
Zigeunerisch 250
Zisterne, Die 184
Zöllner 252
Zum Möwenflug 351
Zur Theorie und Praktik politischer Ideale 356
Zwei Gesänge gegen die Masse 275
Zwei Gesänge gegen die Masse 267
Zweifel 275
Zwielicht 254